Banco de Dados

Implementação em SQL,
PL/SQL e Oracle 11g

Banco de Dados

Implementação em SQL, PL/SQL e Oracle 11g

SANDRA PUGA • EDSON FRANÇA • MILTON GOYA

PEARSON

©2014 by Sandra Puga, Edson França e Milton Goya

Todos os direitos reservados. Nenhuma parte desta publicação poderá ser reproduzida ou transmitida de qualquer modo ou por qualquer outro meio, eletrônico ou mecânico, incluindo fotocópia, gravação ou qualquer outro tipo de sistema de armazenamento e transmissão de informação, sem prévia autorização, por escrito, da Pearson Education do Brasil.

Diretor editorial e de conteúdo	Roger Trimer
Gerente editorial	Kelly Tavares
Supervisora de produção editorial	Silvana Afonso
Coordenadora de desenvolvimento	Danielle Sales
Coordenadora de produção gráfica	Tatiane Romano
Editor de aquisições	Vinícius Souza
Editora de desenvolvimento	Gabrielle Navarro
Preparação	Alexandre Marques
Revisão	Bruna Pattiê S. Toscano e Caroline Santos
Estagiária	Karina Ono
Capa	Pedro Gentile
Projeto gráfico	Daniel Rampazzo / Casa de Ideias
Diagramação	ERJ Composição Editorial

Dados Internacionais de Catalogação na Publicação (CIP)
(Câmara Brasileira do Livro, SP, Brasil)

Puga, Sandra
  Banco de dados: implementação em SQL, PL/SQL e Oracle 11g / Sandra Puga, Edson França, Milton Goya. – São Paulo: Pearson Education do Brasil, 2013.

  Bibliografia.
  ISBN 978-85-8143-532-9

  1. Banco de dados - Estudo e ensino 2. Oracle 3. PL/SQL (Linguagem de programação para computadores) 4. SQL Server (Linguagem de programação para computadores) I. Goya, Milton. II. França, Edson. III. Título.

13-06922   CDD-005.7507

Índice para catálogo sistemático:
1. Banco de dados: Sistemas: Processamento de dados: Estudo e ensino
005.7507

2014
Direitos exclusivos para a língua portuguesa cedidos à
Pearson Education do Brasil Ltda.,
uma empresa do grupo Pearson Education
Rua Nelson Francisco, 26
CEP 02712-100 – São Paulo – SP – Brasil
Fone: 11 2178-8686 – Fax: 11 2178-8688
vendas@pearson.com

Aos meus queridos filhos e esposo, pelo apoio, compreensão e amor.
Aos meus pais, pela vida!

Sandra

À minha esposa, Aparecida, pelo amor, incentivo, apoio incondicional, companheirismo e suporte emocional, além dos sacrifícios e concessões.
Às minhas filhas, Sabrina e Sophia, com o meu amor e como incentivo para suas vidas.
Aos meus pais (in memoriam) e às famílias França e Cecílio pela incansável preocupação e incentivo.
Aos amigos que acompanham minhas conquistas e torcem por elas.

Edson

Aos meus pais, por todo amor e ensinamentos.
À minha esposa, pelo apoio e companheirismo.
À minha filha, pelo futuro.

Milton

Sumário

Apresentação xiii

Introdução xvii

Capítulo 1 Visão geral de projeto de banco de dados 1

    1.1 A importância do banco de dados 1

    1.2 Aspectos de projeto e implementação em banco de dados 2

        1.2.1 Processos de engenharia de software 6

        1.2.2 Gerenciamento de projeto 11

        1.2.3 Gerenciamento de serviço 15

    1.3 Metodologia para banco de dados 22

        1.3.1 Fluxo de trabalho 24

        1.3.2 Papéis e responsabilidades 25

        1.3.3 Macroatividades e atividades 26

        1.3.4 Artefatos 28

        1.3.5 Tecnologia 29

    Exercícios 30

Capítulo 2 Requisitos de sistema de software 33

    2.1 Requisitos 33

    2.2 Requisitos funcionais 36

    2.3 Requisitos não funcionais 37

    2.4 Levantamento de informações 38

        2.4.1 Reunião 41

        2.4.2 Entrevista 41

        2.4.3 JAD – *Join Application Design* (ou *Development*) 42

        2.4.4 Questionário 43

        2.4.5 Observação visual 43

        2.4.6 *Brainstorm* 43

        2.4.7 IDEF (*Integrated Definition Methods*) 44

        2.4.8 Cartões CRC (*Class, Responsibility, Collaborator*) 45

    2.5 Gerenciamento de requisitos 46

    Exercícios 51

Capítulo 3 Modelo relacional 53

    3.1 Introdução ao modelo relacional 54

        3.1.1 Destaques do modelo relacional 55
        3.1.2 Operações de extração de dados 55

    3.2 Álgebra relacional 56

        3.2.1 Seleção ou *select* 57
        3.2.2 Projeção ou *project* 60
        3.2.3 Atribuição, *assignment* ou resultados intermediários 61
        3.2.4 Produto cartesiano ou *cartesian product* 63
        3.2.5 Junção natural ou *natural join* 64
        3.2.6 União ou *union* 68
        3.2.7 Intersecção ou *intersect* 70
        3.2.8 Diferença ou *minus* 71
        3.2.9 Divisão ou *division* 72
        3.2.10 Renomear ou *rename* 74

    Exercícios 75

Capítulo 4 Modelagem de dados 77

    4.1 Estágios da modelagem de dados 77

        4.1.1 Modelo conceitual de dados 79
        4.1.2 Modelo lógico de dados 80
        4.1.3 Modelo físico de dados 80

    4.2 Modelo relacional de dados 83

    4.3 Modelo Entidade Relacionamento (MER) 84

        4.3.1 Entidade 84
        4.3.2 Atributo 86
        4.3.3 Relacionamento 95
        4.3.4 Cardinalidade 96
        4.3.5 Relacionamento condicional 100
        4.3.6 Grau do relacionamento 102

    4.4 Tipos de entidade 103

        4.4.1 Entidade primária (ou forte) 103
        4.4.2 Entidade dependente (ou fraca) 104
        4.4.3 Entidade associativa 104

    4.5 Tipos de relacionamento 105

        4.5.1 Relacionamento tipo dependência 105
        4.5.2 Relacionamento tipo associativo 105

  4.5.3 Relacionamento tipo categoria 106
  4.5.4 Relacionamento tipo normal 108
 4.6 Notação 108
  4.6.1 Representação Peter Chen 108
  4.6.2 Representação da engenharia da informação 111
 Exercícios 113

Capítulo 5 Normalização 117
 5.1 Normalização 117
 5.2 Primeira Forma Normal (1FN) 118
 5.3 Segunda Forma Normal (2FN) 129
 5.4 Terceira Forma Normal (3FN) 134
 5.5 Forma Normal Boyce-Codd (FNBC) 138
 5.6 Quarta Forma Normal (4FN) 140
 5.7 Quinta Forma Normal (5FN) 142
 5.8 Regras de consistência 143
 Exercícios 144

Capítulo 6 Modelo físico de dados 149
 6.1 Definições básicas 149
 6.2 Dicionário de Dados (DD) 150
  6.2.1 Tipos de dados 152
  6.2.2 Restrições 153
  6.2.3 Geração automática do DD 154
 6.3 Volumetria 155
  6.3.1 Primeiro passo: calcular o espaço não ocupado pelo cabeçalho do bloco de dados 155
  6.3.2 Segundo passo: calcular o espaço livre em cada bloco de dados 157
  6.3.3 Terceiro passo: calcular o espaço necessário para uma linha 157
  6.3.4 Quarto passo: calcular a quantidade de registros que cabem em um bloco de dados 158
  6.3.5 Quinto passo: calcular o total de blocos de dados necessários e convertê-los em kilobytes ou megabytes 159
 6.4 Mapeamento do modelo lógico para efetuar a passagem para o modelo físico de dados 163
 Exercícios 167

Capítulo 7 Implementação do modelo físico de dados 169

    7.1 Introdução à linguagem SQL 169

        7.1.1 Características e instruções SQL 170

    7.2 Definição e manutenção de dados – operações DDL............................ 171

    7.3 Esquemas... 171

    7.4 Tabelas... 171

        7.4.1 Criação de tabelas 172

        7.4.2 Alteração de tabelas... 174

        7.4.3 Inserção de novas colunas... 175

        7.4.4 Modificação de colunas 175

        7.4.5 Exclusão de tabela.. 176

    7.5 Restrições... 177

        7.5.1 Restrição *not null* 178

        7.5.2 Restrição *unique key* 180

        7.5.3 Restrição *primary key* 181

        7.5.4 Restrição *foreign key* 183

        7.5.5 Restrição *check*.. 186

        7.5.6 Consulta de restrições de uma tabela 187

        7.5.7 Adição de restrições 188

        7.5.8 Exclusão de restrição... 189

        7.5.9 Desativar e ativar restrição... 190

    Exercícios 191

Capítulo 8 Manipulação de dados – operações DML 195

    8.1 Inserção de dados 195

        8.1.1 Inserção e consulta de hora... 199

    8.2 Alteração de dados.. 200

    8.3 Exclusão de dados 202

    8.4 Confirmação e descarte de transações... 202

    Exercícios 205

Capítulo 9 Consulta de dados... 207

    9.1 Consulta simples 207

        9.1.1 Operadores aritméticos 209

        9.1.2 Apelido ou *alias* de colunas 212

        9.1.3 Resultado de consulta ordenado 213

9.2 Consultas baseadas em condições 214
9.2.1 Operadores de comparação 216
9.2.2 Operadores lógicos 221
9.3 Junções (*join*) 223
9.3.1 Junções idênticas (*equijoin*) 223
9.3.2 Autojunções (*self-join*) 228
9.3.3 Junções externas 229
9.3.4 Junção não idêntica (não equijunção) 231
9.4 Funções SQL 232
9.5 Consultas para manipulação de grupos de dados 243
9.5.1 Agrupamento 245
9.6 Consultas baseadas no resultado de outras consultas 247
9.6.1 Subconsulta em consultas 247
9.6.2 Subconsulta de várias linhas 249
9.6.3 Criação de tabela com base em subconsulta 250
9.6.4 Inserção de dados a partir de subconsultas 252
9.6.5 Alteração de dados a partir de subconsultas 252
9.6.6 Exclusão de linhas a partir de subconsultas 253
Exercícios 253

Capítulo 10 Linguagem procedural PL/SQL 255
10.1 Blocos anônimos 256
10.2 Variáveis e constantes 256
10.3 Estruturas de seleção 261
10.4 Estruturas de repetição 265
10.4.1 *Loop* 265
10.4.2 *For* 267
10.4.3 *While* 268
10.5 Cursor 269
10.5.1 Cursores implícitos 269
10.5.2 Cursores explícitos 270
10.6 Tratamento de exceção 274
10.6.1 Exceções definidas pelo usuário 276
10.6.2 Tratamento de exceções utilizando RAISE_
APPLICATION_ERROR 277

10.7 Procedimentos (*procedures*) 278
10.8 Funções (*functions*) 281
10.9 Pacotes (*package*) 284
10.10 Gatilhos (*triggers*) 287

Exercícios 290

Capítulo 11 Noções básicas de administração de banco de dados 293

11.1 Visão geral do banco de dados 293
11.2 Usuário administrador 295
11.3 Inicialização do banco de dados 299
11.4 Interrupção do banco de dados 302
11.5 Criação de *tablespaces* e *datafiles* 304
    11.5.1 *Tablespace* permanente 308
    11.5.2 *Tablespace* temporária 308
    11.5.3 *Tablespace* undo 308
    11.5.4 Exclusão de *tablespace* 309
11.6 Gerenciamento de usuários 309
11.7 Gerenciamento de privilégios 313

Exercícios 315

Apêndice 1 Guia de consulta dos quadros de linguagem de programação 317
Apêndice 2 Guia de consulta de exemplos 321
Bibliografia 327

Apresentação

Seja para realizar um simples clique em um link aleatório, seja para preencher um cadastro de compra pela internet, dados são gerados a todo instante. Com o advento das mídias sociais, a produção de informações tem aumentado a uma velocidade espantosa, oriunda das mais diversas fontes, como celulares, redes de relacionamentos e demais dispositivos.

Com esse cenário em vista, é creditada às tecnologias de banco de dados e mais recentemente ao *Big Data* – entendido como uma evolução das tecnologias de *datawarehouse* e *business intelligence*, destinadas para armazenamento e análise de informações estruturadas e de dados não estruturados em grandes volumes e variedades, além do poder de processamento em tempo real – a possibilidade de as empresas entenderem essas informações e usá-las em benefício do próprio negócio.

Considerando a relevância do armazenamento adequado desses dados para a gestão e a manutenção de negócios em diferentes segmentos, como indústria, comércio varejista, saúde, entretenimento, gestão pública, acadêmico, esportivo, entre outros, o livro *Banco de dados: implementação em SQL, PL/SQL e Oracle 11g* abrange um assunto essencial para as áreas de tecnologia da informação e de sistemas computacionais, abordando desde a análise de dados até a implementação do projeto de banco de dados em SQL, PL/SQL e Oracle 11g. Dessa forma, a obra é voltada para estudantes das áreas de tecnologia da informação (TI), tecnologia da informação e comunicação (TIC), computação, sistemas de informação e correlatas.

Estrutura

O tema projeto de banco de dados é apresentado em 11 capítulos, que exploram desde a etapa de entendimento do posicionamento do banco de dados dentro de um projeto de sistema, passando pelo levantamento e análise dos requisitos, que definirão a demanda de dados a serem armazenados, até os conceitos referentes a banco de dados relacional, como álgebra relacional, termos e nomenclaturas, modelos para representação dos dados e normalização.

A construção e a implementação de modelos relacionais, além da documentação de um banco de dados utilizando a linguagem SQL (*Structured Query Language*), também são assuntos contemplados ao longo do livro. Por fim, faz-se um levantamento dos principais temas relacionados à administração e à manutenção de um banco de dados, como *backup* e recuperação de dados.

Recursos didáticos

Com o objetivo de tornar o livro mais didático, os autores procuraram adotar uma linguagem simples e direta. No decorrer do livro, alguns recursos gráficos foram empregados, possibilitando que o leitor perceba rapidamente qual informação será apresentada.

Note que os quadros de Linguagem de programação, que trazem instruções aplicáveis em situações específicas, aparecem destacados do texto, em molduras à parte. Logo no início do quadro há a sua finalidade (no exemplo, "Alteração de colunas") e, em seguida, são apresentadas a instrução e a explicação dos seus elementos e respectivas funcionalidades.

LINGUAGEM DE PROGRAMAÇÃO

Alteração de colunas

```
ALTER TABLE tabela
MODIFY      (coluna especificações);
```

Elementos e funcionalidades	
tabela	Nome da tabela.
MODIFY	Palavra reservada que indica modificação na estrutura da coluna.
coluna	Nome da coluna que sofrerá alterações.
especificações	Tipo de dado, tamanho, restrições etc.

Já os quadros de Exemplo, também destacados do texto em molduras à parte, possuem um número correspondente, que facilita a referência do exemplo ao longo do texto, e a sua finalidade. O livro traz mais de cem exemplos, que têm como objetivo a aplicação prática dos tópicos trabalhados, para que o leitor compreenda com clareza cada conceito.

EXEMPLO 2

Inserção da coluna cod_estado_civil

Para adicionar a coluna `cod_estado_civil`, sendo ela numérica com duas posições, na tabela `PESSOA_FISICA`, deve-se utilizar a seguinte linha de comando:

```
1 ALTER TABLE PESSOA_FISICA
2 ADD (cod_estado_civil  NUMBER(2));
```

As restrições da coluna – que serão estudadas na seção 7.4 – também podem ser definidas, neste caso, no nível da coluna. A nova coluna, então, torna-se a última da tabela.

Pontos de atenção e dicas também permeiam todo o livro, com observações pertinentes relacionadas aos assuntos tratados. Os pontos de atenção são tópicos importantes e que merecem atenção especial do leitor, surgindo de forma destacada como lembrete. Já as dicas apresentam links de sites e dados adicionais, que podem ser curiosos, interessantes ou complementares ao conteúdo visto.

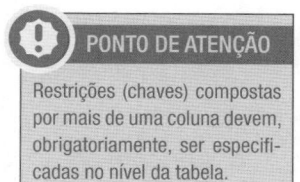

Cada capítulo também é composto por uma lista de exercícios. A resolução das atividades propostas visa praticar os conceitos e instruções apresentadas no decorrer de cada capítulo, testando a compreensão das informações e a manipulação dos dados aprendidos.

Antes de iniciar o primeiro capítulo, na Introdução, será possível esclarecer dúvidas conceituais básicas sobre dados, informação, sistemas de informação e bancos de dados, preparando o leitor para começar os estudos sobre projeto de banco de dados. Também na Introdução será apresentado o estudo de caso que retrata a companhia fictícia Rádio Táxi On-line, presente durante todo o livro e que serve como pano de fundo para uma série de exemplos e análises de situações.

Material complementar

A Sala Virtual do livro (sv.pearson.com.br) oferece recursos adicionais que auxiliarão professores e estudantes na exposição das aulas e no processo de ensino e aprendizagem.

Para o aluno, estão disponíveis:

- Tabelas e figuras, que foram apresentadas de forma reduzida no livro, na íntegra.
- Resposta dos exercícios propostos no livro.

Para o professor, estão disponíveis:

- Apresentações em PowerPoint.

O material para professores é protegido por senha. Para ter acesso a esse material exclusivo, os professores que adotam o livro devem entrar em contato com o seu representante Pearson ou enviar e-mail para universitarios@pearson.com.

Introdução

Antes de iniciar o estudo sobre projeto e implementação em banco de dados, é necessário compreender alguns conceitos que serão discutidos ao longo do livro e que são essenciais para a sua evolução durante esse processo. Por essa razão, serão abordadas, a seguir, as definições de dados, informação, sistema, sistemas de informação e banco de dados. Por fim, será apresentado e introduzido o estudo de caso que retrata a companhia fictícia Rádio Táxi On-line, que estará presente durante todo o livro, servindo como pano de fundo para uma série de exemplos e análises de situações.

Dados

Um dado é uma unidade básica de informação. No contexto do projeto de banco de dados, ele representa o valor que será armazenado no banco de dados, também podendo ser descrito como:

- Coletânea de símbolos organizados intencionalmente para representar uma parte da realidade tratada.
- Registro ou anotação que, neste caso, pode ser entendida como a descrição de um *fenômeno* associado a um contexto de negócio sobre o qual se deseja manter algum registro ou anotação. Por exemplo, um *fenômeno concreto* pode ser uma pessoa, um veículo ou um produto e um *fenômeno abstrato* pode ser um conceito ou uma ideia.

Para entender o que representa um dado, considere como exemplo as seguintes informações:

Nome: *Maria Aparecida*
Data da associação: *15/03/2003*

Maria Aparecida e *15/03/2003* são dados sobre uma pessoa, que podem ser armazenados no banco de dados e utilizados posteriormente para gerar informações.

Informação

Como foi visto, os dados podem ser usados para gerar informações, aumentando o conhecimento de alguém a respeito de um assunto ou de uma situação. Consequentemente, a informação representa um conjunto de dados associados a um contexto, de maneira que seja possível interpretá-la e analisá-la para produzir conhecimento e/ou tomar decisões.

Considerando os dados apresentados no exemplo anterior (Maria Aparecida e 15/03/2003) e associando-os a um contexto, pode-se obter a seguinte informação: *Maria Aparecida é uma motorista conveniada à companhia Rádio Táxi On-line desde 15/03/2003.*

Sistema

Pode-se definir sistema como um conjunto de elementos (órgãos, recursos, funções etc.) interconectados de forma organizada, visando atingir um objetivo comum. Como exemplo, podemos citar: Sistema Alto Tietê, Sistema de Transportes e Sistema Respiratório.

Sistemas de informação

A partir da definição de sistema, entende-se como sistema de informação o sistema computacional ou manual utilizado para manipular dados, composto por um conjunto de elementos interdependentes e logicamente associados, tendo como objetivo prover informações. Exemplos de sistemas de informação são: sistema de comercial, sistema de folha de pagamento e sistema de contabilidade.

Banco de dados

Um banco de dados é uma coleção de dados armazenados e organizados de modo a atender as necessidades integradas dos seus usuários. Possibilita a consulta e a manipulação dos dados, podendo ser manual ou computadorizado.

Como exemplo de banco dados manual, pode-se citar o prontuário médico em fichas de papel, armazenados em pastas organizadas em ordem alfabética, pelo nome do paciente. Por sua vez, um banco de dados computadorizado envolve o armazenamento de dados em estruturas organizadas e implementadas em um software. Os softwares que possibilitam o armazenamento e o gerenciamento desses dados são chamados Sistemas Gerenciadores de Banco de Dados, ou simplesmente SGBDs.

Os SGBDs proporcionam recursos para criar as estruturas de um banco de dados, armazenar e manipular os dados, controlar o acesso aos dados e implementar regras de segurança. Como exemplo de SGBDs, podemos citar Oracle, DB2 e SQLServer, entre outros.

ESTUDO DE CASO
Cenário Rádio Táxi On-line

> O presente estudo de caso retrata a companhia fictícia Rádio Táxi On-line, que presta serviço de táxi para funcionários e pessoas autorizadas de empresas previamente conveniadas. Acompanhe, a seguir, a descrição do cenário proposto.

Atualmente, a companhia Rádio Táxi On-line conta com 217 veículos, equipados com rádios transmissores conectados a uma central de atendimento. A companhia deseja informatizar o sistema de cobrança das empresas conveniadas. Para tanto, devem-se considerar as seguintes informações sobre sua estrutura e funcionamento:

- A empresa possui 217 veículos cadastrados.
- O cadastro do veículo requer o preenchimento dos seguintes dados: marca, modelo, cor, placa, ano, chassi e proprietário.
- O veículo pode ser da própria companhia Rádio Táxi On-line ou de taxistas parceiros.
- Os motoristas habilitados que dirigem os táxis cadastrados devem preencher um formulário de cadastro (Figura 1).
- A empresa Rádio Táxi On-line possui uma única central de atendimento, que atende as principais capitais e os grandes centros do país.
- Os dados que a Rádio Táxi On-line mantém são: nome, endereço e telefones para contato das empresas conveniadas, além de dados das pessoas autorizadas que realizam os chamados.

Rádio Táxi On-line		
Formulário para cadastro de motoristas		
Nome	Nascimento	
Endereço residencial		
Telefones		
Documentação		
RG	CPF	
Carteira de motorista	Categoria	Validade
Estado civil		
Casado ( ) Solteiro ( ) Divorciado ( ) Viúvo ( ) Relação estável ( )		
Contatos para emergência		
Nome	Telefone(s) para contato	Parentesco
Dados bancários		
Banco	Agência	Conta corrente
Data do cadastro:		

Figura 1 – Modelo de formulário de cadastro dos motoristas da Rádio Táxi On-line

A dinâmica dos chamados funciona da seguinte forma:

- A realização de um chamado é feita por telefone.
- A pessoa que faz a ligação para solicitar o táxi deve possuir, obrigatoriamente, um boleto (Figura 2) e informar os seguintes dados: número do boleto, centro de custo da conveniada, agendamento da corrida (data e hora), endereço para buscar o passageiro, nome do passageiro, local de destino e telefone para contato.
  a) No caso de corridas com múltiplos destinos, deve ser registrado apenas o endereço final de destino.
  b) Tanto para a Rádio Táxi On-line quanto para a conveniada não é necessário o armazenamento dos dados do passageiro ou do solicitante.
- A atendente passa uma mensagem via rádio para verificar qual motorista pode atender ao chamado e, então, adiciona o código do motorista que realizará o atendimento ao chamado.
- Após designar o motorista para o chamado, caso ocorra a necessidade de substituição deste, a central atualizará o chamado com os dados do novo motorista.
- A corrida pode ser cancelada.

Rádio Táxi On-line	
Boleto para faturamento de corridas nº. 9912400102	
Conveniada: FACULDADE SABER	Data: 05/03/2013
Passageiro: Sandra Puga	
Endereço de partida: Av. Paulista, 302	Horário de partida: 18h30min
Endereço de chegada: Aeroporto Congonhas	Horário de chegada: 20h
Valor da corrida: (R$ 125,00 – Cento e vinte e cinco reais)	
Assinatura do passageiro: *Sandra Puga*	

Figura 2 – Boleto para faturamento de corridas, item obrigatório para utilizar o táxi

- O valor da corrida no boleto também deve ser preenchido por extenso.
- O motorista encaminha os boletos à central de atendimento diariamente.
- A central de atendimento lança as corridas na conta da conveniada e, no dia 30 de cada mês, encaminha uma fatura (Figura 3) com vencimento para o próximo dia 10.
- O valor final da fatura é obtido através do somatório do valor das corridas, mais 2% sobre o valor total.
- As faturas são pagas por meio de depósito, na conta corrente da Rádio Táxi On-line.
- Após o vencimento, as faturas sofrem acréscimo de 5%.
- Decorridos 30 dias de atraso, as faturas não pagas são encaminhadas para cobrança e o serviço à conveniada é interrompido.
- Os taxistas podem atender passageiros não conveniados, mas a Rádio Táxi On-line não mantém registros sobre essas corridas.

Rádio Táxi On-line		
Fatura mensal		
No. Fatura 101	Data de emissão	01/04/2013
	Data de vencimento	10/04/2013
CONVENIADA	Faculdade Saber	
CÓDIGO DA CONVENIADA	99124	
CNPJ	05.321.554/0002-01	
ENDEREÇO	Rua Euclides da Cunha, 327 – Cambuci CEP 01212000 São Paulo/SP	
Descrição dos serviços		
Data corrida	Número boleto	Valor da corrida
05/03/2013	9912400102	125,00
07/03/2013	9912400078	79,00
07/03/2013	9912400087	342,00
15/03/2013	9912400103	32,00
22/03/2013	9912400104	93,00
30/03/2013	9912400077	45,00
30/03/2013	9912400079	189,00
Subtotal		905,00
Taxa de administração		181,00
Total		1086,00

Figura 3 – Modelo da fatura mensal enviada para a conveniada

Após a automatização do sistema, a Rádio Táxi On-line espera realizar com facilidade as tarefas de manutenção de dados, bem como obter com agilidade os diversos relatórios necessários para sua gestão.

Visão geral de projeto de banco de dados

Neste capítulo, serão definidos os principais aspectos e a estrutura utilizada em *projeto e implementação de banco de dados*. Em um primeiro momento, será apresentada a importância do banco de dados, para, então, discutir os fundamentos que direcionarão e sustentarão os próximos capítulos.

1.1 A importância do banco de dados

A influência mais significativa nas organizações empresariais, nos últimos anos, foi a rápida transformação nos modos de estruturar e utilizar os sistemas de informação. Vista como um componente estratégico, a utilização dos sistemas de informação automatiza processos organizacionais e é fonte de vantagens competitivas por meio da análise de cenários, além de oferecer apoio ao processo de decisão e implementação de novas estratégias de negócios. Nesses cenários, cresce a necessidade de captar, gerenciar, armazenar, processar e compartilhar informações.

Cada vez mais, a informação é considerada um dos ativos estratégicos mais importantes de uma empresa. Ela representa todo o fluxo que transmite e gera conhecimento para a atuação nos negócios e não se pode mais ignorar o alto custo de não ter a informação certa e atualizada, onde e quando é necessária. Sendo assim, para que o acesso às informações necessárias seja organizado e otimizado, é importante que o conhecimento sobre um determinado negócio, seja ele de qualquer segmento e complexidade, esteja registrado em um banco de dados. Consequentemente, a visão estratégica de uma empresa é formada com base no conhecimento acumulado e registrado em seu banco de dados.

Considerando o cenário destacado, um dos recursos mais importantes para qualquer empresa é a sua coleção de dados. Um banco de dados pode ajudar na organização de uma quantidade crescente de informações, maximizando, assim, fontes valiosas de conhecimento. Os bancos de dados também ajudam as empresas a gerar informações que podem auxiliar na redução de custos, no aumento de lucros, no acompanhamento das atividades de negócios e na abertura de novas oportunidades de mercado.

Há de se reconhecer que os maiores ganhos organizacionais com os recursos de tecnologia da informação (TI) não residem na simples aquisição, disponibilidade e no uso eficaz de tais recursos. Espera-se que as atividades de captura, armazenamento e análise de dados levantem informações relevantes que possam, por sua vez, gerar conhecimento.

No contexto empresarial, com maior disponibilidade, diversidade e grande volume de dados, tornam-se cada vez maiores as oportunidades para a geração de inteligência em aplicação e banco de dados voltados ao negócio.

1.2 Aspectos de projeto e implementação em banco de dados

A concepção de um banco de dados começa bem antes da definição da plataforma e da execução de qualquer tipo de instrução. Essa concepção advém de uma estrutura cuja a governança em tecnologia da informação envolve diversos aspectos, em dimensões como: gerenciamento de projeto e serviço, processos de engenharia de software, qualidade, gestão financeira, gestão de portfólio de serviço, gestão de pessoas, arquitetura corporativa, planejamento estratégico e inovação. A Figura 1.1 apresenta as atividades que, frequentemente, são realizadas em TI, representando um ponto de partida para entender esse processo.

Na visão da governança em tecnologia da informação, há alguns pilares a serem considerados:

- **Planejamento estratégico:** a área de TI deve fazer uma leitura da realidade do negócio em que a empresa está inserida, buscando, junto às áreas estratégicas, maneiras nas quais possa aportar a tecnologia, objetivando o alcance das metas estratégicas e competitivas da empresa. Nesse caso, a TI realizará seu planejamento estratégico para atender às demandas das áreas usuárias e adicionará suas próprias demandas internas ao planejamento da empresa.
- **Inovação:** a área de TI deve desenvolver produtos e soluções que gerem uma percepção de valor da inovação para o mercado e para a empresa. A inovação de produtos e soluções inclui revisão e criação de novos processos que, associados aos resultados esperados, tornam a inovação vital para a TI, colocando a viabilidade econômica e financeira como objetivos de sustentação e ativação desses novos negócios.
- **Gestão do portfólio de serviço:** responsável pela criação e manutenção do catálogo de serviços prestados à comunidade de usuários e às áreas internas de TI, trazendo visibilidade para os recursos computacionais que são empregados na entrega do serviço como um todo. Geralmente, os usuários têm o olhar voltado somente para o sistema e aplicação, mas existem diversas estruturas que são responsáveis por sustentar o serviço, a exemplo de: a) telecomunicação, responsável pelo acesso às redes locais e à distância; b) hardware, responsável por servidores de aplicação, de banco de dados, espaços de armazenamento (*storage*), virtualização e *clusters* para redundâncias, prevendo contingências e desastres; c) equipes de operação de servidores nas plataformas de *backup*, telecomunicação, atendimento (caso a organização possua vários níveis de atendimento), desenvolvimento de sistemas, administradores de banco de dados, entre outros.

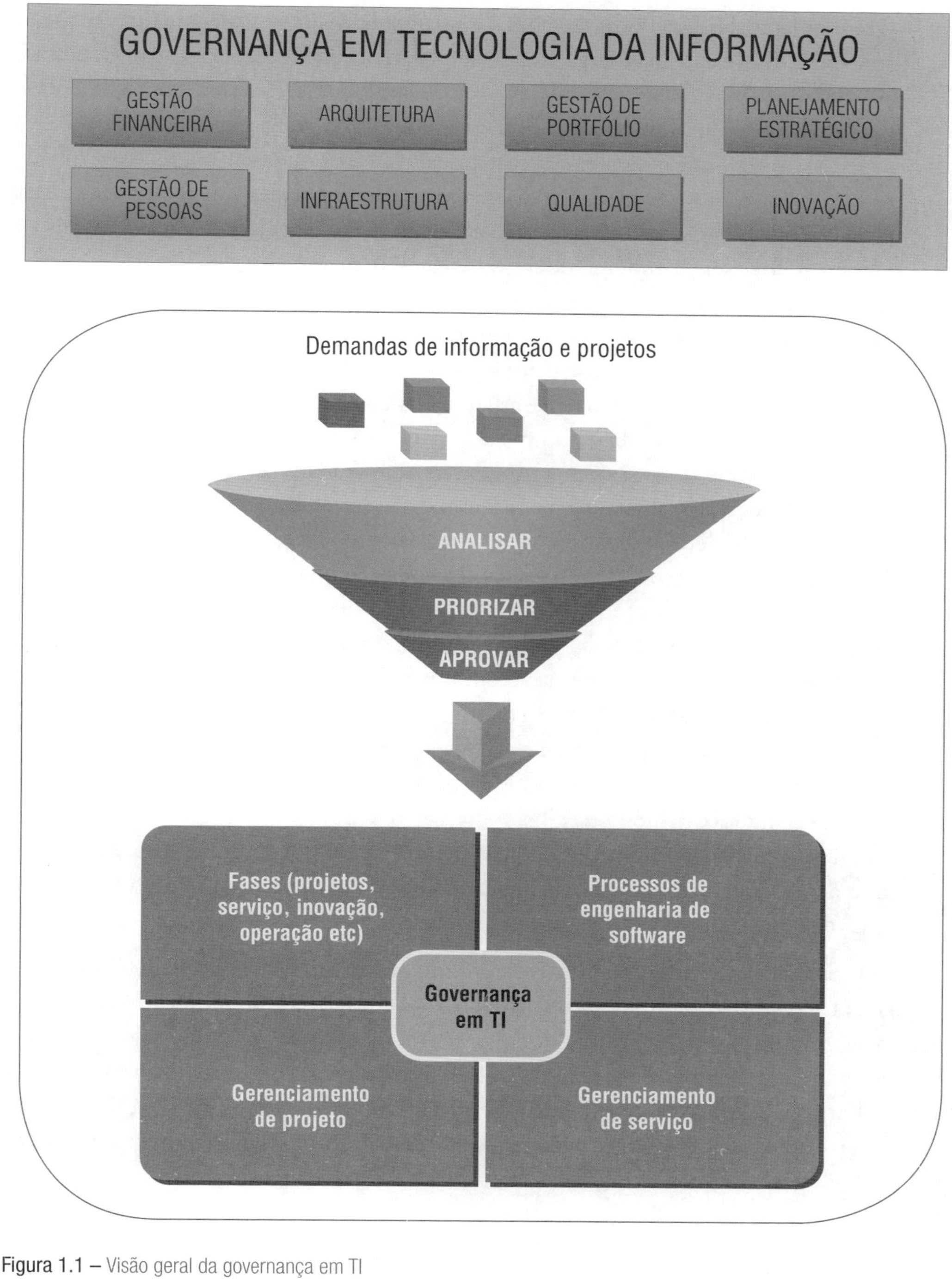

Figura 1.1 – Visão geral da governança em TI

- **Qualidade:** a área de TI deve garantir a qualidade de processos, projetos e entregas realizadas. São estabelecidos processos que visam a validação, verificação e auditoria em cada uma das etapas que envolvem a TI, não sendo reativo a tudo que ocorre, mas estabelecendo a cultura da qualidade dentro da organização. São exemplos desse processo: a) reportar indicadores de qualidade sobre o que está sendo desenvolvido; b) fomentar fóruns e campanhas de incentivo que tenham a qualidade como tema principal; c) estabelecer a organização e os procedimentos de testes relacionados aos processos de desenvolvimento de software e gestão de mudança.
- **Arquitetura corporativa:** a área de TI visa ter um padrão corporativo que permita a maximização dos recursos computacionais, definindo as tecnologias que devem ser empregadas em cada situação e como elas são integradas e direcionadas para o uso correto de TI. Sobre esse aspecto, podem ser citados os seguintes exemplos: a) arquitetura de gestão de dados mestres com administração dos metadados, forma para aquisição de dados externos, aplicação de qualidade de dados (*data quality*) e distribuição dos dados para outros sistemas; b) arquitetura das tecnologias existentes na organização, definindo ambiente e situação de alta disponibilidade.
- **Infraestrutura:** a área de TI deve cuidar da aquisição, manutenção e, principalmente, da disponibilização dos recursos computacionais necessários para que uma organização consiga operar, englobando também os equipamentos e a interoperabilidade entre eles. Isso inclui a computação em nuvens, *cluster* de servidores, virtualização, núcleos de processadores, *storages* etc.
- **Gestão financeira:** responsável pela realização do planejamento orçamentário dos valores de TI, contemplando custos, investimentos e manutenção do controle de todas as retiradas de valor e receitas ao longo do tempo.
- **Gestão de pessoas:** consiste na gestão do relacionamento com os profissionais no que diz respeito à remuneração, aos benefícios, à carreira e ao equilíbrio, gerando qualidade de vida para as pessoas envolvidas.

Além das áreas e assuntos que envolvem, de modo geral, a governança em TI, há três aspectos que, seguramente, fazem a diferença e que são largamente aplicados pelo mercado, tratando-se de processos de engenharia de software, gerenciamento de projeto e gerenciamento de serviço (Figura 1.2). No contexto de projeto e implementação de banco de dados, é importante entender como esses três aspectos se integram e influenciam outros processos, atividades e produtos do projeto e da implementação de banco de dados.

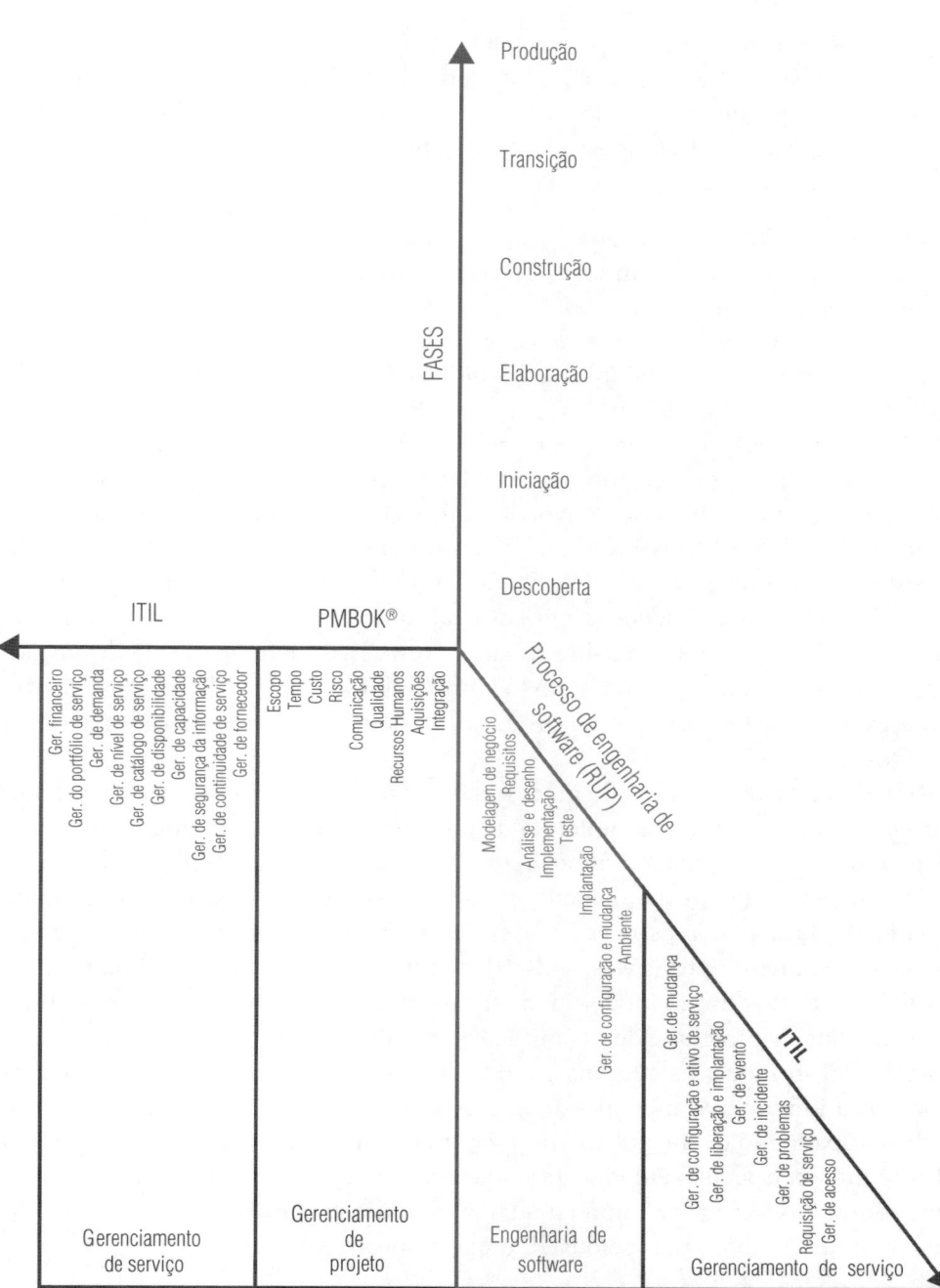

Figura 1.2 – Interação de projeto e implementação em banco de dados e os processos de engenharia de software, gerenciamento de projeto e gerenciamento de serviço (figura disponível na Sala Virtual, em <sv.pearson.com.br>)

1.2.1 Processos de engenharia de software

O desenvolvimento de software vem se tornando uma atividade cada vez mais complexa, conforme explica Belloquim (2003):

> As crescentes demandas dos clientes e usuários, a maior complexidade da tecnologia disponível e as exigências de maior confiabilidade, menor custo e prazo e maior produtividade estão levando empresas e desenvolvedores a se convencerem de que a abordagem artesanal no desenvolvimento e manutenção de software tem seus dias contados.

Sommerville (2007) explica que "um dos maiores desafios das organizações de software é justamente aplicar, em seus processos de desenvolvimento, os novos conceitos de engenharia de software".

Atualmente, o desenvolvimento de software é um desafio e, consequentemente, diversas abordagens têm surgido com o objetivo de realizar uma produção de software de qualidade. Considerando as muitas atividades que podem ocorrer, desde a identificação dos requisitos até a entrega do software, pode ser levantada a questão sobre como deve proceder um desenvolvedor, ou uma equipe de desenvolvimento, os gestores e os usuários envolvidos. Há alguns processos, como a norma internacional NBR ISO/IEC 12207, o Processo Unificado (*Unified Process* – UP), o Processo Unificado Rational® (*Rational Unified Process* – RUP), os Métodos Ágeis e o Modelo de Maturidade para Capacitação de Software (*Capability Maturity Model* – CMM) que discorrem sobre o tema. Neste livro, para efeito de discussão, será utilizado como referência o Processo Unificado Rational® (RUP), pois consiste em uma excelente contribuição ao processo de engenharia pela sua abrangência de assuntos.

O RUP descreve uma família de processos de engenharia de software relacionados, que compartilham estrutura e arquitetura de processos comuns. Ele proporciona uma abordagem disciplinada para a atribuição de tarefas e de responsabilidades dentro de uma organização de desenvolvimento de software. Sua meta é garantir a produção de alta qualidade, que atenda às necessidades dos usuários, considerando um planejamento e um orçamento previsíveis. O RUP captura muitas das melhores práticas do desenvolvimento de software moderno, de forma que possam ser adaptadas para uma grande variedade de projetos e de organizações (França, 2004).

O RUP é organizado em disciplinas, as quais constituem um conjunto de atividades relacionadas a uma importante área de interesse, em todo o projeto. O principal objetivo do agrupamento de atividades em disciplinas é ajudar a compreender o projeto a partir de uma perspectiva em cascata tradicional. A separação dessas atividades em disciplinas distintas facilita a compreensão, mas dificulta o planejamento. A seguir são listadas as disciplinas propostas pelo RUP e suas respectivas finalidades:

- **Modelagem de negócio:** permite entender a estrutura e a dinâmica da organização na qual um sistema deve ser implementado (a organização-alvo, ou seja, aquela que receberá a entrega dos sistemas); entender os problemas atuais e identificar as possibilidades de melhoria; assegurar que os envolvidos tenham entendimento comum sobre a organização-alvo; derivar os requisitos de sistema necessários para sustentá-la.
- **Requisitos:** permitem estabelecer e manter a concordância sobre o que o sistema deve fazer com os clientes e outros envolvidos; oferecer, aos desenvolvedores do sistema, uma compreensão melhor dos requisitos do sistema; definir as fronteiras do sistema (ou delimitar o sistema); fornecer uma base para planejar o conteúdo técnico das iterações; fornecer uma base para estimar o custo e o tempo de desenvolvimento do sistema; definir uma interface de usuário para o sistema, focando nas necessidades e metas dos usuários.
- **Análise e desenho:** possibilitam transformar os requisitos em design do sistema que será criado; desenvolver uma arquitetura sofisticada para o sistema; adaptar o design para que corresponda ao ambiente de implementação, projetando-o para fins de desempenho.
- **Implementação:** permite definir a organização do código, em termos de subsistemas de implementação organizados em camadas; implementar classes e objetos em termos de componentes (arquivos-fonte, binários, executáveis e outros); testar os componentes desenvolvidos como unidades; integrar os resultados produzidos por implementadores individuais (ou equipes) ao sistema executável.
- **Teste:** possibilita localizar e documentar defeitos na qualidade do software; avisar de forma geral sobre a qualidade observada no software; validar as funções do software conforme projetadas; verificar se os requisitos foram implementados de forma adequada.
- **Implantação:** permite descrever os três modos de implantação do produto, sendo: a) instalação personalizada; b) produto em uma forma "compacta"; c) acesso ao software por meio da internet. Em cada instância, o ideal é testar o produto no local de desenvolvimento, seguido de testes beta, antes de ser oferecido para o cliente.
- **Gerência de configuração e mudança:** possibilita controlar as mudanças feitas nos artefatos (será visto na seção 1.3.4 deste capítulo) de um projeto e manter a integridade deles, envolvendo os seguintes itens: a) identificação dos itens de configuração; b) restrição de mudanças nesses itens; c) auditoria das mudanças feitas nesses itens; e) definição e gerenciamento das configurações desses itens.
- **Gerência de projeto:** permite fornecer uma estrutura (*framework*) para gerenciar projetos de software; fornecer diretrizes práticas para planejar, montar a equipe, executar e monitorar os projetos, além de fazer o gerenciamento de riscos.
- **Ambiente:** possibilita descrever as atividades para o desenvolvimento das diretrizes de suporte ao projeto; oferecer à organização o ambiente de desenvolvimento de software, contemplando processos e ferramentas que darão suporte à equipe de desenvolvimento.

O Quadro 1.1 apresenta um resumo com as atividades de cada disciplina e seus respectivos artefatos e papéis.

Quadro 1.1 Ciclo de vida de software no RUP

Fluxo de trabalho	Gerenciamento de projeto	Ambiente	Gerenciamento de configuração e mudança	Modelagem de negócio	Requisitos
Atividades	1. Conceber novo projeto. 2. Avaliar escopo e risco do projeto. 3. Elaborar plano de desenvolvimento de software. 4. Planejar próxima iteração. 5. Gerenciar iteração. 6. Monitorar e controlar o projeto. 7. Finalizar fase. 8. Finalizar o projeto.	1. Preparar ambiente do projeto. 2. Preparar ambiente para uma iteração. 3. Preparar diretrizes para uma iteração. 4. Ambiente de suporte durante uma iteração.	1. Planejar configuração do projeto e controle de mudanças. 2. Criar ambientes para gerenciamento de configuração (cm) do projeto. 3. Alterar e liberar itens de configuração. 4. Gerenciar *baselines* e *releases*. 5. Monitorar e relatar status de configuração. 6. Gerenciar solicitações de mudança.	1. Avaliar status do negócio. 2. Descrever o negócio atual. 3. Identificar os processos de negócios. 4. Refinar definições do processo de negócios. 5. Projetar realizações do processo de negócios. 6. Refinar papéis e responsabilidades. 7. Explorar a automação do processo. 8. Desenvolver um modelo de domínio.	1. Analisar o problema. 2. Compreender as necessidades dos envolvidos. 3. Definir o sistema. 4. Gerenciar o escopo do sistema. 5. Refinar a definição do sistema. 6. Gerenciar requisitos e variáveis.
Artefatos	1. Plano de desenvolvimento de software. 2. Caso de negócio. 3. Plano de iteração. 4. Avaliação de iteração. 5. Avaliação de status. 6. Plano de resolução dos problemas. 7. Plano de gerenciamento de riscos. 8. Lista de riscos. 9. Ordem de trabalho. 10. Plano de aceitação do produto.	1. Caso de desenvolvimento. 2. Avaliação da organização de desenvolvimento. 3. Modelos específicos do projeto. 4. Guia de modelagem de negócio. 5. Guia de *design*. 6. Guia de programação. 7. Guia de modelagem de caso de uso. 8. Guia de interface com o usuário. 9. Guia de teste.	1. Registro da auditoria de configuração. 2. Solicitação de mudança. 3. Plano de gerenciamento de configuração. 4. Espaço de trabalho (integração). 5. Espaço de trabalho (desenvolvimento).	1. Glossário de negócio. 2. Regras de negócio. 3. Modelo de caso de uso de negócio. 4. Modelo de objetos do negócio. 5. Avaliação da organização-alvo. 6. Visão de negócio. 7. Documento de arquitetura do negócio. 8. Especificação suplementar de negócio. 9. Caso de uso de negócio. 10. Ator de negócio.	1. Plano de gerenciamento de requisitos. 2. Solicitação dos principais envolvidos. 3. Glossário. 4. Visão. 5. Modelo de caso de uso. 6. Especificação suplementar. 7. Atributos de requisitos. 8. Caso de uso. 9. Especificação de requisitos de software. 10. Pacote de caso de uso. 11. Encenação de caso de uso.

Continua

Continuação

Fluxo de trabalho	Gerenciamento de projeto	Ambiente	Gerenciamento de configuração e mudança	Modelagem de negócio	Requisitos
	11. Plano de métricas. 12. Plano de garantia da qualidade. 13. Lista de problemas. 14. Métricas do projeto. 15. Registro de revisão.	10. Manual de guia de estilo. 11. Guia de ferramentas. 12. Lista de infraestrutura de desenvolvimento.		11. Entidade de negócio. 12. Trabalhador do negócio. 13. Realização de caso de uso de negócio. 14. Unidade organizacional.	12. Classe de fronteira. 13. Ator. 14. Protótipo da interface gráfica.
Papéis	1. Gerente de projeto.	1. Engenheiro de processo. 2. Redator técnico. 3. Analista de sistemas. 4. Analista de negócio. 5. Especialista em ferramentas. 6. Projetista de testes. 7. Projetista de interface gráfica. 8. Arquiteto. 9. Administrador de sistemas.	1. Gerente de configuração. 2. Gerente de controle de mudança. 3. Integrador de sistema. 4. Membros do projeto.	1. Analista do processo de negócio. 2. Projetista de negócio.	1. Analista de sistema. 2. Especificador de requisitos. 3. Projetista de interface com o usuário.

Quadro 1.1 Ciclo de vida de software no RUP (continuação)

Fluxo de trabalho	Análise e desenho	Implementação	Teste	Implantação
Atividades	1. Definir arquitetura candidata. 2. Refinar a arquitetura. 3. Realizar síntese arquitetural. 4. Analisar comportamento. 5. Projetar componentes. 6. Projetar componentes de tempo real. 7. Projetar o banco de dados.	1. Estruturar o modelo de implementação. 2. Planejar a integração. 3. Implementar componentes. 4. Integrar cada subsistema. 5. Integrar o sistema.	1. Planejar testes. 2. Projetar testes. 3. Implementar testes. 4. Executar testes de integrados. 5. Executar testes do sistema. 6. Avaliar testes.	1. Planejar implantação. 2. Desenvolver material de suporte. 3. Gerenciar teste de aceitação. 4. Produzir unidade de implantação. 5. Empacotar produto. 6. Fornecer acesso ao site de download. 7. Criar produto para teste beta.

Continua

Continuação

Fluxo de trabalho		Análise e desenho	Implementação	Teste	Implantação
Artefatos		1. Documento de arquitetura. 2. Modelo de análise. 3. Modelo de projeto. 4. Modelo de implantação. 5. Arquitetura de referência. 6. Prova de conceito de arquitetura. 7. Interface. 8. Protocolo. 9. Modelo de dados. 10. Realização de caso de uso. 11. Classe de análise. 12. Classe de projeto. 13. Subsistema de projeto. 14. Projeto de pacotes.	1. Plano de integração do *build*. 2. Componente. 3. Subsistema de implementação. 4. *Build*. 5. Modelo de implementação.	1. Plano de teste. 2. Sumário da avaliação dos testes. 3. Roteiro de teste. 4. Log de testes. 5. Lista de ideias de testes. 6. Caso de teste. 7. Modelo de análise de carga de trabalho. 8. Dados de testes. 9. Resultado dos testes. 10. Arquitetura para automatização de testes. 11. Especificação de interfaces de testes. 12. Configuração do ambiente de teste. 13. Conjunto de testes. 14. Guia de testes. 15. Classe de teste. 16. Componente de teste.	1. Plano de implantação. 2. Lista de materiais. 3. Notas de *release*. 4. Produto. 5. Artefatos de instalação. 6. Materiais de treinamento. 7. Unidade de implantação. 8. Arte final do produto. 9. Material de suporte ao usuário.
Papéis		1. Arquiteto. 2. Projetista. 3. Projetista de banco de dados.	1. Arquiteto. 2. Implementador. 3. Integrador.	1. Projetista de teste. 2. Projetista. 3. Implementador. 4. Analista de teste.	1. Implantador. 2. Gerente de implantação. 3. Desenvolvedor de curso. 4. Redator técnico. 5. Artista gráfico. 6. Gerente de configuração.

Observação: conteúdo disponível na Sala Virtual, em <sv.pearson.com.br>.

No RUP, o aspecto dinâmico é representado pela dimensão *tempo*, evidenciando o ciclo de vida do processo na medida em que o software é desenvolvido através de fases. Neste caso, a *fase* é uma divisão do trabalho que visa melhorar o gerenciamento do processo de software. Cada fase representa um esforço administrável e consiste em um conjunto significativo e mensurável de atividades, que são executadas pelo projeto. As fases são as seguintes:

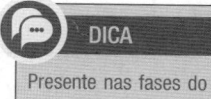

DICA
Presente nas fases do ciclo de vida do processo, o marco é um ponto de controle que caracteriza a finalização da fase.

- **Iniciação**: tem como marco o Objetivo do Projeto, estabelecendo o escopo do projeto, a visão e a viabilidade econômica.
- **Elaboração**: tem como marco a Arquitetura, estabelecendo exigências de arquitetura. A viabilidade técnica do esforço é necessária para estabilizar a arquitetura do sistema.
- **Construção**: tem como marco a Capacidade Operacional Inicial, estabelecendo foco em construir ou completar a construção do sistema.
- **Transição**: tem como marco a Entrega do Sistema, estabelecendo foco em completar a passagem para a produção do sistema, entregando o sistema à comunidade dos usuários.

Veja, no Quadro 1.2, a visão do envolvimento de cada uma das disciplinas nas respectivas fases.

Quadro 1.2 Fases *versus* disciplinas

	FASE / DISCIPLINA	Iniciação	Elaboração	Construção	Transição
Engenharia de software	Modelagem de negócio	✓			
	Requisitos	✓	✓	✓	
	Análise e desenho		✓	✓	
	Implementação		✓	✓	
	Teste		✓	✓	✓
	Implantação			✓	✓
	Gerência de configuração e mudança	✓	✓	✓	✓
	Gerência de projeto	✓	✓	✓	✓
	Ambiente	✓	✓	✓	✓

1.2.2 Gerenciamento de projeto

A importância do gerenciamento de projetos é cada vez maior em todas as áreas que envolvem essa atividade (independente da área) e não poderia ser diferente com projetos de TI. Uma abordagem que é reconhecida mundialmente para realizar a gestão de forma organizada e controlada é o PMBOK® (*Project Management Body of Knowledge*), um termo que descreve a soma de conhecimentos necessários para o gerenciamento de projetos. Os grupos de processos vinculados às áreas de conhecimento do PMBOK® possibilitam maior maturidade na gestão de projetos.

A Figura 1.3 apresenta esses grupos de processos, os quais serão descritos nos itens a seguir.

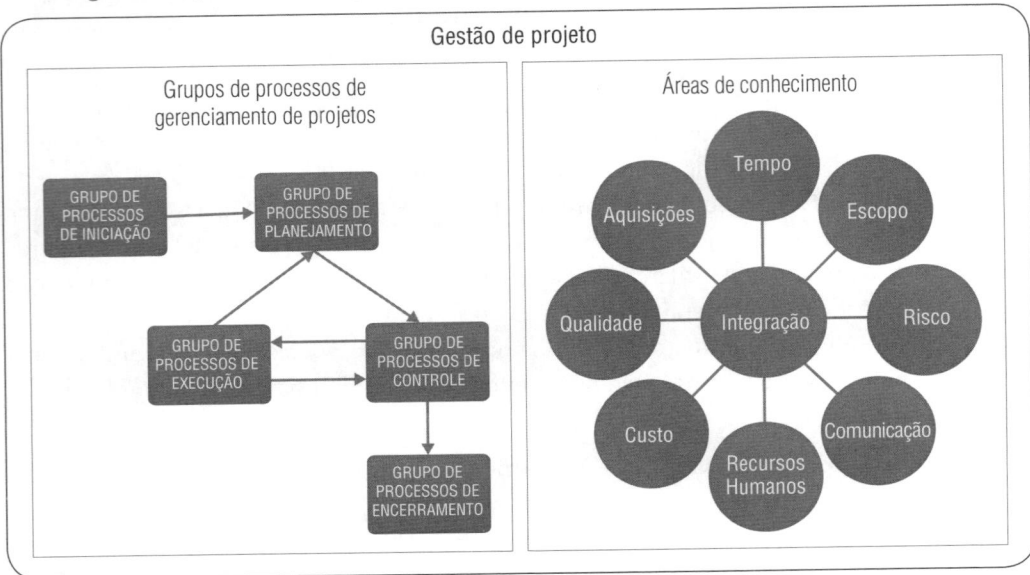

Figura 1.3 – Grupos de processos e áreas de conhecimento na gestão de projetos

Grupos de processos de gerenciamento de projeto

Os grupos de processos representam as etapas contempladas em um projeto e são relacionados conforme a Figura 1.3. A função desses grupos é produzir resultados que sirvam como entrada para dar início a outros processos, fornecendo atualização ao plano na medida em que o projeto progride. A seguir, apresentam-se, de forma detalhada, esses grupos de processos:

- **Iniciação**: trata das ações relacionadas à autorização do projeto. Essa é a fase inicial, responsável pela identificação e transformação de uma determinada necessidade em problema estruturado, que será resolvido por meio de projeto. Também é a etapa em que as estratégias de condução do projeto são identificadas e definidas.
- **Planejamento**: trata da definição e do refinamento dos objetivos do projeto, optando pelas melhores alternativas de ação, para alcançar as metas propostas. Nesta etapa, deve-se detalhar tudo aquilo que será realizado durante a execução do projeto, incluindo cronogramas, interdependência entre atividades, alocação dos recursos envolvidos, análise de custos, riscos, qualidade, profissionais etc.

- **Execução:** trata da coordenação das pessoas e de outros recursos para realizar o que foi planejado para o projeto. Grande parte do orçamento e do esforço do projeto é consumida nessa fase.
- **Controle:** trata de garantir que os objetivos definidos sejam atingidos no decorrer do projeto, por meio da monitoração regular do progresso, identificando variações do plano e, portanto, ações corretivas que poderão ser tomadas quando necessárias. Essa etapa deve acontecer simultaneamente ao planejamento operacional e à execução do projeto, tendo como objetivo o acompanhamento e o controle daquilo que está sendo realizado pelo projeto, de modo a propor ações corretivas e preventivas no menor espaço de tempo possível após a detecção da anormalidade.
- **Encerramento:** trata da formalização e da aceitação do projeto, ou de uma determinada fase, para encerrá-lo de forma organizada e controlada. O encerramento pode ser feito por uma auditoria interna ou externa, na qual a documentação do projeto é finalizada e todas as falhas ocorridas durante a sua execução são discutidas e analisadas para que erros similares não ocorram em novos projetos. Essa prática também é conhecida como *lessons learned*, ou, em português, lições aprendidas.

Áreas de conhecimento do PMBOK®

Além dos grupos de processos de gerenciamento, o PMBOK® indica um conjunto de áreas de conhecimento referentes ao gerenciamento de projeto. São elas:

- **Escopo**: inclui os processos requeridos para garantir que o projeto irá prever todas as atividades necessárias (e somente as necessárias), para a sua finalização com sucesso. O foco está em definir e controlar o que faz e o que não faz parte do projeto. Esse processo é subdividido em planejamento do escopo, definição do escopo, verificação do escopo e controle de alteração do escopo.
- **Tempo**: inclui os processos requeridos para garantir a finalização do projeto dentro do prazo definido. Esse processo é subdividido em definição das atividades, sequenciamento das atividades, estimativa de duração das atividades, desenvolvimento do cronograma e controle do prazo.
- **Custo**: inclui os processos requeridos para assegurar que o projeto seja finalizado de acordo com o orçamento aprovado. Envolve as etapas responsáveis por determinar quais são os recursos (pessoas, equipamentos e materiais) necessários e em qual quantidade cada um deles deve ser utilizado para a realização das atividades do projeto, além da estimativa dos custos dos recursos para implementação das atividades do projeto, alocação e controle dos custos. Esse processo é subdividido em planejamento de recursos, estimativa de custos, orçamento dos custos e controle dos custos.
- **Risco**: processo sistemático de identificar, analisar e responder, com ações gerenciais, os riscos e incertezas do projeto. O foco é maximizar os eventos positivos e minimizar

as consequências dos eventos negativos. Esse processo é subdividido em planejamento do risco, identificação do risco, qualificação do risco, quantificação do risco, plano de resposta ao risco e monitoramento e controle dos riscos.
- **Comunicação**: inclui os processos requeridos para garantir que todas as informações desejadas cheguem às pessoas certas, no tempo previsto, e de uma maneira economicamente viável. Esse processo é subdividido em planejamento das comunicações, distribuição das informações, reporte de desempenho e encerramento administrativo.
- **Qualidade**: inclui os processos requeridos para assegurar que o projeto satisfaça às necessidades para as quais foi criado. Esse processo é subdividido em planejamento da qualidade, garantia da qualidade e controle da qualidade.
- **Recursos Humanos**: inclui os processos requeridos para que se empregue de forma mais eficaz o pessoal envolvido no projeto. Esse processo é subdividido em planejamento organizacional, formação e desenvolvimento da equipe.
- **Aquisições**: inclui os processos necessários para a obtenção de bens e serviços externos à organização executora do projeto, garantindo o alcance dos objetivos do projeto. Esse processo é subdividido em planejamento das contratações, preparação das solicitações de compras, solicitações de propostas, seleção de fornecedores, administração e encerramento de contratos.
- **Integração**: inclui os processos requeridos para garantir que os vários elementos do projeto sejam adequadamente coordenados. Envolve a realização de compensações entre objetivos e alternativas, eventualmente, concorrentes, a fim de atingir ou superar as necessidades e expectativas dos envolvidos – no caso, os *stakeholders*.

Os grupos de processos se relacionam com as áreas de conhecimento e formam o ciclo de vida do projeto, no qual é apresentada uma dinâmica característica na alocação dos recursos necessários para execução, como é demonstrado no Quadro 1.3.

Quadro 1.3 Grupo de processos *versus* áreas de conhecimento

	GRUPO DE PROCESSO	Iniciação	Planejamento	Execução	Controle	Encerramento
	ÁREAS DE CONHECIMENTO					
Gerenciamento de projeto	Escopo	✓	✓		✓	
	Tempo		✓		✓	
	Custo		✓		✓	
	Risco		✓		✓	
	Comunicação		✓	✓	✓	✓
	Qualidade		✓	✓	✓	
	Recursos Humanos		✓	✓		
	Aquisições		✓	✓		✓
	Integração		✓	✓	✓	

1.2.3 Gerenciamento de serviço

O gerenciamento de serviço é um conjunto de capacidades organizacionais especializadas para fornecer valor aos clientes na forma de serviços. Um dos modelos mais utilizados no gerenciamento de serviço é o *Information Technology Infrastructure Library©* (ITIL), que compreende uma ampla visão sobre os vários aspectos de um serviço de TI, a exemplo da preocupação com o cliente e formas maduras para execução e controle das operações, bem como os eixos de gestão estratégica, tática e operacional. O ITIL é mundialmente reconhecido e aplicado, o que o torna uma excelente contribuição para as melhores práticas de TI.

A arquitetura central do ITIL é baseada no ciclo de vida do serviço. Representado em volumes da biblioteca, refere-se a um conjunto de livros que descrevem as melhores práticas para o gerenciamento de serviços em TI, conforme ilustra a Figura 1.4.

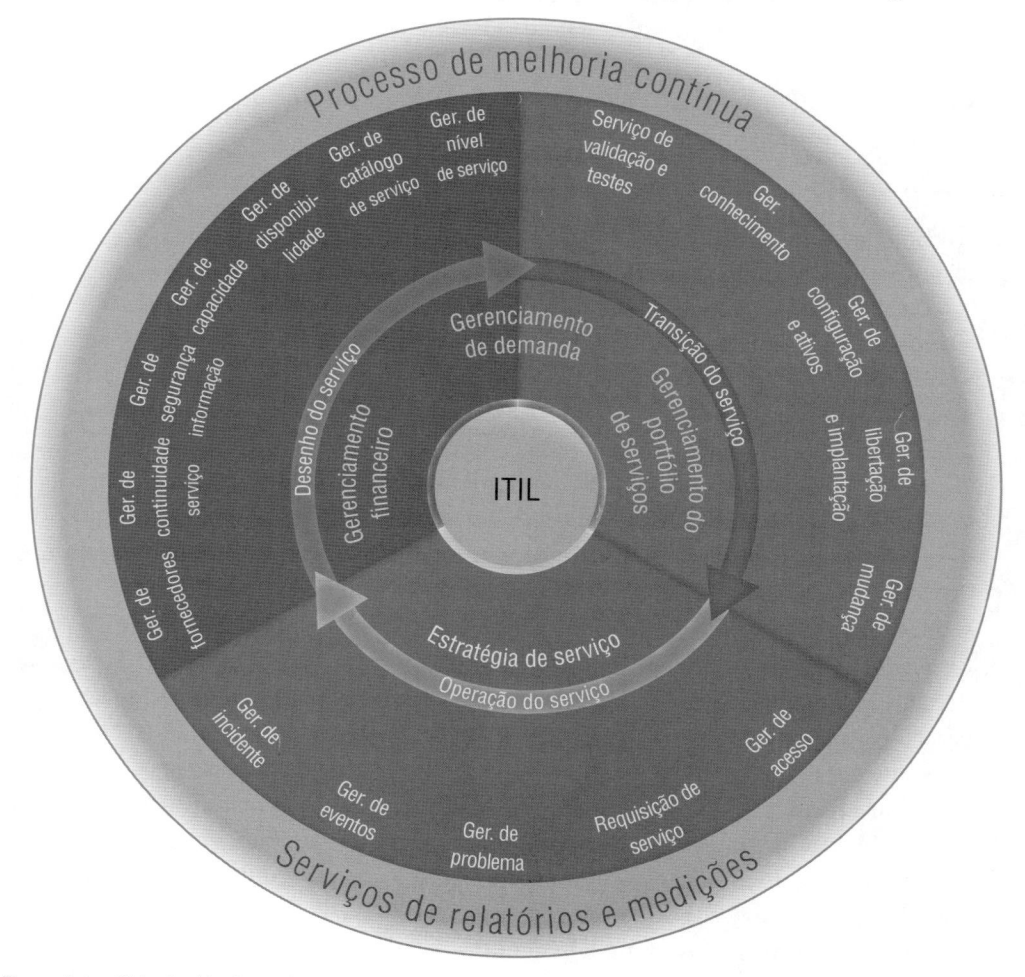

Figura 1.4 – Ciclo de vida do serviço

O ciclo de vida do serviço é uma abordagem do gerenciamento de serviço de TI, que enfatiza a importância da coordenação e do controle por meio de várias funções, processos e sistemas. Essas atividades são necessárias para gerenciar todo o ciclo de vida dos serviços de TI, promovendo melhorias contínuas no processo, por meio de relatórios e medição de serviços, conforme a Figura 1.4.

Estratégia de serviço

A estratégia de serviço visa:

- Direcionar o desenho, o desenvolvimento e a implementação do gerenciamento de serviço, não apenas como uma capacidade organizacional, mas como um ativo estratégico.
- Garantir que as organizações estejam aptas a lidar com os custos e os riscos associados a seus portfólios de serviço, alcançando efetividade operacional e distinção no desempenho.
- Encorajar os leitores a refletir sobre os motivos pelos quais algo deve ser feito, antes de pensar no como deve ser feito.

No volume Estratégia de Serviço, são tratados os seguintes processos:

1. *Gerenciamento de portfólio de serviço* é o conjunto de serviços gerenciado por um fornecedor. Estas são as suas características:
   - Possui método dinâmico para administrar os investimentos no gerenciamento de serviço.
   - Considera o serviço a partir do valor agregado que ele representa ao negócio.
   - Constitui base para o modelo de decisão, permitindo que a gerência compare e contraste diferentes ideias. O objetivo é que as propostas mais adequadas e viáveis possam, depois, ser desenvolvidas como um serviço.
   - Representa os compromissos contratuais descritos no portfólio, além dos novos desenvolvimentos de serviços e planos de melhoria de serviços em andamento, que são iniciados pela melhoria contínua de serviço, incluindo o de terceiros.
   - Auxilia na priorização de investimentos e na melhoria da alocação de recursos.
2. *Gerenciamento de demanda* inclui as atividades para entender e influenciar as demandas dos clientes para serviços, e a previsão de capacidades para atendê-las. Suas características são:
   - No nível estratégico, pode envolver a análise do padrão de atividades de negócio.
   - No nível tático, pode envolver o uso da cobrança diferencial, encorajando os clientes a utilizarem os serviços de TI em horários de menor ocupação.
3. *Gerenciamento financeiro* é responsável por gerenciar os requisitos de orçamento, contabilidade e cobrança de fornecedores de serviço de TI. Suas características são:
   - Prediz e controla gastos, além de ser constituído de um ciclo de negociação periódico, define orçamentos futuros e faz monitoramento diário e ajustes de orçamento.

- Identifica os reais custos da entrega de serviços de TI, comparando com os serviços já orçados, gerenciando os possíveis desvios.
- Estabelece a estrutura de pagamento para os serviços de TI. Em várias organizações, cria-se uma estrutura de rateio, baseada na utilização que as áreas usuárias fazem de TI.
- Garante o financiamento próprio para a entrega e o consumo de serviços.

Desenho do serviço

O desenho do serviço direciona o desenho e o desenvolvimento dos serviços. Isso inclui:

- Desenhar os serviços que podem ser facilmente desenvolvidos e melhorados eficientemente.
- Cobrir os princípios, a fim de projetar métodos para converter objetivos estratégicos em portfólios de serviços e ativos de serviço.
- Desenhar processos eficazes e eficientes, estabelecendo níveis de serviço e conformidade com normas e padrões.
- Identificar e gerenciar riscos.
- Desenvolver habilidades e capacidades de organização.
- Desenhar métodos de medições e métricas envolvidas em cada processo.
- Tomar como base os objetivos, políticas e diretrizes da estratégia de serviço, cuja principal meta é desenhar um ambiente que será capaz de atender os requisitos definidos.
- Focar em pessoas, processos, produtos, tecnologia e parceiros.

Os seguintes processos fazem parte do desenho do serviço:

1. *Gerenciamento de nível de serviço* estabelece o formalismo entre o cliente e o provedor de serviço, descrevendo os serviços de TI por meio de contratos e termos, com os níveis de serviços acordados de tal forma que fiquem claras as responsabilidades do cliente e do provedor de serviços. Suas funções são:
    - Definir, documentar, acordar, monitorar, medir, relatar e revisar os níveis dos serviços fornecidos pela TI.
    - Promover melhorias no relacionamento e na comunicação com os clientes.
    - Estabelecer e manter os Níveis de Acordo de Serviço para todos os serviços atuais e gerenciar o nível de serviço fornecido para alcançar os alvos e medições de qualidade contidas nos acordos.
    - Gerenciar as expectativas e percepção das áreas de negócios, cliente e usuários e garantir que a qualidade do serviço entregue esteja alinhada com as expectativas e necessidades.
    - Garantir que metas específicas e mensuráveis sejam desenvolvidas para todos os serviços de TI.
    - Monitorar e melhorar a satisfação dos clientes.

- Garantir que a TI e seus clientes tenham uma expectativa clara e sem ambiguidades quanto ao nível de serviço a ser entregue.
- Garantir medidas proativas, para melhorar os níveis dos serviços entregues, e para que sejam implementados a um custo justo.

2. *Gerenciamento do catálogo de serviço* administra as informações contidas no catálogo de serviços, garantindo a precisão deles, a fim de refletir todos os seus detalhes, relacionamentos e dependências de todos os serviços que estão sendo executados no ambiente de produção. Suas funções são:
   - Produzir e manter o catálogo de serviço, garantindo que ele seja uma fonte de dados centralizada, precisa e consistente.
   - Relatar a situação de todos os serviços operacionais, ou serviços que estejam sendo suportados no ambiente atual, juntamente a detalhes apropriados de cada serviço.
   - Desenvolver e manter uma política que faça a rastreabilidade entre o portfólio e o catálogo de serviço, relacionando os serviços registrados, assim como os detalhes necessários e a situação registrada de cada serviço.

3. *Gerenciamento da disponibilidade* garante que o nível de disponibilidade do serviço, entregue em todas as etapas que o compõe, esteja compatível ou exceda as necessidades atuais e futuras acordadas com o cliente, equilibrando o custo-eficiência:
   - Produzir e manter o plano de disponibilidade atualizado.
   - Monitorar, medir, analisar, relatar e revisar o serviço e os componentes de disponibilidade.
   - Investigar a indisponibilidade de todos os serviços, componentes e ações corretivas.
   - Assessorar a investigação e o diagnóstico de todos os incidentes e problemas que causem falhas de disponibilidade, ou a indisponibilidade de serviços e componentes.

4. *Gerenciamento da segurança da informação* estabelece políticas de segurança geral e um conjunto de políticas de segurança de apoio. Suas características envolvem as seguintes definições:
   - Confidencialidade da informação aos que têm direito de saber.
   - Integridade da informação segura, completa e protegida contra modificações não autorizadas.
   - Disponibilidade da informação quanto ao uso quando necessário e a capacidade que o sistema que a fornece tem de resistir apropriadamente a ataques, além de se recuperar e de prevenir falhas.
   - Garantia da autenticidade sem rejeição nas transações de negócio entre a empresa e os parceiros.
   - Acesso das políticas de segurança a todos os clientes, usuários e equipe de TI.

5. *Gerenciamento do fornecedor* estabelece o valor agregado do fornecedor e de contratos para a organização. Suas funções são:
   - Garantir que contratos de apoio e acordos com fornecedores estejam alinhados com as necessidades de negócio e de suporte.
   - Gerenciar o relacionamento com os fornecedores.
   - Avaliar e obter novos contratos e fornecedores.
   - Gerenciar a categorização de fornecedores.
   - Gerenciar o desempenho de cada fornecedor e encerramentos de contrato.
6. *Gerenciamento da capacidade* visa estabelecer o equilíbrio entre o balanceamento de custos *versus* recursos, e o de fornecimento *versus* demanda. Suas funções são:
   - Garantir que as necessidades atuais e futuras do negócio sejam consideradas nas operações de TI.
   - Garantir que TI tenha capacidade suficiente para suportar qualquer serviço alterado, ou o planejamento e a implementação de um novo serviço em uma escala de tempo apropriada.
   - Manter controle e previsão completos do desempenho, da capacidade da carga de trabalho e do uso de serviços operacionais de TI.
   - Garantir que o desempenho de todos os serviços, conforme detalhado no Nível de Acordo de Serviço e Contrato (visto no tópico *Gerenciamento de nível de serviço*, dessa mesma seção), seja monitorado e medido. Os dados coletados também devem ser registrados, analisados e reportados.
   - Manter controle e previsão completos do desempenho, da utilização e da capacidade de cada componente de tecnologia de TI.
   - Garantir que todos os componentes da infraestrutura de TI, que tenham recursos finitos, sejam monitorados e medidos. Os dados coletados também devem ser registrados, analisados e reportados.
7. *Gerenciamento da continuidade de serviços de TI* mantém um conjunto de planos de continuidade de serviço e de planos de recuperação, que suportam os planos de continuidade de negócio da organização. Suas funções são:
   - Completar exercícios de análise de impacto de negócio regularmente, para garantir que todos os planos de continuidade sejam mantidos alinhados com impactos, requisitos e mudanças de negócio.
   - Realizar exercícios de gerenciamento de riscos e os processos de gerenciamento de disponibilidade e segurança regularmente com os clientes.
   - Direcionar todas as áreas de negócio e de TI, em todos os problemas relacionados a continuidade e recuperação.
   - Avaliar o impacto de mudanças nos planos de continuidade de serviço de TI.
   - Negociar e acordar a previsão da capacidade de recuperação dos fornecedores, por meio de contratos para dar suporte a todos os planos de continuidade em conjunto com o processo de gerenciamento de fornecedor.

Transição do serviço

A transição do serviço é uma interface entre o desenho e a operação de serviço, influenciada por entradas da estratégia e do desenho de serviço. Geralmente é ativada a partir da realização de uma requisição de mudança. Seus principais objetivos são:

- Planejar e gerenciar a capacidade e os recursos necessários para empacotar, construir, testar e distribuir uma liberação em produção.
- Fornecer estrutura consistente e rigorosa para avaliar a capacidade de serviço e perfil de riscos.
- Estabelecer e manter a integridade de todos os ativos de serviço e configurações identificados.
- Fornecer conhecimento e informação de boa qualidade.
- Fornecer mecanismos de construção e instalação eficientes e repetíveis.
- Garantir que o serviço possa ser gerenciado, operado e suportado de acordo com os requisitos e as limitações especificadas dentro do desenho de serviço.

Os seguintes processos fazem parte da transição do serviço:

1. *Gerenciamento de mudança* garante que todas as mudanças sejam registradas e depois avaliadas, autorizadas, priorizadas, planejadas, testadas, implementadas, documentadas e revisadas de forma controlada. É desenhado e planejado em conjunto com os processos de gerenciamento de configuração e ativo de serviço. Fazem parte dessa etapa as seguintes atividades:
   - Realizar o planejamento e o controle das mudanças.
   - Sincronizar as mudanças e liberações.
   - Realizar a comunicação e as tomadas de decisão de mudança, além da autorização de mudanças.
   - Garantir que existam planos de retorno (remediação).
   - Estabelecer medição e controle, bem com relatório das mudanças.
   - Entender o impacto da mudança.
2. *Gerenciamento da configuração e ativo de serviço* define e controla os componentes dos serviços e infraestrutura, bem como mantém as informações precisas em torno da situação da configuração da cada item existente na TI. Entre seus objetivos também estão:
   - Estabelecer um banco de dados dos itens de configuração (conhecido como *Configuration Management Database* – CMDB), com os seus respectivos relacionamentos.
   - Analisar o impacto das mudanças nos itens de configuração, por meio da conectividade desses itens registrados no CMDB.
   - Estabelecer um processo de inventário de todos os ativos da organização.

3. *Gerenciamento de liberação e implantação* fornece para TI uma visão que engloba todos os aspectos da liberação *(release)*, considerando as necessidades técnicas e não técnicas. Cabe destacar que um bom planejamento e gerenciamento de recursos é essencial para gerar e distribuir com sucesso as liberações para os clientes. Nessa fase, deve-se:
   - Garantir que exista uma liberação clara e compreensível dos planos de distribuição, permitindo o alinhamento entre os planos de negócio dos clientes e os projetos que serão implantados.
   - Garantir que um pacote de liberação seja construído, instalado, testado e distribuído de forma eficiente e de acordo com o planejado, para um grupo ou para um ambiente alvo.
   - Garantir que clientes, usuários e equipe de gerenciamento do serviço estejam satisfeitos com as práticas de transição de serviço e suas saídas, a exemplo da documentação do usuário, do treinamento, do plano de contingência etc.
   - Garantir que haverá o mínimo de impacto inesperado na produção dos serviços, operações e organização de suporte.

Operação do serviço

A operação do serviço tem como principal proposta coordenar e executar atividades e processos necessários para entregar os serviços nos níveis acordados com os usuários do negócio e os clientes, além de gerenciar continuamente a tecnologia utilizada para dar suporte a esses serviços. Entre seus outros objetivos, estão:

- Direcionar o atendimento da entrega eficaz e eficiente ao suporte dos serviços.
- Garantir valor para os clientes e provedores de serviço.
- Realizar objetivos estratégicos por meio da operação do serviço, mantendo sua capacidade crítica.

Os seguintes processos fazem parte da transição do serviço:

1. *Gerenciamento de incidente* restabelece a operação normal do serviço o mais rapidamente possível, com o mínimo de interrupção do negócio, assegurando que os melhores níveis de disponibilidade e serviço pretendidos sejam mantidos. Suas funções são:
   - Garantir o menor impacto nos negócios, por meio da resolução adequada dos incidentes.
   - Aprimorar o monitoramento e o rastreamento de incidentes, permitindo o estabelecimento de métricas e indicadores de acordo com o nível de acordo de serviço.
   - Melhorar a utilização da equipe, buscando maior eficiência do suporte.
   - Guardar os registros claros, precisos e consistentes dos incidentes.

2. *Gerenciamento de evento* tem como objetivo prover a habilidade de detectar eventos e dar sentido a eles, ou seja, realizar uma triagem e determinar se a ação de controle apropriada foi fornecida. Suas funções são:
    - Identificar o que constitui a operação normal *versus* anormalidades ou exceções, gerando notificações de eventos.
    - Desenvolver mecanismos de captura de eventos, como os registros das rotinas noturnas que foram interrompidas.
3. *Requisição de serviço* lida com as solicitações de serviço dos usuários. Suas funções são:
    - Fornecer informações para os usuários e clientes sobre a disponibilidade dos serviços e procedimento para obtê-los.
    - Assessorar reclamações ou comentários com informações de toda ordem.
    - Fornecer um canal para que os usuários solicitem e recebam serviços padrão.
    - Buscar e entregar os componentes de serviços padrão solicitados.
4. *Gerenciamento de problema* diagnostica e corrige os problemas identificados pelo gerenciamento de incidente. Também trabalha em ações proativas de prevenção de problemas. Suas funções são:
    - Prevenir problemas e incidentes.
    - Eliminar incidentes recorrentes e minimizar o impacto dos incidentes que não podem ser prevenidos.
    - Minimizar o impacto de incidentes que não podem ser evitados.
    - Gerenciar o ciclo de vida de todos os problemas.
5. *Gerenciamento de acesso* concede aos usuários autorizados o direito de utilizarem um serviço enquanto previne o acesso a usuários não autorizados. Também busca assegurar que as políticas e ações definidas no gerenciamento de segurança e disponibilidade sejam executadas de forma adequada.

1.3 Metodologia para banco de dados

A junção de aspectos dos processos de engenharia de software, de gerenciamento de projeto e de gerenciamento de serviço em um projeto e implementação de banco de dados, faz com que seja percebido o dinamismo de cada atividade em sua respectiva dimensão, agregando valor ao contexto e às entregas relacionadas. A Figura 1.5 demonstra essa junção como parte da metodologia para banco de dados. Ao longo dos próximos capítulos, serão abordadas as técnicas utilizadas para produzir os artefatos e entregas relacionadas ao projeto e à implementação do banco de dados.

A Figura 1.5 ilustra o mapeamento de um método de trabalho, apresentando a definição clara de *o quê fazer, como fazer, quem faz, quando faz* e *onde faz*, a todos os que estejam envolvidos direta ou indiretamente com o projeto e implementação do banco de dados.

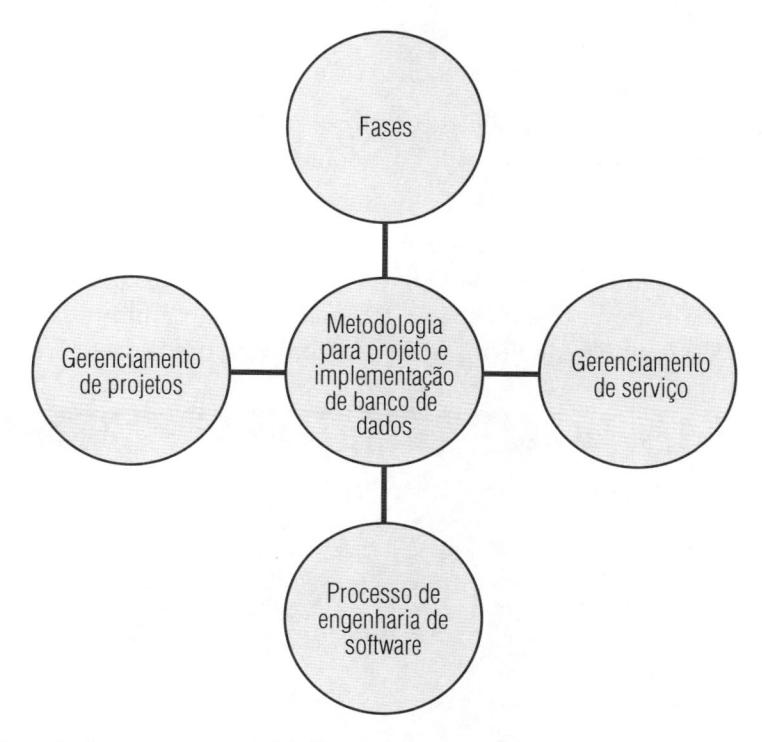

Figura 1.5 – Integração de processos na metodologia para de banco de dados

A metodologia para banco de dados é um conjunto de fases e atividades que têm como objetivo o desenvolvimento, a implementação e a manutenção do banco de dados. Para tanto, devem-se utilizar técnicas específicas, produzir artefatos claramente definidos e documentar segundo padrões preestabelecidos. A metodologia também define a equipe em cada fase com o respectivo nível de participação e responsabilidade.

A metodologia para banco de dados permite:

- Definir o roteiro básico de atividades executadas em um projeto.
- Garantir a consistência entre os vários projetos da empresa.
- Definir pontos de verificação e controle para as tomadas de decisão.
- Definir um padrão para a documentação de projetos de banco de dados.

O uso de uma metodologia apresenta os seguintes benefícios:

- Torna o desenvolvimento do projeto transparente.
- Provê condições de gerenciamento.
- Permite uniformidade na abordagem.

- Permite a mobilidade de pessoal técnico.
- Facilita o controle de qualidade e a aderência aos requisitos.
- Facilita a manutenção.

Os resultados do uso de uma metodologia são:

- Atingir o melhor nível de qualidade no processo de desenvolvimento.
- Atingir o melhor nível de qualidade do produto final.
- Reduzir os custos de retrabalho.

A Figura 1.6 ilustra os principais elementos da metodologia de banco de dados, como fluxo de trabalho, papéis, atividades e artefatos, entre outros, considerados processos no contexto da organização e da tecnologia no âmbito da empresa. Nas seções seguintes, conheça de forma aprofundada cada um desses elementos.

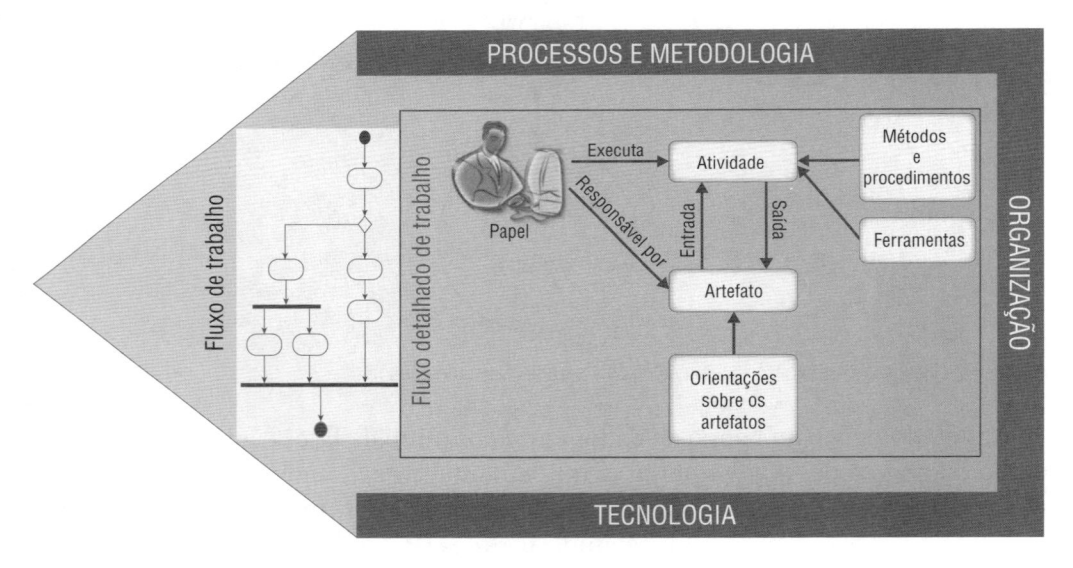

Figura 1.6 – Detalhamento da metodologia de banco de dados

1.3.1 Fluxo de trabalho

A representação gráfica das atividades, ou das macroatividades do processo, auxiliará na compreensão do sincronismo e da dependência entre as atividades, artefatos gerados e comunicações que deverão existir no modelo de processo. De acordo com o RUP, "o fluxo de trabalho é uma sequência das atividades que produzem um resultado de valor observável". A Figura 1.7 representa um exemplo de fluxo de trabalho de modelagem de dados.

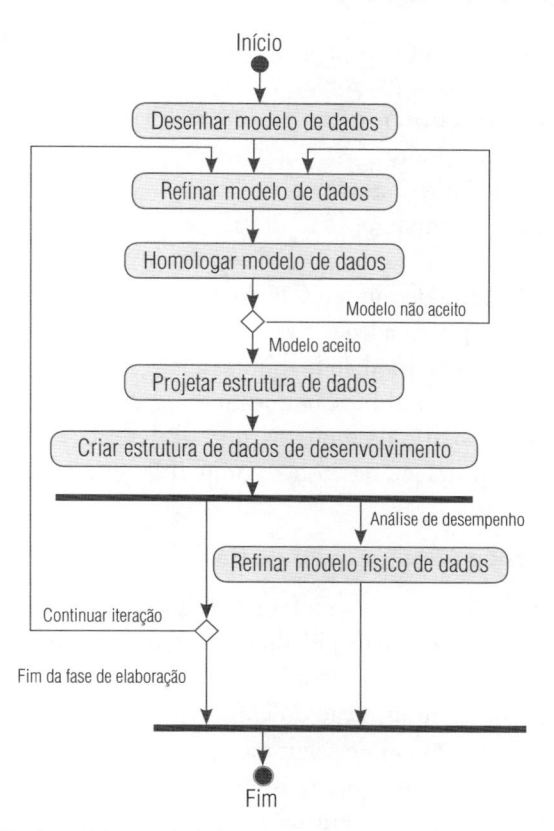

Figura 1.7 – Fluxo de trabalho de modelagem de dados

1.3.2 Papéis e responsabilidades

No projeto e na implementação de um banco de dados atuam diversos profissionais em diferentes fases e atividades, sendo que alguns são mais voltados para a concepção do projeto e outros para a produção e a operacionalização do serviço. Nesse contexto, o comportamento e as responsabilidades de um indivíduo, ou de um conjunto de indivíduos que trabalham em equipe, podem ser definidos como os papéis dessas pessoas. São dois os papéis mais conhecidos no mercado: o Administrador de Dados (AD) e o Administrador de Banco de Dados (mais conhecido por DBA, sigla, em inglês, para *Database Administrator*).

As responsabilidades do Administrador de Dados são:

1. Garantir a integridade entre os modelos de banco de dados, zelando pela visão corporativa dos dados.
2. Garantir que os dados sejam armazenados com consistência e eficiência.
3. Sincronizar o modelo de dados com os mapas de dados para outros sistemas.

4. Apoiar a modelagem de dados no que se refere à:
   - Orientação sobre regras e padrões.
   - Compreensão dos requisitos como base para a elaboração dos modelos de dados conceitual, lógico e físico.
   - Elaboração dos modelos de dados.
   - Análise de reuso e impactos das novas demandas sobre o modelo de dados corporativo.
5. Avaliação e homologação de modelos de dados, que incluem:
   - Análise de aderência dos padrões e procedimentos.
   - Análise e consistência do modelo no que se refere à aplicação das melhores práticas.
   - Criação, manutenção e publicação dos modelos de dados corporativos.
6. Administração do repositório de modelos, que contempla:
   - Organização e estruturação das visões compartilhadas dos modelos.
   - Permissões de acessos.

As responsabilidades do Administrador de Banco de Dados são:

1. Manter o banco de dados no que se refere à criação e à manutenção de objetos, como tabelas, índices, áreas de *log*, capacidade e configuração do banco de dados nos ambientes em que esses estiverem instalados.
2. Elaborar estratégia de administração do banco de dados, envolvendo:
   - Implementação de políticas de segurança para acesso aos dados.
   - Coordenação e monitoramento do uso do banco de dados.
   - Análise de desempenho dos recursos de banco de dados.
   - Execução de rotinas para salvar e recuperar o banco de dados (*backup* e *recovery*).

1.3.3 Macroatividades e atividades

As macroatividades mostram os agrupamentos das atividades que geralmente são executadas em conjunto. Já as atividades descrevem ações específicas dentro de uma macroatividade, referindo-se a um conjunto de passos que deverão ser executados, visando alcançar um objetivo específico.

Os passos que deverão ser executados representam o maior nível de detalhamento de cada atividade, sendo equivalentes ao seguinte conceito de tarefa, de acordo com o Instituto dos Engenheiros, Eletricistas e Eletrônicos (IEEE): os passos são entendidos como a sequência de instruções tratada como uma unidade básica de trabalho. Os passos ainda podem ser divididos nas categorias a seguir:

- **Passos de reflexão**: o indivíduo compreende a natureza da tarefa, reúne e examina os artefatos de entrada e formula a saída.
- **Passos de execução**: o indivíduo cria ou atualiza alguns artefatos.
- **Passos de revisão**: o indivíduo analisa os resultados em relação a alguns critérios.

Nem todos os passos são, necessariamente, executados a partir da ocorrência de cada atividade. Para exemplificar, há, no Quadro 1.4, o detalhamento da macroatividade "desenhar modelo de dados".

Quadro 1.4 Procedimento de metodologia de banco de dados

Macroatividade	Desenhar modelo de dados
Atividades	1. Identificar as principais entidades, atributos e seus relacionamentos. 2. Identificar regras de negócio aplicáveis aos dados. 3. Descrever entidades e atributos. 4. Definir restrições de integridade para os relacionamentos. 5. Identificar origem das informações.
Artefatos de entrada	1. Regras de negócio. 2. Requisitos funcional e não funcional. 3. Fluxo do processo futuro. 4. Lista das fontes de informação.

Sequência de instruções	1. Desenhar o modelo conceitual, que inclui:
	  ▪ identificar entidades (cadastros de apoio, cadastros mestres, movimentos, transações, entre outros);
	  ▪ definir regras de relacionamento entre as entidades (regras de negócio).
	2. Validar o desenho conceitual verificando a aderência ao negócio.
	3. Desenhar o modelo lógico, que contempla:
	  ▪ identificar atributos e granularidade de cada entidade;
	  ▪ identificar os tipos de dados para cada atributo;
	  ▪ validar e definir relacionamento e cardinalidade entres as entidades e os respectivos atributos;
	  ▪ revisar a integridade do modelo.
	4. Revisar as fontes de informação.
	5. Revisar atributos e relacionamento das entidades.
	6. Detalhar dicionários de dados.

Artefatos de saída	1. Modelo conceitual. 2. Dicionário de dados. 3. Modelo lógico. 4. Lista das fontes de informação.
Responsáveis	1. Analista de sistemas, responsável pela execução. 2. Analistas de outros sistemas responsáveis pelo apoio (a exemplo de analista de sistema de contas a pagar; analista de sistema da folha de pagamento). 3. Administrador de dados, responsável pelo apoio e validação.
Fase	1. Descoberta 2. **Iniciação** ✓ 3. **Elaboração** ✓ 4. Construção 5. Transição 6. Produção
Gerenciamento de projetos	1. Escopo 2. Tempo 3. Custo 4. **Risco** ✓ 5. Comunicação 6. Qualidade 7. Recursos humanos 8. Aquisições 9. **Integração** ✓

Continua

Continuação

Processos de engenharia de software	1. **Modelagem de negócio** ✓ 2. **Requisitos** ✓ 3. **Análise e desenho** ✓ 4. Implementação 5. Teste 6. Implantação 7. **Gerência de configuração e mudança** ✓ 8. **Gerência de projeto** ✓ 9. **Ambiente** ✓
Gerenciamento de serviços	1. Gerenciamento financeiro. 2. Gerenciamento do portfólio de serviço. 3. Gerenciamento de demanda. 4. Gerenciamento de nível de serviço. 5. Gerenciamento de catálogo de serviço. 6. Gerenciamento de disponibilidade. 7. Gerenciamento de capacidade. 8. Gerenciamento de segurança da informação. 9. Gerenciamento de continuidade de serviço. 10. Gerenciamento de fornecedor. 11. Gerenciamento de mudança. 12. Gerenciamento de configuração e ativo de serviço. 13. Gerenciamento de liberação e implantação. 14. Gerenciamento de evento. 15. Gerenciamento de incidente. 16. Requisição de serviço. 17. Gerenciamento de problema. 18. Gerenciamento de acesso. 19. Melhoria contínua dos serviços.

Observação: as atividades em destaque (✓) indicam o envolvimento das mesmas na execução da macroatividade.

1.3.4 Artefatos

Um artefato, representado por documentos, é um conjunto de informações produzidas ou modificadas no processo. Na execução dos papéis, os profissionais envolvidos com o projeto usam artefatos para realizar atividades e produzem artefatos ao executarem as atividades. Os artefatos são responsabilidade de um único papel e promovem a ideia de que todas as informações no processo devem ser responsabilidade de uma pessoa específica. Embora um artefato pertença a uma única pessoa, muitas outras podem utilizá-lo e, talvez, até atualizá-lo, caso tenham permissão.

Na Figura 1.8, são listados os principais artefatos relacionados a um projeto e implementação de banco de dados, os quais serão detalhados nos próximos capítulos.

Visão geral de projeto e implementação em banco de dados

Processos de negócio
- Contexto de negócio
- Diagrama do processo de negócio

Requisitos de sistemas
- Visão das necessidade dos usuários
- Regras de negócio
- Lista dos requisitos (funcionais e não funcionais)
- Descrição detalhada dos requisitos
- Matriz de rastreabilidade
- Glossário de termos

Projeto e implementação da solução

Análise e desenho da aplicação
- Modelo de análise
- Modelo de projeto
- Desenho de arquitetura
- Modelo de implementação
- Modelo de implantação

Análise, desenho e implementação de banco de dados
- Modelo de dados conceitual
- Modelo de dados lógico
- Modelo de dados físico
- Implementação do banco de dados: Configuração BD, Stored procedures, Functions, Packages, Triggers

Implementação da aplicação
- Código fonte

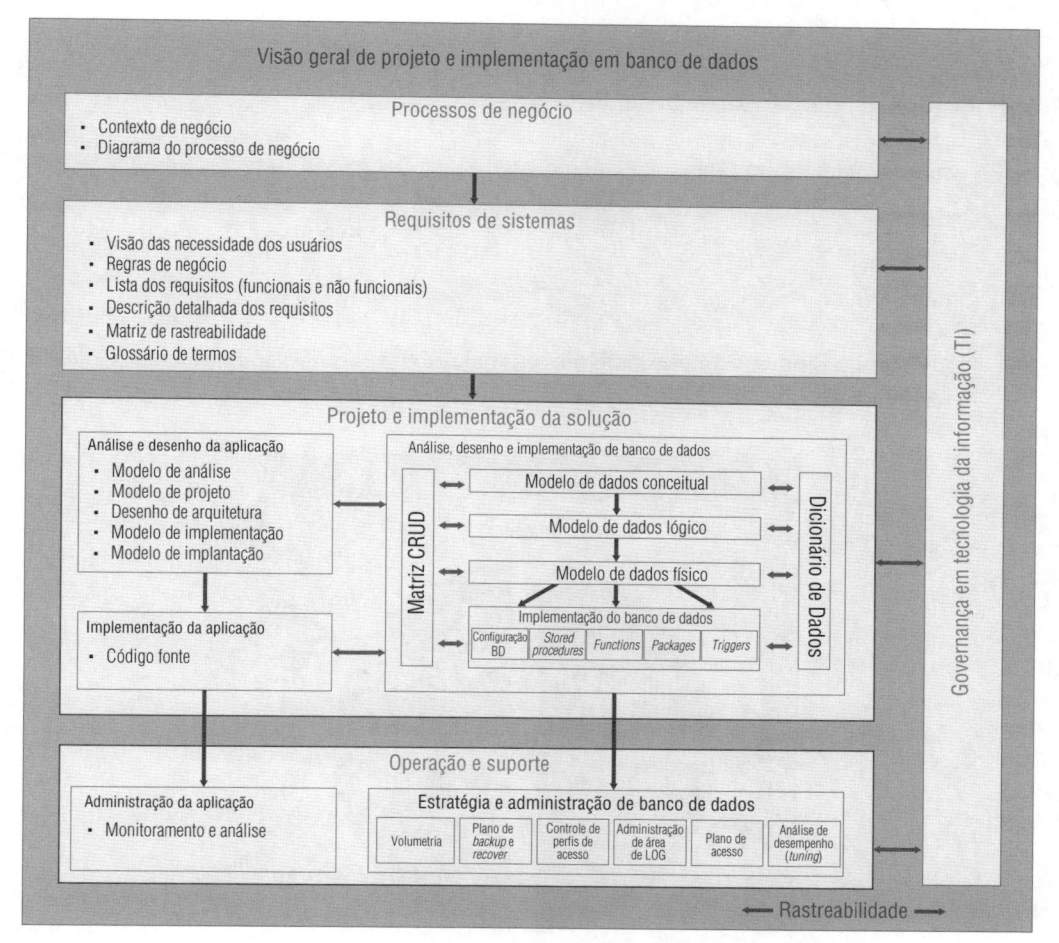

Matriz CRUD | Dicionário de Dados

Operação e suporte

Administração da aplicação
- Monitoramento e análise

Estratégia e administração de banco de dados
- Volumetria
- Plano de backup e recover
- Controle de perfis de acesso
- Administração de área de LOG
- Plano de acesso
- Análise de desempenho (*tuning*)

Governança em tecnologia da informação (TI)

⟵ Rastreabilidade ⟶

Figura 1.8 – Visão geral dos principais artefatos de um projeto e implementação em banco de dados

1.3.5 Tecnologia

No contexto da metodologia de banco de dados, a tecnologia se refere ao conjunto de hardwares, softwares, redes de computadores e componentes de gerenciamento de dados necessários para dar suporte a todas as atividades durante o ciclo de vida de um banco de dados.

EXERCÍCIOS

1. Quais são os principais processos de gerenciamento de projetos?

2. Faça um esquema que represente o processo de engenharia de software, considerando a abordagem do RUP (*Rational Unified Process*).

3. Explique qual a importância do banco de dados na operação do serviço.

4. Qual é o conceito de dados e informação? Discuta suas diferenças.

5. O que é uma metodologia? Quais são os elementos de uma metodologia?

6. Com base no esquema apresentado na figura abaixo, explique cada componente, de maneira detalhada.

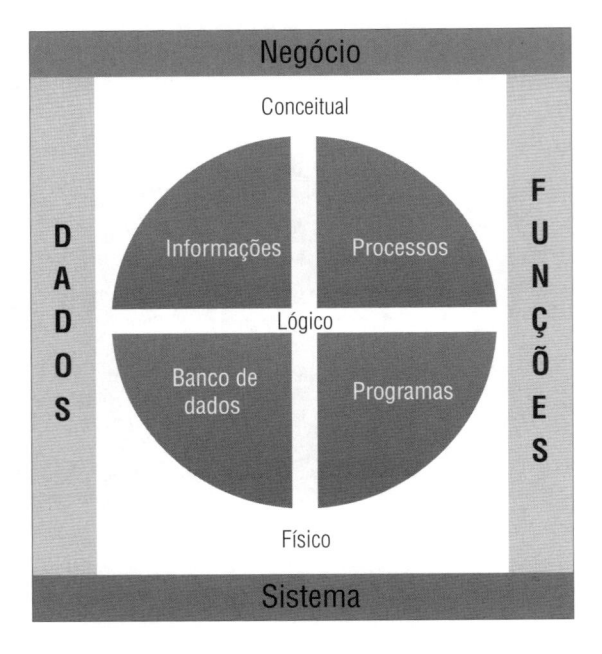

7. Quais são os principais artefatos utilizados em projeto de banco de dados?

8. O que é o ciclo de vida do serviço?

9. Quais são os principais papéis que atuam com banco de dados? Quais são as suas principais atribuições?

10. O que é um banco de dados? Cite cinco exemplos de negócios que podem ser registrados em um banco de dados.

11. Discuta a dinâmica de banco de dados, a partir do esquema representado pela metodologia de banco de dados, explorando os aspectos: fases, gerenciamento de projeto, processo de engenharia de software e gerenciamento de serviço.

12. Com a necessidade cada vez maior da disponibilidade de informações e volume de dados, o que você considera estratégico para um projeto e implementação de banco de dados?

Requisitos de sistema de software

Descrever os requisitos de um software pode ser uma tarefa difícil, pois requer que o analista de sistemas, ou analista de requisitos, tenha conhecimento acerca:

- do negócio para o qual o software ou sistema será concebido;
- das tarefas e operações que serão realizadas pelo software;
- das necessidades dos usuários do sistema;
- das informações do contexto de negócio;
- dos problemas técnicos para identificá-los e representá-los.

Entender os requisitos a que o sistema deve atender é imprescindível para o sucesso do projeto. O banco de dados é parte do sistema e é nele que os dados serão armazenados e recuperados quando necessário. Sendo assim, o projeto de banco de dados deve estar alinhado ao do sistema e suportar o armazenamento e a segurança dos dados gerados pelos requisitos.

Neste capítulo, será apresentada uma visão geral sobre os requisitos de sistema de software e a relação entre os requisitos do sistema, ou do software, e o projeto de banco de dados. O capítulo também irá mostrar como identificar os requisitos junto aos usuários e quais técnicas podem ser utilizadas, além de fornecer subsídios para que seja possível estabelecer a rastreabilidade dos requisitos, visando a um projeto de banco de dados.

2.1 Requisitos

O Instituto de Eletricistas, Eletrônicos e Engenheiros (IEEE) define *requisito* como: uma condição ou capacidade requerida por um usuário, para resolver um problema ou atingir um objetivo, que deve ser atingida ou possuída por um sistema, ou partes de um sistema, para satisfazer um contrato, padrão, especificação ou outros documentos.

Na prática, requisito é um processo que envolve o estudo das necessidades do usuário para encontrar a definição correta do sistema, determinando, assim, o sucesso ou o fracasso de um projeto.

Sommerville[1] define requisitos como descrições dos serviços fornecidos pelo sistema e suas restrições operacionais, sendo que os processos de aquisição, refinamento e verificação do sistema descrevem o que o sistema deve fazer, mas não a forma como será implementado. Os requisitos são classificados como *funcionais*, *não funcionais* e *de domínio*.

- **Requisitos funcionais:** descrevem as restrições de serviços que o sistema deve oferecer, assim como o comportamento esperado dos serviços, como os serviços devem reagir a certas entradas e como devem se comportar em determinadas situações.
- **Requisitos não funcionais:** descrevem as restrições de serviços ou de funções do sistema, assim como restrição de tempo, restrições do processo de desenvolvimento e de padrões, expressando como os serviços e as funções do sistema devem ser feitas a fim de definir as propriedades do sistema e as suas restrições.
- **Requisitos de domínio:** descrevem características do sistema e são derivados do domínio da aplicação, podendo ser tanto requisitos funcionais novos, quanto restrições sobre requisitos existentes ou cálculos específicos. Dentre os exemplos de requisito de domínio, podem ser citados: o motorista de táxi deve ter carteira de habilitação classe D; o cálculo do valor a ser pago pelo motorista, para a empresa Rádio Táxi On-line, é definido pela fórmula *valor a ser pago = total de quilômetros rodados em atendimento X valor por quilômetro rodado X 0,10*.

O requisito deve ser:

1. Verificável
2. Completo
3. Modificável
4. Rastreável
5. Compreensível
6. Classificável
7. Correto
8. Consistente
9. Não ambíguo

1. Um requisito é *verificável* quando existe um processo finito e efetivo, que possa ser verificado por uma pessoa ou uma máquina, averiguando se o produto atinge o requisito.

---

1 SOMMERVILLE, I. *Engenharia de software*. 8. ed. São Paulo: Pearson Prentice Hall, 2007.

Por exemplo:
- O sistema deve suportar 1.200 usuários conectados simultaneamente.
- O sistema deve ficar disponível 24x7 (24 horas por dia, 7 dias na semana).

2. Um requisito é *completo* quando todas as funcionalidades, restrições de desempenho, atributos, interfaces externas e comportamentos do sistema estão descritas nas especificações. Além disso, todos os elementos relacionados ao domínio devem estar devidamente definidos e ilustrados. Nesse contexto, elementos a serem definidos, ou TBD (sigla, em inglês, para *To Be Defined*), devem ser eliminados, ou seja, resolvidos ou endereçados.

3. Um requisito é *modificável* quando pode ser modificado ao longo do tempo, sempre que haja necessidade de fazê-lo. Exemplos de eventos que podem levar à modificação de um requisito são:
    - Amadurecimento da compreensão das necessidades do usuário.
    - Ajustes de cronograma.
    - Mudança nos fatores econômicos.
    - Influência dos fatores sociais e ambientais.
    - Exigências legais ou regulatórias.
    - Questões orçamentárias.

4. Um requisito é *rastreável* quando é possível descobrir quem o sugeriu, porque ele existe, quais são os requisitos que estão relacionados a ele e como o requisito se relaciona com outras informações do sistema. Por exemplo:
    - Informações contábeis.
    - Informações fiscais.
    - Faturamento.

5. Um requisito é *compreensível* quando possui redação clara, propiciando rápida e fácil compreensão daquilo que se deseja.

6. Um requisito é *classificável* quando possui atributos associados que permitem sua identificação de forma única, bem como a realização de associações de valores qualitativos, possibilitando ordenação. Por exemplo:
    - Prioridade.
    - Estabilidade.
    - Importância.

7. Um requisito é *correto* quando todos os requisitos identificados coincidem com todos os requisitos reais do usuário.

8. Um requisito é *consistente* quando nenhum requisito conflita com os demais identificados.

9. Um requisito é *não ambíguo* quando é sempre interpretado da mesma forma. Por exemplo:
    - Valor total do produto é obtido pela multiplicação do valor unitário pela quantidade vendida.

2.2 Requisitos funcionais

Segundo Pressman[2], os requisitos funcionais são aqueles que descrevem os serviços que o sistema deve oferecer, assim como qual é o seu comportamento, como deve reagir a certas entradas e como deve comportar-se em determinadas situações.

Para Sommerville[3], os requisitos funcionais descrevem a funcionalidade ou o serviço que se espera que o sistema forneça. É uma interação entre o sistema e o seu ambiente e, em alguns casos, os requisitos funcionais podem, explicitamente, declarar o que o sistema não deve fazer.

Veja alguns exemplos de requisitos funcionais a seguir:

- Todo chamado deve ter um identificador único.
- O sistema deve permitir inclusão, alteração e remoção de funcionários.
- O sistema fornecerá telas apropriadas para o usuário ler documentos.

Os requisitos dependem dos tipos de sistema, de usuários e de onde serão usados. Eles podem ser subdivididos em subgrupos de requisitos funcionais, tais como:

- **Requisitos funcionais do usuário:** são declarações em uma linguagem natural, que podem ser combinadas com diagramas, serviços esperados pelo sistema e restrições sob as quais os requisitos devem operar. Normalmente, esses requisitos são descritos de um modo geral, podendo ser mais abstratos do que o sistema deverá fazer.
- **Requisitos funcionais do sistema:** definem detalhadamente as funções, tais como suas entradas, saídas e exceções, os serviços e as restrições operacionais do sistema. O documento de requisitos de sistema, que pode fazer parte do contrato entre o comprador do sistema e os desenvolvedores de software, deve ser preciso, definindo exatamente o que será implementado.

A necessidade em definir os requisitos funcionais de forma precisa tem como objetivo evitar a ambiguidade de interpretações. Um exemplo de possível ambiguidade é o termo *telas apropriadas*, usado no exemplo "O sistema deverá apresentar telas apropriadas para a realização de cada tarefa". Essa frase permite duas interpretações:

- O usuário entende que a expressão "telas apropriadas" refere-se a algo formatado para ser exibido em uma página web.
- O desenvolvedor entende que "telas apropriadas" refere-se a algo em formato de texto puro.

A maioria dos problemas do sistema ocorre quando requisitos não são definidos precisamente. Caso sejam ambíguos, podem ser interpretados de maneira diferente pela equipe de desenvolvimento e pelos usuários. A ambiguidade, no caso do exemplo "tela

---

2 PRESSMAN, R. S. *Software engineering*: a practitioner's approach. 5. ed. New York: McGraw-Hill, 2001.
3 SOMMERVILLE, I. Op. cit., 2007.

apropriada", pode ser evitada quando se faz uma especificação completa, conforme o exemplo a seguir: "tela apropriada para exibição em uma página web".

Um requisito funcional deve ser completo e consistente, deixando evidentes e bem definidas todas as funções requeridas pelos usuários. Além disso, um requisito funcional completo inclui descrições de todas as funções requeridas, e é consistente aquele que não apresenta conflitos ou contradições nas descrições do sistema.

2.3 Requisitos não funcionais

Segundo Pressman[4], requisitos não funcionais descrevem as restrições de serviços ou de funções do sistema, assim como restrição de tempo, restrição do processo de desenvolvimento e padrões. Eles expressam como esse processo deve ser feito, definindo as propriedades do sistema e as suas restrições. Geralmente relacionam-se a padrões de qualidade como confiabilidade, tempo de resposta, robustez e restrições técnicas, a exemplo da capacidade dos dispositivos de entrada e saída, e da representação dos dados nas interfaces do sistema.

Os requisitos não funcionais normalmente surgem conforme a necessidade dos usuários, contemplando restrições de orçamento e de políticas organizacionais, restrições em razão da necessidade de interoperabilidade com outros sistemas, ou restrições devido a fatores externos, como regulamentações ou legislação, por exemplo. Assim, os requisitos não funcionais podem ser classificados como:

- **Requisitos de produto:** referem-se ao comportamento do produto. Especificam, por exemplo, portabilidade, velocidade de execução e confiabilidade, podendo ser subdivididos em:
  a) *Requisitos de eficiência* – especificam a eficiência do sistema. Por exemplo: deve processar *n* requisições por segundo.
  b) *Requisitos de confiabilidade* – especificam a confiabilidade do sistema. Por exemplo: estar disponível 99% do tempo, durante os dias úteis.
  c) *Requisitos de portabilidade* – especificam a portabilidade do sistema. Por exemplo: o sistema deve ser executado na plataforma X e na plataforma Y.
  d) *Requisitos de facilidade de uso* – especificam a facilidade de uso e estão subdivididos em requisitos de desempenho e requisitos de espaço. Por exemplo: o usuário deve ser capaz de operar o sistema após 60 minutos de treinamento.
- **Requisitos organizacionais:** referem-se às políticas e aos procedimentos das organizações. Especificam, por exemplo, padrões e infraestrutura, podendo ser subdivididos em:
  a) *Requisitos de entrega* – especificam as entregas do sistema. Por exemplo: um relatório de progresso deverá ser entregue toda segunda sexta-feira do mês.

---

4 PRESSMAN, R. S. Op. cit., 2001.

b) *Requisitos de implementação* – especifica como o sistema será implementado. Por exemplo: o sistema deverá ser implementado em Pascal Orientado a Objeto.[5]
c) *Requisitos de padrões* – especifica os padrões utilizados. Por exemplo: o sistema será desenvolvido utilizando a ferramenta X.

- **Requisitos externos:** referem-se aos fatores externos ao sistema e seu processo de desenvolvimento. Especificam, por exemplo, requisitos de interoperabilidade e legislação, podendo ser subdivididos em:
  a) *Requisitos de interoperabilidade* – especifica com quais componentes externos o sistema irá interagir. Por exemplo: o sistema deve interagir com os sistemas X e Y.
  b) *Requisitos éticos* – especifica os requisitos éticos do sistema. Por exemplo: o sistema não permitirá que os operadores acessem os dados pessoais dos clientes.
  c) *Requisitos legais* – especifica os requisitos legais do sistema e estão subdivididos em requisitos de privacidade e requisitos de segurança. Por exemplo: o sistema deverá armazenar as informações por *n* anos, segundo a lei X de Y.

Para identificar os requisitos, faz-se o levantamento de informações junto aos usuários do sistema. Para o cenário Rádio Táxi On-line, estudo de caso visto na Introdução deste livro, foram utilizadas técnicas de entrevistas e observação visual, incluindo análise dos documentos utilizados na rotina diária dos usuários. Como resultado, foram obtidos os seguintes requisitos:

- registrar chamado;
- acionar motorista;
- registrar corrida;
- confirmar chamado;
- confirmar corrida;
- cancelar corrida;
- atualizar situação da corrida;
- emitir fatura;
- emitir aviso de cobrança;
- efetuar baixa de fatura por pagamento;
- cadastrar motorista;
- distribuir boleto para conveniada;
- emitir relatório de pagamento dos motoristas.

2.4 Levantamento de informações

O objetivo do levantamento de informações é estudar detalhes do problema, tais como as necessidades e situação atuais do usuário, a fim de compreender todos os

---

5 Pascal Orientado a Objeto ou *Object Pascal* é uma ramificação da linguagem de programação Pascal, que fornece suporte à orientação a objeto.

requisitos demandados para delinear o escopo do projeto de sistemas a ser desenvolvido. Por meio do levantamento de informações, também se busca o entendimento de como os usuários realizam suas tarefas e o conhecimento que possuem sobre o negócio.

O Quadro 2.1 descreve as características dos dados levantados e a forma de verificá-los e organizá-los.

Quadro 2.1 Levantamento de informações

Dados levantados	Objetivo	Forma	Organização
Completos	Informações sem omissão e esquecimento.	Verificação em várias fontes.	Data
Corretos	Informações verdadeiras, que representam a realidade do negócio.	Verificação por amostragem.	Títulos
Válidos	Informações relacionadas ao sistema em estudo.	Realização de duas checagens quando o resultado não parecer razoável.	Origem Envolvidos

Durante o levantamento de informações, podem-se utilizar as notações, ou seja, um conjunto de caracteres, símbolos e sinais, que formam um sistema convencionado de representações. As características das notações são:

- **Legibilidade:** fácil de entender por todos os envolvidos no projeto.
- **Completa:** permite o crescimento gradativo das informações reunidas a respeito do projeto, garantindo que o conteúdo esteja completo.
- **Fácil de alterar:** uso de ferramentas gráficas que permitam a manutenção de todas as informações, tornando a documentação sempre atualizada e disponível.

A notação utilizada no levantamento de informações tem como finalidade eliminar ambiguidades que possam surgir no diálogo com a comunidade de usuários. Por exemplo, quando o profissional de TI perceber que há ambiguidade nas informações levantadas, deve explorar sinônimos e tornar mais claro o entendimento sobre a situação. Veja este caso: *"Crie um meio para que um grupo pequeno de pessoas possa se locomover de um local para outro, protegido das intempéries do tempo"*. Considerando essa frase, é possível obter diversas respostas, como as listadas a seguir:

- um guarda-chuva para 2 pessoas;
- um carro com capacidade para 5 pessoas;
- um avião supersônico com capacidade para 500 pessoas;
- um trem-bala com capacidade para 1.000 pessoas;
- um ônibus para 45 pessoas;
- um túnel que possibilita a passagem do grupo de um prédio a outro.

Todas essas respostas estão corretas, pois existem diversas ambiguidades no requisito que devem ser exploradas. Nesse caso, deve-se investigar mais a respeito dos requisitos e indagar:

- O número real de pessoas do grupo. Afinal, um grupo pequeno pode significar 2, 4, 10, 50, 100 ou mesmo 1.000 pessoas, dependendo das circunstâncias.
- A distância real da locomoção, uma vez que ir de um lado para outro pode ser ir de um prédio para outro, de uma cidade para outra, ou até mesmo de um país para outro.
- A intempérie real do tempo, podendo ser sol, chuva, nevasca, vento forte ou seca.

Uma vez que os requisitos são as principais entradas para iniciar um projeto de sistema e banco de dados na área de TI, há diversos relatos sobre insucessos que são decorrentes, exatamente, de falhas no entendimento dos requisitos de sistemas de software.

As técnicas de levantamento de informações, no contexto de desenvolvimento de sistemas e banco de dados, visam:

- definir os objetivos do projeto de desenvolvimento de sistemas e banco de dados;
- definir o escopo do projeto a ser desenvolvido;
- levantar os requisitos funcionais e não funcionais, que deverão ser atendidos pelo sistema;
- obter os modelos preliminares de análise e desenho do sistema, incluindo modelo da aplicação e modelo de dados.

Para que o levantamento de informações sobre os requisitos seja efetivo, também é necessário saber exatamente qual é o tipo de usuário que lidará com o sistema. Para isso, deve-se manter contato constante com ele. Esse conhecimento refletirá no comportamento do sistema perante o usuário e permitirá uma preparação mais eficiente dos levantamentos iniciais de informações sobre o sistema a ser desenvolvido ou modificado.

O processo de levantamento de informações é cíclico, compreendendo, segundo Pressman[6], quatro fases:

1. *Entendimento do domínio*, fase na qual os desenvolvedores devem entender o domínio da aplicação, examinando livros, documentos e conversando com pessoas.
2. *Extração e análise de requisitos*, fase na qual ocorre a descoberta, a revelação e o entendimento dos requisitos. Isso ocorre por meio da interação entre os usuários e os desenvolvedores. Os requisitos são classificados e organizados, as prioridades são determinadas, as inconsistências são resolvidas e são descobertos os conflitos e omissões.
3. *Especificação dos requisitos*, fase na qual os requisitos são especificados e armazenados. O armazenamento pode ser feito de uma ou mais formas e podem ser usadas linguagem formal ou semiformal, representações simbólicas ou gráficas.

---

6 PRESSMAN, R. S. Op. cit., 2001.

4. *Validação dos requisitos*, fase na qual ocorre a realização da verificação dos requisitos, com o intuito de determinar se estão completos e de acordo com as necessidades do usuário.

Algumas técnicas para levantamento de informações, que serão tratadas de forma aprofundada, são:

1. Reunião
2. Entrevista
3. JAD – *Join Application Design* (ou *Development*)
4. Questionário
5. Observação Visual
6. *Brainstorm*
7. IDEF (*Integrated Definition Methods*)
8. Cartões CRC (*Class, Responsibility, Collaborator*)

2.4.1 Reunião

Durante o processo de coleta de informações, é comum fazer uso da técnica de reunião sempre que há a necessidade de diversos interessados serem ouvidos ao mesmo tempo, segundo Higa et al.[7] Os participantes desse tipo de reunião são os interessados no sistema. A presença de um moderador, para conduzir a reunião de forma que esta não perca o foco nem que divergências pessoais sobressaiam, é comum, mas não obrigatória. A técnica da reunião permite a coleta de informações de uma maneira participativa, de forma que várias opiniões sejam contrastadas, enriquecendo o conhecimento sobre o sistema.

2.4.2 Entrevista

A técnica mais utilizada para captura de requisitos é a entrevista que, segundo Higa et al., é caracterizada pelo diálogo entre o entrevistador e um ou mais entrevistados, em uma situação social e objetiva, pois permite a interação entre os participantes de maneira completa e esclarecedora.

O entrevistador é o responsável pelo entendimento do objetivo, que pode ser dividido em três categorias:

1. Examinar a emotividade da pessoa entrevistada, seus anseios, tendências, atitudes e motivação.
2. Ouvir um relato, biográfico ou cronológico, de fatos vivenciados ou observados pelo entrevistado.

---

[7] FELICIANO NETO, A.; FURLAN, J. D.; HIGA, W. *Engenharia da informação*. São Paulo: McGraw Hill, 1988.

3. Utilizar a entrevista para coordenar informações recebidas de fontes diversas, podendo apreciar o entrevistado em seu conjunto.

Para o sucesso de uma entrevista, o responsável por ela deve:

- definir claramente os objetivos da entrevista;
- procurar conhecer o entrevistado e as experiências anteriores que podem afetar a entrevista;
- criar perguntas específicas que não permitam mais de uma interpretação;
- preparar-se para a entrevista, estudando o assunto com livros e manuais;
- definir a melhor forma de abordar o tema.

2.4.3 JAD – *Join Application Design* (ou *Development*)

O JAD, sigla, em inglês, para *Join Aplication Design* (ou *Development*), também conhecido como Método de Projeto Interativo, é um método idealizado em 1977 pelo consultor da IBM®, Chuck Morris. Esse método substitui entrevistas individuais por reuniões em grupo, das quais participam os representantes dos usuários e os representantes da área de TI. As reuniões são intensivas e podem durar vários dias.

O método é destinado a extrair, em curto tempo, informações de alta qualidade dos envolvidos, por meio de reuniões estruturadas que buscam chegar a decisões consensuais.

Os benefícios do JAD são:

- maior produtividade;
- maior qualidade;
- trabalho em equipe;
- custos menores de desenvolvimento e manutenção.

A decisão obtida por consenso é a forma mais produtiva de decisão. Entende-se por consenso uma situação em que cada membro concorda que a solução encontrada é a melhor para o grupo e não fere suas convicções ou seus valores essenciais.

Antes de iniciar as reuniões, é preciso definir os seguintes papéis:

- **Facilitador:** coordena as sessões JAD e conduz o grupo para soluções de consenso.
- **Documentador:** registra as conclusões do grupo.
- **Patrocinador:** usuário principal do projeto, que detém a autoridade formal sobre as áreas de negócios afetadas pelo sistema.
- **Observadores:** interessados em conhecer o JAD ou o sistema.
- **Indicador de assunto:** garante que todos os pontos necessários sejam tratados. Normalmente, é um usuário que conhece bem o assunto.
- **Representantes dos usuários:** representam as áreas envolvidas.
- **Gerente do projeto:** responsável pela gestão de todo o projeto e consequentemente pelo seu sucesso ou fracasso.
- **Especialista:** profundo conhecedor de outros sistemas que interagem com o objeto de estudo do grupo.

2.4.4 Questionário

Questionários são utilizados para extrair requisitos, quando é necessária a tabulação por função, objetivando um conhecimento prévio, ou quando a distância entre as partes envolvidas for considerável. Um questionário deve ser bem elaborado, contendo perguntas claras, abertas ou fechadas, encadeadas e complementares.

Os benefícios do questionário são:

- economia de tempo;
- baixo custo;
- anonimato;
- tabulação;
- pesquisa.

2.4.5 Observação visual

O método de observação visual é utilizado para analisar situações do cotidiano, que normalmente passam despercebidas. Está ligada a proporções mais gerais, em vez de ser apresentada como um conjunto de curiosidades interessantes.

Atende a um objetivo formulado de pesquisa e é sistematicamente planejada e registrada, sendo frequentemente submetida a verificações e controles de validade e precisão.

2.4.6 *Brainstorm*

O nome do método deriva da contração das palavras *brain* (palavra em inglês para ideia, inteligência, cérebro) e *storm* (palavra em inglês para tempestade). Seu objetivo é buscar soluções por meio da geração espontânea de ideias. As regras do método de *brainstorm* são:

- ideias são permitidas e incentivadas;
- não é permitido julgar ou criticar ideias;
- ambiente não avaliativo.

A reunião de *brainstorm* deve ser descontraída e quanto maior o número de ideias, melhor. Os participantes devem procurar enriquecer as ideias alheias e evitar discuti-las.

Antes de iniciar a reunião, é preciso definir os papéis de escriba e condutor:

- **Escriba:** anota cada ideia em um *flip chart* ou lousa.
- **Condutor:** conduz a reunião, criando um clima descontraído, estimula a participação de todos e evita a justificação e discussão das ideias.

O *brainstorm* tem como método:

- divulgação clara dos objetivos;
- geração de ideias, geralmente, entre 20 e 60 minutos;
- intervalo para relaxamento;
- estudo detalhado de cada ideia.

2.4.7 IDEF (*Integrated Definition Methods*)

Segundo Melo[8], o IDEF (sigla, em inglês, para *Integrated Definition Methods*) é uma técnica de modelagem gráfica que descreve todo o ciclo de vida do desenvolvimento de um sistema. Baseado na Técnica de Análise e Projetos Estruturados (*Structured Analysis and Design Techinique* — SADT), e desenvolvido por Douglas R. Ross, na década de 1970, a ideia da ferramenta é mostrar o fluxo de informações dentro do processo. No total, existem 16 métodos IDEF:

- IDEF0: *Function modeling* (modelagem de função).
- IDEF1: *Information modeling* (modelagem de informação).
- IDEF1X: *Data modeling* (modelagem de dados).
- IDEF2: *Simulation model design* (projeto de modelo de simulação).
- IDEF3: *Process description capture* (captura de descrição de processo).
- IDEF4: *Object-oriented design* (projeto orientado a objeto).
- IDEF5: *Ontology description capture* (captura de descrição ontológica).
- IDEF6: *Design rationale capture* (captura racional de projeto).
- IDEF7: *Information system auditing* (auditoria de sistema de informação).
- IDEF8: *User interface modeling* (modelagem de interface de usuário).
- IDEF9: *Business constraint discovery* (descoberta de restrições de negócio).
- IDEF10: *Implementation architecture modeling* (modelagem de arquitetura de implementação).
- IDEF11: *Information artifact modeling* (modelagem de artefato de informação).
- IDEF12: *Organization modeling* (modelagem organizacional).
- IDEF13: *Three schema mapping design* (projeto de mapeamento em três esquemas).
- IDEF14: *Network design* (projeto de rede).

Segundo Aguilar-Savén[9], a família IDEF é utilizada de acordo com diferentes aplicações.

---

8 MELO, I. S. *Administração de sistemas de informação*. São Paulo: Pioneira Thomson Learning, 2006.
9 AGUILAR-SAVÉN, R. S. Business process modeling: review and framework. *International Journal of Production Economics*, 2004.

Considerando o projeto de banco de dados, destacamos as versões IDEF0, IDEF1, IDEF1X, IDEF2, IDEF3, IDEF4 e IDEF5, as quais são brevemente descritas a seguir:

- IDEF0[10] é uma notação para representação gráfica, que mostra o processo e as suas atividades componentes.
- IDEF1 é derivado do Modelo Relacional de Codd. Método para o levantamento das informações dos objetos conceituais ou físicos existentes na empresa, para a modelagem da informação.
- IDEF1X é uma notação projetada para representar graficamente a estrutura de informação existente em um negócio.
- IDEF2 é uma técnica dinâmica, que descreve o comportamento de um sistema.
- IDEF3 é um método para coleta e documentação dos processos atuais e futuros, expressando conhecimento sobre como um sistema, processo ou empresa funciona.
- IDEF4 é um método que auxilia no projeto de sistema orientado a objeto.
- IDEF5 é um método que auxilia na identificação das ontologias associadas aos processos e informações.

> **DICA**
> Para saber mais sobre o IDEF, consulte <http://idef.com/>.

2.4.8 Cartões CRC (*Class, Responsibility, Collaborator*)

Ambler[11] descreve a modelagem CRC (sigla, em inglês, para *Class, Responsibility, Collaborator*) como uma técnica efetiva para identificar e validar os requisitos dos usuários. Deboni[12] afirma que "projetar com cartões tende a progredir a modelagem do conhecimento em direção ao desconhecido", sendo assim, pode ser considerada uma técnica muito eficiente durante a fase de levantamento de informações, apesar de ser mais comumente aplicada no desenvolvimento de sistemas com foco em objetos (análise orientada a objetos). Na análise orientada a objetos, os elementos representativos do sistema são agrupados em classes, um conceito análogo ao de entidade. Uma classe possui as definições das estruturas de dados e as operações (métodos) para manipulação dessas estruturas.

Para Horstmann[13], cartões CRC ajudam a chegar à essência do objetivo de uma classe. Ou seja, além de serem indexados, eles descrevem uma classe, quais são as suas responsabilidades de alto nível e quem são os seus colaboradores. O uso de pequenos cartões desencoraja o acúmulo de responsabilidades em uma única classe. No cartão, não devem ser escritos métodos individuais.

---

10 IDEF, sigla para *Integrated Definition Methods*. Disponível em: <http://www.idef.com/>. Acesso em: 10 abr. 2013.
11 AMBLER, S. W. *CRC Modeling:* bridging the communication gap between developers and users, 29 nov. 1998 apud DEBONI, J. E. Z. *Modelagem orientada a objetos com a UML*. São Paulo, 2003.
12 DEBONI, J. E. Z. Op. cit., 2003.
13 HORSTMANN, C. *Padrões e projeto orientados a objeto*. Porto Alegre: Bookman, 2006.

Cada cartão representa uma classe, que é composta da seguinte forma (Figura 2.1):

- o nome da classe fica no topo do cartão;
- abaixo do nome, do lado esquerdo, perceba que são descritas as responsabilidades da classe;
- abaixo do nome, do lado direito, são listadas as classes ou colaboradores que necessitam colaborar com a classe para que as responsabilidades descritas sejam executadas.

> **DICA**
> Para saber mais sobre CRC, consulte <http://c2.com/> na área *Published Papers*.

Caso a classe tenha mais responsabilidades do que cabe em um único cartão, excepcionalmente, podem ser usados mais cartões. A recomendação do método é que um cartão contenha entre uma e três responsabilidades (Figura 2.2).

Deboni[14] lista uma série de vantagens atribuídas à técnica CRC, dentre as quais podem ser destacadas:

- pode ser apresentada aos usuários;
- é barata e portável;
- é uma ferramenta de análise e projeto, aplicada nas fases iniciais.

Nome da classe	
Responsabilidades	Colaboradores

Figura 2.1 – Modelo de cartão CRC

Nome da classe	
Registrar chamados Acionar motorista Registrar corrida Saber motorista disponível	Cliente Motorista

Figura 2.2 – Exemplo preenchido de cartão CRC

2.5 Gerenciamento de requisitos

O levantamento de informações e a identificação dos requisitos podem parecer duas atividades simples, dependendo apenas da conversa com o usuário e da anotação das informações relevantes. No entanto, na prática, são encontradas várias dificuldades:

---

14 DEBONI, J. E. Z. Op. cit., 2003.

- Nem sempre os requisitos são óbvios, além de poderem ser oriundos de várias fontes.
- Não é sempre fácil expressar os requisitos claramente em palavras e termos do negócio.
- Existem diversos tipos de requisitos em diferentes níveis de detalhe.
- A quantidade de requisitos poderá impossibilitar a gerência, caso não seja controlado.
- Os requisitos estão relacionados uns com os outros, e também com o artefato do processo de engenharia do software a ser entregue.
- Há várias partes interessadas, o que significa que os requisitos precisam ser gerenciados por grupos de pessoas de diferentes funções.
- Os requisitos são alteráveis.

O gerenciamento de requisitos é uma forma sistemática de descobrir, documentar, organizar e rastrear os requisitos de um sistema. A rastreabilidade é a capacidade de relacionar (rastrear) um elemento do projeto a outros correlatos, de forma que haja sentido na relação entre eles. Os elementos do projeto envolvidos em rastreabilidade são chamados de *itens de rastreabilidade*, como é demonstrado na Figura 2.3.

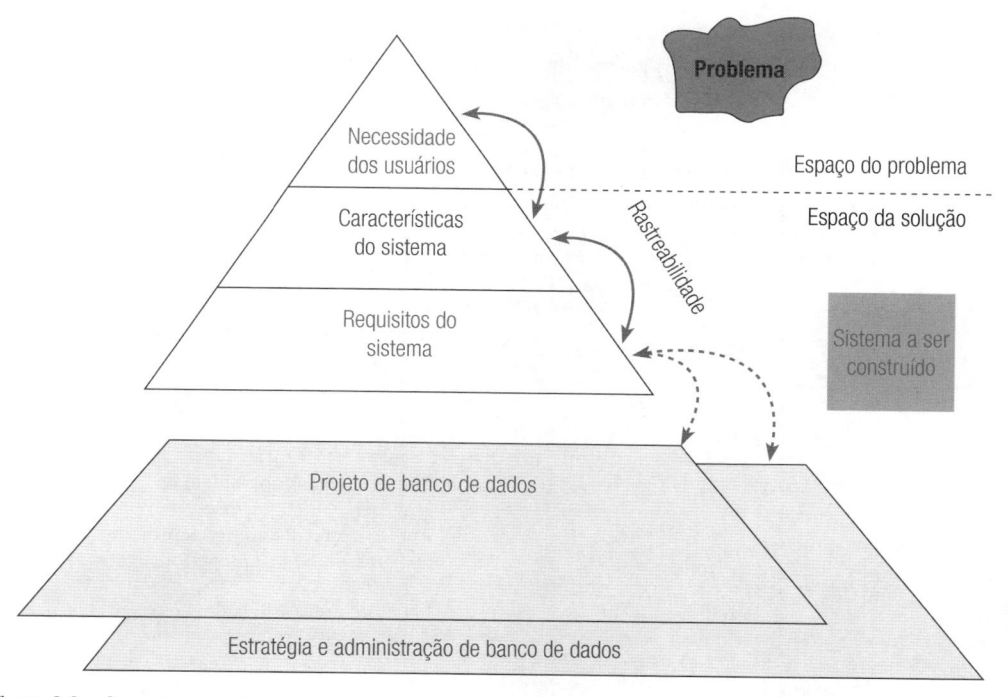

Figura 2.3 – Gerenciamento de requisitos por meio da rastreabilidade

O estabelecimento da rastreabilidade entre os elementos do projeto auxiliará nos seguintes aspectos:

- Entender a origem dos requisitos, por quem foi pedido e em qual contexto.
- Gerenciar o escopo do projeto, por meio do controle dos requisitos levantados.
- Gerenciar mudanças nos requisitos.
- Avaliar o impacto da mudança em um requisito no projeto.
- Avaliar o impacto da falha de um teste nos requisitos, isto é, se o teste falhar, talvez o requisito não seja atendido.
- Verificar se todos os requisitos do sistema foram implementados.

Um desdobramento prático desses conceitos é discutido a seguir:

1. *Elementos do projeto* indicam a descrição de quais itens do projeto serão rastreados.

No Quadro 2.2, é apresentado um modelo para definição da rastreabilidade de alguns itens que compõem um projeto de sistema. São enfatizados os itens elementares para o projeto de banco de dados.

Quadro 2.2 Modelo para definição de rastreabilidade dos itens do projeto

Artefato (tipo de documento)	Item de rastreabilidade	Descrição
Requisitos	Necessidade dos Envolvidos (NE)	Principal necessidade dos envolvidos ou dos usuários.
Requisitos	Regra de Negócio (RN)	Regras de negócios presentes nos sistemas.
Requisitos	Requisitos Funcionais (RF)	Requisitos funcionais do sistema.
Requisitos	Requisito Não Funcional (RNF)	Requisitos não funcionais, capturados na visão do negócio.
Modelo de dados	Entidade	Entidades apresentadas no modelo lógico de dados.
Modelo de dados	Tabelas	Tabelas geradas no modelo físico de dados.
Modelo de implementação	Componentes	Apresentação dos componentes. Programas: código fonte, *stored procedure*, *triggers*, *job*.
Teste	Caso de Teste (CT)	Casos de testes associados aos requisitos.

2. *Rastreabilidade* indica a descrição do relacionamento entre os itens de rastreabilidade.

A rastreabilidade pode ser representada graficamente, conforme a Figura 2.4, ou por meio de uma matriz de rastreabilidade, de acordo com o item 3.

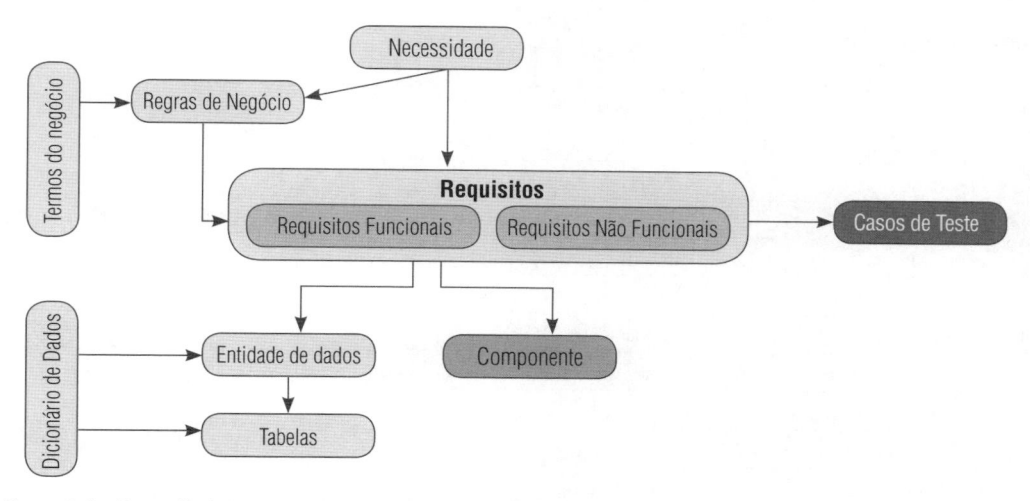

Figura 2.4 – Sugestão de itens de rastreabilidade de visão gráfica

3. *Matriz de rastreabilidade* indica qual tipo de conexão será utilizado para estabelecer a rastreabilidade.

Nesse exemplo, levando em conta o Quadro 2.3, utiliza-se como conexão das matrizes 7 e 8 o CRUD, que indica o tipo de manipulação de dados que o requisito fará sobre a(s) entidade(s). O CRUD é o acrônimo em inglês das palavras:

- **Create:** inclusão de dados na entidade.
- **Read:** leitura nos dados da entidade.
- **Update:** atualização dos dados na entidade.
- **Delete:** exclusão dos dados na entidade.

Considerando os aspectos relacionados a um projeto de banco de dados, é muito importante identificar a relação entre os requisitos do sistema e as entidades, e mapear as operações que serão realizadas no banco de dados a partir dessa relação. Como exemplo, no Quadro 2.4, é apresentada uma matriz de rastreabilidade entre algumas entidades do cenário Rádio Táxi On-line e os requisitos funcionais do sistema.

Quadro 2.3 Matriz de rastreabilidade

Matriz de rastreabilidade			
Item rastreabilidade 1	Item rastreabilidade 2	Conexão	Matriz
Necessidades	Regras de Negócio (RN)	X	1
Necessidades	Requisitos Funcionais (RF)	X	2
Necessidades	Requisitos Não Funcionais (RNF)	X	3
Termos de Negócio	Regras de Negócio (RN)	X	4
Requisitos Funcionais (RF)	Casos de Teste (CT)	X	5
Requisitos Não Funcionais (RNF)	Casos de Teste (CT)	X	6
Requisitos Funcionais (RF)	Entidade de dados	CRUD	7
Requisitos Não Funcionais (RNF)	Entidade de dados	CRUD	8
Requisitos Funcionais (RF)	Componente	X	9
Requisitos Não Funcionais (RNF)	Componente	X	10

Quadro 2.4 Matriz de rastreabilidade: requisitos funcionais *versus* entidade de dados

ENTIDADE DE DADOS	REQUISITOS FUNCIONAIS												
	Registrar chamado	Atribuir motorista ao chamado	Registrar corrida	Confirmar chamado	Confirmar corrida	Cancelar corrida	Atualizar situação da corrida	Emitir fatura	Emitir aviso de cobrança	Efetuar baixa de fatura por pagamento	Cadastrar motorista	Distribuir boleto para conveniada	Emitir relatório de pagamento dos motoristas
Boleto	R		R									R, U	R
Chamado	C	R, U	R	R	R	R, U							
Conveniada	R		R				R	R	R			R	
Corrida			C		R	R, U	R, U	R	R				R
Fatura								C	R	R			R
Marca_Veiculo											R		
Modelo_Veiculo											R		
Motorista		R									C, R, U, D		R
Pagamento										C, U			R
Tipo_Veiculo													
Veiculo			R		R								

EXERCÍCIOS

1. O que são requisitos?

2. Quais são as características de um requisito?

3. O que são requisitos funcionais?

4. O que são requisitos não funcionais?

5. O que significa dizer que um requisito é verificável? Cite um exemplo diferente do apresentado no capítulo.

6. Qual é o objetivo do levantamento de informações?

7. Dada a lista de requisitos de um automóvel, separe-os em requisitos funcionais e não funcionais:

    a. Acelerar.
    b. Frear.
    c. Mudar de marcha.
    d. Banco de couro.
    e. Painel cromado.

▶ Para a resolução do exercício 8, considere o Cenário 1:

CENÁRIO 1

O sistema deve controlar empréstimo, devolução e reserva de bicicletas. O objetivo do sistema é tornar mais rápido o processo de empréstimo e fornecer informações importantes para o nível gerencial. Relatórios de empréstimos por dia da semana, empréstimos por cor de bicicleta e empréstimos no mês devem ser gerados pelo sistema. O valor total de empréstimos deve ser calculado automaticamente pelo sistema. Os operadores do sistema têm familiaridade com a plataforma Windows.

---

8. Dada a descrição de um sistema para aluguel de bicicletas, identifique os requisitos funcionais e não funcionais.

▶ Para a resolução dos exercícios 9 e 10, considere o Cenário 2.

CENÁRIO 2

1. Sistema: **Sistema de Apoio a Amigo Secreto (SAAS)**

2. Objetivo do sistema: **SAAS tem como objetivo automatizar a troca de mensagens entre os participantes, preservando o sigilo deles, manter as informações dos participantes, realizar o sorteio e a distribuição dos resultados, disponibilizar demonstrativos e avisos gerais.**

3. Necessidade
   - Permitir o cadastramento de participantes.
   - Permitir o sorteio automático.
   - Distribuir a notificação de quem é o amigo secreto do participante.
   - Permitir a troca de mensagens entre os participantes, preservando seu anonimato.
   - Permitir ao patrocinador registrar avisos gerais.
   - Permitir o cadastramento da lista de sugestão para presentes.
   - Disponibilizar relação dos participantes.
   - Disponibilizar, após o encerramento do amigo secreto, demonstrativos contendo:
     a. total de mensagens;
     b. ranking dos participantes que mais receberam mensagens;
     c. ranking dos participantes que mais enviaram mensagens;
     d. lista dos codinomes, com seus respectivos participantes;
     e. lista de quem retirou quem.
   - Permitir aos participantes avaliar e dar sugestões para os próximos amigos secretos.
   - Manter relação entre quem tirou quem, evitando que haja a mesma troca para os próximos quatro amigos secretos. Caso isso não possa ser feito, apresentar uma solução.

4. Benefícios esperados
   - Aviso imediato de mensagem ao participante.
   - Eliminação total do trabalho de administração da caixa de mensagens.
   - Redução em 90% do uso de papel para troca de mensagens.

5. Restrições
   - Número máximo de participantes: 60.

6. Vocabulário do negócio
   - **Codinome**: pseudônimo com o qual um participante irá se identificar ao escrever mensagens para seu amigo secreto.
   - **Destinatário**: participante que receberá uma mensagem.
   - **Mensagem**: texto livre a ser escrito pelos participantes.
   - **Notificação**: mensagem enviada automaticamente pelo sistema a cada participante, divulgando o nome do seu amigo secreto.
   - **Participante**: pessoa alocada no departamento que deverá fornecer nome e ramal.
   - **Ranking**: lista descendente (do maior para o menor), que apresenta o nome dos participantes que mais receberam e enviaram mensagens.
   - **Sorteio**: processo automático que escolhe qual participante deverá entregar o presente ao outro, sem que haja a possibilidade de o participante tirar a si próprio.

---

9. Elabore a lista de requisitos funcionais.

10. Elabore a lista de requisitos não funcionais.

CAPÍTULO 3

Modelo relacional

Neste capítulo, será abordada a origem do modelo relacional, suas características e alguns dos conceitos e operadores aritméticos que formam sua base. Em termos gerais, modelo é uma abstração de um objeto ou evento real de maior complexidade e sua principal função é auxiliar a compreensão das complexidades do ambiente real. Um modelo de dados é uma representação, relativamente simples e normalmente gráfica, de estruturas de dados mais complexas.

Ao longo do capítulo, serão apresentados exemplos em álgebra relacional e, paralelamente, em SQL®, para facilitar o entendimento da operacionalização e/ou funcionamento da instrução. A SQL será vista com detalhes nos Capítulos 7, 8 e 9.

Nos exemplos, serão usados parte dos dados das tabelas `TB_PESSOA_FISICA` e `TB_ESTADO_CIVIL`, as quais fazem parte do estudo de caso Rádio Táxi On-line, que é base deste livro, apresentadas nas Tabelas 3.1 e 3.2, respectivamente.

Tabela 3.1 Parte dos dados da tabela TB_PESSOA_FISICA

Número	Nome	CPF	Identidade	Órgão emissor	Data de nascimento	Sexo	Estado civil
77345	ALICE GUIMARAES	99988877722	2211	SSP	15/01/1982	F	1
78345	BENEDITO SILVA	92981873722	22331	SSP	25/02/1970	M	2
79345	CARMEM DOLORES	19196887722	1122	SSP	01/03/1965	F	3
71345	DALTON CRUZ	98989898982	33221	SSP	09/04/1976	M	4
72345	EUNICE SOUZA	09077832111	19370400	SSP	29/04/1976	F	2
75345	ZULMIRA CREEP	23239874123	18765432	SSP	09/05/1969	F	1

Tabela 3.2 Parte dos dados da tabela TB_ESTADO_CIVIL

Estado Civil	Descrição
1	SOLTEIRO
2	CASADO
3	DIVORCIADO
4	VIÚVO
5	RELAÇÃO ESTÁVEL

3.1 Introdução ao modelo relacional

Nos anos de 1960, Dr. E.F. Codd[1], um pesquisador e cientista da IBM, procurava novas maneiras de lidar com grandes volumes de dados. Insatisfeito com os modelos e produtos de banco de dados daquele tempo, ele teve a ideia de aplicar disciplinas e estruturas matemáticas na administração de dados, para ajudar a resolver muitos dos problemas encontrados nos outros modelos de banco de dados, tais como: redundância de dados, grande dependência física na implementação e falha na integridade de dados.

Em 1970, Dr. Codd apresentou seu trabalho, agora patenteado como "Um Modelo Relacional de Dados para Grandes Bancos de Dados Compartilhados". Nesse trabalho, ele apresenta o modelo relacional de banco de dados, que se baseou em duas vertentes da matemática: na teoria dos conjuntos e na lógica de predicado de primeira ordem. Na verdade, o nome *modelo relacional* deriva do termo "relação", que é uma parte da teoria dos conjuntos.

Uma das principais características do modelo relacional é a possibilidade de relacionar várias tabelas, para evitar a redundância no armazenamento de dados. Os relacionamentos no modelo relacional podem ocorrer de três formas:

- um-para-um;
- um-para-muitos;
- muitos-para-muitos.

Duas tabelas (A e B) estarão conectadas quando uma delas (A) tiver um campo de compartilhamento, que poderá ser plenamente utilizado em outra (B), diminuindo a redundância de dados nas inserções de registros e facilitando futuras buscas e pesquisas. Logo, várias tabelas podem compartilhar um mesmo campo de uma tabela determinada.

---

[1] Edgar Frank Codd nasceu em 23 de agosto de 1923, em Portland Bill, Inglaterra, e faleceu em 2003. Durante a Segunda Guerra Mundial, interrompeu os estudos em Matemática e Química na Universidade de Oxford para atuar como piloto da Royal Air Force. Após a Segunda Guerra, foi morar nos Estados Unidos e começou a trabalhar na IBM. Atuou como matemático e projetista dos IBM 701, 702 e 7030. Em 1970, usando conceitos simples da teoria dos conjuntos, Codd formalizou as consultas a bancos de dados de forma bem semelhante ao que se utiliza hoje. Em 1981, foi agraciado com o ACM Turing Award, por suas contribuições para a teoria e prática do gerenciamento de sistemas de banco de dados.

A partir do momento em que o usuário estiver familiarizado com os relacionamentos entre as tabelas do banco de dados, poderá acessar os dados de diferentes formas, tanto os de tabelas diretamente conectadas, como os de indiretamente conectadas. Conheça as terminologias formais do modelo relacional no Quadro 3.1.

Quadro 3.1 Terminologia formal do modelo relacional e seu significado

Terminologia	Significado
Tupla	Linha da tabela.
Atributo	Nome da coluna da tabela.
Relação	Tabela.
Domínio	Descreve os tipos de valores que cada campo da tabela pode conter.

3.1.1 Destaques do modelo relacional

Entre os pontos que merecem destaque no modelo relacional, estão:

- **Construção de níveis múltiplos de integridade**[2]: a integridade dos dados, neste modelo, é construída em nível de campo, para assegurar a acuracidade dos dados; em nível de tabela, para assegurar que os registros não estão duplicados e para detectar a falta de valores na chave primária; em nível de relacionamentos, para assegurar que o relacionamento entre duas tabelas é válido e, por fim, em nível do negócio, para assegurar que os dados estão acurados de acordo com o negócio. Dessa forma, a garantia de acuracidade e consistência dos dados ocorre graças aos vários níveis de integridade que podem ser impostos ao banco de dados.
- **Independência física e lógica da aplicação do banco de dados:** nem as mudanças efetuadas pelo usuário no projeto lógico do banco de dados, tampouco as mudanças físicas de implementação do banco de dados efetuadas pelos fabricantes de software, prejudicarão as aplicações construídas no modelo relacional.
- **Fácil armazenamento de dados:** ao comando do usuário, os dados podem ser armazenados em uma ou em várias tabelas do banco de dados.

3.1.2 Operações de extração de dados

No modelo relacional, os dados são processados e extraídos a partir de operações matemáticas estritamente definidas. Existem oito tipos de operações principais, divididas em duas categorias: *operadores de conjunto* e *operadores relacionais* – atendendo à

---

[2] COUGO, P. *Modelagem conceitual e projeto de banco de dados*. Rio de Janeiro: Campus, 1997.

estrutura do banco de dados relacional, que é projetado para que os dados possam ser extraídos por operações de conjunto e por operações relacionais[3].

Os operadores de conjunto são de união (*union*), diferença (*difference*), intersecção (*intersection*) e produto cartesiano (*cartesian product*), atuando sobre um ou mais conjunto de linhas, para produzir um novo conjunto de linhas.

Os operadores relacionais, por sua vez, são de projeção (*project*), seleção (*select*), junção (*join*) e divisão (*division*).

3.2 Álgebra relacional

Linguagem de pesquisa formal, ou linguagem de consulta formal, é de alto nível e o meio da qual os usuários podem extrair informações de um banco de dados. Normalmente é dividida em duas categorias:

1. *Linguagem de pesquisa não procedural* é caracterizada pelo usuário que descreve apenas qual é a informação desejada, mas não informa como ela será obtida. Pode-se citar a SQL usada nos RDBMS como exemplo de linguagem de pesquisa não procedural.
2. *Linguagem de pesquisa procedural* é caracterizada pelo usuário que descreve a sequência específica de como as operações devem ser executadas para obter o resultado esperado. Alguns exemplos de linguagem de pesquisa procedural são a PL/SQL®, da Oracle®; a SQL/PL®, da IBM®; e Transact-SQL®, da Microsoft®.

A álgebra relacional também é uma linguagem de pesquisa formal procedural, que fornece os fundamentos formais para as operações dos bancos de dados relacionais[4]. Todos os RDBMS[5] utilizam essa linguagem para implementar os processos de consulta e otimização de dados e informações.

Cada operador da álgebra numérica transforma um ou mais números em outro número. Da mesma forma, cada operador da álgebra relacional transforma um ou mais conjuntos de dados em um novo conjunto de dados. Devido a essa característica, é possível combinar mais de uma operação relacional em uma única expressão algébrica, fazendo com que o resultado de uma operação seja utilizado como entrada para outra, aumentando o poder da linguagem de consulta[6]. Conheça os principais operadores no Quadro 3.2.

---

3 CHEN, P. *Modelagem de dados*: a abordagem entidade-relacionamento para projeto lógico. São Paulo: Makron, 1990.
4 MANNINO, M. V. *Projeto, desenvolvimento de aplicações & administração de banco de dados*. São Paulo: McGraw Hill, 2008.
5 RDBMS é o acrônimo em inglês para *Relational Database Management System*. É o mesmo que SGBD ou SGBDR, siglas para Sistema Gerenciador de Banco de Dados.
6 MUNARI, A. C. B. *Operações relacionais e álgebra relacional*. Uruguaiana: PUC, 2010.

Quadro 3.2 Resumo dos operadores de álgebra relacional

Símbolo	Significado	Finalidade	Sintaxe
σ (sigma)	Seleção, restrição ou `select`	Extrair linhas que atendam a uma determinada condição.	σ <condição de seleção> (R)
π (pi)	Projeção ou `project`	Extrair colunas específicas.	π <lista de atributos> (R)
×	Produto cartesiano ou `cartesian product`	Combinar cada linha de uma tabela, com cada linha de outra tabela.	(R) × (R)
⋈	Junção natural ou `natural join`	Extrair linhas de duas ou mais tabelas, por meio de colunas com nome e tipo de dados iguais.	(R) ⋈ (R)
Θ (theta)	Equijunção, `equijoin`, `join theta`, `theta join`, junção interna, ou `inner join`	Extrair linhas de duas ou mais tabelas que atendam a uma condição específica.	(R) ⋈ Θ (R)
∪	União ou `union`	Extrair e combinar todas as linhas de uma ou mais consultas compatíveis.	(R) ∪ (R)
∩	Intersecção ou `intersect`	Extrair apenas as linhas presentes em duas tabelas.	(R) ∩ (R)
−	Diferença ou `minus`	Extrair todas as linhas da primeira tabela, que não estão presentes na segunda tabela.	(R) − (R)
÷	Divisão ou `division`	Extrair as linhas de uma tabela cujos valores de coluna correspondam a aqueles na segunda tabela.	(R) ÷ (R)
ρ (rho)	Renomear ou `rename`	Renomear uma tabela ou atributos de uma tabela dentro de determinado contexto.	ρ <novo nome> (R)
←	Atribuição ou `assignment`	Extrair o conteúdo de uma tabela e atribuir o resultado a uma variável especial.	<variável> ← (R)

3.2.1 Seleção ou *select*

O operador de seleção, ou `select`, permite selecionar as linhas – também chamadas de tuplas – que atendam a um determinado critério. A letra grega sigma (σ)[7] é usada para representar a operação de seleção. A representação gráfica de `select` pode ser vista na Figura 3.1, que mostra apenas a seleção de determinadas linhas.

> **PONTO DE ATENÇÃO**
>
> Os operadores de seleção, projeção e renomeação são considerados operadores primários, ou seja, operam sobre uma única relação. Já os operadores de união, diferença e produto cartesiano são considerados operadores binários, ou seja, operam sobre duas relações.

---

[7] MENEZES, P. B. *Matemática discreta para computação e informática*. Porto Alegre: Bookman, 2010.

Figura 3.1 – Representação gráfica da operação de seleção

A operação de seleção pode ser indicada com a seguinte sintaxe:

LINGUAGEM DE PROGRAMAÇÃO

Operador relacional SELECT

σ<condição de seleção>(R)

Elementos e funcionalidades	
σ	Operação de seleção.
<condição de seleção>	Critério de seleção.
(R)	Relação utilizada, equivalente a uma tabela ou entidade.

EXEMPLO 1

Seleção de pessoa física de acordo com o sexo

Para selecionar todas as pessoas físicas de sexo feminino, utiliza-se a sintaxe:

σ sexo = F(TB_PESSOA_FISICA)

Observe que σ indica a operação de seleção; sexo = F é o critério de seleção; e (TB_PESSOA_FISICA) indica a relação utilizada. Em SQL, a expressão pode ser representada pela instrução:

```
Select *
  from TB_PESSOA_FISICA
  WHERE sexo = 'F'.
```

Ao aplicar essa operação na TB_PESSOA_FISICA, o resultado é o apresentado na Tabela 3.3.

Tabela 3.3 Resultado da operação de seleção

Número	Nome	CPF	Identidade	Órgão emissor	Data de nascimento	Sexo	Estado civil
77345	ALICE GUIMARAES	99988877722	2211	SSP	15/01/1982	F	1
79345	CARMEM DOLORES	19196887722	1122	SSP	01/03/1965	F	3
72345	EUNICE SOUZA	09077832111	19370400	SSP	29/04/1976	F	2
75345	ZULMIRA CREEP	23239874123	18765432	SSP	09/05/1969	F	1

MODELO RELACIONAL

Na condição de seleção, podem ser usados os operadores de comparação =, ≠, ≥, >, ≤, < e os conectivos: ∧, que significa 'e'; e ∨, que significa 'ou'. Veja como aplicá-los nos Exemplos 2 e 3.

> **PONTO DE ATENÇÃO**
>
> Os operadores de comparação são representados de forma diferente em álgebra relacional (vistos neste capítulo) e em SQL, (detalhados no Capítulo 9).

EXEMPLO 2

Seleção de pessoa física, utilizando o operador ∧

Para selecionar todas as pessoas físicas do sexo feminino (F) com o código de estado civil igual a 1, utiliza-se a seguinte sintaxe:

σ sexo = F ∧ estado civil = 1(TB_PESSOA_FISICA)

Em SQL, a sintaxe é a seguinte:

```
Select *
  from TB_PESSOA_FISICA
 WHERE sexo = 'S' and
       estado_civil = 1;
```

O resultado das duas instruções pode ser visto na Tabela 3.4.

Tabela 3.4 Resultado da seleção com o operador ∧ (E)

Número	Nome	CPF	Identidade	Órgão emissor	Data de nascimento	Sexo	Estado civil
77345	ALICE GUIMARAES	99988877722	2211	SSP	15/01/1982	F	1
75345	ZULMIRA CREEP	23239874123	18765432	SSP	09/05/1969	F	1

EXEMPLO 3

Seleção de pessoa física, utilizando o operador ∨

Para selecionar todas as pessoas físicas com código de estado civil igual a 1 ou 2, utiliza-se a sintaxe:

σ estado civil = 1 ∨ estado civil = 2(TB_PESSOA_FISICA)

Em SQL, a sintaxe é a seguinte:

```
Select *
  from TB_PESSOA_FISICA
 WHERE estado_civil = 1 and
       estado_civil = 2;
```

Continua

Continuação

O resultado das duas instruções pode ser visto na Tabela 3.5.

Tabela 3.5 Resultado da seleção com o operador ∨ (OU)

Número	Nome	CPF	Identidade	Órgão emissor	Data de nascimento	Sexo	Estado civil
77345	ALICE GUIMARAES	99988877722	2211	SSP	15/01/1982	F	1
78345	BENEDITO SILVA	92981873722	22331	SSP	25/02/1970	M	2
72345	EUNICE SOUZA	09077832111	19370400	SSP	29/04/1976	F	2
75345	ZULMIRA CREEP	23239874123	18765432	SSP	09/05/1969	F	1

3.2.2 Projeção ou *project*

O operador de projeção, ou `project`, determina quais colunas de uma relação serão exibidas, sendo representado pela letra grega PI (π). A projeção é executada em apenas uma relação e o resultado é uma nova relação, que contém apenas os atributos selecionados. A operação de projeção também remove todas as tuplas repetidas. A representação gráfica de `project` pode ser observada na Figura 3.2, que mostra a nova relação.

Figura 3.2 – Representação gráfica da operação de projeção

A operação de projeção pode ser indicada pela sintaxe:

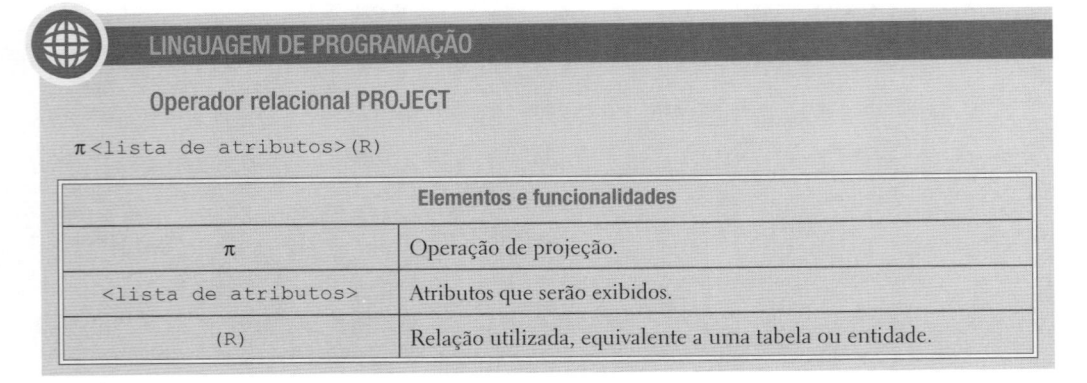

LINGUAGEM DE PROGRAMAÇÃO

Operador relacional PROJECT

`π<lista de atributos>(R)`

Elementos e funcionalidades	
π	Operação de projeção.
`<lista de atributos>`	Atributos que serão exibidos.
`(R)`	Relação utilizada, equivalente a uma tabela ou entidade.

EXEMPLO 4

Consulta de pessoa física por estado civil e sexo, utilizando π

Para exibir o estado civil e o sexo de todas as pessoas físicas, utiliza-se a sintaxe:

π estado civil, sexo(TB_PESSOA_FISICA)

Observe, na sintaxe, que π indica a operação de projeção; estado civil e sexo são os atributos exibidos; e (TB_PESSOA_FISICA) indica a relação utilizada. Em SQL, essa expressão pode ser representada da seguinte forma:

```
Select estado_civil, sexo
  from TB_PESSOA_FISICA;
```

Ao aplicar essa operação na TB_PESSOA_FISICA, o resultado pode ser visto na Tabela 3.6.

Tabela 3.6 Resultado da operação de projeção

Sexo	Estado civil
F	1
M	2
F	3
M	4
F	2
F	1

3.2.3 Atribuição, *assignment* ou resultados intermediários

Para resolver um problema, é comum que sejam aplicadas várias operações de álgebra relacional até que o resultado esperado seja alcançado. Pode-se atribuir um nome para conter o resultado intermediário, o qual será usado por outras operações algébricas. O símbolo ← é utilizado para representar a atribuição do resultado de uma operação a uma variável intermediária.

EXEMPLO 5

Seleção de pessoa física e armazenamento do resultado

A sintaxe do operador relacional de atribuição é <variável> ← (R). Nesse caso, o operador será utilizado na situação de seleção de dados de todas as pessoas físicas do sexo feminino e armazenamento do resultado intermediário em TEMP.

```
TEMP ← σ sexo = F(TB_PESSOA_FISICA)
π nome, estado civil(TEMP)
```

Continua

Continuação

Observe, na sintaxe, que `TEMP` indica onde será armazenado o resultado intermediário; ← é o operador de atribuição; π indica a operação de projeção; `nome e estado civil` são os atributos exibidos; σ indica a operação de seleção; `sexo = F` é o critério de seleção; e `(TB_PESSOA_FISICA)` indica a relação utilizada. Ao aplicar essa sintaxe na tabela `TB_PESSOA_FISICA`, o resultado é o apresentado na Tabela 3.7.

Tabela 3.7 Resultado intermediário armazenado em TEMP

Número	Nome	CPF	Identidade	Órgão emissor	Data de nascimento	Sexo	Estado civil
77345	ALICE GUIMARAES	99988877722	2211	SSP	15/01/1982	F	1
79345	CARMEM DOLORES	19196887722	1122	SSP	01/03/1965	F	3
72345	EUNICE SOUZA	09077832111	19370400	SSP	29/04/1976	F	2
75345	ZULMIRA CREEP	23239874123	18765432	SSP	09/05/1969	F	1

Desse resultado intermediário, são escolhidos os atributos `nome` e `estado civil`. Dessa forma, o conjunto de expressões pode ser lido como *exibir o nome e o estado civil de todas as pessoas físicas do sexo feminino*. Em SQL, a sintaxe é a seguinte:

```
Select nome, estado_civil
  from TB_PESSOA_FISICA
 WHERE sexo = 'F';
```

O resultado dessa operação é o apresentado na Tabela 3.8.

Tabela 3.8 Resultado da projeção aplicada no resultado intermediário TEMP

Nome	Estado civil
ALICE GUIMARAES	1
CARMEM DOLORES	3
EUNICE SOUZA	2
ZULMIRA CREEP	1

A expressão vista neste exemplo pode ser simplificada, agrupando as várias operações para gerar uma única expressão de álgebra relacional. No caso, as duas expressões utilizadas podem ser escritas como uma única expressão algébrica.

Para exibir o nome e o estado civil de todas as pessoas físicas do sexo feminino, utiliza-se a sintaxe:

π nome, estado civil(σ sexo=F(TB_PESSOA_FISICA))

Observe, na sintaxe, que π indica a operação de projeção; `nome e estado civil` são os atributos exibidos; σ indica a operação de seleção; `sexo = F` é o critério de seleção; e `(TB_PESSOA_FISICA)` indica a relação utilizada. Em SQL, a sintaxe é a seguinte:

```
Select nome, estado civil
  from TB_PESSOA_FISICA
 WHERE sexo = 'F';
```

3.2.4 Produto cartesiano ou *cartesian product*

O operador de produto cartesiano, ou `cartesian product`, combina todas as linhas de uma tabela com todas as linhas de outra. Um produto cartesiano tende a gerar um grande número de linhas e o resultado raramente é útil. O símbolo × é usado para representar a operação de produto cartesiano. A representação gráfica de produto cartesiano pode ser vista na Figura 3.3, que mostra o resultado dessa combinação de linhas e colunas.

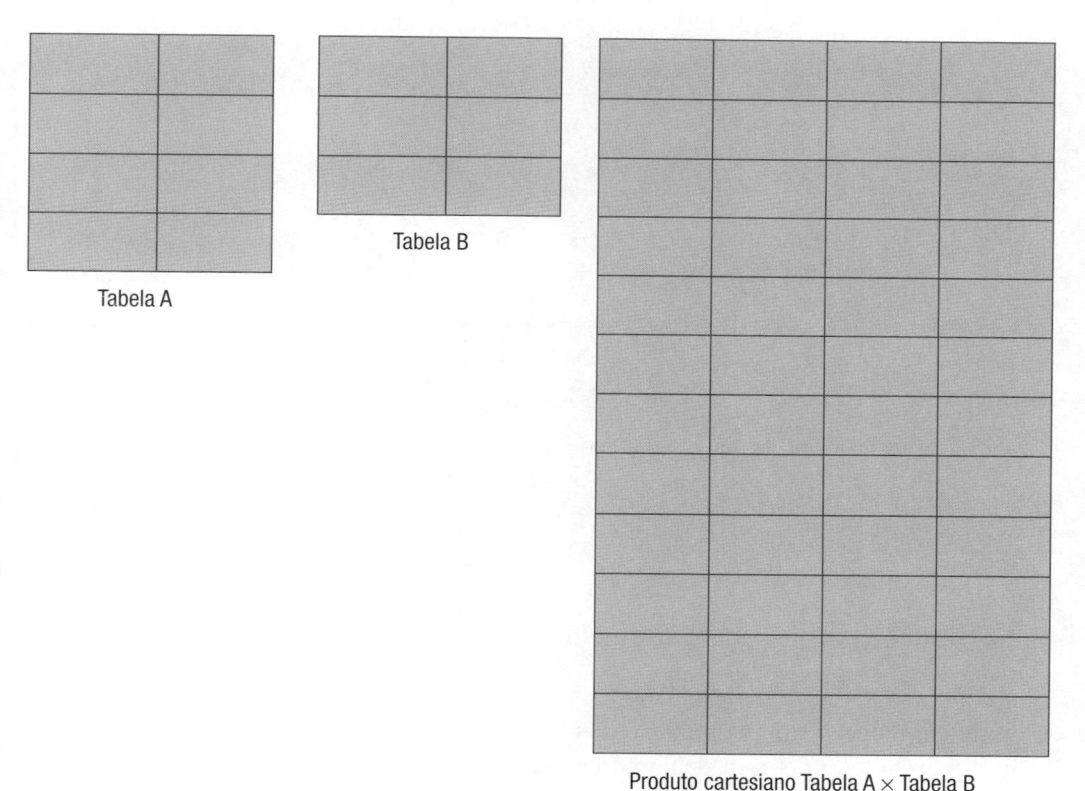

Figura 3.3 – Representação gráfica do produto cartesiano da Tabela A × Tabela B

Como foi dito, o produto cartesiano de duas tabelas resulta em uma nova tabela, formada pela combinação de todas as tuplas de ambas as tabelas. Sendo assim, o número de colunas é resultante da soma das colunas das duas tabelas. Na representação gráfica, da Figura 3.3, é possível notar que a Tabela A tem quatro linhas e duas colunas e a Tabela B, três linhas e duas colunas. Desse modo, o produto cartesiano da Tabela A e da Tabela B apresenta doze linhas e quatro colunas.

A operação de produto cartesiano pode ser indicada pela sintaxe a seguir:

LINGUAGEM DE PROGRAMAÇÃO

Operador relacional de PRODUTO CARTESIANO

(R)×(R)

Elementos e funcionalidades	
×	Operação de produto cartesiano.
(R)	Relação utilizada.

EXEMPLO 6

Combinação de pessoa física utilizando operador ×

Para exibir a combinação de todas as pessoas físicas com todos os estados civis, utiliza-se a sintaxe:

(TB_PESSOA_FISICA) × (TB_ESTADO_CIVIL)

Observe, na sintaxe, que × indica a operação de produto cartesiano; (TB_PESSOA_FISICA) indica a relação utilizada; e (TB_ESTADO_CIVIL) indica outra relação utilizada. Em SQL, a sintaxe é a seguinte:

```
Select *
  from TB_PESSOA_FISICA
  cross join TB_ESTADO_CIVIL;
```

3.2.5 Junção natural ou *natural join*

O operador de junção natural, ou natural join, combina tabelas. O símbolo ⋈ é usado para representar a operação de junção. A união das tuplas é feita com base nas colunas das tabelas de nome e tipo de dados iguais.

A operação de junção natural pode ser indicada da seguinte maneira:

LINGUAGEM DE PROGRAMAÇÃO

Operador relacional de JUNÇÃO NATURAL

(R)⋈(R)

Elementos e funcionalidades	
⋈	Operação de produto cartesiano.
(R)	Relação utilizada, equivalente a uma tabela ou entidade.

EXEMPLO 7

Consulta de pessoa física e estado civil utilizando ⋈

Para exibir todos os dados de pessoas físicas e a descrição do estado civil, utiliza-se a sintaxe:

(TB_PESSOA_FISICA) ⋈ (TB_ESTADO_CIVIL)

Observe, na sintaxe, que ⋈ indica a operação de junção natural; e (TB_PESSOA_FISICA) e (TB_ESTADO_CIVIL) indicam a relação utilizada. Em SQL, a sintaxe é a seguinte:

```
Select *
  from TB_PESSOA_FISICA
  natural join TB_ESTADO_CIVIL;
```

A junção das duas tabelas foi feita por meio da coluna ESTADO_CIVIL. Ela foi escolhida pelo banco de dados para efetuar a junção porque era a única coluna com o mesmo nome e mesmo tipo de dados presentes em ambas as tabelas. O resultado dessa operação é o apresentado na Tabela 3.9.

Tabela 3.9 Resultado da junção natural de TB_PESSOA_FISICA e TB_ESTADO_CIVIL

Número	Nome	CPF	Identidade	Órgão emissor	Data de nascimento	Sexo	Estado civil	Descrição
77345	ALICE GUIMARAES	99988877722	2211	SSP	15/01/1982	F	1	SOLTEIRO
78345	BENEDITO SILVA	92981873722	22331	SSP	25/02/1970	M	2	CASADO
79345	CARMEM DOLORES	19196887722	1122	SSP	01/03/1965	F	3	DIVORCIADO
71345	DALTON CRUZ	98989898982	33221	SSP	09/04/1976	M	4	VIÚVO
72345	EUNICE SOUZA	09077832111	19370400	SSP	29/04/1976	F	2	CASADO
75345	ZULMIRA CREEP	23239874123	18765432	SSP	09/05/1969	F	1	SOLTEIRO

O operador de junção natural utiliza outros operadores de álgebra relacional para produzir o resultado esperado: uma operação de produto, para combinar as linhas das tabelas; um operador de restrição, para remover as linhas que não atendam os critérios de junção; e uma operação de projeção, para eliminar as colunas duplicadas da junção.

EXEMPLO 8

Consulta de pessoa física e estado civil utilizando π e ⋈

Para exibir o nome de pessoas físicas e a descrição do estado civil utiliza-se a sintaxe:

π nome, descricao((TB_PESSOA_FISICA) ⋈ (TB_ESTADO_CIVIL))

Continua

Continuação

Observe, na sintaxe, que π indica a operação de projeção; `nome` e `descricao` são os atributos exibidos; ⋈ indica a operação de junção natural; e (TB_PESSOA_FISICA) e (TB_ESTADO_CIVIL) indicam a relação utilizada. Em SQL, a sintaxe é a seguinte:

```
Select nome, descricao
  from TB_PESSOA_FISICA
  natural join TB_ESTADO_CIVIL;
```

O resultado das duas operações é o apresentado na Tabela 3.10.

Tabela 3.10 Resultado da projeção da junção natural de TB_PESSOA_FISICA e TB_ESTADO_CIVIL

Nome	Descrição
ALICE GUIMARAES	SOLTEIRO
BENEDITO SILVA	CASADO
CARMEM DOLORES	DIVORCIADO
DALTON CRUZ	VIÚVO
EUNICE SOUZA	CASADO
ZULMIRA CREEP	SOLTEIRO

Já o operador de equijunção – também denominado *equijoin*, junção theta, *theta join*, junção interna ou *inner join* – permite unir os dados armazenados em diferentes tabelas a partir da especificação de um vínculo entre elas. O símbolo ⋈ é usado para representar a operação de junção, e a letra grega theta (Θ)[8] é utilizada para representar a condição que efetuará a união das tuplas das diferentes tabelas. Portanto, para indicar uma equijunção, os símbolos ⋈Θ aparecem juntos.

As junções naturais utilizam todas as colunas com nomes e tipos de dados correspondentes para unir as tabelas em algumas situações, sendo necessário usar o operador theta para especificar apenas as colunas que deverão ser usadas em uma equijunção. Com frequência, esse tipo de junção abrange complementos de chave primária e estrangeira.

A operação de equijunção pode ser indicada da seguinte maneira:

---

8 ROB, P.; CORONOEL, C. *Sistemas de bancos de dados*. São Paulo: Cengage Learning, 2008.

LINGUAGEM DE PROGRAMAÇÃO

Operador relacional de EQUIJUNÇÃO

(R) ⋈Θ (R)

Elementos e funcionalidades	
⋈	Operação de junção.
Θ	Condição a ser aplicada.
(R)	Relação utilizada, equivalente a uma tabela ou entidade.

EXEMPLO 9

Consulta de pessoa física e estado civil utilizando EQUIJUNÇÃO

Para exibir o nome de pessoas físicas e a descrição do estado civil, utiliza-se a sintaxe:

π nome, descricao (TB_PESSOA_FISICA) ⋈Θ TB_PESSOA_FISICA.ESTADO_CIVIL = TB_ESTADO_CIVIL.ESTADO_CIVIL (TB_ESTADO_CIVIL)

Observe, na sintaxe, que π indica a operação de projeção; nome e descricao são os atributos exibidos; ⋈ indica a operação de junção; (TB_PESSOA_FISICA) e (TB_ESTADO_CIVIL) indicam a relação utilizada; TB_PESSOA_FISICA.ESTADO_CIVIL = TB_ESTADO_CIVIL.ESTADO_CIVIL indica a condição Θ que está sendo aplicada. Em SQL, a sintaxe é a seguinte:

```
Select nome, descricao
  from TB_PESSOA_FISICA
  join TB_ESTADO_CIVIL
    on (TB_PESSOA_FISICA.ESTADO_CIVIL = TB_ESTADO_CIVIL.ESTADO_CIVIL);
```

A junção das duas tabelas foi feita por meio da igualdade dos valores das colunas ESTADO_CIVIL de ambas. O resultado das duas operações é o apresentado na Tabela 3.11.

Tabela 3.11 Resultado da projeção da equijunção de TB_PESSOA_FISICA e TB_ESTADO_CIVIL

Nome	Descrição
ALICE GUIMARAES	SOLTEIRO
BENEDITO SILVA	CASADO
CARMEM DOLORES	DIVORCIADO
DALTON CRUZ	VIÚVO
EUNICE SOUZA	CASADO
ZULMIRA CREEP	SOLTEIRO

3.2.6 União ou *union*

O operador de união, ou `union`, une o resultado de duas consultas, retornando todas as linhas da primeira consulta e unindo o resultado com todas as linhas de outra consulta. Caso existam linhas duplicadas, apenas uma será exibida. O resultado apresentado possui a mesma quantidade de colunas e tipo de dados das consultas combinadas. O símbolo ∪ é utilizado para representar a operação de união. A representação gráfica de união pode ser vista na Figura 3.4, que mostra o resultado dessa união.

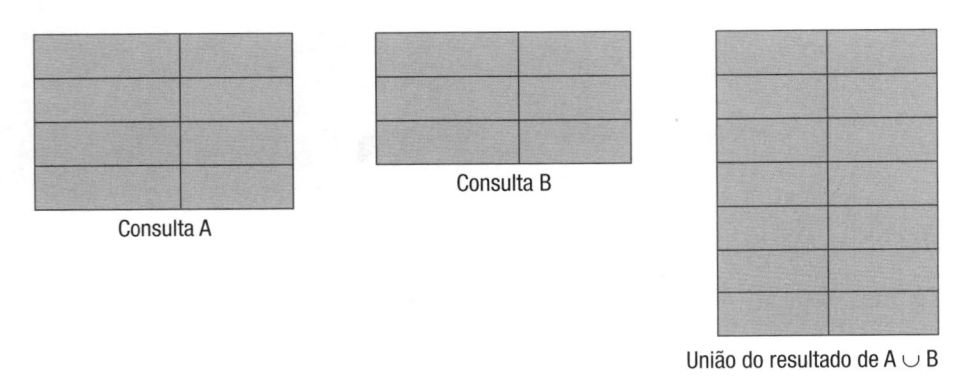

Figura 3.4 – Resultado da união entre a Consulta A e a Consulta B

Nesse caso, todas as linhas da Consulta A foram unidas com todas as da Consulta B. Como resultado, a Consulta A produziu quatro linhas, enquanto a Consulta B produziu três linhas; com a operação de união, os resultados das duas consultas foram unidos e produziram sete linhas. O número de atributos de cada consulta deve ser idêntico, assim como o tipo de dado. No entanto, isso não acontece com o nome dos atributos.

A operação de união pode ser indicada da seguinte maneira:

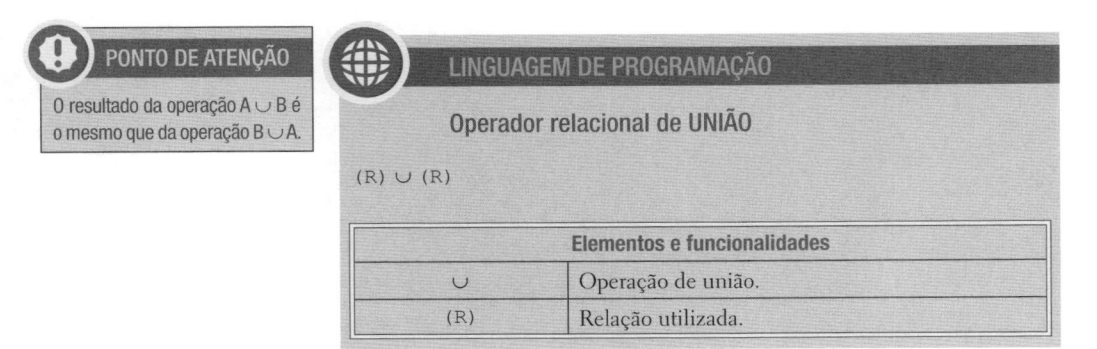

PONTO DE ATENÇÃO
O resultado da operação A ∪ B é o mesmo que da operação B ∪ A.

LINGUAGEM DE PROGRAMAÇÃO

Operador relacional de UNIÃO

(R) ∪ (R)

Elementos e funcionalidades	
∪	Operação de união.
(R)	Relação utilizada.

EXEMPLO 10

Consulta de pessoa física, estado civil e união de resultados utilizando ∪

Para exibir todos os nomes de pessoa física, todas as descrições de estado civil cadastradas e, por fim, unir os resultados, eliminando as duplicidades, utiliza-se a sintaxe:

π nome (TB_PESSOA_FISICA) ∪ π descricao (TB_ESTADO_CIVIL)

Observe, na sintaxe, que π indica a operação de projeção; (TB_PESSOA_FISICA) indica a relação utilizada; (TB_ESTADO_CIVIL) indica outra relação utilizada; ∪ indica a operação de união; e nome e descricao indicam os atributos exibidos. Em SQL, a sintaxe é a seguinte:

```
Select nome
  from TB_PESSOA_FISICA
union
select descricao
  from TB_ESTADO_CIVIL;
```

O operador de união executa a primeira parte da consulta (Select nome from TB_PESSOA_FISICA) e executa a segunda parte da consulta (select descricao from TB_ESTADO_CIVIL). O resultado dessas duas consultas é classificado em ordem ascendente e unido em um único resultado. Por fim, o nome da projeção é definido pelo nome do atributo da primeira consulta. Veja os resultados dessas etapas nas Tabelas 3.12, 3.13 e 3.14.

Tabela 3.12 Resultado da consulta select nome from TB_PESSOA_FISICA

Nome
ALICE GUIMARAES
BENEDITO SILVA
CARMEM DOLORES
DALTON CRUZ
EUNICE SOUZA
ZULMIRA CREEP

Tabela 3.13 Resultado da consulta select descricao from TB_ESTADO_CIVIL

Descrição
CASADO
DIVORCIADO
RELAÇÃO ESTÁVEL
SOLTEIRO
VIÚVO

Tabela 3.14 Resultado da operação de união

Nome
ALICE GUIMARAES
BENEDITO SILVA
CARMEM DOLORES
CASADO
DALTON CRUZ
DIVORCIADO
EUNICE SOUZA
RELAÇÃO ESTÁVEL
SOLTEIRO
VIÚVO
ZULMIRA CREEP

3.2.7 Intersecção ou *intersect*

O operador de intersecção, ou `intersect`, retorna todas as linhas que sejam comuns a diferentes consultas. Caso existam linhas duplicadas, apenas uma será exibida. O resultado apresentado possui a mesma quantidade de colunas e tipo de dados das consultas combinadas. O símbolo ∩ é usado para representar a operação de intersecção. A representação gráfica de intersecção pode ser vista na Figura 3.5, que mostra o resultado dessa operação.

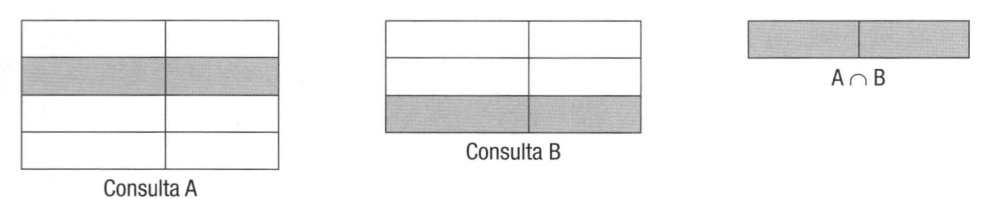

Figura 3.5 – Resultado da intersecção entre a Consulta A e a Consulta B

As linhas da Consulta A que apresentam o mesmo conteúdo que os da Consulta B foram listadas. No caso da Figura 3.5, somente uma linha da Consulta A possuía o mesmo conteúdo que a Consulta B e, como resultado, a operação de intersecção produziu apenas uma linha. O número de atributos de cada consulta deve ser idêntico, assim como o tipo de dados, porém, isso não acontece com o nome dos atributos.

A operação de intersecção pode ser indicada da seguinte maneira:

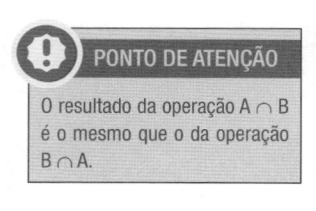

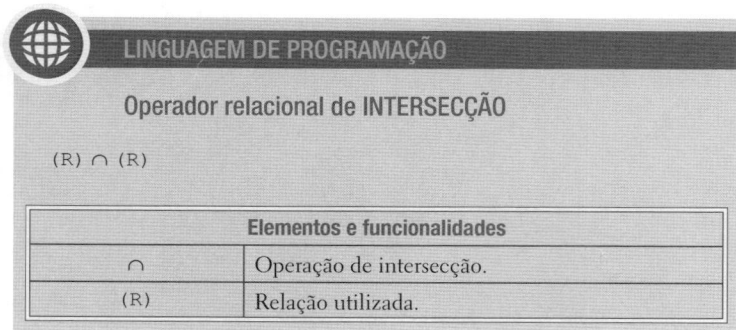

PONTO DE ATENÇÃO

O resultado da operação A ∩ B é o mesmo que o da operação B ∩ A.

LINGUAGEM DE PROGRAMAÇÃO

Operador relacional de INTERSECÇÃO

(R) ∩ (R)

Elementos e funcionalidades	
∩	Operação de intersecção.
(R)	Relação utilizada.

EXEMPLO 11

Consulta de pessoa física, estado civil e intersecção de resultados utilizando ∩

Para exibir o código do estado civil de todas as pessoas físicas, o código de todos estados civis cadastrados e, depois, selecionar os dados comuns das duas consultas, eliminando as duplicidades, utiliza-se a seguinte sintaxe:

π estado civil (TB_PESSOA_FISICA) ∩ π estado civil (TB_ESTADO_CIVIL)

Continua

Continuação

Nesse caso, π indica a operação de projeção; (TB_PESSOA_FISICA) representa a relação utilizada; (TB_ESTADO_CIVIL) é a outra relação utilizada; ∩ indica a operação de intersecção; e estado civil indica os atributos exibidos. Em SQL, a sintaxe é a seguinte:

```
Select estado_civil
   from TB_PESSOA_FISICA
intersect
select estado_civil
   from TB_ESTADO_CIVIL;
```

O resultado das operações pode ser analisado na Tabela 3.15.

Tabela 3.15 Resultado da operação de intersecção

Estado civil
1
2
3
4

3.2.8 Diferença ou *minus*

O operador de diferença, ou `minus`, retorna todas as linhas de uma tabela que não estejam incluídas em uma segunda tabela. As linhas que são comuns às duas tabelas são excluídas e apenas as linhas diferentes da primeira tabela são listadas. O resultado apresentado possui a mesma quantidade de colunas e tipo de dados da consulta combinada. O símbolo − é usado para representar a operação de diferença. A representação gráfica do resultado da operação de diferença pode ser vista na Figura 3.6.

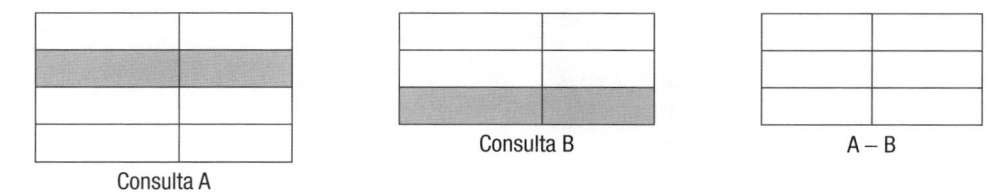

Figura 3.6 – Resultado da diferença entre a Consulta A e a Consulta B

Observe que as linhas da Consulta A que apresentam o mesmo conteúdo que as da Consulta B foram excluídas. No total, três linhas da Consulta A possuíam conteúdo diferente que os da Consulta B e, como resultado, a operação de diferença produziu três linhas. O número de atributos de cada consulta deve ser idêntico, assim como o seu tipo de dados, porém, isso não acontece com o nome dos atributos.

A operação de diferença pode ser indicada da seguinte maneira:

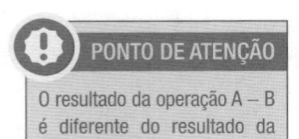

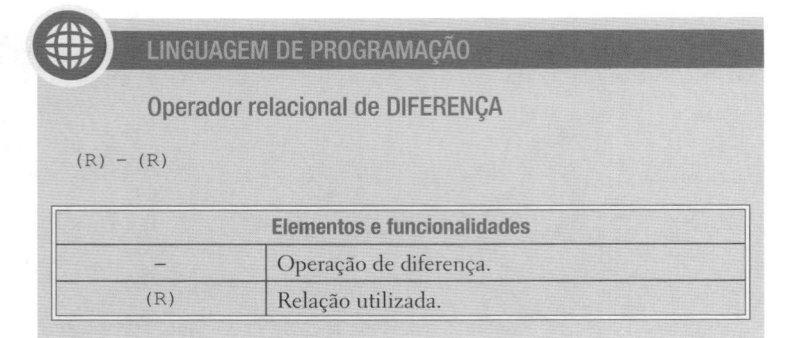

> **PONTO DE ATENÇÃO**
> O resultado da operação A – B é diferente do resultado da operação B – A.

> **LINGUAGEM DE PROGRAMAÇÃO**
>
> **Operador relacional de DIFERENÇA**
>
> (R) - (R)
>
> | | Elementos e funcionalidades |
> |---|---|
> | - | Operação de diferença. |
> | (R) | Relação utilizada. |

EXEMPLO 12

Consulta de pessoa física, estado civil e diferença de resultados utilizando –

Para exibir o código do estado civil de todas as pessoas físicas, o código de todos estados civis cadastrados e, por fim, excluir os dados comuns das duas consultas, utiliza-se a sintaxe:

π estado civil (TB_PESSOA_FISICA) - π estado civil (TB_ESTADO_CIVIL)

Nesse caso, π indica a operação projeção; (TB_PESSOA_FISICA) representa a relação utilizada; (TB_ESTADO_CIVIL) é a outra relação utilizada; o símbolo – indica a operação de diferença e estado civil significa os atributos exibidos. Em SQL, a sintaxe é a seguinte:

```
Select estado_civil
  from TB_PESSOA_FISICA
 minus
select estado_civil
  from TB_ESTADO_CIVIL;
```

O resultado das operações pode ser analisado na Tabela 3.16.

Tabela 3.16 Resultado da operação de diferença

Estado Civil
5

3.2.9 Divisão ou *division*

O operador de divisão, ou division, retorna todas as linhas de uma tabela que se relacionam com todas as linhas de outra tabela, ou seja, a operação identifica o valor dos atributos de uma tabela, que estão relacionados com todos os valores de atributos de outra tabela. O símbolo ÷ é usado para representar a operação de divisão.

A representação gráfica de divisão pode ser vista na Figura 3.7, que mostra o resultado da operação de diferença.

COL1	COL2
A	1
B	1
C	2
A	2
B	3
C	3
A	4
B	4
C	5

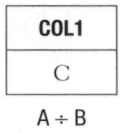

Tabela A

COL2
2
3

Tabela B

COL1
C

A ÷ B

Figura 3.7 – Resultado da divisão das Tabelas A e B

As linhas da Tabela A que não possuem correspondência com todas as linhas da Tabela B serão excluídas. Observe na Tabela A que a COL1 contém os valores A, B e C, e a COL2 contém os valores 1, 2 e 3. Já na Tabela B, a COL2 contém os valores 2 e 3. Como resultado, apenas as linhas da Tabela A que apresentarem os valores 2 e 3, na COL2, serão listadas. Portanto, analisando a COL1 da Tabela A, o valor A não será listado porque apresenta os valores 1, 2 e 4; B não será listado porque apresenta os valores 1, 3 e 4. Apenas C atende o critério de seleção, apresentando os valores 2, 3 e 5.

A operação pode ser indicada da seguinte maneira:

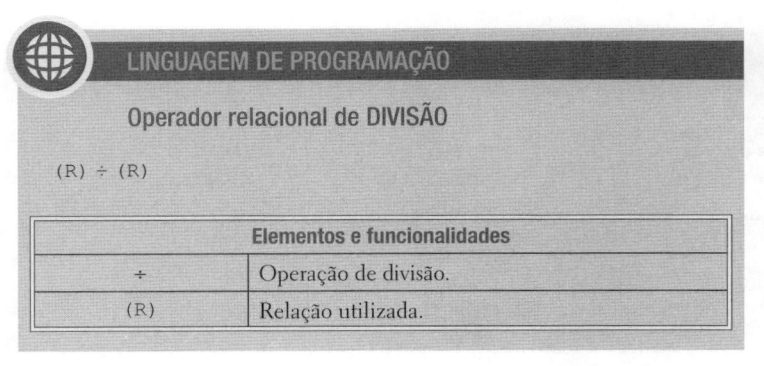

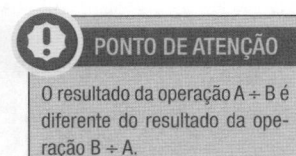

LINGUAGEM DE PROGRAMAÇÃO

Operador relacional de DIVISÃO

(R) ÷ (R)

Elementos e funcionalidades	
÷	Operação de divisão.
(R)	Relação utilizada.

PONTO DE ATENÇÃO

O resultado da operação A ÷ B é diferente do resultado da operação B ÷ A.

> **EXEMPLO 13**
>
> **Consulta da correspondência de linhas das tabelas A e B utilizando ÷**
>
> Para exibir todas as linhas da Tabela A que possuam correspondência com todas as linhas da Tabela B, utiliza-se a sintaxe:
>
> (Tabela_A) ÷ (Tabela_B)
>
> Nesse caso, o símbolo ÷ indica a operação de divisão; (Tabela_A) representa a relação utilizada; e (Tabela_B) é a outra relação utilizada. Em SQL, a sintaxe é a seguinte:
>
> ```
> Select distinct col1
>   from tabela_a tab_a
>  where not exists (select null
>                      from tabela_b tab_b
>                     where not exists (select null
>                                         from tabela_a
>                                        where col2=tab_b.col2 and
>                                              tab_a.col1=col1));
> ```
>
> O resultado das operações pode ser analisado na Tabela 3.17.
>
> **Tabela 3.17** Resultado da operação de divisão
>
> | COL1 |
> |------|
> | C |

3.2.10 Renomear ou *rename*

O operador de renomear ou `rename` permite renomear atributos ou tabelas. A letra grega rho (ρ) é usada para representar essa operação.

A operação de renomear pode ser indicada da seguinte maneira:

> **LINGUAGEM DE PROGRAMAÇÃO**
>
> **Operador relacional de RENOMEAR**
>
> ρ <novo nome>(R)
>
> | Elementos e funcionalidades | |
> |---|---|
> | ρ | Operação de renomear. |
> | <novo nome> | Novo nome do atributo. |
> | (R) | Relação utilizada. |

EXEMPLO 14

Alteração de nome de valores utilizando ρ

Para exibir o código e a descrição de todos os estados civis cadastrados, atribuir o nome cod para estado civil, desc para descrição e EA para o nome da tabela, utiliza-se a sintaxe:

ρEA(cod,desc)(TB_ESTADO_CIVIL)

Nesse caso, ρ indica a operação renomear; (EA) representa o novo nome da relação; cod é o novo nome para o atributo estado civil; desc é o novo nome para o atributo descricao; e (TB_ESTADO_CIVIL) indica o nome original da relação. Em SQL, a sintaxe é a seguinte:

Select estado_civil as cod, descricao as desc
  from TB_ESTADO_CIVIL EA;

O resultado das operações pode ser analisado na Tabela 3.18.

Tabela 3.18 Resultado da operação de renomear

cod	desc
1	SOLTEIRO
2	CASADO
3	DIVORCIADO
4	VIÚVO
5	RELAÇÃO ESTÁVEL

EXERCÍCIOS

> **PREPARE-SE**

Considere as seguintes estruturas das tabelas TB_PESSOA_FISICA e TB_ESTADO_CIVIL para realizar as atividades.

- TB_PESSOA_FISICA (número, nome, CPF, identidade, órgão emissor, data nascimento, sexo, estado civil).
- TB_ESTADO_CIVIL (estado civil, descrição).

1. Qual operador deve ser utilizado para selecionar tuplas que atendam a determinado predicado ou condição? Qual é o seu símbolo?

2. Qual operador deve ser utilizado para gerar novas relações, excluindo alguns atributos? Qual é o seu símbolo?

3. O que faz o operador de união (∪)? Quais são as suas restrições?

4. A relação TB_A possui 100 tuplas. A relação TB_B possui 200 tuplas. Quantas tuplas resultarão da operação (TB_A) × (TB_B)? Explique.

▶ Para a resolução dos exercícios 5 a 15, *escreva a sintaxe* necessária para atender à solicitação de cada enunciado.

5. Exibir todos os dados de pessoas físicas com documento emitido pelo órgão emissor SSP.

6. Exibir o número do CPF de Zulmira Creep.

7. Exibir nome e sexo de Dalton Cruz.

8. Exibir nome, CPF e sexo de Dalton Cruz e de Zulmira Creep.

9. Exibir nome, sexo e data de nascimento de todos os que nasceram antes de 01/01/1970.

10. Exibir nome, sexo e código do estado civil de todas as pessoas do sexo feminino, ou com código do estado civil igual a 4.

11. Exibir nome, identidade, órgão emissor e data de nascimento de todas as pessoas físicas do sexo feminino, que tenham documentos emitidos pelo SSP e nascidas em 18/07/1970 ou em 07/08/1970.

12. Exibir todos os códigos de estado civil cadastrados na TB_ESTADO_CIVIL, que não estão sendo utilizados na TB_PESSOA_FISICA, utilizando o operador de diferença.

13. Exibir todos os códigos de estado civil, cadastrados na TB_ESTADO_CIVIL e todos os códigos de estado civil cadastrados na TB_PESSOA_FISICA, utilizando o operador de união. Elimine os dados duplicados e mostre a saída em ordem crescente.

14. Exibir nome, sexo, data de nascimento e descrição do estado civil das pessoas físicas nascidas depois de 31/12/1975.

15. Crie uma variável de nome TEMP, com o nome de todas as pessoas físicas do sexo feminino, e outra variável de nome TEMP2, com o nome de todas as pessoas físicas nascidas depois de 31/12/1975, utilizando um operador de atribuição. Listar apenas o nome das pessoas que estão na variável de nome TEMP, que também estão na variável de nome TEMP2, utilizando um operador de intersecção.

Modelagem de dados

Neste capítulo, serão apresentados e detalhados os elementos que formam um modelo de dados e os passos envolvidos na articulação destes elementos para que sejam transformados em um projeto de banco de dados.

Um projeto de banco de dados requer que os responsáveis pela sua concepção tenham conhecimento sobre o negócio ao qual o projeto servirá. Sendo assim, a etapa de modelagem do banco de dados deve ser precedida do entendimento do negócio e da análise de requisitos, conforme discutido nos Capítulos 1 e 2. Além disso, o projeto de banco de dados envolve a construção de modelos com diferentes níveis de abstração e detalhamento.

4.1 Estágios da modelagem de dados

A *modelagem de dados* é um método de análise que, a partir de fatos relevantes a um contexto de negócio, determina a perspectiva dos dados, permitindo organizá-los em estruturas bem definidas e estabelecer regras de dependência entre eles, além de produzir um modelo expresso por uma representação descritiva e gráfica.

A modelagem de dados é uma técnica utilizada para:

- Conhecer melhor o contexto de negócio.
- Retratar os dados que suportam esse contexto de negócio.
- Projetar o banco de dados.
- Promover o compartilhamento dos dados e a integração dos sistemas por meio da reutilização de estruturas de dados comuns.
- Contribuir para que a perspectiva da organização a respeito dos seus dados seja unificada.

Na Figura 4.1, estão representados os estágios e refinamentos empregados na modelagem de dados.

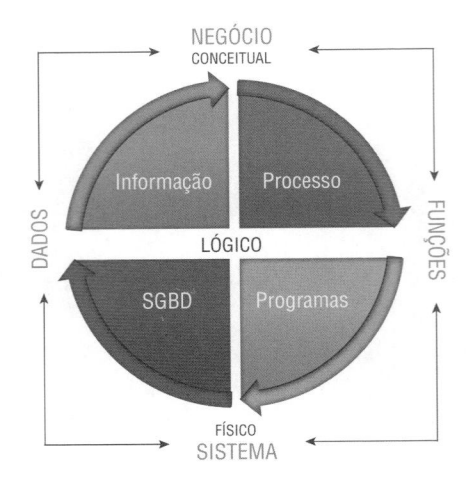

Figura 4.1 – Visão macro do projeto de banco de dados *versus* arquitetura de banco de dados

Com base na Figura 4.1, entende-se que, na modelagem de dados, o ponto de partida é o entendimento do negócio que representa o contexto do problema, ou seja, o cenário-alvo do projeto de banco de dados. A partir da perspectiva de negócio, é possível reconhecer processos e informações relevantes sobre a realidade a ser modelada.

Os *processos* descrevem as atividades do negócio e permitem detalhar regras e funções necessárias para o funcionamento de uma organização. As *informações*, por sua vez, refletem como os processos utilizam e geram dados para a organização.

A análise objetiva e equilibrada sobre processos e informações formam o aspecto *conceitual* da modelagem, sem qualquer influência dos meios computacionais que serão utilizados na implementação da solução. O aspecto *lógico* da modelagem traduz a semântica do negócio, obtida por meio de processos e informações em estruturas de dados capazes de armazenar, de forma íntegra, as informações em estruturas da aplicação, nas quais o comportamento dinâmico é dividido em programas.

Nesse contexto, a perspectiva de *dados* busca nortear o desenho e a implementação do banco de dados, desde a captura da informação até o seu armazenamento. Também remete ao aspecto físico, uma vez que é necessário compreender os dados (no que se refere a formato, tamanho e volume) para realizar o armazenamento e definir a plataforma de banco de dados e o Sistema Gerenciador de Banco de Dados (SGBD) que será utilizado. A perspectiva das *funções* busca nortear o desenho e a implementação da aplicação, envolvendo a compreensão de processos e regras que podem se tornar funcionalidades no sistema. Por fim, a perspectiva de *sistema* combina as perspectivas de *dados* e *funções*, agregando valor ao *negócio*.

Uma boa prática para iniciar a modelagem de dados, conforme já foi destacado, é compreender de forma aprofundada a realidade do negócio e, a partir dessa análise, elaborar os modelos conceitual, lógico e físico do banco de dados, considerando as perspectivas de dados e funções que influenciam na representação desses modelos.

4.1.1 Modelo conceitual de dados

O *modelo conceitual de dados* representa as informações que existem no contexto do negócio, com maior foco nos processos. Esse modelo utiliza termos e linguagem próprios do negócio, sendo mais adequados ao dia a dia do segmento ou área de negócio envolvidas no projeto.

O modelo conceitual de dados tem as seguintes funções:

- Entender o funcionamento de processos e regras do negócio.
- Expressar as necessidades de informações da empresa como um todo.
- Facilitar a comunicação entre áreas usuárias e de tecnologia da informação (TI).
- Definir abrangência do sistema, delimitando o escopo do sistema e estimando custos e prazos para elaboração do projeto.
- Avaliar soluções de software, no momento de aquisição, por meio da comparação entre o que a solução pode oferecer e a visão do modelo de dados conceitual.
- Permitir estruturar os dados com flexibilidade.

O modelo conceitual deve representar os principais elementos envolvidos no contexto do negócio, apresentando uma visão de alto nível do banco de dados (Figura 4.2). Para exemplificar, será considerado o cenário Rádio Táxi On-line, visto na Introdução.

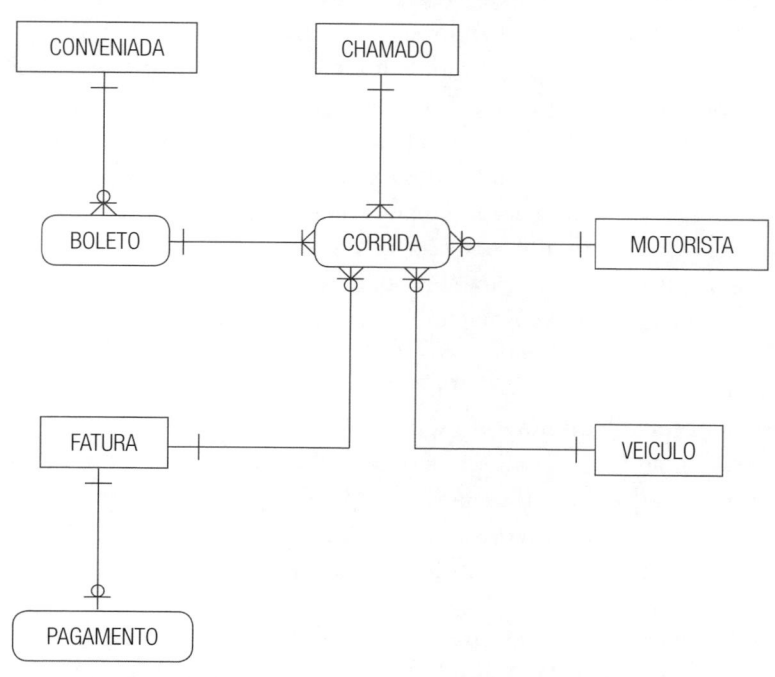

Figura 4.2 – Modelo conceitual de dados (cenário Rádio Táxi On-line)

4.1.2 Modelo lógico de dados

O *modelo lógico de dados* representa a versão do modelo conceitual de dados, que pode ser apresentada ao SGBD, que também pode ser hierárquico, em rede, relacional ou orientado a objeto.

O modelo lógico de dados reflete as propriedades necessárias para a tradução do modelo conceitual, de maneira que seja possível a descrição dos elementos capazes de serem interpretados por SGBD, tais como o detalhamento dos atributos, chaves de acesso, integridade referencial e normalização.

No Capítulo 5, o assunto normalização será discutido e, em seguida, o modelo lógico do estudo de caso Rádio Táxi On-line será apresentado.

4.1.3 Modelo físico de dados

O *modelo físico de dados* representa a estrutura para armazenamento físico dos dados, expressando a forma como as informações serão armazenadas fisicamente, em termos computacionais.

Pode-se, ainda, representar o modelo externo, isto é, as aplicações ou sistemas que utilizam o banco de dados, no qual são expressas as diversas formas particulares como os dados da organização são visualizados e manipulados pelos sistemas.

Na Figura 4.3, observa-se que, para a elaboração do modelo conceitual, faz-se necessária a análise do contexto de negócio, ou seja, dos processos, estratégias, além de todas as informações necessárias sobre o referido negócio para o perfeito entendimento dele. Tais informações devem refletir, por exemplo, as tarefas que são realizadas pelos usuários, como são realizadas e com que periodicidade ocorrem, de forma que todas as necessidades de armazenamento de dados possam ser capturadas. Para isso, podem ser utilizadas as técnicas para elicitação de requisitos, discutidas no Capítulo 2.

A partir do entendimento do negócio, elabora-se o modelo conceitual dos dados. Nesse modelo, não são considerados aspectos relacionados ao SGBD que será utilizado e busca-se uma representação em alto nível de como será o banco de dados.

Na etapa de desenvolvimento do modelo lógico de dados, devem ser considerados os aspectos relacionados ao tipo de banco de dados a ser utilizado (rede, hierárquico, relacional ou orientado a objetos). Nessa etapa, os formalismos aplicados ao tipo de banco de dados escolhido são considerados, tais como a definição do tipo de dado, tamanho do campo, regras para manutenção da integridade dos dados, normalização das tabelas, entre outros.

Na etapa de desenvolvimento do modelo físico de dados, devem ser considerados os aspectos relacionados ao SGBD escolhido para implementação do modelo. Nesse caso, os nomes dos tipos de dados e a implementação das regras devem ser de acordo com a plataforma adotada pelo SGBD. Como exemplos de SGBD podem ser citados Oracle, DB2, SQLServer etc.

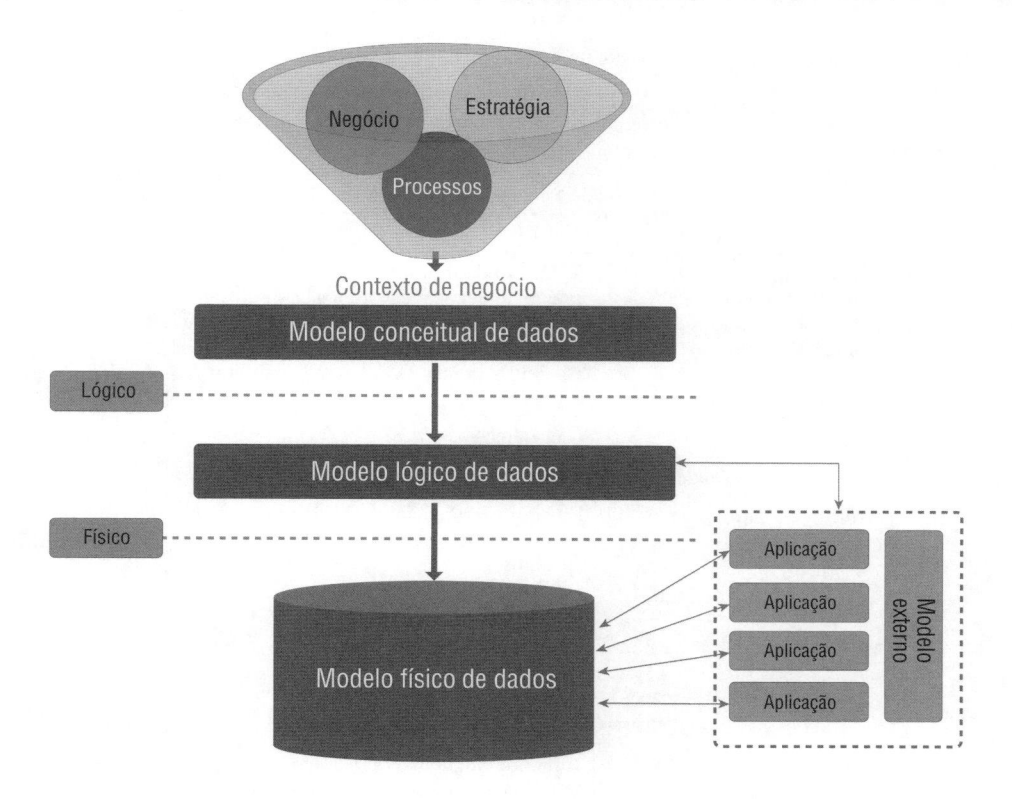

Figura 4.3 – Estágios da modelagem de dados

O modelo físico, ao ser implementado, relaciona-se com diversos sistemas ou aplicações que necessitam de dados. Por exemplo, em um site de comércio eletrônico, quando um cliente faz uma busca on-line por determinado produto, os programas da aplicação (site) acessam ao banco de dados para realizar uma consulta e responder à solicitação do usuário. Um banco de dados pode estar relacionado a diversas aplicações externas, isto é, não fazem parte do projeto do banco de dados, mas fazem uso dele.

No Quadro 4.1, apresenta-se a exemplificação das etapas do projeto do banco de dados sob uma visão descritiva, ainda sem considerar a modelagem dos dados relacionais. O exemplo está baseado no estudo de caso Rádio Táxi On-line.

Na etapa do modelo conceitual, identifica-se a informação (conjunto de dados) necessária para determinada tarefa – nesse caso, a "Ficha para Emprego" e os processos que envolvem esses dados. Na etapa do modelo lógico, são definidas as estruturas de dados e as regras que deverão ser aplicadas para o armazenamento dos mesmos. Na etapa do modelo físico, são criadas as estruturas físicas, isto é, a estrutura de dados de acordo com o SGBD escolhido. No exemplo, ilustrado pelo Quadro 4.1, utilizou-se o SGBD Oracle.

Quadro 4.1 Exemplo esquemático da visão do projeto de banco de dados

Negócio: empresa de táxi do segmento de prestação de serviços de táxi, para o transporte de pessoas, encomendas e malotes.			
	Modelo conceitual		
	Informação	**Processo**	
	Ficha de emprego: nome, data de nascimento, endereço residencial, telefone residencial, telefone celular, carteira de trabalho, CPF e carteira de habilitação.	**Admissão de motorista:** para admissão, o candidato deve ter experiência comprovada de, no mínimo, 2 anos como taxista, possuir carteira de habilitação da categoria e não apresentar pontos na carteira de habilitação.	
	Modelo lógico		
	Estrutura de dados	**Programas**	
DADOS	**Estrutura de dados do motorista[1]:** 1. Numero_Matricula_Motorista 2. Nome_Motorista 3. Data_Nascimento 4. Sexo 5. Numero_CPF 6.	Estrutura de uma aplicação, em que devem ser ilustradas as regras para validação dos atributos. 1. Obter data da primeira comprovação de trabalho na profissão de motorista. 2. Calcular tempo de experiência, subtraindo a data da primeira comprovação de trabalho, pela da data de hoje. 3. Caso o tempo de experiência for menor que dois anos, exibir a mensagem: "Tempo de experiência inferior ao mínimo exigido".	**FUNÇÕES**
	Modelo físico		
	<pre>Tabela MOTORISTA (

num_motorista   NUMBER(5) NOT NULL,
nom_motorista   VARCHAR2(50) NOT NULL,
dat_nascimento   DATE NOT NULL,
idt_sexo   VARCHAR2(1) - ADD CONSTRAINT CK_PES_FIS_
            IDT_SEXO CHECK (Idt_sexo IN ('F', 'M')),
num_CPF   NUMBER(11) NOT NULL
......   )</pre> |||
| **Sistemas:** o objetivo do *Sistema de Cobrança Rádio Táxi On-line* é automatizar registro, controle e acompanhamento de chamados, bem como armazenar as informações da emissão de faturas e cobrança das conveniadas. ||||

---

[1] Representação reduzida dos campos da estrutura.

4.2 Modelo relacional de dados

Os princípios da abordagem relacional foram estudados no Capítulo 3. Em relação ao que foi visto, vale lembrar que as informações em uma base de dados podem ser consideradas relações matemáticas e estão representadas de maneira uniforme, por meio de tabelas bidimensionais, direcionando os dados para estruturas mais simples de armazenamento, as tabelas.

A modelagem de dados relacional tem como objetivo projetar um modelo de dados que represente a realidade da empresa por meio das suas estruturas de dados e das regras de negócio que as influenciam. Também constrói um modelo de dados de forma evolutiva à medida que a realidade é conhecida ou modificada, sem qualquer influência dos meios computacionais que serão empregados. Assim, os dados necessários para a resolução de determinado problema são absolutamente independentes da plataforma de banco de dados utilizada ou do computador empregado para processá-lo.

A modelagem relacional segue as etapas de modelagem descritas na seção 4.1 com a elaboração dos modelos conceitual, lógico e físico de dados; sendo assim, deverá representar os fatos relevantes ao *negócio*. Considerando o cenário do estudo de caso Rádio Táxi On-line, apresentado no Quadro 4.1, a seguir, serão expostos três exemplos que retratam visões de informações, representando partes da realidade do negócio. Cada visão tem vocabulário e normas definidas, que expressam as próprias regras de negócio da empresa. Outro ponto importante é que todos os detalhes relevantes deverão ser considerados na construção do modelo.

1. Para que seja aberto um chamado no Rádio Táxi, é preciso que o solicitante confirme o número do boleto e o centro de custo, a fim de verificar se a empresa conveniada não possui pendências de pagamento.
2. Ao realizar um convênio com uma empresa, é feito um contrato com início e fim de vigência determinados, o qual pode ser renovado ou cancelado por qualquer uma das partes.
3. Mensalmente, serão emitidas faturas para as empresas conveniadas que utilizaram os serviços de táxi durante o mês anterior.

Ao final da modelagem de dados relacional, como resultado, espera-se que o modelo seja:

- simples;
- completo;
- modificável;
- não redundante;
- fácil de implementar.

Nas próximas seções, serão descritos os conceitos envolvidos nas técnicas de modelagem de dados relacional – também conhecida como Modelo Entidade Relacionamento (MER) – e cada um de seus elementos.

4.3 Modelo Entidade Relacionamento (MER)

O conceito do Modelo Entidade Relacionamento (MER) foi proposto por Peter Chen, nos anos 1970, e tem como base a perspectiva do mundo real como constituído por um conjunto de objetos, chamados de *entidades* e *relacionamentos*. Além disso, esse modelo se vale de uma técnica de diagramação capaz de representar o modelo de dados de forma abrangente por meio do Diagrama Entidade Relacionamento (DER) (Chen, 1976). Essa proposta se mostrou tão eficiente, simples e completa, que, ainda hoje, é muito utilizada para formalizar o conhecimento de negócio e facilitar o projeto do banco de dados.

O MER é um dos modelos de maior capacidade semântica – os aspectos semânticos se referem à tentativa de representar o significado dos dados. O MER também é extremamente útil para mapear, a partir de um esquema conceitual, o significado e as interações das empresas reais (Silberschatz, 1999).

4.3.1 Entidade

No MER, uma *entidade* representa uma categoria de elementos relevantes para um negócio, podendo ser, por exemplo, clientes, fornecedores, vendas, contratos, pagamentos, registro de funcionários, entre outros, sobre os quais serão realizadas operações relacionadas ao funcionamento do negócio, tais como registrar uma venda, cadastrar um cliente, emitir um relatório de pagamento etc. Sendo assim, uma entidade representa um conjunto de dados que precisam ser armazenados e que serão consumidos a partir das várias aplicações e/ou programas que descrevem o funcionamento do negócio. A entidade pode ser caracterizada como:

1. Objeto ou fato que deve ter seus dados guardados em um determinado contexto.
2. Conjunto de um tipo de informação que seja diretamente associado ao domínio de conhecimento analisado.
3. Objeto que desempenha um papel específico no sistema.
4. Objeto que possui propriedades que o distinguem de outras entidades, podendo ser:
    - **Objeto concreto**: computador, impressora, veículo, produto, imóvel etc.
    - **Pessoa**: funcionário, cliente, aluno, professor, atendente, motorista etc.
    - **Evento**: situação em que algo está ocorrendo, ou está planejado para ocorrer. Por exemplo, o agendamento de uma corrida de táxi, o recebimento de uma encomenda, a programação de voos, o planejamento de vendas, ou o agendamento de uma consulta médica.

MODELAGEM DE DADOS

Para deixar mais evidente o conceito de entidade, de acordo com o contexto do negócio, veja mais exemplos no Quadro 4.2.

Quadro 4.2 Contexto de negócio e suas respectivas entidades

Contexto de negócio	Entidades
Rádio táxi on-line	Chamado, corrida, motorista, veículo, fatura, empresas conveniadas etc.
Hospital	Paciente, médico, consulta, internação, diagnóstico, solicitação de exame etc.
Imobiliária	Imóvel, tipo de imóvel, corretor, proprietário, locatário, contrato de aluguel, contrato de venda etc.
Companhia aérea	Aeronave, piloto, comissário de bordo, voo, aeroporto etc.
Companhia de seguros	Apólice, segurado, corretor, comissão, bem segurado, sinistro etc.
Banco	Correntista, conta salário, conta corrente, conta poupança, investimento, empréstimo etc.
Indústria de bens de consumo	Matéria-prima, produto semiacabado, produto, unidade de medida, unidade de produção etc.
Educação	Aluno, professor, disciplina, curso, turma, nota do aluno, sala, laboratório etc.

No DER, uma entidade é representada por um retângulo, conforme a Figura 4.4.

[FUNCIONÁRIO] [MOTORISTA] [FATURA] [CLIENTE]

Figura 4.4 – Representação de entidades no DER

Entidade e ocorrência

Para prosseguir o estudo sobre MER, é importante compreender a diferença entre entidades e ocorrências.

1. *Entidades* são grupos de ocorrências com definição específica, características e relacionamentos comuns.
2. *Ocorrências* são valores, isto é, os dados em si, sendo específicos da entidade. Uma ocorrência também é conhecida como instância, tupla ou registro.

No Quadro 4.3, a diferença entre entidades e ocorrências é exemplificada. Pode-se observar que a entidade diz respeito à estrutura para armazenamento (representação) dos dados e a ocorrência refere-se aos dados propriamente ditos.

> **PONTO DE ATENÇÃO**
> O nome das entidades será representado por palavras no singular, em letras maiúsculas, sem a utilização de acentos, espaços ou caracteres especiais, com exceção do underline (_) que será utilizado no lugar do espaço para separar as palavras.

> **PONTO DE ATENÇÃO**
> Os atributos evidenciam o significado de cada dado.

Quadro 4.3 Diferença entre entidade e ocorrência

Entidades	Ocorrências
MOTORISTA • Matrícula • Nome do funcionário • Data de nascimento • CPF • Sexo • Data de admissão • Telefone celular • Endereço	**OCORRÊNCIA 1 (MOTORISTA)** • 1786 • JOSÉ MARIA DOS SANTOS • 27/03/1980 • 372.373.374-33 • MASCULINO • 09/02/2004 • 55 11 9784-8900 • RUA ESTELA, 563 APTO 76 BAIRRO PARAÍSO CEP 73901-010 **OCORRÊNCIA 2 (MOTORISTA)** • 2018 • MARIA DOS SANTOS ARAÚJO • 20/08/1976 • 123.123.123-12 • FEMININO • 06/07/2007 • 55 11 7745-1819 • AV PAULISTA, 1.235 APTO 102 BAIRRO BELA CINTRA CEP 74001-010
FATURA • Número da fatura • Código do cliente • Data de emissão • Data de vencimento • Valor da fatura	**OCORRÊNCIA 1 (FATURA)** • 5678 • 1037-2 • 08/09/2012 • 18/09/2012 • R$ 1.765,35
CLIENTE • Código do cliente • Nome do cliente • CNPJ/CPF do cliente • Telefone	**OCORRÊNCIA 1 (CLIENTE)** • 1037-2 • EMPRESA XYZ LTDA • 90.935.123/0001-74 • 55 11 3478-8888 **OCORRÊNCIA 2 (CLIENTE)** • 1913-4 • MAURO L. VALERIO SILVA • 185.564.743-90 • 55 21 5478-5678

4.3.2 Atributo

Os *atributos* descrevem as características de uma *entidade*, podendo ser definidos como:

- Informação associada a uma entidade.
- Característica ou propriedade de uma entidade ou relacionamento.
- Descrição, identificação, qualificação ou quantificação de uma entidade.

Entre os exemplos de atributos presentes no bancos de dados do cenário Rádio Táxi On-line, podem-se citar:

- nome do funcionário;
- matrícula do funcionário;
- ano de fabricação do veículo;
- ano do modelo do veículo;
- valor da corrida;
- data da corrida;
- data de emissão da fatura;
- valor da fatura;
- data de vencimento da fatura.

Natureza do atributo

No MER, o refinamento do modelo de dados é um dos processos que envolve a análise dos atributos, permitindo agrupá-los em classes que representam a sua natureza. Cada atributo é definido em função de suas próprias características.

Algumas naturezas de atributos serão discutidas a seguir. São elas: identificação, conexão, qualificação, formatação, meio, origem, privacidade, derivação, valoração e domínio.

> **PONTO DE ATENÇÃO**
> Conhecer a natureza de um atributo em uma entidade é importante para auxiliar no processo da sua identificação e utilização ao longo da modelagem.

a) Identificação

O atributo *identificação* tem como função identificar, de modo claro, cada ocorrência de uma entidade. Caso não seja possível um único atributo garantir a identificação da ocorrência, podem-se incluir outros atributos para compô-la.

Nessa natureza de atributo, são considerados dois conceitos fundamentais na modelagem: chave primária e chave secundária.

- **Chave primária:** formada por um ou mais atributos, com o objetivo de dar unicidade às ocorrências de uma entidade.
- **Chave secundária:** formada por um ou mais atributos, que facilitam o acesso aos dados. Considerados índices, formam meios de classificação e pesquisa para as ocorrências.

Além das chave primária e chave secundária, existem outros conceitos importantes que também merecem ser discutidos. No caso, a *chave candidata*, a qual é composta por um ou mais atributos da entidade, uma vez que possui conteúdos únicos (os quais não se repetem em diferentes ocorrências), sendo "candidata" à chave primária. E a *chave conectada*, que é composta por vários atributos que, juntos, definem a chave primária da entidade.

A representação dos atributos no MER deve ser feita de acordo com o modelo apresentado na Figura 4.5.

```
       NOME_DA_ENTIDADE              MOTORISTA
   ┌──────────────────────┐      ┌──────────────────────┐
   │ atributo_chave_primaria │    │ matricula            │
   ├──────────────────────┤      ├──────────────────────┤
   │ atributo_1           │      │ nome_do_motorista    │
   │ atributo_2           │      │ data_nascimento      │
   │ atributo_n           │      │ numero_CPF           │
   └──────────────────────┘      │ sexo                 │
                                 │ data_admissao        │
                                 │ telefone             │
                                 │ endereco             │
                                 └──────────────────────┘
```

Figura 4.5 – Representação de uma entidade e seus atributos no MER

No Quadro 4.4, é possível investigar quais atributos fazem parte da chave primária, explorando os dados apresentados.

Quadro 4.4   Entidade *versus* ocorrências

Entidade	Ocorrências
MOTORISTA • Matrícula • Nome do motorista • Data de nascimento • Número do CPF • Sexo • Data de admissão • Telefone • Endereço	**OCORRÊNCIA 1 (MOTORISTA)** • 1786 • JOSÉ MARIA DOS SANTOS • 27/03/1980 • 372.373.374-33 • MASCULINO • 09/02/2004 • 55 11 9784-8900 • RUA ESTELA, 563 APTO 76 BAIRRO PARAÍSO CEP 73901-010 **OCORRÊNCIA 2 (MOTORISTA)** • 2018 • MARIA DOS SANTOS ARAÚJO • 20/08/1976 • 123.123.123-12 • FEMININO • 06/07/2007 • 55 11 7745-1819 • AV PAULISTA, 1.235 APTO 102 BAIRRO BELA CINTRA CEP 74001-010

> **PONTO DE ATENÇÃO**
>
> O nome dos atributos será representado por palavras no singular, em letras minúsculas, sem a utilização de acentos, espaços ou caracteres especiais, com exceção do underline (_) que será utilizado no lugar do espaço para separar as palavras.

Na entidade MOTORISTA, há dois atributos chave candidata: matricula e numero_CPF. Como pode ser observado no registro das ocorrências, seus valores são únicos para cada uma delas. Para analisar qual desses atributos podem ser chave primária, deve-se considerar as situações expostas nos cenários a seguir.

• **Cenário 1:** somente o atributo matricula. Neste cenário, o conteúdo (valor) armazenado para o atributo matricula nunca se repetiria, independente das ocorrências na entidade MOTORISTA.

- **Cenário 2:** somente o atributo `numero_CPF`. Neste cenário, o valor armazenado para o atributo `numero_CPF` permitiria duplicidade caso um motorista, que tenha sido funcionário, possa ser admitido novamente. Ou seja, seria o mesmo motorista, com um novo conteúdo (valor) no atributo `matricula`, porém, apresentando o mesmo valor no atributo `numero_CPF`.
- **Cenário 3:** ambos os atributos `matricula` e `numero_CPF`. Neste cenário, a junção dos dados armazenados, para os atributos `matricula` + `numero_CPF`, formariam um valor que garantiria a unicidade da ocorrência. Porém, ao rever o conceito de chave primária, observa-se que, nesse caso, somente o atributo `matricula` é suficiente para garantir a unicidade das ocorrências na entidade `MOTORISTA`.

Ao examinar os três cenários apresentados, o *cenário 1* se mostrou mais aderente à natureza do atributo `identificacao`. A razão é que, além de propor uma chave primária (que dá sustentação ao negócio) utilizando o atributo `matricula`, ainda é permitido utilizar o atributo `numero_CPF` como chave secundária (Figura 4.6).

Cenário 1	Cenário 2	Cenário 3
MOTORISTA	MOTORISTA	MOTORISTA
matricula	numero_CPF	matricula numero_CPF
nome_do_motorista data_nascimento numero_CPF sexo data_admissao telefone endereco	matricula nome_do_motorista data_nascimento sexo data_admissao telefone endereco	nome_do_motorista data_nascimento sexo data_admissao telefone endereco

Figura 4.6 – Atributo identificação

b) Conexão

A natureza do atributo *conexão*, diz respeito a como uma entidade se relaciona com outra, sendo feito por meio de um ou mais atributos que são comuns entre essas entidades. Esse atributo é denominado *chave estrangeira*. A chave estrangeira é uma forma explícita de conexão entre as duas entidades, estabelecendo o relacionamento ou vínculo entre elas, conforme se observa na Figura 4.7.

Na entidade `FATURA`, verifique qual é o atributo de natureza conexão. Observe que o atributo `codigo_do_cliente` não tem origem na entidade `FATURA`. Sua origem é na entidade `CLIENTE`, portanto, está na entidade `FATURA` como chave estrangeira, permitindo reconhecer o `CLIENTE` correspondente à ocorrência da `FATURA`.

```
CLIENTE
codigo_do_cliente

nome_cliente
numero_CNPJ_ou_CPF_cliente
numero_telefone_cliente
```

```
FATURA
numero_fatura

data_emissao_fatura
data_vencimento
valor_fatura
codigo_cliente
```

Figura 4.7 – Atributo conexão

c) Qualificação

A natureza do atributo *qualificação* diz respeito ao valor descritivo. Por exemplo, pode-se observar na Figura 4.8, na entidade MOTORISTA, os atributos nome_motorista e endereco, ou o atributo nome_do_cliente, na entidade CLIENTE.

```
MOTORISTA
matricula

nome_do_motorista
data_nascimento
numero_CPF
sexo
data_admissao
telefone
endereco
```

```
CLIENTE
codigo_do_cliente

nome_cliente
numero_CNPJ_ou_CPF_cliente
numero_telefone_cliente
```

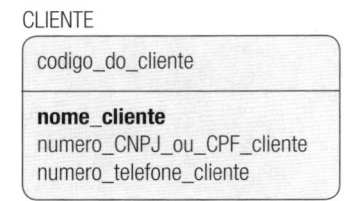

Figura 4.8 – Atributo qualificação

d) Formatação

O atributo *formatação* possui múltiplas partes, isto é, um atributo que armazena um conjunto de dados de natureza distinta. Muitas vezes, ele precisa ser tratado para que se torne elementar (atômico ou primitivo), de modo que o seu valor tenha apenas um dado. Em modelagem de dados, essa é a situação ideal, pois evita anomalias no projeto, as quais serão estudadas no Capítulo 5, que trata de normalização.

Na entidade MOTORISTA, vista na Figura 4.8, o atributo endereco é um exemplo de atributo formatação. Uma vez que sua formatação é composta, permite a sua divisão em outros atributos. Analisando a OCORRÊNCIA 1, vista no Quadro 4.4, o atributo endereco apresenta o valor RUA ESTELA, 563 APTO 76 BAIRRO PARAÍSO CEP 73901-010 - SÃO PAULO e pode ser dividido nos seguintes atributos:

- `titulo do logradouro` de conteúdo (valor) = RUA.
- `nome logradouro` de conteúdo (valor) = ESTELA.
- `numero endereco` de conteúdo (valor) = 563.
- `complemento endereco` de conteúdo (valor) = APTO 76.
- `bairro` de conteúdo (valor) = PARAISO.
- `CEP` de conteúdo (valor) = 73901-010.
- `cidade` de conteúdo (valor) = SAO PAULO.

Considerando a realidade de negócio, há várias situações em que a natureza do atributo formatação pode ser aplicada. Como exemplo, pode-se citar o caso que ocorreu em São Paulo, na telefonia móvel, implantada pela Agência de Telecomunicações (Anatel). Em 2012, foi necessário acrescentar um dígito no prefixo dos números de telefone celular, devido à grande quantidade de linhas na região. Sendo assim, observa-se que na entidade MOTORISTA, vista na Figura 4.8, o atributo `telefone` não está na formatação elementar, dificultando a implementação dessa alteração. Analisando a OCORRÊNCIA 1, a proposta de divisão do atributo `telefone`, que apresenta o conteúdo (valor) 55 11 9784-8900, é a seguinte:

- `DDI` de conteúdo (valor) = 55.
- `DDD` de conteúdo (valor) = 11.
- `numero prefixo` de conteúdo (valor) = 9784.
- `numero sufixo` de conteúdo (valor) = 8900.

O ganho no modelo de dados, a partir da divisão do atributo `telefone`, é significativo, pois permite a validação dos atributos que, antes, formavam um único conteúdo, como no caso dos atributos DDI e DDD.

Outro exemplo de atributo formatação é a divisão do atributo `nome_do_motorista`, visto no Quadro 4.4, na OCORRÊNCIA 2, de conteúdo (valor) = MARIA DOS SANTOS ARAÚJO. Nesse caso, o atributo pode ser dividido em:

- Atributo `primeiro nome` de conteúdo (valor) = MARIA.
- Atributo `meio nome` de conteúdo (valor) = DOS SANTOS.
- Atributo `ultimo nome` de conteúdo (valor) = ARAÚJO.

Nos casos em que o atributo formatação estiver no formato composto, a exemplo do atributo `data_nascimento`, recomenda-se não dividi-lo em dia, mês e ano. O motivo é que há maior facilidade em manipular os dados quando eles estão em um único atributo. As divisões dos atributos podem ser vistas na Figura 4.9.

```
MOTORISTA                          MOTORISTA
┌─────────────────────────┐        ┌──────────────────────────────────┐
│ matricula               │        │ matricula                        │
├─────────────────────────┤        ├──────────────────────────────────┤
│ **nome_do_motorista**   │        │ **primeiro_nome_do_motorista**   │
│ data_nascimento         │        │ **meio_nome_do_motorista**       │
│ numero_CPF              │        │ **ultimo_nome_do_motorista**     │
│ sexo                    │        │ data_nascimento                  │
│ data_admissao           │        │ numero_CPF                       │
│ **telefone**            │        │ sexo                             │
│ **endereco**            │        │ data_admissao                    │
└─────────────────────────┘        │ numero_DDI_telefone              │
                                   │ numero_DDD_telefone              │
                                   │ numero_prefixo_telefone          │
                                   │ numero_sufixo_telefone           │
                                   │ titulo_logradouro_endereco       │
                                   │ nome_logradouro_endereco         │
                                   │ numero_endereco                  │
                                   │ complemento_endereco             │
                                   │ nome_bairro_endereco             │
                                   │ numero_CEP_endereco              │
                                   │ nome_cidade_endereco             │
                                   └──────────────────────────────────┘
```

Figura 4.9 – Atributo formatação

e) Meio

> **PONTO DE ATENÇÃO**
> Recomenda-se que atributos de natureza de meio externo não sejam caracterizados como chave primária da entidade, ou mesmo como parte dela.

A natureza de atributo *meio* identifica atributos que são *internos* ao domínio do cenário-alvo do projeto de banco de dados e aqueles que são *externos*, ou seja, pertencentes a outros sistemas e/ou projetos.

É importante considerar se o atributo é de meio, principalmente externo, pois isso significa que o projeto não terá controle sobre ele. Por exemplo, imagine que um atributo de meio externo faça parte da chave primária de uma entidade. Caso o sistema de origem promova qualquer alteração, como alteração de tamanho do atributo ou modificação de tipo de dado, o sistema que recebeu esse atributo como chave estrangeira sofrerá impacto em todas as entidades que tiverem esse atributo.

Na entidade MOTORISTA (Figura 4.10), a data_de_admissao e o numero_CPF podem ser considerados de natureza de atributo meio. Nesse caso, o atributo data_de_admissao é de uso e domínio internos do projeto. Já o atributo numero_CPF tem o controle de tamanho e de formato em uma origem externa ao projeto, que é feito pela Secretaria da Receita Federal do Brasil. No momento em que a Secretaria fizer alguma alteração de formato ou de tamanho nesse atributo, causará um impacto no projeto de banco de dados em estudo, sendo necessária a sua revisão para que atenda a tais alterações.

```
MOTORISTA
matricula
nome_do_motorista
data_nascimento
numero_CPF
sexo
data_admissao
telefone
endereco
```

Figura 4.10 – Atributo meio

f) Origem

A natureza de atributo *origem* diferencia os atributos próprios do contexto de negócio, considerados naturais, daqueles que são criados artificialmente para facilitar o tratamento pelo sistema.

Na entidade FATURA, presente na Figura 4.11, o atributo numero_da_fatura é de natureza de atributo origem artificial, uma vez que foi criado para agrupar as corridas realizadas para um cliente. Já o atributo data_de_vencimento_fatura, na mesma entidade, é de atributo origem natural, pois retrata os dados tais como inseridos no contexto de negócio.

Em algumas situações, a criação de atributos origem artificial é recomendada para facilitar o relacionamento entre as entidades. Por exemplo, quando a chave primária de uma entidade é formada por muitos atributos e há a necessidade de propagar essa chave para outras entidades, pode-se criar um atributo artificial para que a propagação ocorra por meio de um único atributo.

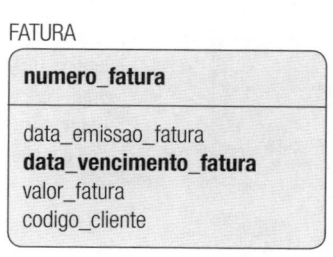

```
FATURA
numero_fatura
data_emissao_fatura
data_vencimento_fatura
valor_fatura
codigo_cliente
```

Figura 4.11 – Atributo origem

g) Privacidade

A natureza de atributo *privacidade* avalia a confidencialidade ou o sigilo do dado, investigando qual é o nível de segurança que um atributo requer, se o seu conteúdo deve ser restrito ou público. Na entidade FATURA, o valor_fatura pode ser considerado um atributo *privacidade*, pois é necessário avaliar a possibilidade de todos os usuários terem acesso a esses dados (Figura 4.12).

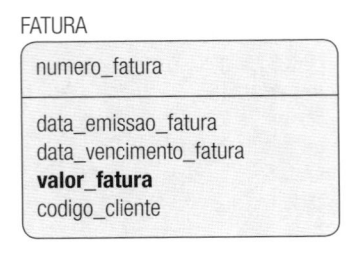

```
FATURA
┌─────────────────────────┐
│ numero_fatura           │
├─────────────────────────┤
│ data_emissao_fatura     │
│ data_vencimento_fatura  │
│ **valor_fatura**        │
│ codigo_cliente          │
└─────────────────────────┘
```

Figura 4.12 – Atributo privacidade

h) Derivação

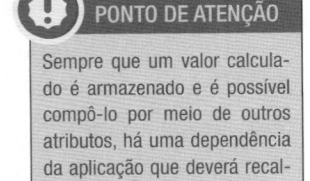

> **PONTO DE ATENÇÃO**
>
> Sempre que um valor calculado é armazenado e é possível compô-lo por meio de outros atributos, há uma dependência da aplicação que deverá recalcular o valor a cada iteração, a fim de gerar ou recompor esse mesmo valor.

A natureza de atributo *derivação* se aplica a um valor numérico que armazene ou gere valores calculados. Ele é considerado *valor de derivação primitivo*, quando utilizado no cálculo de outro atributo, ou *valor de derivação derivado*, quando é o resultado de um cálculo.

Na entidade FATURA, o dado para o atributo valor_fatura é obtido por meio da soma dos valores das corridas em um determinado período, realizadas para uma conveniada. Sendo assim, é um atributo de derivação derivado. O valor_corrida, por sua vez, é considerado atributo de derivação primitivo, uma vez que é originário da entidade CORRIDA, conforme ilustrado na Figura 4.13.

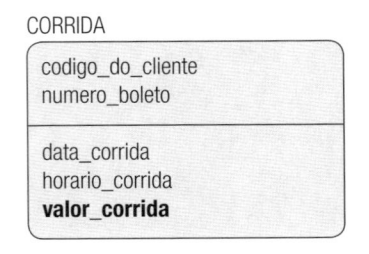

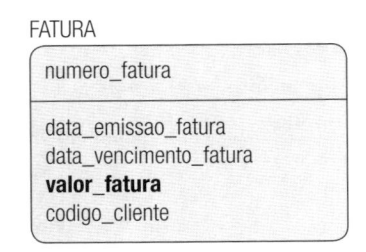

```
CORRIDA                           FATURA
┌────────────────────┐            ┌─────────────────────────┐
│ codigo_do_cliente  │            │ numero_fatura           │
│ numero_boleto      │            ├─────────────────────────┤
├────────────────────┤            │ data_emissao_fatura     │
│ data_corrida       │            │ data_vencimento_fatura  │
│ horario_corrida    │            │ **valor_fatura**        │
│ **valor_corrida**  │            │ codigo_cliente          │
└────────────────────┘            └─────────────────────────┘
```

Figura 4.13 – Atributo derivação

i) Valoração

A natureza de atributo *valoração* refere-se à quantidade de vezes que um atributo, ou um conjunto de atributos, se repete na mesma entidade. O atributo valoração pode ser *multivalorado*, quando aparece repetidas vezes, ou *univalorado*, quando aparece uma única vez na entidade.

Na entidade MOTORISTA, o valor telefone é um exemplo de atributo valoração (Figura 4.14). Supondo que se queira cadastrar os números de telefone celular, residencial e comercial, esses atributos serão considerados multivalorados – este tema será explorado de forma detalhada no Capítulo 5.

MOTORISTA
- matricula
- nome_do_motorista
- data_nascimento
- numero_CPF
- sexo
- data_admissao
- **telefone_celular**
- **telefone_residencial**
- **telefone_comercial**
- endereco

Figura 4.14 – Atributo valoração

j) Domínio

A natureza de atributo *domínio* identifica atributos cujo valor seja previamente conhecido, permitindo a verificação desses valores no banco de dados. Na entidade MOTORISTA, o atributo sexo é de natureza de atributo domínio, pois é possível determinar todos os valores válidos: masculino ou feminino, exemplificados na Figura 4.15.

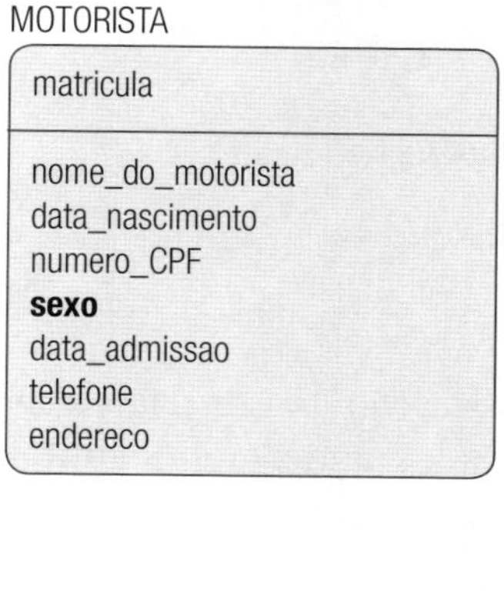

MOTORISTA
- matricula
- nome_do_motorista
- data_nascimento
- numero_CPF
- **sexo**
- data_admissao
- telefone
- endereco

Figura 4.15 – Atributo domínio

4.3.3 Relacionamento

O *relacionamento* estabelece uma relação ou associação entre as entidades, sendo representado por uma linha contínua, que liga as entidades. Um relacionamento sempre possui dois sentidos: o de *ida* e o de *volta*. Cada um deles possui um nome próprio, sendo que o de ida deve ser em voz ativa, e o de volta, em voz passiva.

A Figura 4.16 apresenta o relacionamento estabelecido entre as entidades e recebe a seguinte leitura:

- Um MOTORISTA dirige um VEÍCULO >> Um VEÍCULO é dirigido por um MOTORISTA.
- Um CLIENTE paga uma FATURA >> Uma FATURA é paga por um CLIENTE.
- Um FORNECEDOR fornece um PRODUTO >> Um PRODUTO é fornecido por um FORNECEDOR.

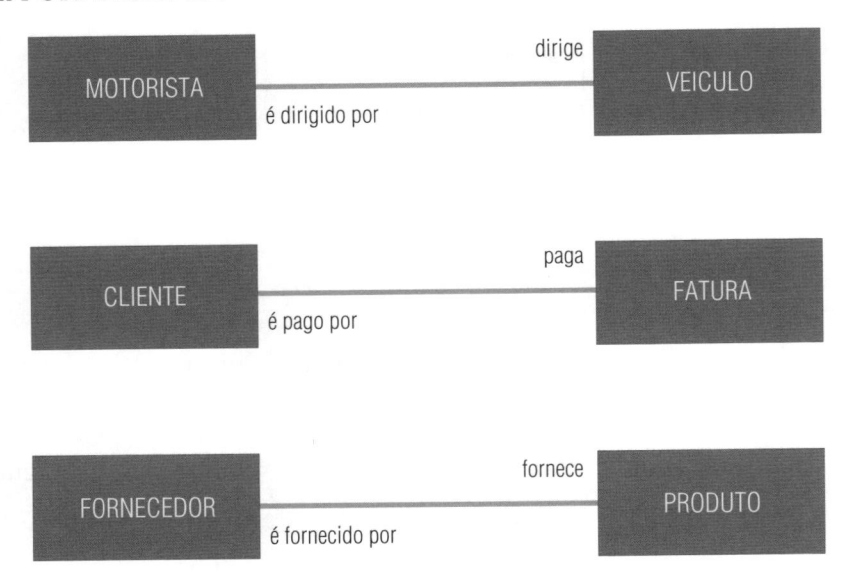

Figura 4.16 – Relacionamento entre entidades

4.3.4 Cardinalidade

A *cardinalidade* é a quantificação de um relacionamento determinada com base nas regras de negócio, mostrando, em termos quantitativos, como os dados são associados uns aos outros. Ademais, a cardinalidade estabelece o relacionamento entre a quantidade de ocorrências de uma entidade e a quantidade de ocorrências de outra entidade.

A representação gráfica de uma cardinalidade, vista na Figura 4.17, é feita por meio da definição do par mínimo e máximo de cada extremidade do relacionamento, mostrando os quatro tipos de cardinalidades, que podem servir como mapeamento em um modelo de dados.

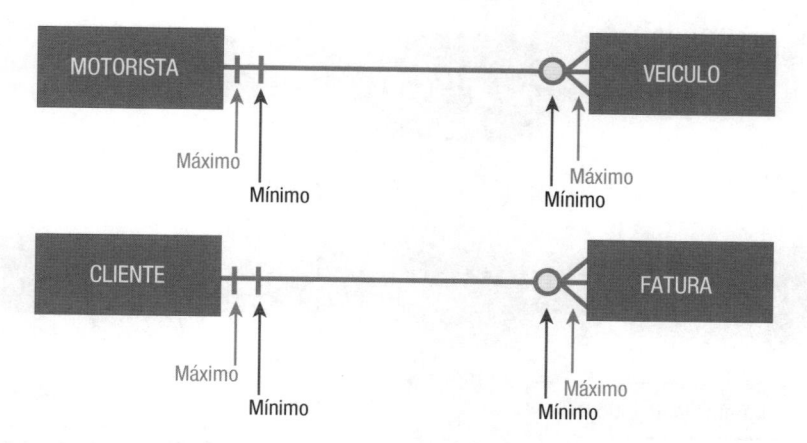

Figura 4.17 – Cardinalidade entre entidades

Observa-se na Figura 4.17 que cada ocorrência da entidade MOTORISTA relaciona-se com nenhuma, ou muitas ocorrências, da entidade VEICULO. No sentido contrário, cada ocorrência da entidade VEICULO relaciona-se com somente uma ocorrência da entidade MOTORISTA. No Quadro 4.5 são apresentados e explicados outros exemplos de cardinalidades.

Quadro 4.5 Cardinalidade

		Cardinalidade		
Tipo	Cada ocorrência da Entidade A está relacionada a quantas ocorrências da Entidade B?	Mínimo	Máximo	Leitura
1	Entidade A ⊢⊢—⊢⊢ Entidade B	1	1	Uma ocorrência da Entidade A está relacionada a uma e somente uma ocorrência da Entidade B.
2	Entidade A ⊢⊢—⋌ Entidade B	1	Muitas	Uma ocorrência da Entidade A está relacionada a uma ou mais ocorrências da Entidade B.
3	Entidade A ⊢⊢—○⊢ Entidade B	0	1	Uma ocorrência da Entidade A pode estar relacionada a nenhuma ou uma ocorrência da Entidade B.
4	Entidade A ⊢⊢—○⋌ Entidade B	0	Muitas	Uma ocorrência da Entidade A pode estar relacionada a nenhuma ou muitas ocorrências da Entidade B.

O exemplo visto na Figura 4.18 utiliza o contexto de negócio do Rádio Táxi On-line e representa um DER, com entidades, relacionamentos e cardinalidades.

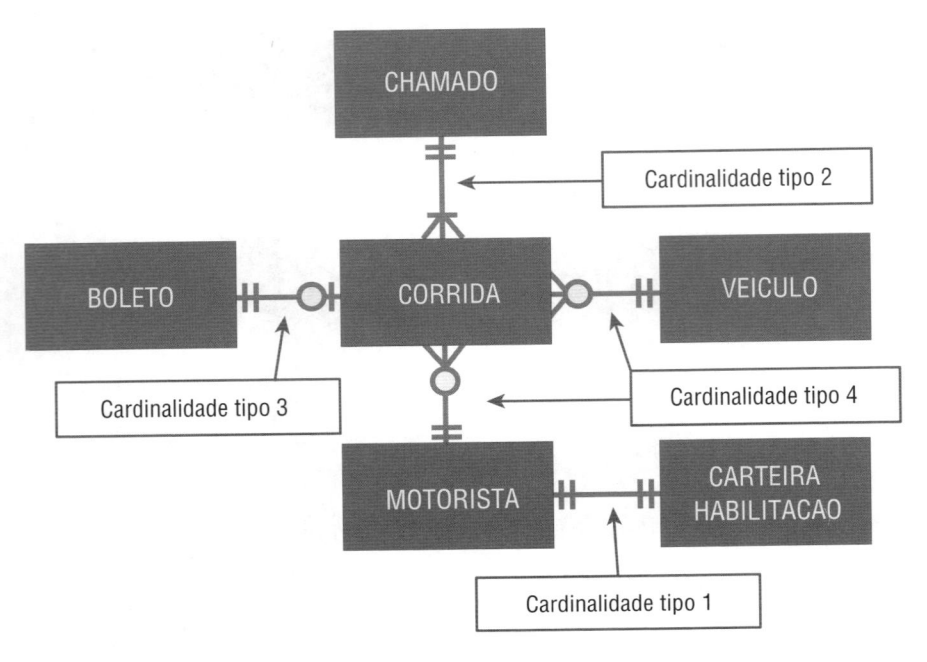

Figura 4.18 – DER com tipos de cardinalidade baseados no estudo de caso Rádio Táxi On-line

Com base no DER, é possível fazer a leitura dos relacionamentos que envolvem as entidades CHAMADO, CORRIDA, BOLETO, MOTORISTA, VEICULO e CARTEIRA HABILITACAO, apresentada a seguir:

- **Cardinalidade tipo 1**: cada ocorrência da entidade MOTORISTA está relacionada a somente uma ocorrência da entidade CARTEIRA HABILITACAO.
- **Cardinalidade tipo 2**: cada ocorrência da entidade CHAMADO está relacionada a uma ou mais ocorrências da entidade CORRIDA.
- **Cardinalidade tipo 3**: cada ocorrência da entidade BOLETO pode estar relacionada a nenhuma ou a uma ocorrência da entidade CORRIDA.
- **Cardinalidade tipo 4**: cada ocorrência da entidade MOTORISTA pode estar relacionada a nenhuma ou a várias ocorrências da entidade CORRIDA.
- **Cardinalidade tipo 4**: cada ocorrência da entidade VEICULO pode estar relacionada a nenhuma ou a várias ocorrências da entidade CORRIDA.

O relacionamento entre essas entidades deve ser criado e validado de acordo com as regras que sustentam o negócio, permitindo manter a integridade do modelo de dados. A relação entre as ocorrências observadas em um relacionamento geralmente são hierárquica, simétrica ou recursiva.

- **Relação hierárquica (1:N)**: situação em que a ocorrência da Entidade A possui relacionamento com várias ocorrências da Entidade B. Pode-se considerar que a Entidade A mantém um nível hierárquico superior ao da Entidade B. Essa relação é mostrada na Figura 4.19, na qual uma ocorrência da entidade CONVENIADA pode estar relacionada a várias ocorrências da entidade FATURA.

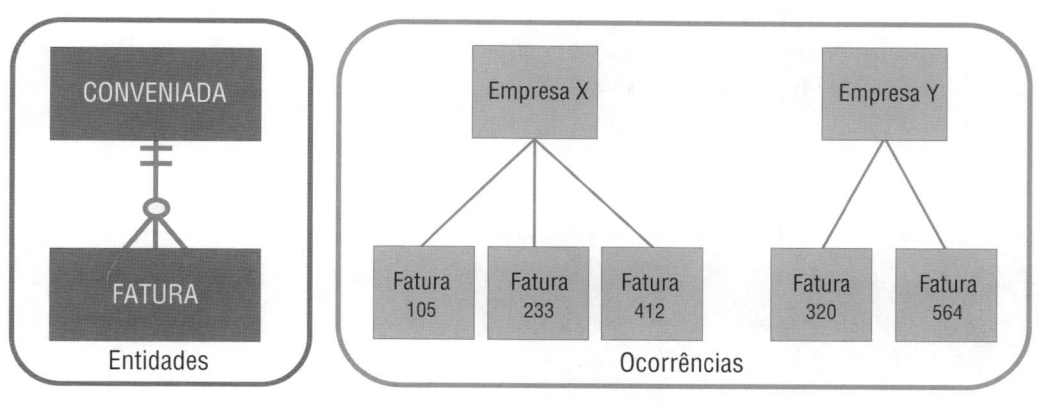

Figura 4.19 – Relação hierárquica

- **Relação simétrica (N:N):** situação em que a ocorrência da Entidade A possui um relacionamento com várias ocorrências da Entidade B, e uma ocorrência da Entidade B também possui relacionamento com várias ocorrências da Entidade A. Pode-se considerar que as Entidades A e B mantêm, entre elas, proporções simétricas. Para exemplificar, será considerada a seguinte situação, no contexto de negócio do Rádio Táxi On-line, apresentada na Figura 4.20: em um mesmo dia, mais de um motorista pode trabalhar dirigindo o mesmo veículo em horários diferentes e, dependendo da disponibilidade do veículo, um motorista pode trabalhar com um veículo determinado pela supervisão, ou seja, um motorista não trabalha com um único veículo. Nesse caso, uma ocorrência da entidade MOTORISTA pode estar relacionada a várias ocorrências da entidade VEICULO, e uma ocorrência da entidade VEICULO pode estar relacionada a várias ocorrências da entidade MOTORISTA.

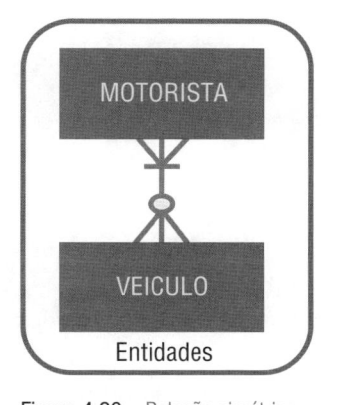

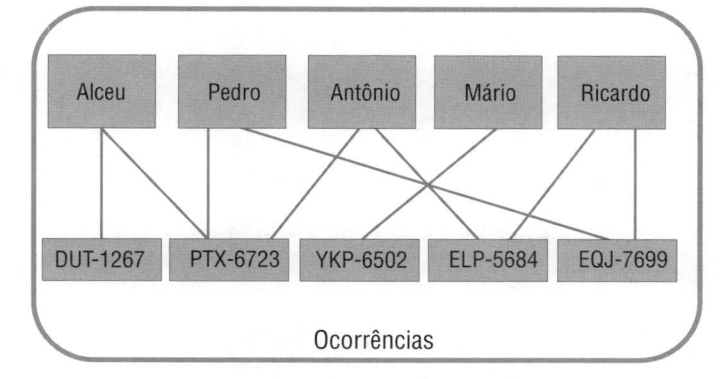

Figura 4.20 – Relação simétrica

- **Relação recursiva (1:N ou N:N):** também conhecida como autorrelacionamento, situação em que uma ocorrência da Entidade A possui um relacionamento com várias ocorrências da própria Entidade A. Pode-se considerar que a Entidade A mantém um autorrelacionamento, ou seja, a entidade se relaciona com ela mesma. Para exemplificar, considere esses dois cenários:

Cenário 1: um motorista pode ser supervisionado por outro motorista (Figura 4.21).

Cenário 2: a supervisão é feita de forma alternada quinzenalmente, isto é, a cada quinzena um motorista é escolhido supervisor. (Figura 4.22).

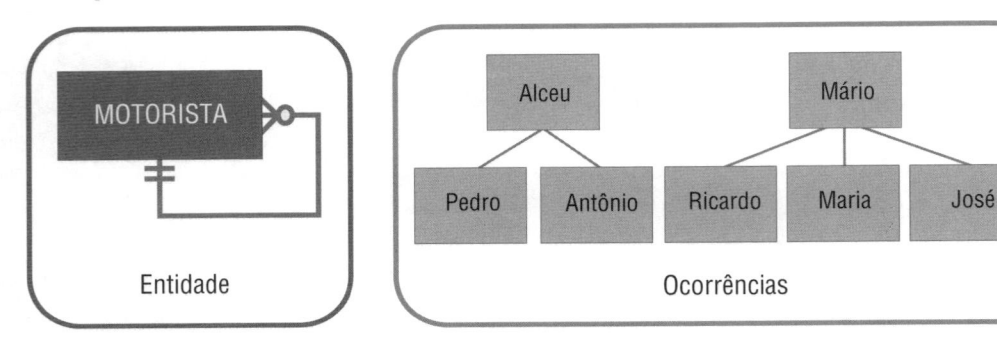

Figura 4.21 – Cenário 1: um motorista é supervisionado por outro motorista

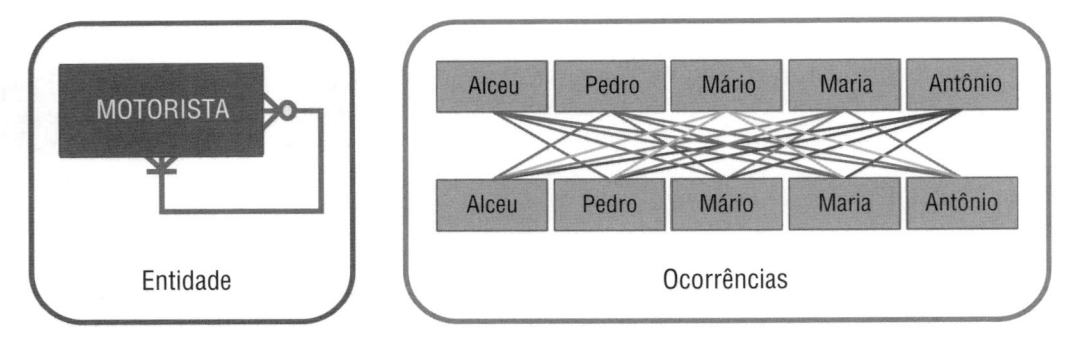

Figura 4.22 – Cenário 2: supervisão alternada (todos os motoristas supervisionam todos os motoristas)

4.3.5 Relacionamento condicional

A condicionalidade refere-se a relacionamentos em que nem todas as ocorrências de uma entidade estão relacionadas às ocorrências de outra entidade. Pode-se considerar que, quando o relacionamento tem um lado *opcional*, as ocorrências das entidades que participam do relacionamento são independentes umas das outras. Segundo Carlos Barbieri (1994), as condições analisadas em um relacionamento são as seguintes:

- **Opcional:** as ocorrências das entidades que participam do relacionamento são independentes umas das outras (Figura 4.23). Ao analisar o modelo de dados, deve-se fazer a seguinte pergunta em cada relacionamento: *"em algum momento, pode existir uma ocorrência da Entidade A sem nenhuma ocorrência na Entidade B?"*.

MOTORISTA ──o──o── VEICULO

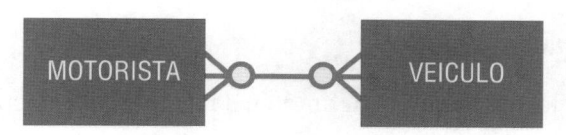

Figura 4.23 – Condição opcional

Considerar no exemplo da Figura 4.23 que as ocorrências da entidade MOTORISTA podem existir sem estarem relacionadas a nenhuma ocorrência da entidade VEICULO. Isso é possível, uma vez que na regra de negócio, um ou vários motoristas podem ser admitidos e não terem dirigido nenhum veículo por determinado período. Há uma situação similar com relação aos veículos, que podem ter sido adquiridos, mas ainda não terem sido liberados para uso.

- **Contingência:** somente uma entidade possui independência, uma vez que a obrigatoriedade é somente em um lado do relacionamento (Figura 4.24).

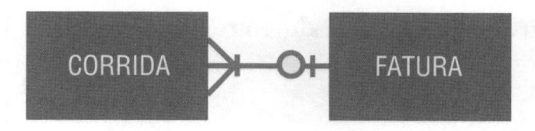

CORRIDA ──<──o── FATURA

Figura 4.24 – Condição de contingência

No exemplo da Figura 4.24, as ocorrências da entidade CORRIDA existirão por determinado período sem estarem relacionadas a nenhuma ocorrência da entidade FATURA. Isso se aplica, uma vez que na regra de negócio, a fatura da conveniada é emitida somente no primeiro dia do mês, tendo como base as corridas realizadas no mês anterior.

- **Mandatória:** as ocorrência das entidades que participam do relacionamento existem apenas se o relacionamento existir (Figura 4.25).

MOTORISTA ──‖──‖── CARTEIRA HABILITACAO

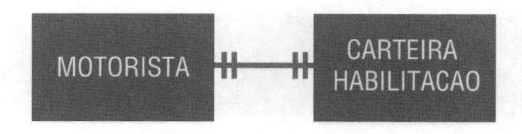

Figura 4.25 – Condição mandatória

Considere que, no exemplo da Figura 4.25, as ocorrências da entidade MOTORISTA somente existirão caso existirem as ocorrências na entidade CARTEIRA HABILITACAO, que garante a integridade de ambos. Isso é possível, uma vez que na regra de negócio, um motorista será admitido somente se possuir carteira de habilitação com categoria adequada aos veículos que irá dirigir e sem pontuação por infrações de trânsito.

4.3.6 Grau do relacionamento

O grau de um relacionamento é definido pela quantidade de entidades que participam do relacionamento. Assim, podem ser considerados os seguintes graus:

- **Grau 1:** relacionamento estabelecido somente com uma entidade. Trata-se de uma relação recursiva ou de autorrelacionamento. Na Figura 4.26, está relacionada a entidade MOTORISTA com ela própria.

Figura 4.26 – Grau 1 de relacionamento

- **Grau 2:** relacionamento estabelecido entre duas entidades. Também é conhecido como grau binário. Na Figura 4.27, estão relacionadas as entidades MOTORISTA e CORRIDA.

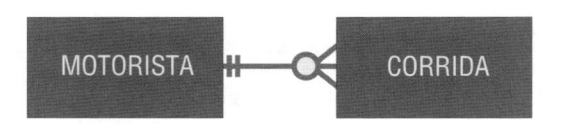

Figura 4.27 – Grau 2 de relacionamento

- **Grau 3:** relacionamento estabelecido entre três entidades. Também é conhecido como grau ternário. Na Figura 4.28, estão relacionadas as entidades CONVENIADA, PESSOA e CONTATO CONVENIADA.

Figura 4.28 – Grau 3 de relacionamento

- **Grau 4:** relacionamento estabelecido entre quatro ou mais entidades. Também é conhecido como grau *n*-ário. Na Figura 4.29, estão relacionadas as entidades que formam a integridade de CORRIDA, CHAMADO, MOTORISTA, FUNCIONARIO, CONVENIADA e VEICULO.

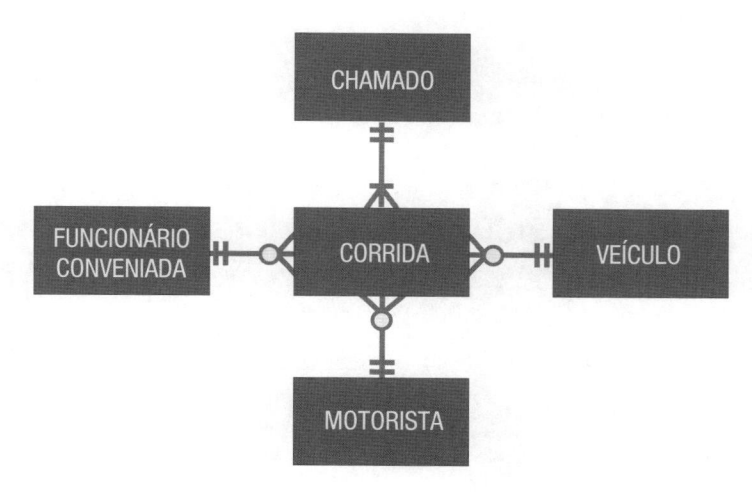

```
                    ┌──────────┐
                    │ CHAMADO  │
                    └────┬─────┘
                         │
┌─────────────┐     ┌────┴─────┐     ┌─────────┐
│ FUNCIONÁRIO │─────│  CORRIDA │─────│ VEÍCULO │
│ CONVENIADA  │     └────┬─────┘     └─────────┘
└─────────────┘          │
                    ┌────┴─────┐
                    │ MOTORISTA│
                    └──────────┘
```

Figura 4.29 – Grau 4 de relacionamento

4.4 Tipos de entidade

A classificação das entidades em tipos tem como função facilitar o entendimento do MER, permitindo identificar impactos quando há necessidade de modificação no modelo. A seguir, serão abordadas as características dos tipos de entidade primária (forte), dependente (fraca) e associativa.

4.4.1 Entidade primária (ou forte)

A entidade é identificada como *forte* quando não tem dependência com nenhuma outra para formar seu conceito. Esse tipo de entidade contém dados que são fundamentais para manter as transações do negócio da empresa. No modelo de dados Rádio Táxi On-line, podem ser encontrados exemplos de entidades fortes. São elas: MOTORISTA, CONVENIADA, CORRIDA e VEICULO, representadas na Figura 4.30.

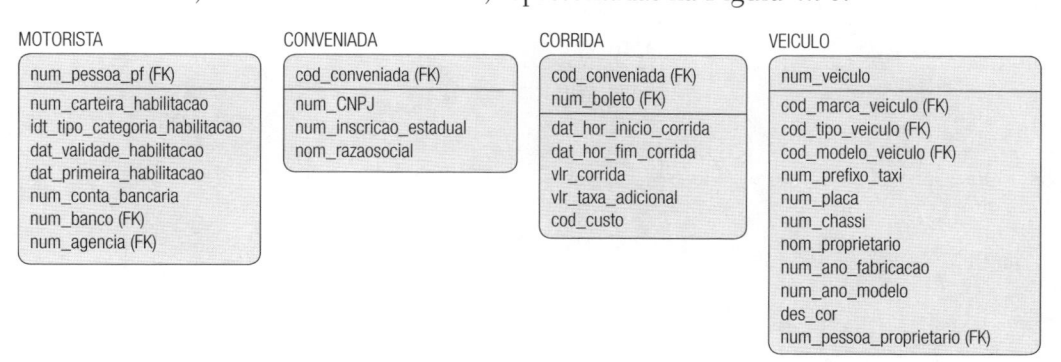

MOTORISTA	CONVENIADA	CORRIDA	VEICULO
num_pessoa_pf (FK)	cod_conveniada (FK)	cod_conveniada (FK)	num_veiculo
num_carteira_habilitacao	num_CNPJ	num_boleto (FK)	cod_marca_veiculo (FK)
idt_tipo_categoria_habilitacao	num_inscricao_estadual	dat_hor_inicio_corrida	cod_tipo_veiculo (FK)
dat_validade_habilitacao	nom_razaosocial	dat_hor_fim_corrida	cod_modelo_veiculo (FK)
dat_primeira_habilitacao		vlr_corrida	num_prefixo_taxi
num_conta_bancaria		vlr_taxa_adicional	num_placa
num_banco (FK)		cod_custo	num_chassi
num_agencia (FK)			nom_proprietario
			num_ano_fabricacao
			num_ano_modelo
			des_cor
			num_pessoa_proprietario (FK)

Figura 4.30 – Entidades fortes do modelo de dados Rádio Táxi On-line

4.4.2 Entidade dependente (ou fraca)

Em contrapartida, a entidade é *fraca* quando ela não existe por si só e sua existência no MER está condicionada a outra única entidade, da qual ela depende. São exemplos de entidades fracas: ITENS_FATURA, CONTATO_EMERGENCIA, ITENS_PEDIDO, HISTORICO_PACIENTE, NOTA_ALUNO, representados na Figura 4.31.

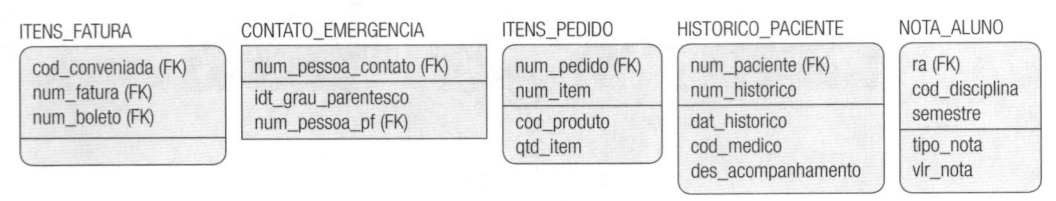

ITENS_FATURA	CONTATO_EMERGENCIA	ITENS_PEDIDO	HISTORICO_PACIENTE	NOTA_ALUNO
cod_conveniada (FK)	num_pessoa_contato (FK)	num_pedido (FK)	num_paciente (FK)	ra (FK)
num_fatura (FK)	idt_grau_parentesco	num_item	num_historico	cod_disciplina
num_boleto (FK)	num_pessoa_pf (FK)	cod_produto	dat_historico	semestre
		qtd_item	cod_medico	tipo_nota
			des_acompanhamento	vlr_nota

Figura 4.31 – Entidades fracas

Perceba, ao analisar a Figura 4.31, que sempre há a necessidade de complementar o conceito de cada entidade:

- **Item (do quê?)**: são duas as entidades que complementam o conceito do item, sendo a FATURA e o PEDIDO. Temos como resultado as entidades: Itens_Fatura e Item_Pedido.
- **Nota (de quem?)**: o complemento para entidade NOTA é a entidade ALUNO, resultando na entidade Nota_Aluno.
- **Histórico (do quê e de quem?)**: o complemento é a entidade PACIENTE, resultando na entidade fraca Historico_Paciente.

4.4.3 Entidade associativa

A entidade é *associativa* quando ela não existe no MER por si só, e sua existência está condicionada à existência de duas ou mais entidades. São exemplos de entidades associativas: PROFESSOR_DISCIPLINA, MOTORISTA_VEICULO, VOO, representadas na Figura 4.32.

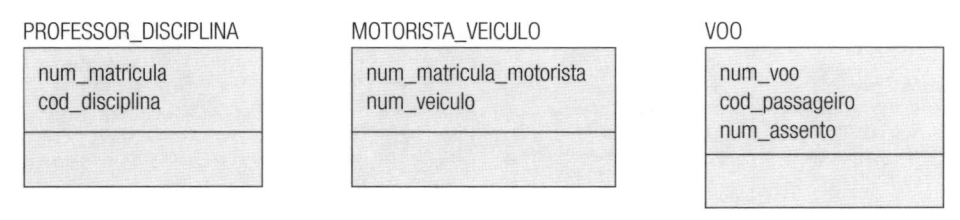

PROFESSOR_DISCIPLINA	MOTORISTA_VEICULO	VOO
num_matricula	num_matricula_motorista	num_voo
cod_disciplina	num_veiculo	cod_passageiro
		num_assento

Figura 4.32 – Entidades associativas

4.5 Tipos de relacionamento

Em conjunto com os tipos de entidade, os tipos de relacionamento permitem análise das dependências entre as entidades. No MER, os tipos de relacionamento determinam as ações na manipulação dos dados de uma entidade em relação a outra, a qual ela esteja relacionada. A seguir, serão abordadas as características dos relacionamentos tipo dependência, tipo associativo e tipo categoria.

4.5.1 Relacionamento tipo dependência

Um relacionamento é do tipo *dependência* quando ocorre um relacionamento entre uma entidade *forte* e uma entidade *fraca*, que dela seja dependente, conforme ilustrado na Figura 4.33.

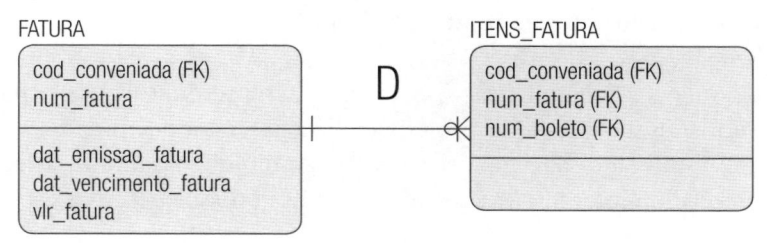

```
FATURA                                          ITENS_FATURA
┌──────────────────────────┐                    ┌──────────────────────────┐
│ cod_conveniada (FK)      │                    │ cod_conveniada (FK)      │
│ num_fatura               │───────D────────────│ num_fatura (FK)          │
├──────────────────────────┤                    │ num_boleto (FK)          │
│ dat_emissao_fatura       │                    ├──────────────────────────┤
│ dat_vencimento_fatura    │                    │                          │
│ vlr_fatura               │                    │                          │
└──────────────────────────┘                    └──────────────────────────┘
```

Figura 4.33 – Relacionamento tipo dependência entre entidades forte (Fatura) e fraca (Itens_Fatura)

4.5.2 Relacionamento tipo associativo

Um relacionamento é do tipo *associativo* quando ocorre um relacionamento entre uma entidade associativa e cada uma das outras entidades que deram origem a sua formação, conforme ilustrado na Figura 4.34.

```
PROJETO                      ALOCACAO                        PROFISSIONAL
┌──────────────┐             ┌──────────────────────┐        ┌──────────────────┐
│ cod_projeto  │─────A───────│ cod_projeto (FK)     │───A────│ num_matricula    │
├──────────────┤             │ num_matricula (FK)   │        ├──────────────────┤
│ nom_projeto  │             ├──────────────────────┤        │ nom_profissional │
└──────────────┘             │                      │        │ dat_nascimento   │
                             └──────────────────────┘        └──────────────────┘
```

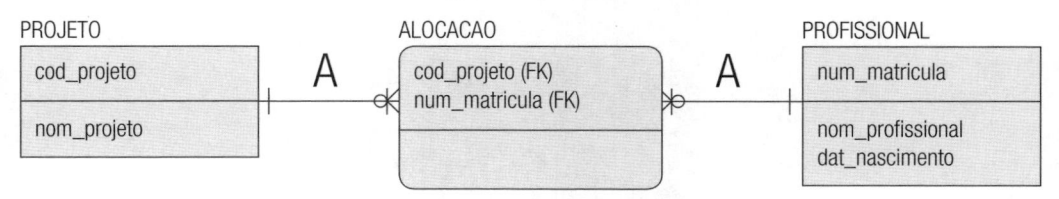

Figura 4.34 – Relacionamento tipo associativo entre entidades associativas (Projeto, Alocação e Profissional)

4.5.3 Relacionamento tipo categoria

Um relacionamento é do tipo *categoria* quando superclasse (entidade principal) e subclasse se relacionam. Esse é um caso especial de relacionamento, no qual aplica-se o conceito de *generalização/especialização*. Em algumas situações, é necessário representar entidades que possuem inúmeros subgrupos. A entidade EMPREGADO, por exemplo, pode ser utilizada para armazenar atributos de um motorista, de um mecânico, ou de um secretário. Todos os três funcionários possuem atributos comuns como nome, endereço, telefone e salários, além de possuírem atributos que são próprios da função desempenhada na empresa. Por exemplo:

- O motorista deve ter o número da Carteira Nacional de Habilitação (CNH).
- O mecânico deve ser capacitado para lidar com as diferentes mecânicas dos veículos.
- O secretário deve falar mais de um idioma.

Esse tipo de situação pode ser representada ao utilizar uma estrutura de generalização/especialização.

Segundo Cougo[2], a generalização/especialização representa situações nas quais determinadas entidades são tratadas como especializações, e outra entidade é considerada mais genérica. A entidade mais genérica agrupa aquilo que é comum às entidades da hierarquia. O relacionamento entre a entidade mais genérica e as suas especializações devem ser de 1:1 em nível de instância (Figura 4.35).

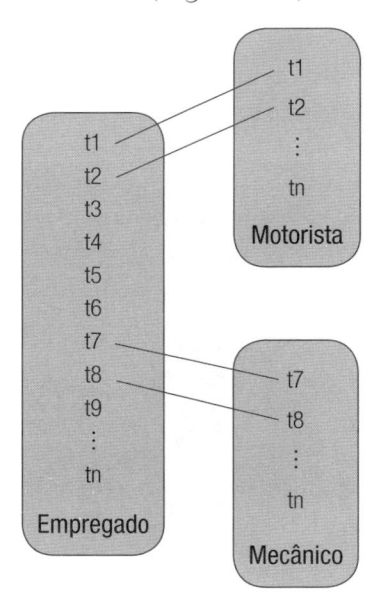

Figura 4.35 – Instâncias de uma especialização

---

2 COUGO, P. *Modelagem conceitual e projeto de bancos de dados*. Rio de Janeiro: Campus, 1997.

MODELAGEM DE DADOS

Também é importante destacar que em relacionamento 1:1, duas entidades distintas estão relacionadas enquanto que, no caso da especialização, as entidades representam o mesmo objeto, mas a entidade especializada desempenha um papel específico. Por exemplo, existe um empregado especializado no papel de motorista, existe um empregado especializado no papel de mecânico e existe um empregado especializado no papel de secretário. A generalização/especialização gera mais flexibilidade ao modelo, permitindo:

- Definir um conjunto de subclasses de um tipo de entidade.
- Definir atributos específicos para cada subclasse.
- Definir relacionamentos específicos entre as subclasses e outras subclasses, ou outras entidades.

A Figura 4.36 ilustra o relacionamento do tipo categoria entre entidades.

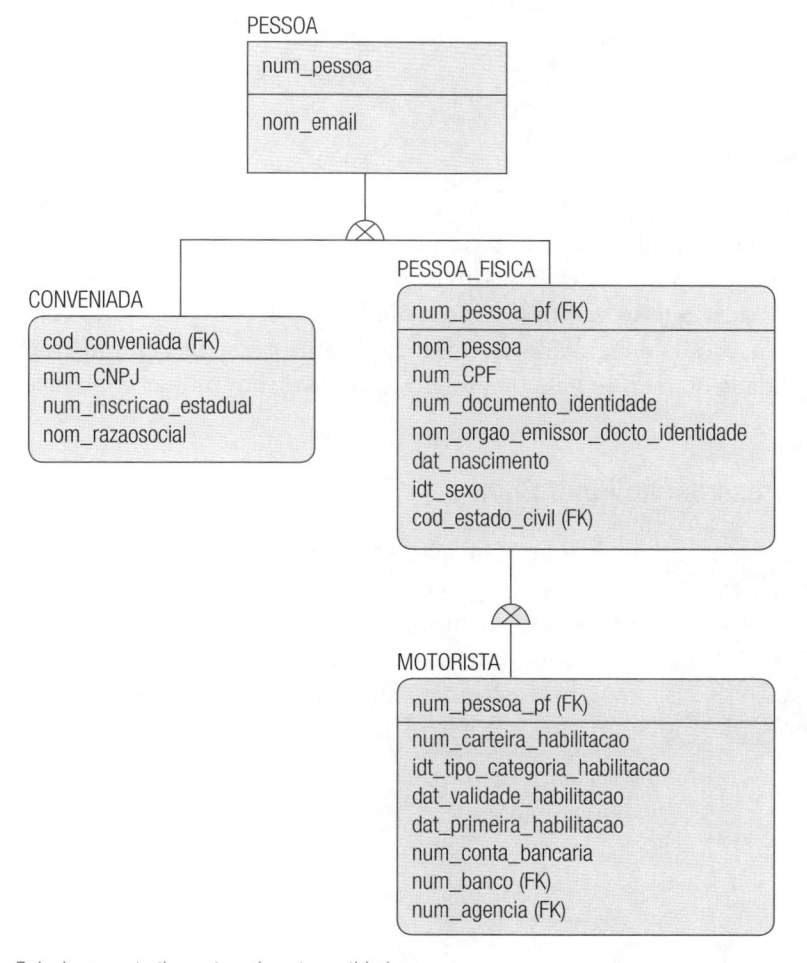

PESSOA
- num_pessoa
- nom_email

CONVENIADA
- cod_conveniada (FK)
- num_CNPJ
- num_inscricao_estadual
- nom_razaosocial

PESSOA_FISICA
- num_pessoa_pf (FK)
- nom_pessoa
- num_CPF
- num_documento_identidade
- nom_orgao_emissor_docto_identidade
- dat_nascimento
- idt_sexo
- cod_estado_civil (FK)

MOTORISTA
- num_pessoa_pf (FK)
- num_carteira_habilitacao
- idt_tipo_categoria_habilitacao
- dat_validade_habilitacao
- dat_primeira_habilitacao
- num_conta_bancaria
- num_banco (FK)
- num_agencia (FK)

Figura 4.36 – Relacionamento tipo categoria entre entidades

4.5.4 Relacionamento tipo normal

Um relacionamento é do tipo normal quando duas entidades que são independentes se relacionam, ou seja, um relacionamento entre duas entidades fortes, representado no exemplo da Figura 4.37.

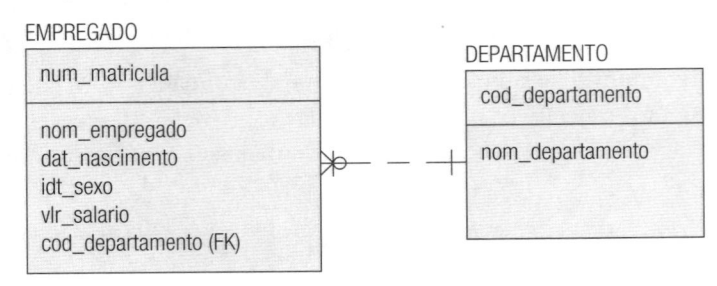

EMPREGADO
- num_matricula
- nom_empregado
- dat_nascimento
- idt_sexo
- vlr_salario
- cod_departamento (FK)

DEPARTAMENTO
- cod_departamento
- nom_departamento

Figura 4.37 – Relacionamento tipo normal entre entidades fortes

4.6 Notação

Existem diferentes maneiras de representar um DER. Entre as de maior destaque, estão a notação definida por Peter Chen e a notação adotada pela engenharia da informação, as quais serão descritas a seguir.

Cabe destacar que os exemplos apresentados nas seções anteriores (neste capítulo) seguem a notação da engenharia da informação, que é a mais comum e apresenta melhor legibilidade quando se trata de projetos que envolvem muitas entidades e atributos.

4.6.1 Representação Peter Chen

DICA
Para saber mais sobre Peter Chen, consulte sua página pessoal em <http://bit.csc.lsu.edu/~chen/chen.html>.

A representação, vista no Quadro 4.6, mostra os elementos do DER utilizados na notação de Peter Chen. Ela apresenta os elementos da modelagem relacional de forma simples e é de fácil entendimento, porém, profissionalmente, é pouco utilizada. Um exemplo de ferramenta para modelagem relacional que comporta a notação de Peter Chen é a ferramenta brModelo[3].

---

3 brModelo é uma ferramenta desenvolvida por Carlos Henrique Cândido, sob a orientação do Prof. Dr. Ronaldo dos Santos Mello (UFSC), como trabalho de conclusão do curso de pós-graduação em banco de dados (UNIVAG – MT e UFSC), disponível em <http://sis4.com/brModelo/>.

Quadro 4.6 Elementos do Modelo Entidade Relacionamento da notação Peter Chen

	Notação Peter Chen	
Elementos	**Representação**	**Descrição**
Entidade	[NOME DA ENTIDADE]	Representa a *entidade*.
	[NOME DA ENTIDADE FRACA] (retângulo duplo)	Representa a *entidade fraca*, aquela que depende de outra para exixtir.
Relacionamento	◇ Nome do relacionamento	Representa o *relacionamento* entre as *entidades*.
Atributos	○ nome atributo	Representa o *atributo* da *entidade* ou do *relacionamento*.
	○ atributo identificação (sublinhado)	Representa o atributo de *identificação* que compõe a *chave primária* da entidade.
	○ atributo valoração (contorno duplo)	Representa o atributo de *valoração multivalorado*.
	○ atributo formatação ligado a nome atributo, nome atributo, nome atributo	Representa o atributo de *formatação composta*.
Associação	————	Representa a ligação dos *atributos* à *entidade* e a ligação das *entidades* aos *relacionamentos*.

A Figura 4.38 mostra parte do modelo conceitual de dados, utilizando a notação de Chen e os elementos do Quadro 4.6 na forma de DER.

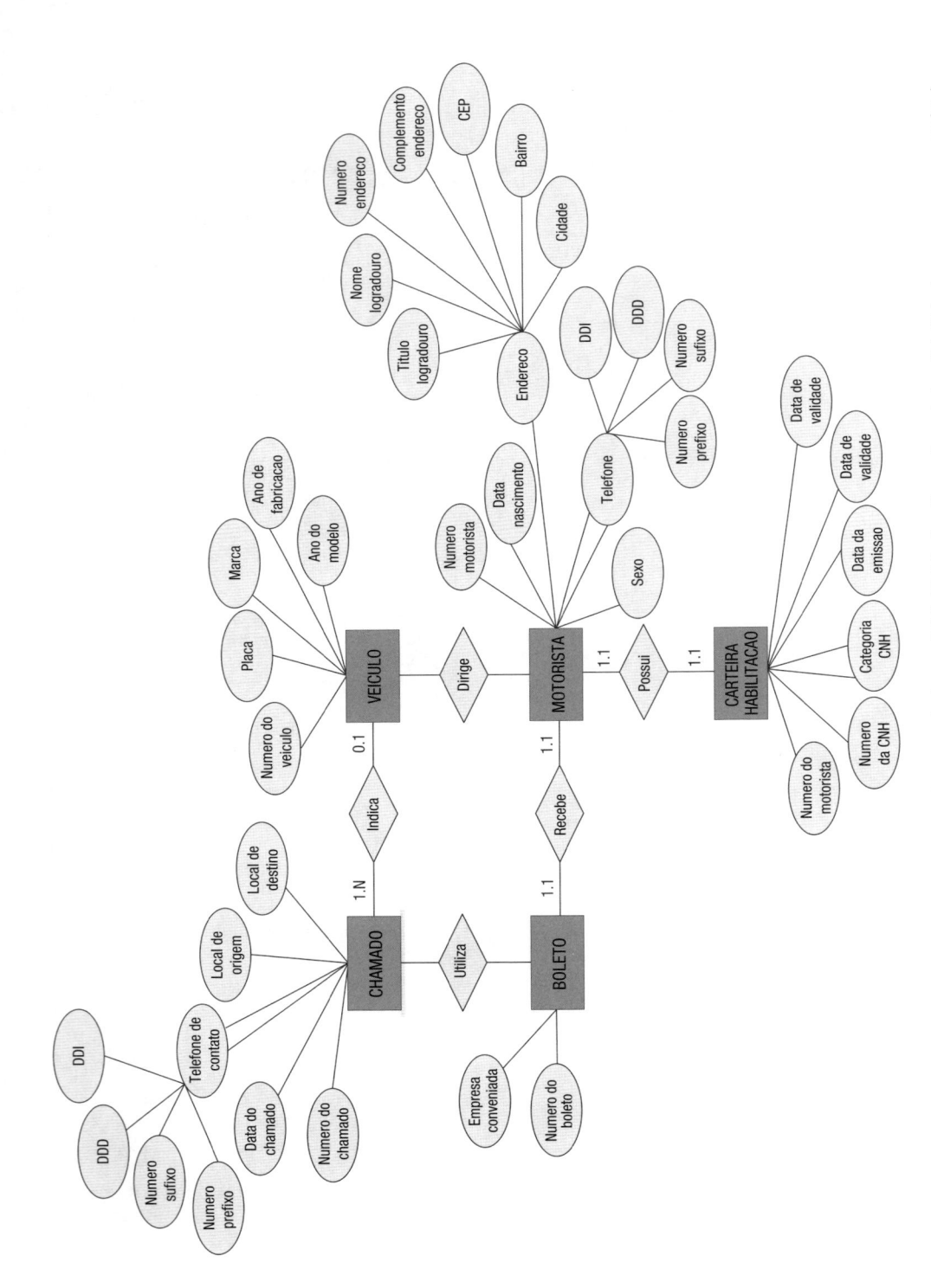

Figura 4.38 – DER com exemplos de notação Peter Chen baseado no estudo de caso Rádio Táxi On-line (figura disponível na Sala Virtual, em <sv.pearson.com.br>)

4.6.2 Representação da engenharia da informação

Definida por James Martin nos anos 1980, a notação que recebe o seu nome foi criada a partir de estudos sobre engenharia da informação, nos quais enfatizava a importância dos modelos de dados em sistemas de informações. Essa notação é bastante difundida na área de desenvolvimento de sistemas e existem diversas ferramentas para elaboração de modelos relacionais que adotam essa notação, tais como Erwin[4], DBDesigner[5], Power-Designer[6], entre outras. Conheça os elementos da notação James Martin no Quadro 4.7.

> **DICA**
> Para saber mais sobre James Martin consulte sua página em <http://jamesmartin.com>.

Quadro 4.7 Elementos do Modelo Entidade Relacionamento conceitual lógico da notação James Martin

	Notação James Martin	
Elementos	**Representação**	**Descrição**
Entidade	NOME DA ENTIDADE	Representa a *entidade*.
Atributos	NOME DA ENTIDADE nome atributo 1 nome atributo 2 nome atributo 3	Representa o *atributo* da *entidade*.
	NOME DA ENTIDADE atributo identificação 1(PK) atributo identificação 2(PK) nome atributo 1 nome atributo 2 nome atributo 3 nome atributo 4	Representa o atributo de *identificação* que compõe a *chave primária* da *entidade*, por padrão também é indicado *primary key*(PK).
	NOME DA ENTIDADE atributo identificação 1(PK) atributo identificação 2(PK) nome conexão 1(FK) nome atributo 2 nome conexão 3(FK) nome atributo 4	Representa atributo de *conexão* que compõe a *chave estrageira* na *entidade*, também conhecida por *foreign key*.

Continua

---

4   Mais informações sobre a ferramenta Erwin em <http://erwin.com/worldwide/portuguese-brazil>.
5   Mais informações sobre a ferramenta DBDesigner em <http://www.fabforce.net/dbdesigner4/>.
6   Mais informações sobre a ferramenta Power-Designer em <http://sybase.com.br/products/modelingdevelopment/powerdesigner>.

Continuação

Relacionamento	———————	Representa o *relacionamento mandatório* entre as *entidades*.
	- - - - - - - - - - -	Representa o *relacionamento opcional* entre as *entidades*.
	⤏⧖	Representa a *cardinalidade do relacionamento*, indicando "*um ou mais*".
	—o—	Representa a *cardinalidade do relacionamento*, indicando "*zero ou um*".
	—┼—	Representa a *cardinalidade do relacionamento*, indicando "*um e somente um*".

A Figura 4.39 mostra parte do modelo conceitual de dados, utilizando a notação de James Martin com os elementos do Quadro 4.7.

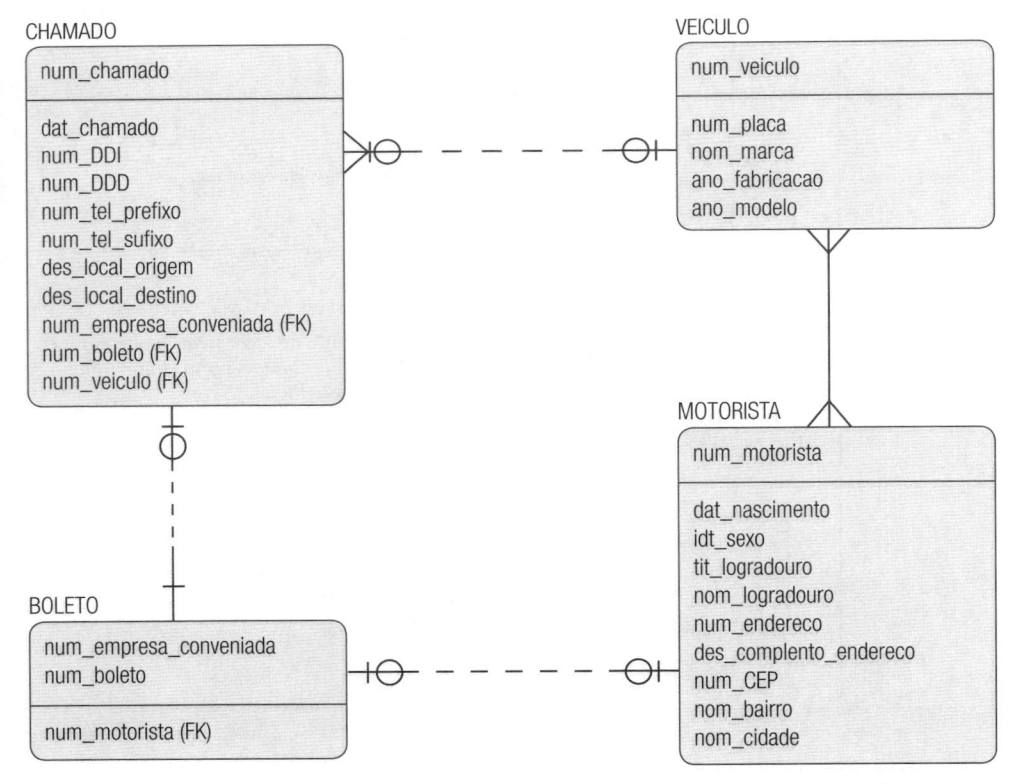

CHAMADO
- num_chamado

- dat_chamado
- num_DDI
- num_DDD
- num_tel_prefixo
- num_tel_sufixo
- des_local_origem
- des_local_destino
- num_empresa_conveniada (FK)
- num_boleto (FK)
- num_veiculo (FK)

VEICULO
- num_veiculo

- num_placa
- nom_marca
- ano_fabricacao
- ano_modelo

MOTORISTA
- num_motorista

- dat_nascimento
- idt_sexo
- tit_logradouro
- nom_logradouro
- num_endereco
- des_completo_endereco
- num_CEP
- nom_bairro
- nom_cidade

BOLETO
- num_empresa_conveniada
- num_boleto

- num_motorista (FK)

Figura 4.39 – DER com exemplos de notação James Martin baseado no estudo de caso Rádio Táxi On-line

MODELAGEM DE DADOS

EXERCÍCIOS

▸ Para a resolução dos exercícios 1 a 6, considere o Cenário 1.

CENÁRIO 1

Um consultório médico precisa automatizar o processo de agendamento de consultas. Para isso, é necessário que sejam armazenados dados dos pacientes, dos médicos e das consultas. O cadastro de um paciente deve possuir os seguintes dados: nome completo, documentos (RG e CPF), sexo, data de nascimento, endereço completo, telefones (residencial, celular e comercial), nome do convênio médico e matrícula do conveniado. O cadastro do médico deve conter o nome completo do médico, seus telefones, endereço, Código do Registro Médico (CRM), especialidade e dias e horários de atendimento. A agenda de consultas deve possuir o identificador do paciente, o identificador do médico, a especialidade da consulta, a data e o horário da consulta.

---

1. Identifique as entidades do Cenário 1.

2. Identifique os atributos de cada entidade.

3. Faça o modelo conceitual para o Cenário 1.

4. Classifique as entidades.

5. Classifique os atributos da tabela a seguir de acordo com sua natureza.

Atributo	Ocorrência	Natureza
Endereço	Av. Paulista, 111 – Cerqueira César, CEP 01310-000	
Nome Completo	José de Alencar	
CRM	12345	
Especialidade	Clínico Geral e Cardiologista	

6. Represente o relacionamento entre as entidades.

   a) Um médico atende a muitos pacientes.
   Um paciente pode ser atendido por muitos médicos.

   b) Cada consulta é realizada por um médico.
   Um médico realiza muitas consultas.

   c) Cada consulta é realizada para um paciente.
   Um paciente pode realizar muitas consultas.

▶ Para a resolução dos exercícios 7 e 8, considere o Cenário 2.

CENÁRIO 2

1. Sistema: Sistema de Apoio a Amigo Secreto (SAAS)

2. Objetivo do sistema: SAAS tem como objetivo automatizar a troca de mensagens entre os participantes, preservando o sigilo deles e mantendo as informações dos participantes, realizando o sorteio e a distribuição, disponibilizando demonstrativos e avisos gerais.

3. Necessidade
   - Permitir o cadastramento de participantes.
   - Permitir o sorteio automático.
   - Distribuir a notificação de quem é o amigo secreto do participante.
   - Permitir a troca de mensagens entre os participantes, preservando seu anonimato.
   - Permitir ao patrocinador registrar avisos gerais.
   - Permitir o cadastramento da lista de sugestão de presentes.
   - Disponibilizar a relação dos participantes.
   - Disponibilizar, após o encerramento do amigo secreto, demonstrativos contendo:
     a. Total de mensagens.
     b. Ranking dos participantes que mais receberam mensagens.
     c. Ranking dos participantes que mais enviaram mensagens.
     d. Lista dos codinomes, com seus respectivos participantes.
     e. Lista de quem tirou quem.
   - Permitir aos participantes avaliar e dar sugestões para os próximos amigos secretos.
   - Manter relação entre quem tirou quem, evitando que haja a mesma troca para os próximos quatro amigos secretos. Caso isso não possa ser feito, apresentar uma solução.

4. Benefícios esperados
   - Aviso imediato de mensagem ao participante.
   - Eliminação total do trabalho de administração da caixa de mensagens.
   - Redução em 90% do uso de papel para troca de mensagens.

5. Restrições
   - Número máximo de participantes: 60.

6. Vocabulário do negócio
   - Codinome: pseudônimo, com o qual um participante irá se identificar ao escrever mensagens para seu amigo secreto.
   - Destinatário: participante que receberá uma mensagem.
   - Mensagem: texto livre a ser escrito pelos participantes.
   - Notificação: mensagem enviada automaticamente pelo sistema a cada participante, divulgando o nome do seu amigo secreto.
   - Participante: pessoa alocada no departamento que deverá fornecer nome e ramal.
   - Ranking: lista descendente (do maior para o menor) que apresenta o nome dos participantes que mais receberam e enviaram mensagens.
   - Sorteio: processo automático que escolhe qual participante deverá entregar o presente ao outro, sem que haja a possibilidade de o participante tirar a si próprio.

Continua

Continuação

ORIENTAÇÕES

1. Modelo conceitual:
   - identificar as principais entidades;
   - identificar os relacionamentos e cardinalidades.

2. Modelo lógico:
   - identificar as entidades;
   - para cada entidade, identificar os atributos;
   - identificar o(s) atributo(s) que faz(em) parte da chave primária;
   - identificar os relacionamentos;
   - identificar as cardinalidades;
   - identificar o(s) atributo(s) que faz(em) parte da chave estrangeira.

Sugestão: utilizar notação da engenharia da informação

---

7. Elabore o modelo de dados conceitual.

8. Elabore o modelo de dados lógico por meio do Diagrama Entidade Relacionamento (DER).

Normalização

CAPÍTULO 5

Neste capítulo, será apresentada e discutida a técnica de normalização, por meio das Formas Normais (FN), e os tipos de problemas que ocorrem em modelos não normalizados. As regras que garantem a consistência das informações armazenadas e a importância de trabalhar com um modelo de dados normalizado também serão abordadas.

5.1 Normalização

A normalização é um procedimento que examina os atributos de uma entidade com o objetivo de evitar anomalias que possam ocorrer na inclusão, na exclusão ou na alteração de uma ocorrência específica em uma entidade.

Esse procedimento procura simplificar os atributos, nas respectivas ocorrências, eliminando grupos repetitivos, dependência parcial da chave primária, dependências transitivas, dados redundantes e dependência de atributos multivalorados, contribuindo para a estabilização do modelo de dados e para a redução de manutenções.

Como já foi dito, a normalização é baseada em relações matemáticas (teoria dos conjuntos) e tem como objetivo estruturar as relações entre as entidades, garantindo que não existam anomalias ou redundâncias no armazenamento de dados. As anomalias ocorrem durante o processo de manipulação dos dados e se tornam severas durante as operações de inclusão, alteração e exclusão de dados.

Na inclusão de dados, uma anomalia ocorre quando o registro de uma entidade possui dados incompletos. Nesse caso, os dados podem ser parte de outras entidades ainda não definidas, ocasionando, por exemplo, a existência de nulos. Na exclusão de dados, por sua vez, uma anomalia ocorre quando a exclusão de um dado pode causar a eventual perda de outro. Por fim, na alteração de dados, uma anomalia ocorre quando há redundância no armazenamento de dados, havendo a necessidade de atualização em diferentes entidades.

A fim de estabelecer critérios para realizar a normalização das entidades, Codd, em 1972, definiu as Formas Normais (FN), as quais foram apresentadas inicialmente como:

- Primeira Forma Normal (1FN).
- Segunda Forma Normal (2FN).
- Terceira Forma Normal (3FN).

Posteriormente, foram acrescidas as:

- Forma Normal Boyce-Codd (FNBC).
- Quarta Forma Normal (4FN).
- Quinta Forma Normal (5FN).

De acordo com a experiência do projetista do banco de dados, à medida que o Diagrama Entidade Relacionamento (DER) for construído, as regras da normalização vão sendo aplicadas implicitamente e, ao final do processo, obtém-se um modelo normalizado. Neste capítulo, as formas normais serão apresentadas e aplicadas ao estudo de caso da Rádio Táxi On-line, visto na Introdução.

O modelo de dados normalizado é chamado de modelo de dados *canônico* e, com ele, não há preocupação com a performance nem com o tipo de sistema gerenciador de banco de dados utilizado. Dessa forma, pode-se dizer que um modelo de dados canônico mantém sua estrutura neutra, concisa e bem definida, sendo possível sua implementação em qualquer sistema gerenciador de banco de dados.

5.2 Primeira Forma Normal (1FN)

A Primeira Forma Normal (1FN) estabelece que uma entidade está em conformidade com ela somente se:

- não possuir atributos multivalorados ou grupos repetitivos;
- todos os atributos estiverem no formato atômico, isto é, não forem compostos por múltiplas partes;
- existe uma chave primária que identifica apenas uma ocorrência da entidade;
- as ocorrências da entidade forem todas distintas entre si.

Para exemplificar o procedimento de normalização, considere a situação representada na Figura 5.1.

	Rádio Táxi On-line Fatura mensal	
Nº. FATURA 101	DATA DE EMISSÃO	01/04/2013
	DATA DE VENCIMENTO	10/04/2013
CONVENIADA	Faculdade Saber	
CÓDIGO DA CONVENIADA	99124	
CNPJ	05.321.554/0002-01	
ENDEREÇO	Rua Euclides da Cunha, 327 – Cambuci – CEP 01212000 São Paulo/SP	
Descrição dos serviços		
DATA CORRIDA	NÚMERO BOLETO	VALOR DA CORRIDA
05/03/2013	9912400102	R$ 125,00
07/03/2013	9912400078	R$ 79,00
07/03/2013	9912400087	R$ 342,00
15/03/2013	9912400103	R$ 32,00
22/03/2013	9912400104	R$ 93,00
30/03/2013	9912400077	R$ 45,00
	9912400079	R$ 189,00
	SUBTOTAL	R$ 905,00
	TAXA DE ADMINISTRAÇÃO	R$ 181,00
	TOTAL	R$ 1086,00

Figura 5.1 – Fatura mensal (cenário Rádio Táxi On-line)

Com base na Figura 5.1, pode-se visualizar a entidade FATURA com os atributos da Tabela 5.1.

Tabela 5.1 Entidade FATURA

FATURA
numero fatura
data de emissao
data de vencimento
nome conveniada
codigo da conveniada
CNPJ
endereco
descricao servico 1 – data do boleto
descricao servico 1 – numero boleto
descricao servico 1 – valor da corrida
descricao servico 2 – data do boleto

Continua

Continuação

descricao servico 2 – numero boleto
descricao servico 2 – valor da corrida
descricao servico n – data do boleto
descricao servico n – numero boleto
descricao servico n – valor da corrida
subtotal
taxa de administração
total

Para compreender melhor a aplicação da 1FN, serão considerados os exemplos de ocorrências apresentadas na Tabela 5.2[1].

Tabela 5.2 Entidade FATURA (atributos dados)

Ocorrência 1	Ocorrência 2	Ocorrência 3
101	132	324
01/04/2013	05/04/2013	05/05/2013
10/04/2013	15/04/2013	15/05/2013
Faculdade Saber	Metalúrgica Sanframil Ltda.	Metalúrgica Sanframil Ltda.
99124	92105	92105
05.321.554/0002-01	08.123.555/0001-98	08.123.555/0001-98
Rua Euclides da Cunha, 327 – Bairro Cambuci – CEP 01212-000 – São Paulo/SP	Rodovia Anchieta, S/N – KM 18,5 – Bairro Planalto – CEP 97580-010 – São Bernardo do Campo/SP	Rodovia Anchieta, S/N – KM 18,5 – Bairro Planalto – CEP 97580-010 – São Bernardo do Campo/SP
05/03/2013	02/03/2013	03/04/2013
9912400102	9210500100	9210500201
R$ 125,00	R$ 452,30	R$ 53,80
07/03/2013	02/03/2013	12/04/2013
991240078	9210500120	9210500234
R$ 79,00	R$ 193,50	R$ 201,00
R$ 204,00	R$ 645,80	R$ 254,80
R$ 40,80	R$ 129,16	R$ 50,96
R$ 244,80	R$ 774,96	R$ 305,76

---

[1] Cabe destacar que os dados da tabela são fictícios e não respeitam as regras para validação dos campos, tais como o dígito de verificação do CNPJ.

Para aplicar o primeiro procedimento da 1FN, segundo a qual uma entidade "não deve possuir atributos multivalorados ou grupos repetitivos", é feita a transformação dos atributos multivalorados em ocorrências. Nesse caso, o atributo multivalorado, ou grupo repetitivo, é a `descricao serviço` que repete *n* vezes e é composto pelos atributos `data da corrida, numero do boleto e valor da corrida`. Na Figura 5.2, é possível visualizar a representação do grupo repetitivo de atributos na entidade `FATURA` (Tabela 5.1). Na Figura 5.3, é possível visualizar a representação da transformação do grupo repetitivo de atributos da entidade `FATURA` (Tabela 5.1) nas ocorrências (Tabela 5.2).

De posse da visão da entidade `FATURA` (Tabela 5.1), pode-se preenchê-la com os dados apresentados na Figura 5.2, conforme é demonstrado no Tabela 5.3, dando continuidade à aplicação da normalização. Para facilitar o entendimento e a discussão dessa situação, foi acrescentada a coluna ocorrência (representada pelo #) na Tabela 5.3, utilizada somente para efeito ilustrativo, uma vez que essa coluna não faz parte dos atributos da entidade.

Para aplicar o segundo passo da 1FN, de acordo com o qual "todos os atributos devem estar no formato atômico, isto é, não sejam compostos por múltiplas partes", é feita uma análise dos atributos e dos respectivos dados neles armazenados. Nesse caso, dois atributos chamam a atenção por guardarem múltiplas partes em um único atributo; são eles `CNPJ` e `endereco`. Esses atributos podem ser subdivididos, deixando-os na forma atômica, como é demonstrado abaixo:

- `CNPJ`: composto por três blocos de algarismos. O primeiro bloco é formado por oito algarismos, indicando a empresa. O segundo bloco, que identifica a numeração da unidade de atuação da empresa, é formado por quatro algarismos. O terceiro bloco é composto pelos dois últimos algarismos e forma o dígito verificador. O `CNPJ`, então, pode ser dividido em: `numero CNPJ, numero filial CNPJ, numero DV CNPJ`.
- `endereco`: pode ser dividido nos seguintes atributos `titulo do logradouro, nome logradouro, numero endereco, complemento endereco, bairro, CEP, cidade e UF`.

A Figura 5.4 ilustra a transformação dos atributos compostos em atributos atômicos.

Para aplicar o terceiro passo da 1FN, segundo o qual "existe uma chave primária que identifica somente uma ocorrência da entidade", é feita uma análise nas ocorrências da entidade `FATURA`. Ao considerar os dados das ocorrências #15, #6, #17, #4, #8 e #5, na Tabela 5.3, identifica-se que o mesmo número de boleto pode ser distribuído para empresas conveniadas diferentes. Nesse caso, para que as ocorrências sejam distintas e identificadas de forma única, a chave primária deve ser formada pelos atributos `numero fatura, codigo conveniada e numero boleto`, garantindo a unicidade da ocorrência, conforme ilustra a Figura 5.5.

A Tabela 5.4 é a confirmação da formação da chave primária a partir das evidências dos dados identificados nas ocorrências.

Figura 5.2 – Visão estruturada de parte da entidade FATURA com a representação do grupo repetitivo – cenário Rádio Táxi On-line (figura disponível na Sala Virtual, em <sv.pearson.com.br>)

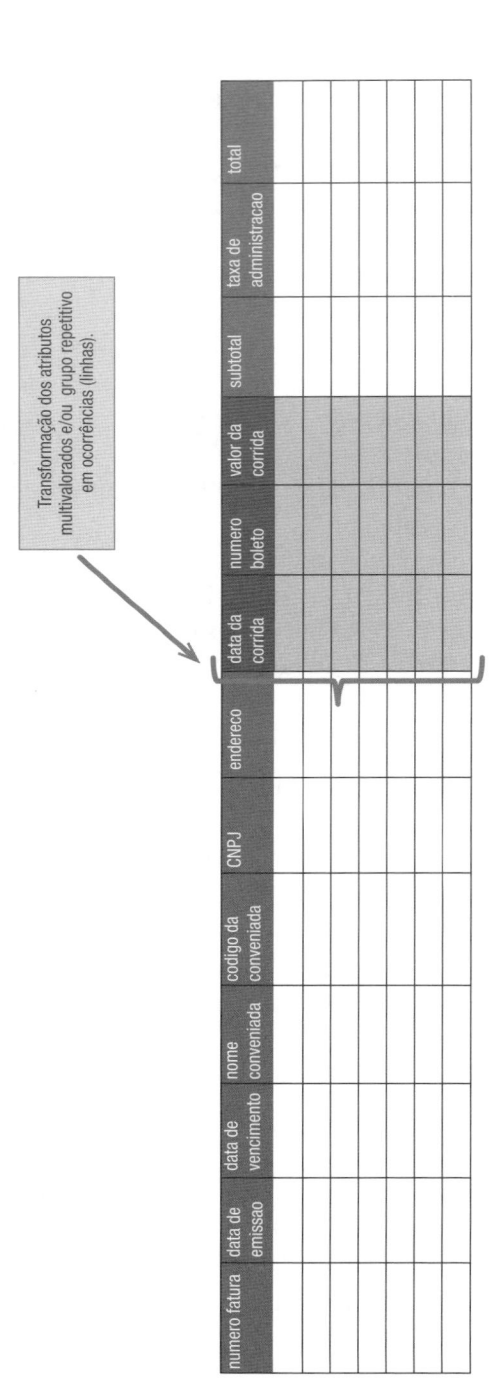

Figura 5.3 – Visão estruturada da entidade FATURA com a representação da transformação do grupo repetitivo em ocorrências – cenário Rádio Táxi On-line (figura disponível na Sala Virtual, em <sv.pearson.com.br>)

Tabela 5.3 Ocorrências da entidade FATURA com a representação da transformação do grupo repetitivo em ocorrências – cenário Rádio Táxi On-line

Ocorrência	Número fatura	Data de emissão	Data de vencimento	Nome conveniada	Código da conveniada	CNPJ	Endereço	Data da corrida	Número boleto	Valor da corrida	Subtotal	Taxa de administração	Total
1	101	01/04/2013	10/04/2013	Faculdade Saber	99124	05.321.554/0002-01	Rua Euclides da Cunha, 327 – Bairro Cambuci – CEP 01212-000 – São Paulo/SP	05/03/2013	40102	R$ 125,00	R$ 905,00	R$ 181,00	R$ 1.086,00
2	101	01/04/2013	10/04/2013	Faculdade Saber	99124	05.321.554/0002-01	Rua Euclides da Cunha, 327 – Bairro Cambuci – CEP 01212-000 – São Paulo/SP	07/03/2013	40078	R$ 79,00	R$ 905,00	R$ 181,00	R$ 1.086,00
3	101	01/04/2013	10/04/2013	Faculdade Saber	99124	05.321.554/0002-01	Rua Euclides da Cunha, 327 – Bairro Cambuci – CEP 01212-000 – São Paulo/SP	07/03/2013	40087	R$ 342,00	R$ 905,00	R$ 181,00	R$ 1.086,00
4	324	05/05/2013	15/05/2013	Metalúrgica Sanframil Ltda.	92105	08.123.555/0001-98	Rodovia Anchieta, S/N – KM 18,5 – Bairro Planalto – CEP 97580-010 – São Bernardo do Campo/SP	29/04/2013	50122	R$ 146,30	R$ 718,50	R$ 143,70	R$ 862,20
5	324	05/05/2013	15/05/2013	Metalúrgica Sanframil Ltda.	92105	08.123.555/0001-98	Rodovia Anchieta, S/N – KM 18,5 – Bairro Planalto – CEP 97580-010 – São Bernardo do Campo/SP	01/04/2013	40077	R$ 37,00	R$ 718,50	R$ 143,70	R$ 862,20
6	324	05/05/2013	15/05/2013	Metalúrgica Sanframil Ltda.	92105	08.123.555/0001-98	Rodovia Anchieta, S/N – KM 18,5 – Bairro Planalto – CEP 97580-010 – São Bernardo do Campo/SP	02/04/2013	50144	R$ 79,50	R$ 718,50	R$ 143,70	R$ 862,20
7	324	05/05/2013	15/05/2013	Metalúrgica Sanframil Ltda.	92105	08.123.555/0001-98	Rodovia Anchieta, S/N – KM 18,5 – Bairro Planalto – CEP 97580-010 – São Bernardo do Campo/SP	02/04/2013	40103	R$ 121,40	R$ 718,50	R$ 143,70	R$ 862,20
8	324	05/05/2013	15/05/2013	Metalúrgica Sanframil Ltda.	92105	08.123.555/0001-98	Rodovia Anchieta, S/N – KM 18,5 – Bairro Planalto – CEP 97580-010 – São Bernardo do Campo/SP	04/04/2013	50148	R$ 79,50	R$ 718,50	R$ 143,70	R$ 862,20

Observação: conteúdo disponível na Sala Virtual, em <sv.pearson.com.br>.

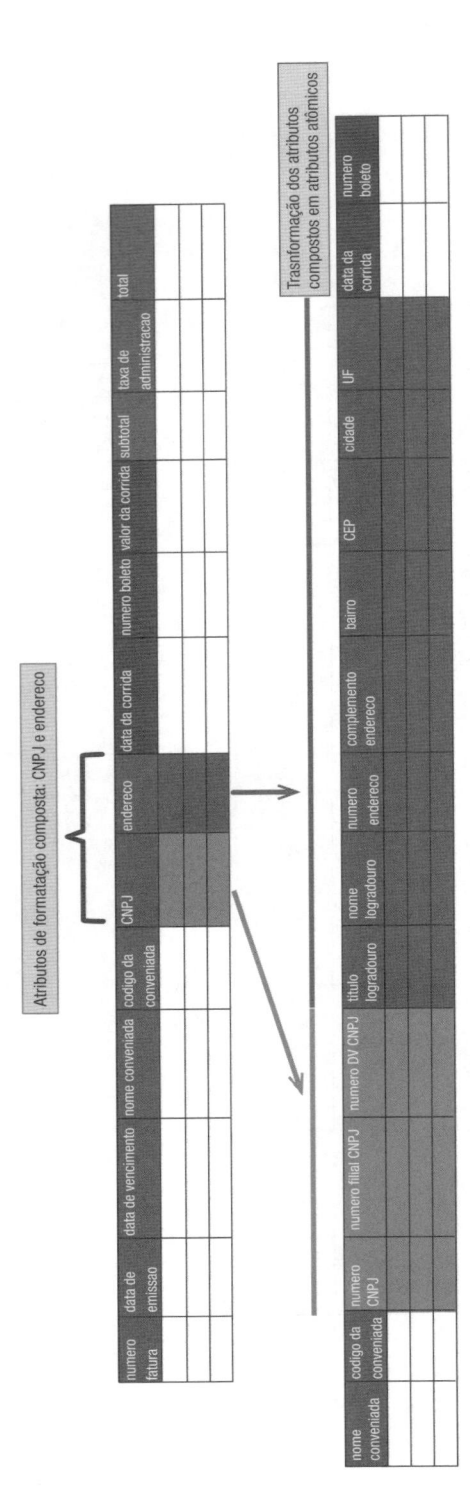

Figura 5.4 – Transformação dos atributos compostos em atributos atômicos na entidade FATURA – cenário Rádio Táxi On-line (figura disponível na Sala Virtual, em <sv.pearson.com.br>)

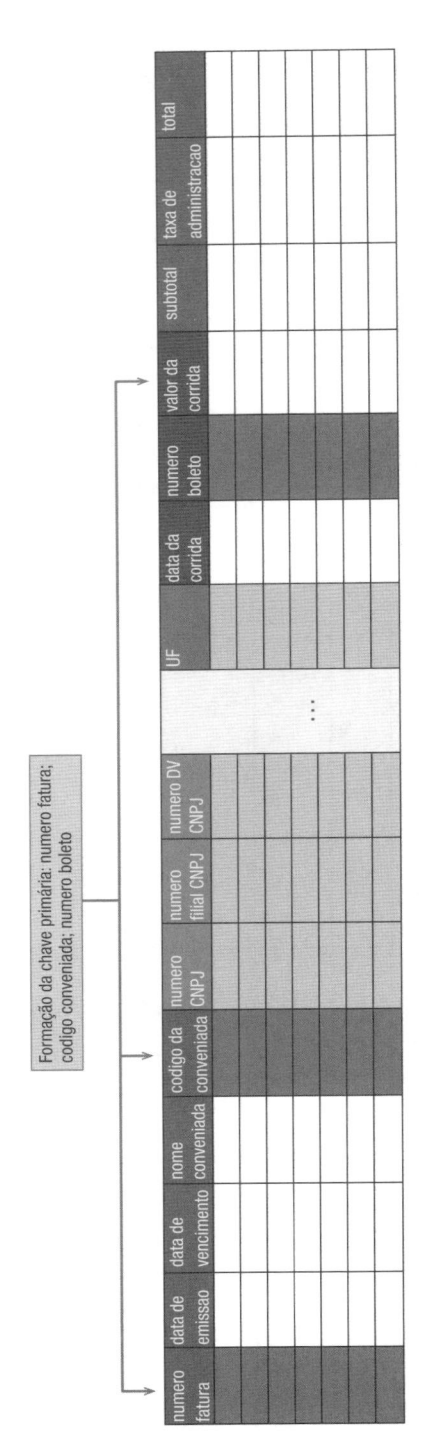

Figura 5.5 – Identificação chave primária da entidade FATURA – cenário Rádio Táxi On-line (figura disponível na Sala Virtual, em <sv.pearson.com.br>)

Tabela 5.4 Análise das ocorrências da entidade FATURA para identificação da chave primária – cenário Rádio Táxi On-line

Número fatura	Data de emissão	Data de vencimento	Nome conveniada	Código da conveniada	CNPJ	Endereço	Data da corrida	Número boleto	Valor da corrida	Subtotal	Taxa de administração	Total
101	01/04/2013	10/04/2013	Faculdade Saber	99124	05.321.554/0002-01	Rua Euclides da Cunha, 327 – Bairro Cambuci – CEP 01212-000 – São Paulo/SP	15/03/2013	40103	R$ 32,00	R$ 905,00	R$ 181,00	R$ 1.086,00
101	01/04/2013	10/04/2013	Faculdade Saber	99124	05.321.554/0002-01	Rua Euclides da Cunha, 327 – Bairro Cambuci – CEP 01212-000 – São Paulo/SP	22/03/2013	50100	R$ 93,00	R$ 905,00	R$ 181,00	R$ 1.086,00
324	05/05/2013	15/05/2013	Metalúrgica Sanframil Ltda.	92105	08.123.555/0001-98	Rodovia Anchieta, S/N – KM 18,5 – Bairro Planalto – CEP 97580-010 – São Bernardo do Campo/SP	01/04/2013	40077	R$ 37,00	R$ 718,50	R$ 143,70	R$ 862,20
324	05/05/2013	15/05/2013	Metalúrgica Sanframil Ltda.	92105	08.123.555/0001-98	Rodovia Anchieta, S/N – KM 18,5 – Bairro Planalto – CEP 97580-010 – São Bernardo do Campo/SP	02/04/2013	50145	R$ 121,40	R$ 718,50	R$ 143,70	R$ 862,20

Observação: conteúdo disponível na Sala Virtual, em <sv.pearson.com.br>.

> **PONTO DE ATENÇÃO**
>
> Os dois procedimentos finais devem ser aplicados em todos os grupos repetitivos existentes na entidade, independentemente do número de grupos.

Para aplicar o quarto e último passo da 1FN, de acordo com o qual "as ocorrências da entidade são todas distintas entre si", é feita uma verificação, cuja base é o terceiro passo, isto é, a checagem da chave primária. Esse passo consiste em garantir que todas as ocorrências sejam diferentes pela análise dos dados da entidade. Isso foi evidenciado na Tabela 5.4.

Para finalizar a aplicação da 1FN, ainda são necessários dois procedimentos:

1. Criar uma nova entidade que contenha os atributos que formam a chave primária e os atributos multivalorados ou grupos repetitivos.
2. Reorganizar a entidade inicial sem os atributos multivalorados ou grupos repetitivos.

Para "criar uma nova entidade que contenha os atributos que formam a chave primária e os atributos multivalorados ou grupos repetitivos", pode-se imaginar essa nova entidade com o nome FATURA_ITEM. Nesse caso, os atributos que foram a chave primária, agora, serão numero_fatura, código_conveniada e numero_boleto, além de serem acrescentados os atributos data_da_corrida e valor_da_corrida. Veja sua representação na Tabela 5.5.

Tabela 5.5 Entidade FATURA ITEM – cenário Rádio Táxi On-line

FATURA_ITEM
numero_fatura
codigo_da_ conveniada
numero_boleto
data_da_corrida
valor_da_corrida

A visualização das ocorrências da entidade FATURA_ITEM é representada na Tabela 5.6.

Tabela 5.6 Ocorrências da entidade FATURA_ITEM – cenário Rádio Táxi On-line

#	Número fatura	Código da conveniada	Data da corrida	Número boleto	Valor da corrida
1	101	99124	05/03/2013	40102	R$ 125,00
2	101	99124	07/03/2013	40078	R$ 79,00
3	132	92105	02/03/2013	50120	R$ 193,50
4	132	92105	19/03/2013	40104	R$ 210,50
5	132	92105	22/03/2013	40102	R$ 53,00
6	324	92105	03/04/2013	50201	R$ 53,80
7	324	92105	12/04/2013	50234	R$ 201,00
8	324	92105	29/04/2013	50122	R$ 146,30

Por fim, para "reorganizar a entidade inicial sem os atributos multivalorados ou grupos repetitivos", a entidade FATURA terá os atributos numero_fatura e codigo_da_conveniada compondo a chave primária, além da presença dos outros atributos, data de emissao, data_de_vencimento, numero_CNPJ, numero_filial_CNPJ, numero_DV_CNPJ, titulo_logradouro, nome_logradouro, numero_endereco, complemento_endereco, bairro, CEP, cidade e UF. É possível observar a representação deste procedimento na Tabela 5.7. Já a visualização das ocorrências na entidade FATURA está representada na Tabela 5.8.

Tabela 5.7 Entidade FATURA – cenário Rádio Táxi On-line

FATURA
numero_fatura
data_de_vencimento
nome_conveniada
codigo_da_conveniada
numero_CNPJ
numero_filial_CNPJ
numero_DV_CNPJ
titulo_logradouro
nome_logradouro
numero_endereco
complemento_endereco
bairro
CEP
cidade
UF
subtotal
taxa_de_administracao
total

Tabela 5.8 Ocorrências da entidade FATURA – cenário Rádio Táxi On-line

Número fatura	Data de emissão	Data de vencimento	Nome conveniada	Código da conveniada	Número CNPJ	Número filial CNPJ	Número DV CNPJ	Título logradouro	Nome logradouro	Número endereço	Complemento endereço	Bairro	CEP	Cidade	UF	Subtotal	Taxa de administração	Total
101	01/04/2013	10/04/2013	Faculdade Saber	99124	5321554	0002	01	Rua	Euclides da Cunha	327	–	Cambuci	01212-000	São Paulo	SP	R$ 905,00	R$ 181,00	R$ 1.086,00
101	01/04/2013	10/04/2013	Faculdade Saber	99124	5321554	0002	01	Rua	Euclides da Cunha	327	–	Cambuci	01212-000	São Paulo	SP	R$ 905,00	R$ 181,00	R$ 1.086,00
132	05/04/2013	15/04/2013	Metalúrgica Sanframil Ltda.	92105	8123555	0001	98	Rodovia	Anchieta	S/N	KM 18,5	Planalto	97580-010	São Bernardo do Campo	SP	R$ 909,30	R$ 181,86	R$ 1.091,16
132	05/04/2013	15/04/2013	Metalúrgica Sanframil Ltda.	92105	8123555	0001	98	Rodovia	Anchieta	S/N	KM 18,5	Planalto	97580-010	São Bernardo do Campo	SP	R$ 909,30	R$ 181,86	R$ 1.091,16
132	05/04/2013	15/04/2013	Metalúrgica Sanframil Ltda.	92105	8123555	0001	98	Rodovia	Anchieta	S/N	KM 18,5	Planalto	97580-010	São Bernardo do Campo	SP	R$ 909,30	R$ 181,86	R$ 1.091,16

Observação: conteúdo disponível na Sala Virtual, em <sv.pearson.com.br>.

O Diagrama Entidade Relacionamento (DER), apresentado na Figura 5.6, representa as entidades resultantes da aplicação da 1FN e utiliza a notação da engenharia da informação.

```
FATURA
┌─────────────────────────┐
│ codigo da conveniada    │
│ numero fatura           │
├─────────────────────────┤
│ data de emissao         │
│ data de vencimento      │
│ nome conveniada         │
│ numero CNPJ             │
│ numero DV CNPJ          │
│ numero filial CNPJ      │
│ titulo logradouro       │
│ nome logradouro         │
│ numero endereco         │
│ complemento endereco    │
│ bairro                  │
│ CEP                     │
│ cidade                  │
│ UF                      │
│ subtotal                │
│ taxa de administracao   │
│ total                   │
└─────────────────────────┘

FATURA ITEM
┌─────────────────────────┐
│ codigo da conveniada (FK)│
│ numero fatura (FK)      │
│ numero boleto           │
├─────────────────────────┤
│ data do boleto          │
│ valor da corrida        │
└─────────────────────────┘
```

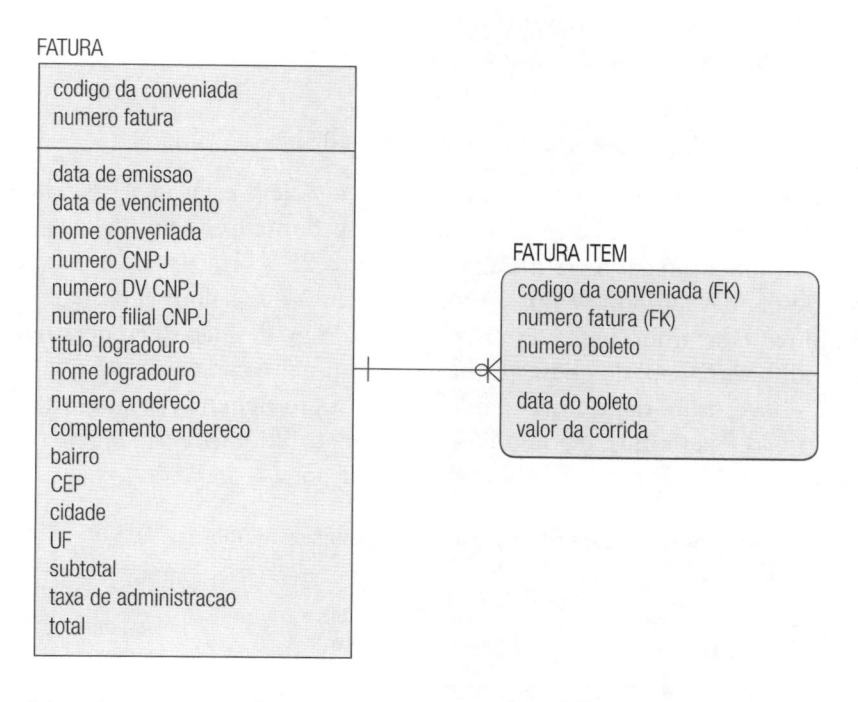

Figura 5.6 – Representação da aplicação da 1FN no DER – cenário Rádio Táxi On-line

5.3 Segunda Forma Normal (2FN)

A Segunda Forma Normal (2FN) analisa se algum atributo possui dependência parcial da chave primária. Esse caso aplica-se, somente, para entidades cuja chave primária é composta, ou seja, cuja chave primária possua mais de um atributo para garantir a unicidade de suas ocorrências.

A dependência parcial é uma situação particular em que os atributos não pertencentes à chave primária dependem parcialmente de algum atributo dela. Na Figura 5.6, pode-se identificar na entidade FATURA os atributos numero fatura e codigo da conveniada, compondo a chave primária, e os outros atributos data de emissao, data de vencimento, nome conveniada, numero CNPJ, numero filial CNPJ, numero DV CNPJ, titulo logradouro, numero endereco, nome logradouro, complemento endereco, bairro, CEP, cidade, UF, subtotal, taxa de administracao e total que completam a formação da entidade. A mesma situação pode ser vista na entidade FATURA ITEM, na qual os atributos que foram chave primária são `numero fatura`, `codigo da conveniada` e `numero boleto`, além dos atributos `data do boleto` e `valor da corrida`, que completam a entidade. Essas duas entidades servirão de base para explicar a 2FN.

A 2FN estabelece que uma entidade está em conformidade com ela somente se:

- estiver na 1FN;
- não possuir atributos com dependência parcial da chave primária.

O primeiro procedimento da 2FN determina que "deve estar na 1FN". Isso visa garantir que não haja esquecimento de nenhum procedimento da normalização, mesmo que se inicie a aplicação das regras normais a partir da 2FN. Trata-se de uma checagem a qual evita despender tempo sem que a situação anterior esteja completamente resolvida.

Para aplicar o segundo passo da 2FN segundo o qual, "não deve possuir atributos com dependência parcial da chave primária", examina-se cada atributo que não esteja incluso na chave primária, questionando se o atributo depende totalmente da chave primária ou não. Na prática, é como perguntar ao atributo: *você depende parcialmente da chave primária?* O Quadro 5.1 ilustra essa situação.

Quadro 5.1 Análise de atributos para aplicação da 2FN na entidade FATURA

Atributo	Compõe a chave primária?	O Atributo <nome do atributo> depende parcialmente da chave primária?	Argumento
`numero_fatura`	Sim	–	É parte da chave primária.
`data_de_emissao`	Não	Não	Depende na totalidade da chave primária `numero_fatura` e `codigo_da_conveniada`, ou seja, não tem dependência parcial da chave primária.
`data_de_vencimento`	Não	Não	Depende na totalidade da chave primária `numero_fatura` e `codigo_da_conveniada`, ou seja, não tem dependência parcial da chave primária.
`nome_conveniada`	Não	Sim	Depende somente do `codigo_da_conveniada`, caracterizando uma dependência parcial da chave primária.
`codigo_da_conveniada`	Sim	–	É parte da chave primária.
`numero_CNPJ`	Não	Sim	Depende somente do `codigo_da_conveniada`, caracterizando uma dependência parcial da chave primária.
`numero_filial_CNPJ`	Não	Sim	Depende somente do `codigo_da_conveniada`, caracterizando uma dependência parcial da chave primária.

Continua

Continuação

numero_DV_CNPJ	Não	Sim	Depende somente do `codigo_da_conveniada`, caracterizando uma dependência parcial da chave primária.
titulo_logradouro	Não	Sim	Depende somente do `codigo_da_conveniada`, caracterizando uma dependência parcial da chave primária.
nome_logradouro	Não	Sim	Depende somente do `codigo_da_conveniada`, caracterizando uma dependência parcial da chave primária.
numero_endereco	Não	Sim	Depende somente do `codigo_da_conveniada`, caracterizando uma dependência parcial da chave primária.
complemento_endereco	Não	Sim	Depende somente do `codigo_da_conveniada`, caracterizando uma dependência parcial da chave primária.
bairro	Não	Sim	Depende somente do `codigo_da_conveniada`, caracterizando uma dependência parcial da chave primária.
CEP	Não	Sim	Depende somente do `codigo_da_conveniada`, caracterizando uma dependência parcial da chave primária.
cidade	Não	Sim	Depende somente do `codigo_da_conveniada`, caracterizando uma dependência parcial da chave primária.
UF	Não	Sim	O atributo `UF` depende somente do `codigo_da_conveniada`, caracterizando uma dependência parcial da chave primária.
subtotal	Não	Não	Depende na totalidade da chave primária `numero_fatura` e `codigo_da_conveniada`, ou seja, não tem dependência parcial da chave primária.
taxa_de_administracao	Não	Não	Depende na totalidade da chave primária `numero_fatura` e `codigo_da_conveniada`, ou seja, não tem dependência parcial da chave primária.
total	Não	Não	Depende na totalidade da chave primária `numero_fatura` e `codigo_da_conveniada`, ou seja, não tem dependência parcial da chave primária.

Em continuidade à aplicação da 2FN, ainda são necessários dois procedimentos:

> **PONTO DE ATENÇÃO**
>
> Os dois procedimentos finais devem ser aplicados a todas as entidades que tenham dependência parcial da chave primária, independentemente do número de entidades.

1. Criar uma nova entidade, contendo atributos que possuam dependência parcial da chave primária, juntamente com o atributo que é parte da chave primária.
2. Reorganizar a entidade inicial sem os atributos que continham dependência parcial da chave primária.

Para "criar uma nova entidade, contendo os atributos que possuem dependência parcial da chave primária, juntamente com o atributo que é parte da chave primária", considere o Quadro 5.1 e avalie as respostas *sim* obtidas na pergunta *Atributo <nome do atributo>: você depende parcialmente da chave primária?* Nesse caso, perceba que na entidade FATURA os atributos nome_conveniada, numero_CNPJ, numero_filial_CNPJ, numero_DV_CNPJ, titulo_logradouro, numero_endereco, complemento_endereco, bairro, CEP, cidade e UF são parcialmente dependentes da chave primária, composta pelos atributos numero_fatura e codigo_da_conveniada; originando uma nova entidade CONVENIADA, na qual a chave primária é o atributo codigo_da_conveniada.

A entidade CONVENIADA foi criada para agrupar os atributos que dependiam apenas do atributo codigo_da_conveniada, que compõe a chave primária da entidade FATURA. Veja a sua representação na Tabela 5.9.

Tabela 5.9   Representação da entidade CONVENIADA

CONVENIADA
codigo_da_conveniada
nome_conveniada
numero_CNPJ
numero_filial_CNPJ
numero_DV_CNPJ
titulo_logradouro
nome_logradouro
numero_endereco
complemento_endereco
bairro
CEP
cidade
UF

As ocorrências da entidade CONVENIADA podem ser visualizadas na Tabela 5.10.

Tabela 5.10 Representação das ocorrências da entidade CONVENIADA

Código da conveniada	Nome conveniada	Número CNPJ	Número filial CNPJ	Número DV CNPJ	Título logradouro	Nome logradouro	Número endereço	Complemento endereço	Bairro	CEP	Cidade	UF
99124	Faculdade Saber	5321554	2	1	Rua	Euclides da Cunha	327	—	Cambuci	01212-000	São Paulo	SP
92105	Metalúrgica Sanframil Ltda.	8123555	1	98	Rodovia	Anchieta	S/N	KM 18,5	Planalto	97580-010	São Bernardo do Campo	SP

Observação: conteúdo disponível na Sala Virtual, em <sv.pearson.com.br>.

O DER, representado na Figura 5.7, mostra as transformações ocorridas e as entidades resultantes da aplicação da 2FN, e utiliza a notação da engenharia da informação.

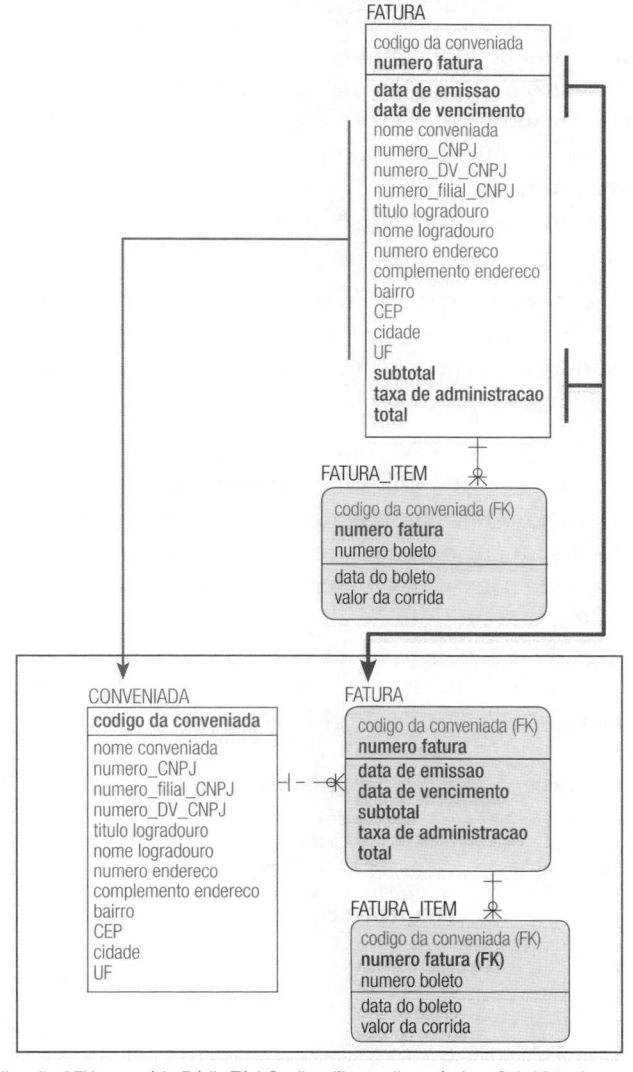

Figura 5.7 – DER da aplicação 2FN – cenário Rádio Táxi On-line (figura disponível na Sala Virtual, em <sv.pearson.com.br>)

Na Figura 5.7, apresenta-se o relacionamento entre as entidades CONVENIADA e FATURA. A chave primária da entidade CONVENIADA foi propagada como chave estrangeira para a entidade FATURA e compõe a chave primária da entidade FATURA. A relação entre essas entidades representa uma cardinalidade na qual cada ocorrência da entidade CONVENIADA pode se relacionar com nenhuma ou muitas ocorrências da entidade FATURA. No entanto cada ocorrência da entidade FATURA deve se relacionar a uma, e somente uma, ocorrência de CONVENIADA.

5.4 Terceira Forma Normal (3FN)

A Terceira Forma Normal (3FN) avalia a dependência transitiva de atributos em uma entidade, isto é, a dependência que um atributo, ou um conjunto de atributos, possui em relação a outro atributo, que não compõe a chave primária da entidade. Na 3FN, essa é uma situação em que existe dependência indireta, na qual um ou mais atributos possuem essa dependência da chave primária através de outro atributo, não pertencente à chave primária.

A 3FN estabelece que uma entidade está em conformidade com ela somente se:

- estiver na 2FN;
- não existir dependência transitiva entre os atributos, ou conjunto de atributos, não pertencentes à chave primária;
- todos os atributos que não pertencem à chave primária dependerem exclusivamente da chave primária.

O primeiro procedimento da 3FN, conforme o qual "deve estar na 2FN", visa garantir que não houve esquecimento de nenhum procedimento da normalização, mesmo que inicie a aplicação das regras normais a partir da 3FN. Trata-se de uma checagem, que evita despender tempo sem que a situação anterior esteja completamente resolvida.

Para aplicar o segundo passo da 3FN, segundo o qual "não existe dependência transitiva entre os atributos, ou conjunto de atributos, não pertencentes à chave primária" examina-se cada atributo que não esteja incluso na chave primária, questionando se o atributo depende exclusivamente dela. Na prática, é como perguntar ao atributo: *você depende exclusivamente da chave primária?* O Quadro 5.2 ilustra essa situação.

Quadro 5.2 Examinado atributos para aplicação da 3FN na entidade CONVENIADA

Atributo	Compõe a chave primária?	Atributo <nome do atributo> você depende exclusivamente da chave primária?	Argumento
codigo_da_conveniada	Sim	–	Não se aplica o questionamento sobre exclusividade do atributo codigo_da_conveniada por ele ser a chave primária da entidade conveniada.

Continua

Continuação

nome_conveniada	Não	Sim	Depende exclusivamente da chave primária `codigo_da_conveniada`, ou seja, não tem dependência transitiva de outro atributo.
numero_CNPJ	Não	Sim	Depende exclusivamente da chave primária `codigo_da_conveniada`, ou seja, não tem dependência transitiva de outro atributo.
numero_filial_CNPJ	Não	Sim	Depende exclusivamente da chave primária `codigo_da_conveniada`, ou seja, não tem dependência transitiva de outro atributo.
numero_DV_CNPJ	Não	Sim	Depende exclusivamente da chave primária `codigo_da_conveniada`, ou seja, não tem dependência transitiva de outro atributo.
titulo_logradouro	Não	Não	Depende de forma transitiva do atributo `CEP`, que não faz parte da chave primária `codigo_da_conveniada`, ou seja, existe dependência transitiva de outro atributo, nesse caso, do próprio `CEP`.
nome_logradouro	Não	Não	Depende de forma transitiva do atributo `CEP`, que não faz parte da chave primária `codigo_da_conveniada`, ou seja, existe dependência transitiva de outro atributo, nesse caso, do próprio `CEP`.
numero_endereco	Não	Sim	Depende exclusivamente da chave primária `codigo_da_conveniada`, ou seja, não tem dependência transitiva de outro atributo.
complemento_endereco	Não	Sim	Depende exclusivamente da chave primária `codigo_da_conveniada`, ou seja, não tem dependência transitiva de outro atributo.
bairro	Não	Não	Depende de forma transitiva do atributo `CEP`, que não faz parte da chave primária `codigo_da_conveniada`, ou seja, existe dependência transitiva de outro atributo, nesse caso, do próprio `CEP`.
CEP	Não	Sim	Depende exclusivamente da chave primária `codigo_da_conveniada`, ou seja, não tem dependência transitiva de outro atributo.

Continua

Continuação

cidade	Não	Não	Depende de forma transitiva do atributo CEP, que não faz parte da chave primária codigo_da_conveniada, ou seja, existe dependência transitiva de outro atributo, nesse caso do próprio CEP.
UF	Não	Não	Depende de forma transitiva do atributo CEP, que não faz parte da chave primária codigo_da_conveniada, ou seja, existe dependência transitiva de outro atributo, nesse caso, do próprio CEP.

Em continuidade à aplicação da 3FN, ainda são necessários dois procedimentos:

1. Criar uma nova entidade, contendo os atributos que possuem dependência transitiva da chave primária, juntamente com o atributo que serve de elo com a chave primária;
2. Reorganizar a entidade inicial, sem os atributos que continham a dependência parcial da chave primária.

PONTO DE ATENÇÃO

Os dois procedimentos finais devem ser aplicados a todas as entidades que possuam dependência transitiva da chave primária, independentemente do número de entidades.

Para "criar uma nova entidade, contendo os atributos que possuem a dependência transitiva da chave primária, juntamente com o atributo que serve de elo com a chave primária", considere o Quadro 5.2 e avalie as respostas *não* obtidas na pergunta *Atributo <nome do atributo>: você depende exclusivamente da chave primária?* Nesse caso, na entidade CONVENIADA, os atributos titulo_logradouro, nome_logradouro, bairro, cidade e UF têm dependência transitiva da chave primária, a partir do atributo CEP. Ou seja, CEP é o elo desses atributos com a chave primária. Dessa forma, é possível criar uma nova entidade CEP, na qual a chave primária é o atributo CEP. Veja a sua representação na Tabela 5.11.

Tabela 5.11 Representação da entidade CEP

CEP
CEP
titulo_logradouro
nome_logradouro
bairro
cidade
UF

A representação das ocorrências da entidade CEP pode ser visualizada na Tabela 5.12.

Tabela 5.12 Representação das ocorrências da entidade CEP

CEP	Título logradouro	Nome logradouro	Bairro	Cidade	UF
01212-000	Rua	Euclides da Cunha	Cambuci	São Paulo	SP
97580-010	Rodovia	Anchieta	Planalto	São Bernardo do Campo	SP

O DER, visto na Figura 5.8, representa as transformações ocorridas e as entidades resultantes da aplicação da 3FN e utiliza a notação da engenharia da informação.

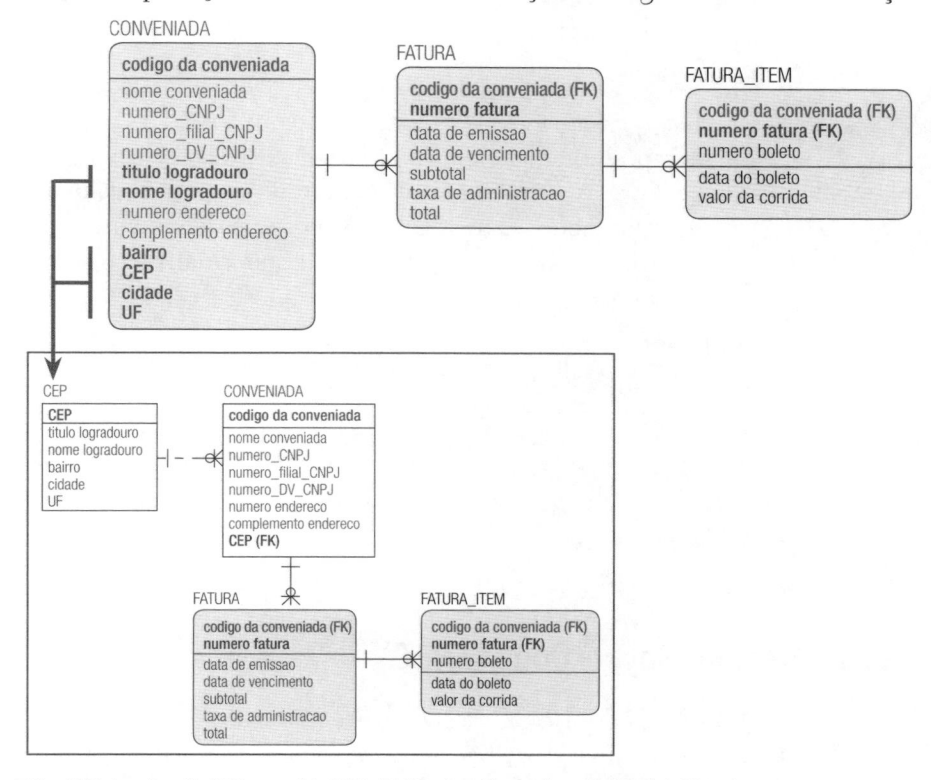

Figura 5.8 – DER da aplicação 3FN – cenário Rádio Táxi On-line (figura disponível na Sala Virtual, em <sv.pearson.com.br>)

Na Figura 5.8, foi adicionada a entidade CEP ao modelo, relacionando-se com a entidade CONVENIADA. Observe que o relacionamento entre as entidades está expresso por meio de uma linha pontilhada, isso indica que o relacionamento não é identificado, isto é, a chave primária CEP é transportada como chave estrangeira para a entidade CONVENIADA, entretanto não compõe a sua chave primária, pois não é necessário que isso ocorra.

Outro exemplo de dependência transitiva é representado na entidade MOTORISTA, apresentada na Figura 5.9.

MOTORISTA

num_motorista
nom_motorista
dat_nascimento
num_CNH
dat_validade_CNH
categoria_CNH
dat_primeira_CNH
RG
CPF

Figura 5.9 – Entidade MOTORISTA

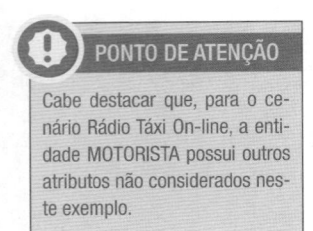

> **PONTO DE ATENÇÃO**
>
> Cabe destacar que, para o cenário Rádio Táxi On-line, a entidade MOTORISTA possui outros atributos não considerados neste exemplo.

Os atributos dat_validade_CNH, categoria_CNH e dat_primeira_CNH estão relacionados à CNH do motorista, representada pelo atributo num_CNH, que é uma chave candidata, pois se trata de um atributo único para cada ocorrência. Dessa maneira, os três atributos possuem dependência transitiva do atributo num_CNH. Aplicando a normalização, chega-se à Figura 5.10.

MOTORISTA

num_motorista
num_CNH (FK)
nom_motorista
dat_nascimento
RG
CPF

CNH

num_CNH
dat_validade_CNH
categoria_CNH
dat_primeira_CNH

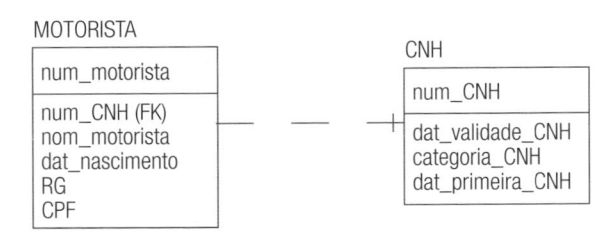

Figura 5.10 – Normalização da entidade MOTORISTA (3FN)

5.5 Forma Normal Boyce-Codd (FNBC)

A Forma Normal Boyce-Codd (FNBC) recebeu esse nome devido a Raimond Boyce, que, em 1974, identificou algumas deficiências quanto à aplicação da 2FN e 3FN. Elas não tratavam de situações em que uma entidade tinha chaves candidatas múltiplas, compostas e com, pelo menos, um atributo em comum, ocasionando dependência funcional, isto é, quando todos os atributos determinantes forem chaves candidatas.

A FNBC é uma extensão da 3FN, que não resolvia certas anomalias presentes na informação contida em uma entidade. O problema foi observado porque a 2FN e a 3FN só tratavam dos casos de dependência parcial e transitiva de atributos fora de qualquer chave, porém, quando o atributo observado estiver contido em uma chave, ele não é captado pelas verificações da 2FN e da 3FN.

Toda entidade na FNBC também está na 3FN, no entanto, o inverso não é necessariamente verdadeiro. Para exemplificar a aplicação da FNBC, considere a entidade CEP, apresentada na Tabela 5.13.

NORMALIZAÇÃO

Na Tabela 5.13, estão listados alguns dados para a entidade CEP. Observe que os atributos nom_logradouro e bairro são uma chave candidata, pois possibilitam a localização do CEP. O mesmo ocorre com os atributos nom_logradouro e cidade.

Tabela 5.13 Dados da entidade CEP

CEP	nom_logradouro	bairro	cidade	estado
01310000	Av. Paulista	Bela Vista	São Paulo	São Paulo
02072000	Av. Conceição	Cambuci	São Paulo	São Paulo
02780000	Rua União	Perus	Campinas	São Paulo
02258000	Rua União	Cambuci	São Paulo	São Paulo

As seguintes dependências aplicam-se à entidade:

- Por meio dos atributos cidade e nom_logradouro é possível localizar o CEP (Figura 5.11).

$$\{cidade, nom\_logradouro\} \rightarrow \{CEP\}$$

cidade	nom_logradouro
São Paulo	Av. Paulista
São Paulo	Av. Conceição
Campinas	Rua União
São Paulo	Rua União

CEP	bairro	estado
01310000	Bela Vista	São Paulo
02072000	Cambuci	São Paulo
02780000	Perus	São Paulo
02258000	Cambuci	São Paulo

Os dados nos atributos cidade e nom_logradouro
IMPLICAM os dados do atributo CEP

Figura 5.11 – Localização de CEP por meio dos atributos cidade e nom_logradouro

- Por meio dos atributos bairro e nom_logradouro é possível localizar o CEP (Figura 5.12).

bairro	nom_logradouro
Bela Vista	Av. Paulista
Cambuci	Av. Conceição
Perus	Rua União
Cambuci	Rua União

CEP	cidade	estado
01310000	São Paulo	São Paulo
02072000	São Paulo	São Paulo
02780000	Campinas	São Paulo
02258000	São Paulo	São Paulo

Os dados nos atributos bairro e nom_logradouro
IMPLICAM os dados do atributo CEP

Figura 5.12 – Localização de CEP por meio dos atributos bairro e nom_logradouro

Ambas as chaves candidatas são compostas e compartilham o atributo `nom_logradouro`. Sendo assim, a tupla `ENDERECO` poderia ser decomposta em `ENDERECO` e `BAIRRO`, conforme a Figura 5.13.

ENDERECO
- CEP
- cod_bairro (FK)
- nom_logradouro

BAIRRO
- cod_bairro
- nom_bairro
- nom_cidade
- nom_estado

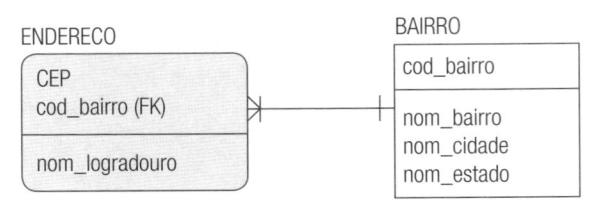

Figura 5.13 – Aplicação da FNBC na entidade ENDERECO

Cabe destacar que o processo de decomposição deve ser aplicado à entidade `BAIRRO` e assim sucessivamente, até que não haja mais chaves candidatas compartilhando atributos. Essa decomposição está ilustrada na Figura 5.14.

ENDERECO
- CEP
- cod_bairro (FK)
- num_cidade (FK)
- num_estado (FK)
- nom_logradouro

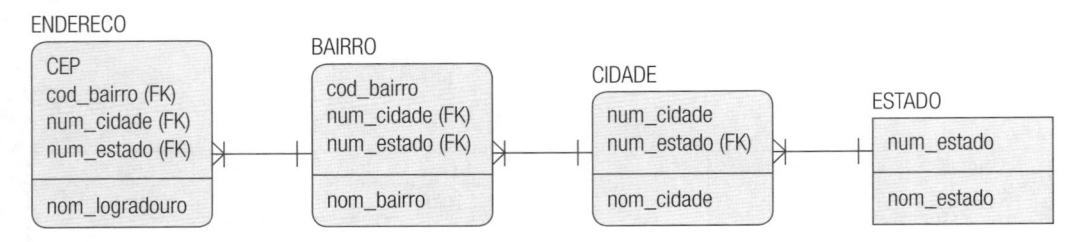

BAIRRO
- cod_bairro
- num_cidade (FK)
- num_estado (FK)
- nom_bairro

CIDADE
- num_cidade
- num_estado (FK)
- nom_cidade

ESTADO
- num_estado
- nom_estado

Figura 5.14 – Normalização da entidade ENDERECO

5.6 Quarta Forma Normal (4FN)

A Quarta Forma Normal (4FN) é aplicada para evitar a redundância em situações de ocorrência de fatos multivalorados, em vez de dependência funcional. Para resolver essa situação, deve-se desmembrar a entidade em quantas entidades forem necessárias para cada fato multivalorado.

Uma relação está na 4FN quando estiver em concordância com a FNBC e não existirem dependências multivaloradas. As dependências multivaloradas são caracterizadas pela existência de uma ou mais ocorrências de uma entidade, implicando a presença de outras (uma ou mais) ocorrências na mesma entidade.

Para demonstrar a aplicação da 4FN, será considerada a entidade `CORRIDA` (alguns atributos foram suprimidos para simplificar o exemplo).

Na situação apresentada na Tabela 5.14, observe que o motorista ESTEVÃO MOREIRA dirige o veículo EXZ3055 para atender à conveniada Faculdade Saber. O mesmo veículo também é dirigido pelo motorista MARCOS ANDRADE para atender à mesma conveniada. Da mesma forma como os dois motoristas também atendem a outra conveniada (Lojas Mil Tons) com o mesmo veículo.

Tabela 5.14 Multivaloração independente na entidade CORRIDA

Veículo	Motorista	Conveniada
EXZ3055	ESTEVAO MOREIRA	Faculdade Saber
EXZ3055	MARCOS ANDRADE	Faculdade Saber
EXZ3055	ESTEVAO MOREIRA	Lojas Mil Tons
EXZ3055	MARCOS ANDRADE	Lojas Mil Tons

Considerando os dados apresentados, observe que o veículo pode ser dirigido por diversos motoristas e atender a diversas conveniadas, caracterizando uma ocorrência multivalorada e gerando redundância no armazenamento de dados. Para resolver tal situação, a entidade CORRIDA poderia ser decomposta em CONVENIADA, MOTORISTA e VEÍCULO (Figura 5.15), para funcionar como uma entidade agregadora dos dados multivalorados e evitar a redundância.

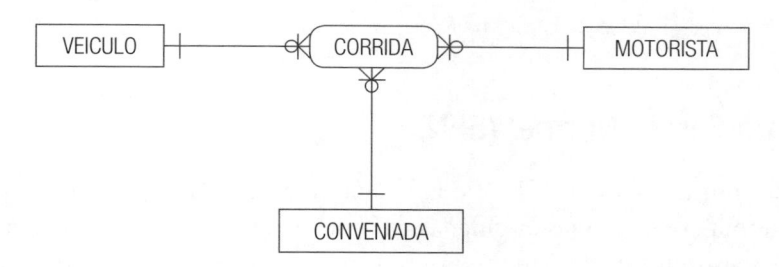

Figura 5.15 – Aplicação da 4FN

Com base no cenário Rádio Táxi On-line, a entidade CORRIDA poderia ser descrita da forma apresentada na Tabela 5.15.

Tabela 5.15 Descrição da entidade CORRIDA – cenário Rádio Táxi On-line

CORRIDA
num_veiculo
num_motorista
num_conveniada
dat_corrida
hor_corrida
valor_corrida
num_boleto

A representação da entidade CORRIDA pode ser vista na Figura 5.16.

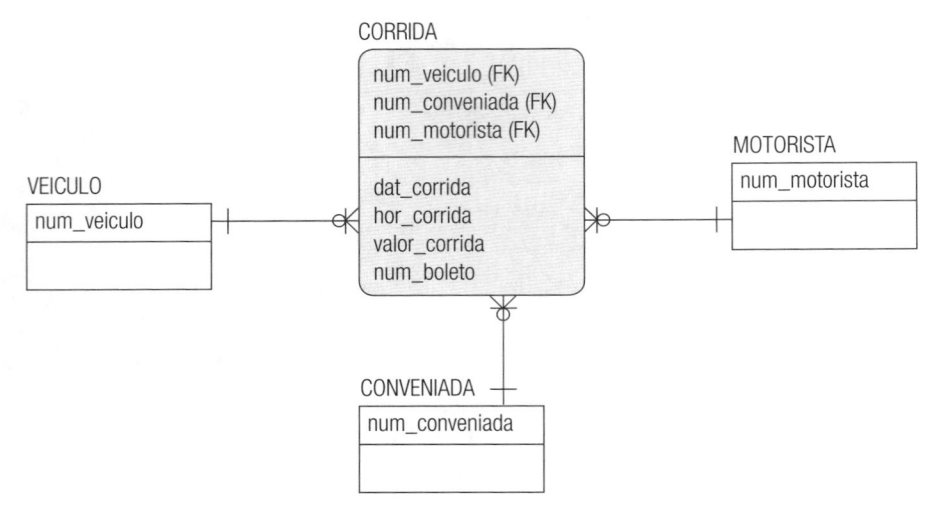

Figura 5.16 – Representação da entidade CORRIDA na 4FN

5.7 Quinta Forma Normal (5FN)

A Quinta Forma Normal (5FN) é aplicada para impedir que a decomposição de entidades gere inconsistências originadas da junção entre entidades. Deve ser aplicada sempre que existirem relacionamentos ternários ou *n*-ários, com o objetivo de reduzir os relacionamentos ao nível binário. Uma entidade está na 5FN quando estiver na 4FN e o conteúdo de cada ocorrência (registro) não puder ser reconstruído a partir de ocorrências menores.

Para exemplificar a 5FN, será considerado o exemplo: *Quando um MOTORISTA faz uma CORRIDA utiliza um VEÍCULO.* O relacionamento será expresso de acordo com a notação de Peter Chen, visto no Capítulo 4, para caracterizar explicitamente o relacionamento ternário. Veja a representação desse relacionamento na Figura 5.17.

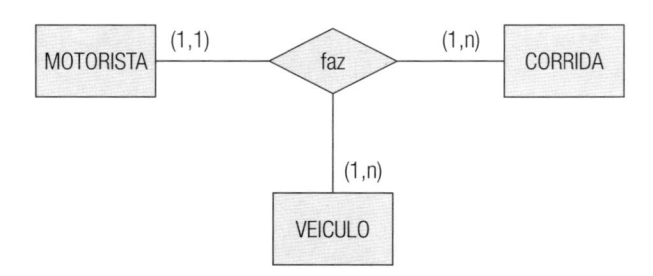

Figura 5.17 – Relacionamento ternário

Ao reduzir o relacionamento ternário apresentado na Figura 5.17, chega-se ao esquema apresentado na Figura 5.18.

```
VEICULO ——||———o<( CORRIDA )>o———||—— MOTORISTA
```

Figura 5.18 – Aplicação da 5FN

5.8 Regras de consistência

As seis regras apresentadas a seguir garantem a consistência das informações armazenadas e devem ser seguidas no processo de normalização.

Regra 1. As entidades componentes do modelo lógico de dados devem estar na 3FN. Se o modelo for desnormalizado posteriormente, controles procedurais adicionais deverão ser incluídos e documentados.

Regra 2. Não existirão duas entidades com a mesma chave. Se aparecerem, devem ser agrupadas.

Regra 3. Se o atributo A é um subconjunto da chave primária de uma entidade $E1$ e tem sentido isolado, deve existir uma segunda entidade $E2$ tendo A como chave primária.

Regra 4. Se X é um atributo atômico ou composto, e é chave primária de uma entidade $E1$, ele é chamado atributo primário. Nesse caso, ele pode aparecer em outras entidades, nas quais é chamado de chave estrangeira. Se X não é chave de nenhuma entidade, é um atributo secundário ou não primário e só pode aparecer em uma única entidade.

Regra 5. Se X é um atributo atômico ou composto, é chave primária de uma entidade $E1$ e aparece como atributo em outra entidade $E2$, existe uma relação hierárquica subordinando E2 a E1, segundo X.

Regra 6. Se X é um atributo atômico ou composto e é chave primária de uma entidade $E1$ e Y, um atributo cujo domínio é o mesmo de X, aparece em uma entidade $E2$. Dessa forma:

- Y não pode, isoladamente, ser chave primária de $E2$.
- Existe uma relação hierárquica subordinando E2 a E1, segundo $E1.X <=> E2.Y$.

EXERCÍCIOS

1. Aplique a normalização na entidade a seguir:

    VEICULO{nome_proprietario, habilitacao_motorista, placa, cor, ano_modelo, ano_fabricacao, modelo, fabricante, chassi}

▸ Para a resolução do exercício 2, considere o Cenário 1.

CENÁRIO 1
- Um médico atende a muitos pacientes e um paciente pode ser atendido por muitos médicos.
- Uma consulta é realizada por um médico e um médico realiza muitas consultas.
- Cada consulta é realizada para um paciente e um paciente pode realizar muitas consultas.

---

2. Tendo em vista o cenário apresentado, considere as seguintes entidades e atributos, e proponha um Modelo Entidade Relacionamento (MER) normalizado.

    PACIENTE {nome, RG, CPF, sexo, data de nascimento, telefones, nome do convenio medico, matricula de conveniado}

    MEDICO{nome, CRM, telefones, especialidade}

    CONSULTA{paciente, medico, especialidade, data da consulta, horario da consulta}

3. Normalize a entidade FUNCIONARIO, representada na figura a seguir.

    FUNCIONARIO

registro_funcionario
nome_funcionario
data_nascimento_funcionario
nome_conjuge_funcionario
data_nascimento_conjuge
nome_filhos_funcionario
data_nascimento_filhos

▶ Para a resolução do exercício 4, considere o Cenário 2.

> **CENÁRIO 2**
> - Quando a CONVENIADA registra um CHAMADO, a atendente anota alguns dados, tais como: nome da conveniada, horário do chamado, data do chamado, número do boleto, nome do passageiro e local.
> - O CHAMADO é atendido por um MOTORISTA e gera uma CORRIDA. Para a CORRIDA, deve ser registrado o nome do motorista que a realizou.
> - Uma corrida pode-se iniciar em um dia e terminar em outro, portanto, deve-se registrar a data de início, a data de fim, o horário de início, o horário de fim e o valor da corrida.

4. Analise e normalize a situação exposta.

5. Aplique as formas normais e faça o MER de uma Nota Fiscal, que apresenta os seguintes dados:

    NOTA_FISCAL
    numero_nota_fiscal
    data
    nome_cliente
    endereco_cliente
    codigo_vendedor
    nome_vendedor
    endereco_entrega
    produto_1
    quantidade_produto_1
    valor_produto_1
    produto_2
    quantidade_produto_2
    valor_produto_2
    produto_3
    quantidade_produto_3
    valor_produto_3
    produto_4
    quantidade_produto_4
    valor_produto_4
    produto_5
    quantidade_produto_5
    valor_produto_5
    valor_total_compra

6. Proponha um modelo relacional normalizado para uma livraria que armazena os seguintes dados sobre os livros:
Nome da obra, nome da editora, localização da editora, telefone da editora, nome dos autores (um livro pode ter vários autores), área do livro (por exemplo: computação, química, autoajuda, dentre outras), ano da publicação, edição, número de páginas e ISBN (código que identifica nacionalmente uma publicação).

▶ Para a resolução dos exercícios 7 e 8, considere o Cenário 3.

CENÁRIO 3

Dados da escola fictícia Saber:

- Cada professor tem um diário para cada disciplina e para cada turma.
- As turmas são representadas por um número que indica a série, uma letra que representa a sequência da turma (A, B, C etc.) e a indicação do curso (Infantil, Fundamental 1, Fundamental 2 e Ensino Médio).
- Um professor pode ensinar até duas disciplinas diferentes.
- Cada turma tem um conjunto de disciplinas de acordo com a série e o curso e cada disciplina deve ser ministrada por um único professor.
- Um aluno faz parte de uma turma e as turmas são reconfiguradas a cada ano letivo.

---

7. A escola Saber registra as notas das diversas disciplinas e a frequência dos alunos em diários de papel. Você faz parte da equipe que tem como tarefa automatizar esse controle e deverá propor um MER normalizado. Para isso, considere o seguinte documento, que representa uma página do diário para registro de frequência e as informações adicionais listadas no Cenário 3.

Turma:	1º A Ensino Médio					
Nome da disciplina:	Química					
Nome do professor:	Marcos Ribeiro					
Mês:	Março					
		Dia				
Nº do aluno	Nome do aluno	1	2	3	4	...	31
1	Alexandre Andrade	presente	presente	faltou			
2	Beatriz Angélica	presente	presente	presente			
3							
4							
...							
30	Wagner Augusto	faltou	faltou	presente			

8. Agora, complemente o modelo proposto no exercício 7 para registrar as notas dos alunos, de acordo com o documento abaixo. Importante: a média do bimestre é calculada a partir da média aritmética entre as notas mensal e bimestral, já a média final, por sua vez, é calculada a partir da média aritmética das médias dos 1º, 2º, 3º e 4º bimestres.

Turma:	1º A Ensino Médio					
Nome da disciplina:	Química					
Nome do professor:	Marcos Ribeiro					
Mês:	Março					
Nº do aluno	Nome do aluno	1º bimestre			... 2º, 3º e 4º bimestre	Média final
		Nota mensal	Nota bimestral	Média		
1	Alexandre Andrade	8,5	9	8,75		
2	Beatriz Angélica	6	5	5,5		
3						
4						
...						
30	Wagner Augusto	7	8	7,5		

9. Considere o cenário Rádio Táxi On-line e proponha um modelo normalizado para o cadastro do motorista.

10. Proponha um modelo completo para o cenário Rádio Táxi On-line.

Modelo físico de dados

O modelo físico de dados é construído a partir do modelo lógico de dados. Nele, são descritas as estruturas físicas do banco de dados e, por isso, deve-se considerar o SGBD que será utilizado para a sua implementação.

A implementação do banco de dados consiste na criação das estruturas físicas que darão suporte ao processo de armazenamento e manutenção dos dados, tais como tabelas, índices, restrições, dentre outros elementos que serão tratados de forma aprofundada no Capítulo 7.

Para direcionar a definição dessas estruturas, devem ser considerados os documentos Dicionário de Dados (DD) e Volumetria. Neste capítulo, serão utilizados os documentos referentes ao SGBD Oracle para definir a estruturação do modelo físico de dados.

6.1 Definições básicas

Durante as etapas de modelagem conceitual e modelagem lógica de dados, é comum a utilização de termos técnicos, que são identificados de maneira diferente na etapa da modelagem física e implementação. A diferenciação e a conceituação desses termos estão apresentadas no Quadro 6.1.

Quadro 6.1 Diferenciação e definição dos conceitos básicos aplicados às diferentes etapas do projeto de bando de dados

Etapa		Descrição
Conceitual – Lógica	Física – Implementação	
dado	dado	Menor unidade que compõe uma informação. Refere-se ao conteúdo que será armazenado em um campo.
atributo	campo ou coluna	Descreve cada característica de uma entidade. Deve ser descrito por tipo de dado, capacidade de armazenamento e uma ou mais restrições (quando necessário).
tupla ou registro	registro ou linha	Conjunto de atributos, que descrevem uma entidade.
entidade	tabela	Representa um elemento do negócio para o qual o banco de dados será criado, agrupando um conjunto de características (atributos) comuns a esse elemento.

6.2 Dicionário de Dados (DD)

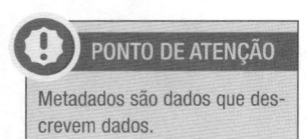

> **PONTO DE ATENÇÃO**
> Metadados são dados que descrevem dados.

O Dicionário de Dados (DD) armazena a descrição detalhada das entidades e atributos de um projeto de banco de dados, ou seja, contém os metadados do projeto. Em um DD completo, são informados também o volume de dados esperado para aquela entidade, a rotina para limpeza e descarte dos dados e o tempo de retenção dos dados, isto é, por quanto tempo devem permanecer armazenados. No Quadro 6.2, é apresentado um modelo de DD.

Quadro 6.2 Dicionário de Dados (DD)

ENTIDADES	
Entidade	Nome da entidade.
Descrição	Texto que conceitua a entidade e os dados representados por ela, além de circunstâncias relevantes ao modelo de dados. Trata-se de descrever o conceito mais próximo da regra de negócio, sem preocupação com as características técnicas que serão implementadas no banco de dados.
Nome da tabela	Nome que será atribuído à tabela.
Volume de dados esperado	<9.999.999> por <Meses, Anos>
Tempo de retenção	<99> anos, prazo para manutenção dos dados na base de dados.
Rotina de limpeza	Texto com a explicação sobre como será o processo de limpeza dos dados, bem como os critérios para eliminar dados após o tempo de retenção.
ATRIBUTOS	
Atributo	Nome do atributo.
Nome do campo	Nome do campo.
Tipo de dado	Tipo de dado que será armazenado (ver seção 6.2.1).
Tamanho	Quantidade de caracteres que serão armazenados.
Restrição	Regras que deverão ser implementadas na criação das tabelas (ver seção 6.2.2).
Descrição	Breve descrição do atributo.

Para exemplificar o DD, será utilizada a entidade MOTORISTA, vista no Quadro 6.3. Observe que o nome da entidade e o nome da tabela são diferentes no DD, porém esses nomes podem ser iguais. Adotar, por padrão, diferentes nomes para a entidade e para a tabela tem como objetivo ressaltar a passagem do modelo lógico para o modelo físico de dados. Observe que o mesmo ocorre com atributo e nome do campo.

Quadro 6.3 Dicionário de Dados da entidade MOTORISTA

ENTIDADES	
Entidade	Motorista.
Descrição	Entidade responsável por armazenar os dados dos motoristas do estudo de caso Rádio Táxi On-line.
Nome da tabela	`TB_MOTORISTA`
Volume esperado	Carga inicial de 150 ocorrências (registros) e volume diário de 5 ocorrências.
Tempo de retenção	Permanente.
Rotina de limpeza	Não se aplica.

ATRIBUTOS					
Atributo	Nome do campo	Tipo de dado	Tamanho	Restrição	Descrição
código do motorista	`cod_motorista`	numérico inteiro	5	chave primária	O código do motorista deverá armazenar o seu registro de matrícula — número atribuído quando é cadastrado na empresa e utilizado para identificar cada ocorrência.
nome do motorista	`nome_motorista`	alfanumérico	30	preenchimento obrigatório	Nome completo do motorista, sem abreviação.
data de nascimento do motorista	`dat_nasc`	data	padrão	data consistente	Data de nascimento do motorista.
CPF do motorista	`CPF`	numérico inteiro	11	chave única	Número do CPF do motorista, sem caracteres de formatação. Item deve ser único para cada ocorrência.
sexo do motorista	`sexo`	caractere	1	aceitar apenas F ou M	O sexo representa o gênero do motorista, devendo ser representado por F (feminino) ou M (masculino).

6.2.1 Tipos de dados

Os tipos de dados seguem o padrão do Instituto Nacional Americano de Padrões (*American National Standard Institute* – ANSI), entretanto podem ocorrer variações na capacidade de armazenamento e precisão de um SGBD para outro. A seguir, serão apresentados alguns tipos de dados definidos pelo padrão ANSI, entre eles, dados numéricos, alfanuméricos e de data e hora.

Dados alfanuméricos

O tipo de dado alfanumérico, também conhecido como *literal*, *string*, texto ou caractere, pode armazenar letras, números e símbolos especiais. De acordo com o padrão ANSI, apresenta as seguintes variações:

- CHARACTER (*n*) ou CHAR (*n*): campo com tamanho fixo de *n* bytes.
- CHARACTER VARYING (*n*) ou VARCHAR (*n*): campo com tamanho variável de até *n* bytes.
- NATIONAL CHARACTER (*n*) ou NCHAR (*n*): campo com tamanho fixo de *n* bytes, que suporta um conjunto de caracteres internacionais (caracteres que não utilizam o alfabeto latino, assim como alfabeto chinês, árabe, grego etc.).
- NATIONAL CHARACTER VARYING (*n*) ou NVARCHAR (*n*): campo com tamanho variável de até n bytes, que suporta um conjunto de caracteres internacionais.

> **PONTO DE ATENÇÃO**
>
> Byte, do inglês, significa *binary term* e é utilizado para representar uma unidade de armazenamento de dados em um meio digital. Considerando a estrutura física de banco de dados, um byte armazena um caractere (letra, número ou símbolo).

Um campo com tamanho fixo, como o CHAR e o NCHAR, reserva o espaço definido em *n* para o armazenamento dos dados, mesmo que o dado não ocupe todas as posições. No caso do exemplo nome_motorista CHAR(40), com o dado armazenado 'Sandra Puga', observe que ele possui 11 bytes, entretanto, o campo sempre ocupará espaço de 40 bytes, pois seu tamanho é fixo e foi determinado como 40 (Figura 6.1).

Um campo com tamanho variável, como o VARCHAR e o NVARCHAR, por sua vez, reserva o espaço definido em *n* para o armazenamento dos dados, ou seja, o espaço ajusta-se ao tamanho do dado armazenado. No caso do exemplo nome_motorista VARCHAR (40), com o dado armazenado 'Sandra Puga', observe que o campo nome_motorista poderá armazenar até 40 bytes. Porém, como o dado armazenado possui apenas 11 bytes, o campo também ocupará o espaço de 11 bytes (Figura 6.2). Caso haja necessidade de alteração do dado para 'Sandra Gavioli Puga', o campo passará a ocupar 19 bytes, podendo chegar ao tamanho máximo de 40 bytes (Figura 6.3).

| S | a | n | d | r | a | | P | u | g | a | | | | | | | | | | ..... | | |

Figura 6.1 – Campo nome_motorista CHAR(40) com utilização dos 40 bytes

| S | a | n | d | r | a | | P | u | g | a |

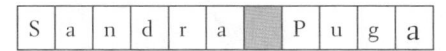

Figura 6.2 – Campo nome_motorista VARCHAR(40) com utilização de apenas 11 bytes

| S | a | n | d | r | a | | G | a | v | i | o | l | i | | P | u | g | a |

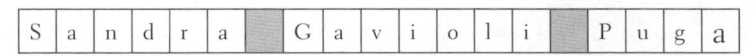

Figura 6.3 – Campo nome_motorista VARCHAR(40) com alteração de dados, adicionando oito bytes automaticamente

Dados numéricos

O tipo de dado numérico armazena números inteiros ou reais e pode ser representado das seguintes formas:

- `INTEGER`: armazena valores inteiros, sejam eles positivos ou negativos. Sua capacidade varia de acordo com o SGBD utilizado.
- `SMALLINT`: possui a mesma função que o `INTEGER`, entretanto ocupa menos espaço para armazenamento dos dados.

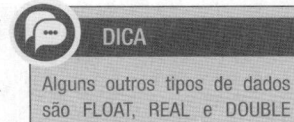

> **DICA**
> Alguns outros tipos de dados são FLOAT, REAL e DOUBLE PRECISION.

Por sua vez, o tipo de dado numérico real (também chamado número de ponto flutuante, devido à existência de casas decimais), seja ele positivo ou negativo, pode ser representado das seguintes formas:

- `NUMERIC(precisão, escala)`: `precisão` determina a quantidade de dígitos significativos e `escala` determina a quantidade de casas decimais. Se a `escala` for 0 (zero), trata-se de um número inteiro. Por exemplo, o número 12345.678 tem precisão de 8 e escala de 3.
- `DECIMAL(precisão, escala)`: similar ao `NUMERIC`, entretanto, em alguns SGBDs, possibilita uma escala maior.

Data e hora

Os tipos de dados de data e hora abrangem o armazenamento de data, horário ou data e horário. Existem outros tipos de dados que também possibilitam o armazenamento de fuso horário. A seguir, veja como eles são representados:

- `DATE`: possibilita o armazenamento de datas, por exemplo, 01-04-2013.
- `TIME`: possibilita o armazenamento de hora, por exemplo, 11:45:27.
- `TIMESTAMP`: combina o armazenamento de data e hora, por exemplo, 01-04-2012 11:45:27.

6.2.2 Restrições

As restrições (`constraints`) são regras que devem ser implementadas para garantir a integridade de dados ou relacionamentos, ou mesmo para validação de regras do negócio. As restrições estão descritas no Quadro 6.4.

Quadro 6.4 Tipos de restrições

Restrição	Descrição
Chave primária (primary key)	Campo que identifica, de forma única, cada registro.
Chave única (unique key)	Campo, cujo conteúdo deve ser único para cada registro. Também pode ser considerado chave candidata.
Chave estrangeira (foreign key)	Campo que estabelece o relacionamento entre tabelas. Este campo é originalmente chave primária na tabela de origem.
Preenchimento obrigatório (not null)	Propriedade do campo, que define a obrigatoriedade do preenchimento. Significa que o campo não aceita nulo.
Validação de valores (check)	Possibilita a validação dos valores armazenados em um campo.

6.2.3 Geração automática do DD

Além da possibilidade de customizar o DD de acordo com os padrões do projeto, algumas ferramentas utilizadas para o desenvolvimento dos modelos do banco de dados possuem recursos de geração automática do DD. Veja, na Figura 6.4, um exemplo de geração automática de DD, realizada pela ferramenta Erwin.

> **PONTO DE ATENÇÃO**
>
> No Capítulo 7, as restrições serão exemplificadas de acordo com o SGBD Oracle.

Entity Name	Entity Attribute Name	Entity Attribute Datatype	Entity Attribute Is PK	Entity Attribute Is FK
MOTORISTA	codmotorista	NUMBER(5)	Yes	No
	nome_motorista	VARCHAR(40)	No	No
	data_nascimento	DATE	No	No
	CPF_motorista	NUMBER(11)	No	No
	sexo	CHAR(1)	No	No

Figura 6.4 – Dicionário de Dados gerado pela ferramenta Erwin

Os tipos de dados da entidade (*entity attribute datatype*) estão descritos de acordo com o SGBD escolhido para implementação do projeto. Para que o DD seja gerado automaticamente por uma ferramenta, é importante que os dados sejam descritos corretamente, isto é, que os tipos de dados, tamanhos e restrições sejam informados na etapa de modelagem, tanto lógica quanto física.

O DD oferece subsídios para planejamento e criação de estruturas físicas do banco de dados, desde recursos de hardware para sua implantação, como espaço em disco por determinado período de tempo, até a criação efetiva das tabelas.

Para o planejamento do espaço inicial, requerido para armazenamento dos dados, e a projeção disso ao longo do tempo, faz-se necessário o estudo da volumetria.

6.3 Volumetria

> **PONTO DE ATENÇÃO**
> Para realizar o cálculo da volumetria, são necessários conhecimentos básicos sobre arquitetura do banco de dados, os quais serão explicados ao longo deste capítulo.

O cálculo da volumetria é realizado para estimar o espaço em disco de que um banco de dados precisará para armazenamento dos dados. Baseado nas necessidades da empresa e nas suas projeções de crescimento, o cálculo pode ser utilizado para auxiliar a tomada de decisão sobre o hardware necessário para o bom funcionamento do banco de dados, bem como para definir as necessidades de armazenamento para ele.

O procedimento (referente aos passos descritos nas seções 6.3.1, 6.3.2 e 6.3.3) calcula como obter o número total de blocos de dados (*data blocks*, em inglês) necessário para conter os dados inseridos em uma tabela não clusterizada.

Uma tabela não clusterizada é a unidade de armazenamento de dados padrão do Oracle, armazenando os dados em linhas e colunas. O bloco de dados é a menor unidade de armazenamento físico em um banco de dados Oracle. O método de cálculo aplica-se ao banco de dados Oracle e pode ser resumido em cinco passos, que serão mais bem aprofundados adiante.

> **PONTO DE ATENÇÃO**
> *Views* do DD são visões de tabelas do banco de dados, criadas e atualizadas pelo Oracle Server para manter intactos os metadados e os parâmetros do banco de dados. Essas tabelas são inacessíveis diretamente aos usuários, os quais poderão acessá-las somente por meio das *views*.

1. Calcular o espaço não ocupado pelo cabeçalho do bloco (*block header*, em inglês). O cabeçalho do bloco contém informações sobre o tipo e o endereço do bloco, além de informações sobre as transações que acessam ao bloco.
2. Calcular o espaço livre em cada bloco de dados.
3. Calcular o espaço necessário para uma linha (registro).
4. Calcular a quantidade de registros que cabem em um bloco de dados.
5. A partir dos resultados anteriores, calcular o total de blocos de dados necessários e convertê-los em kilobytes ou megabytes.

6.3.1 Primeiro passo: calcular o espaço não ocupado pelo cabeçalho do bloco de dados

O cabeçalho é composto por duas partes, uma variável e outra fixa. A notação utilizada é simplificada, pois considera que as duas partes têm tamanhos fixos. O cálculo pode ser feito com base na seguinte instrução:

> **LINGUAGEM DE PROGRAMAÇÃO**
>
> Cálculo do espaço não ocupado pelo cabeçalho no banco de dados
>
> HESPAÇO = DB_BLOCK_SIZE - KCBH - UB4 - KTBBH - ((INITRANS - 1) * KTBIT) - KDBH

Continua

Continuação

Elementos e funcionalidades	
`DB_BLOCK_SIZE`	Tamanho do bloco do banco de dados. Este parâmetro é definido no momento da criação do banco de dados.
`KCBH, UB4, KTBBH, KTBIT e KDBH`	Valores constantes, que podem ser consultados por meio da *view* `V$TYPE_SIZE`.
`INITRANS`	Número inicial de transações concorrentes alocadas na tabela. Por padrão, seu valor é 1.

Para consultar o tamanho do bloco do banco de dados, utilize a seguinte instrução:

LINGUAGEM DE PROGRAMAÇÃO

Consulta do tamanho do bloco do banco de dados

```
SELECT value
    FROM v$parameter
    WHERE name = 'db_block_size';
```

Elementos e funcionalidades	
`Select`	Instrução SQL utilizada para realizar consultas em tabelas ou *views* (visualizações).
`Value`	Nome da coluna que armazena o valor do tamanho do bloco.
`FROM`	Indica a tabela ou a *view* que será consultada.
`v$parameter`	Nome da *view* do banco de dados que armazena os seus parâmetros.
`Where`	Restringe a pesquisa na tabela.
`name = 'db_block_size'`	Expressão que retornará as linhas cuja coluna `name` seja igual a `db_block_size`.

EXEMPLO 1

Cálculo do espaço não ocupado pelo cabeçalho no banco de dados

Para calcular o espaço não ocupado pelo cabeçalho no banco de dados, considere os seguintes valores e aplique-os na instrução.

Dados

```
DB_BLOCK_SIZE = 4192
KCBH = 20
UB4 = 4
KTBBH = 48
INITRANS = 5
KTBIT = 24
KDBH = 14
```

Instrução

```
HESPAÇO = DB_BLOCK_SIZE - KCBH - UB4 - KTBBH - ((INITRANS - 1) * KTBIT) - KDBH
HESPAÇO = 4192 - 20 - 4 - 48 - ((5-1)*24) - 14
        = 4192 - 182
        = 4010 bytes
```

6.3.2 Segundo passo: calcular o espaço livre em cada bloco de dados

O espaço reservado para dados em cada bloco (ESPAÇOLIV) é calculado em função do valor do parâmetro PCTFREE definido para a tabela. O valor padrão de PCTFREE é 10. Para efetuar o cálculo do espaço livre, utilize a instrução a seguir:

LINGUAGEM DE PROGRAMAÇÃO

Cálculo do espaço livre do bloco de dados

```
ESPAÇOLIV = CEIL (HESPAÇO * (1 - PCTFREE/100) - KDBT
```

Elementos e funcionalidades	
CEIL	Função usada para arredondar o valor para o próximo número inteiro mais alto.
HESPAÇO	Resultado do primeiro passo (ver Exemplo 1).
PCTFREE	Porcentagem do espaço reservado para futuras atualizações da tabela.
KDBT	Valor constante, que pode ser obtido por meio da consulta por V$TYPE_SIZE.

EXEMPLO 2

Cálculo do espaço livre do bloco de dados

Para calcular o espaço livre do bloco de dados, considere os seguintes valores e aplique-os na instrução.

Dados

```
HESPAÇO = 4010
PCTFREE = 20
KDBT = 4
```

Instrução

```
ESPAÇOLIV = CEIL (HESPAÇO * (1 - PCTFREE/100) - KDBT
ESPAÇOLIV = CEIL (4010 * (1 - 20/100) - 4
          = CEIL (4010 * 0.8) - 4
          = 3208 - 4
          = 3204 bytes
```

6.3.3 Terceiro passo: calcular o espaço necessário para uma linha

Existem duas formas de calcular o espaço necessário para a linha. Caso a tabela exista, o tamanho médio da linha pode ser obtido consultando a coluna AVG_ROW_LEN da *view* DBA_TABLES. Caso ela não exista, o tamanho da linha pode ser calculado com a seguinte instrução:

LINGUAGEM DE PROGRAMAÇÃO

Cálculo do espaço de uma linha

ESPAÇO_REGISTRO = MAX ((UB1 * 3 + UB4 + SB2), TAMANHO_MÉDIO) + SB2

Elementos e funcionalidades	
MAX	Função para retornar o maior valor entre dois ou mais valores.
UB1, UB4 e SB2	São valores constantes, que podem ser consultados por meio da *view* V$TYPE_SIZE.
TAMANHO_MÉDIO	Valor calculado.

EXEMPLO 3

Cálculo do espaço de uma linha

Para calcular o espaço de uma linha, considere os seguintes valores e aplique-os na instrução.

Dados

```
UB1 = 1
UB4 = 4
SB2 = 2
TAMANHO_MÉDIO = 41
```

Instrução

```
ESPAÇO_REGISTRO = MAX ((UB1 * 3 + UB4 + SB2), TAMANHO_MÉDIO) + SB2
ESPAÇO_REGISTRO = MAX ((1*3) + 4 + 2, 41) + 2
                = 41 + 2
                = 43
```

6.3.4 Quarto passo: calcular a quantidade de registros que cabem em um bloco de dados

A fórmula para calcular o número de registros que cabem em um bloco de dados é a seguinte:

LINGUAGEM DE PROGRAMAÇÃO

Cálculo da quantidade de registros compatíveis com um bloco de dados

```
NUM_REGISTROS_BLOCO = FLOOR (ESPAÇOLIV / ESPAÇO_REGISTRO)
```

Elementos e funcionalidades	
FLOOR	Função usada para arredondar o valor para o próximo número inteiro mais baixo.
ESPAÇOLIV	Valor calculado (ver Exemplo 2).
ESPAÇO_REGISTRO	Valor calculado (ver Exemplo 3).

EXEMPLO 4

Cálculo da quantidade de registros compatíveis com um bloco de dados

Para calcular a quantidade de registros que cabem em um bloco de dados, considere os seguintes valores e aplique-os na instrução.

Dados

```
ESPAÇOLIV = 3208
ESPAÇO_REGISTRO = 43
```

Instrução

```
NUM_REGISTROS_BLOCO = FLOOR (ESPAÇOLIV / ESPAÇO_REGISTRO)

NUM_REGISTROS_BLOCO = FLOOR (3208/43)
                    = FLOOR (74,6046511627907)
                    = 74
```

6.3.5 Quinto passo: calcular o total de blocos de dados necessários e convertê-los em kilobytes ou megabytes

A fórmula para calcular o número total de blocos de dados necessários para todos os registros da tabela é a seguinte:

LINGUAGEM DE PROGRAMAÇÃO

Cálculo do número de blocos de dados para todos os registros

```
BLOCOS_POR_TABELA = EST_REGISTROS / NUM_REGISTROS_BLOCO
```

Elementos e funcionalidades	
EST_REGISTROS	Estimativa de registros da tabela. Este dado é fornecido pelo usuário do sistema.
NUM_REGISTROS_BLOCO	Valor calculado.

EXEMPLO 5

Cálculo do número de blocos de dados para todos os registros

Para calcular o número total de blocos de dados necessários para todos os registros, considere os seguintes valores e aplique-os na instrução.

Dados

```
EST_REGISTROS = 42000
NUM_REGISTROS_BLOCO = 74
BLOCOS_POR_TABELA = EST_REGISTROS / NUM_REGISTROS_BLOCO
```

Instrução

```
BLOCOS_POR_TABELA = 42000 / 74
                  = 567,5675675675676 blocos
```

A multiplicação de BLOCOS_POR_TABELA por DB_BLOCK_SIZE fornece a quantidade de bytes necessários para a tabela.

Para fazer a conversão do valor em kilobytes, deve-se dividir o produto da operação por 1024. A divisão por 1048576 fornece o valor em megabytes. As instruções necessárias para a realização desses cálculos são as seguintes:

LINGUAGEM DE PROGRAMAÇÃO

Conversão de valor em kilobyte

```
KILOBYTES = CEIL (BLOCOS_POR_TABELA * DB_BLOCK_SIZE) / 1024
```

LINGUAGEM DE PROGRAMAÇÃO

Conversão de valor em megabyte

```
MEGABYTES = CEIL (BLOCOS_POR_TABELA * DB_BLOCK_SIZE) / 1048576
```

EXEMPLO 6

Conversão de valor em kilobyte e megabyte

Para efetuar a conversão de valores em kilobyte e megabyte, considere os seguintes valores e aplique-os na instrução.

Dados
```
BLOCOS_POR_TABELA = 568
DB_BLOCK_SIZE = 4192
```

Instrução
```
MEGABYTES = CEIL ((BLOCOS_POR_TABELA * DB_BLOCK_SIZE) / 1048576)
MEGABYTES = CEIL ((568 * 4192) / 1048576)
          = CEIL ((2381056)) / 1048576)
          = CEIL (2,270751953125)
          = 3 Megabytes
```

EXEMPLO 7

Cálculo de volumetria para a entidade MOTORISTA

Para calcular a volumetria da entidade MOTORISTA, será considerada a tabela TB_MOTORISTA, baseada no Dicionário de Dados apresentado no Quadro 6.3 deste capítulo.

Primeiro passo: calcular o espaço não ocupado pelo cabeçalho do bloco de dados. O valor de DB_BLOCK_SIZE obtido ao consultar a *view* V$PARAMETER. Os demais valores são obtidos por meio de consulta à *view* V$TYPE_SIZE e aplicados à instrução.

Dados
```
DB_BLOCK_SIZE = 8192
KCBH = 20
UB4 = 4
KTBBH = 48
INITRANS = 2
KTBIT = 24
KDBH = 14
```

Instrução
```
HESPAÇO = DB_BLOCK_SIZE - KCBH - UB4 - KTBBH - ((INITRANS - 1) * KTBIT) - KDBH
HESPAÇO = 8192 - 20 - 4 - 48 - ((2 - 1) * 24) - 14
HESPAÇO = 8106 - (1 * 24)
HESPAÇO = 8106 - 24
HESPAÇO = 8082
```

Segundo passo: calcular o espaço livre em cada bloco de dados. O valor de HESPAÇO foi calculado no primeiro passo. O valor de PCTFREE é obtido ao consultar a *view* USER_TABLES.

Continua

Continuação

O valor de KDBT é obtido por meio de consulta à *view* V$TYPE_SIZE. Os resultados são aplicados à instrução.

Dados
```
HESPAÇO = 8082
PCTFREE = 10
KDBT = 4
```
Instrução
```
ESPAÇOLIV = CEIL (HESPAÇO * (1 - PCTFREE/100) - KDBT)
ESPAÇOLIV = CEIL (8082 * (1 - 10/100) - 4)
ESPAÇOLIV = CEIL (8082 * (1 - 0,1) - 4)
ESPAÇOLIV = CEIL (8082 * (0,9) - 4)
ESPAÇOLIV = CEIL (8082 * (0,9) - 4)
ESPAÇOLIV = CEIL (7273,8 - 4)
ESPAÇOLIV = CEIL (7269,8)
ESPAÇOLIV = 7270
```

Terceiro passo: calcular o espaço necessário para uma linha. O valor de TAMANHO_MÉDIO é obtido ao consultar a *view* USER_TABLES. Os demais valores são obtidos por meio de consulta à *view* V$TYPE_SIZE. Os resultados são aplicados à instrução.

Dados
```
UB1 = 1
UB4 = 4
SB2 = 2
TAMANHO_MÉDIO = 53
```
Instrução
```
ESPAÇO_REGISTRO = MAX ((UB1 * 3 + UB4 + SB2), TAMANHO_MÉDIO) + SB2
ESPAÇO_REGISTRO = MAX ((1*3)+ 4 + 2, 53) + 2
ESPAÇO_REGISTRO = 53 + 2
ESPAÇO_REGISTRO = 55
```

Quarto passo: calcular a quantidade de registros que cabem em um bloco de dados. Os valores de ESPAÇOLIV e ESPAÇO_REGISTRO foram calculados nos passos anteriores.

Dados
```
ESPAÇOLIV = 7270
ESPAÇO_REGISTRO = 55
```
Instrução
```
NUM_REGISTROS_BLOCO = FLOOR (ESPAÇOLIV / ESPAÇO_REGISTRO)
NUM_REGISTROS_BLOCO = FLOOR (7270/55)
NUM_REGISTROS_BLOCO = FLOOR (132,1818181818182)
NUM_REGISTROS_BLOCO = 132
```

Continua

Continuação

Quinto passo: calcular o total de blocos de dados necessários e convertê-los para megabytes. O valor de `NUM_REGISTROS_BLOCOS` foi calculado no quarto passo. A estimativa de registros na tabela é de 5000, logo, `EST_REGISTROS` assume esse valor.

Dados
```
EST_REGISTROS = 5000
NUM_REGISTROS_BLOCO = 132
```
Instrução
```
BLOCOS_POR_TABELA = EST_REGISTROS / NUM_REGISTROS_BLOCO
BLOCOS_POR_TABELA = 5000 / 132
BLOCOS_POR_TABELA = 37,87878787878788 blocos
```

Para converter o número de blocos em megabytes, utiliza-se a seguinte instrução:
```
MEGABYTES = CEIL ((BLOCOS_POR_TABELA * DB_BLOCK_SIZE) / 1048576)
MEGABYTES = CEIL ((38 * 8192) / 1048576)
MEGABYTES = CEIL (311296 / 1048576)
MEGABYTES = CEIL (0,296875)
MEGABYTES = 1"
```

6.4 Mapeamento do modelo lógico para efetuar a passagem para o modelo físico de dados

O primeiro passo para realizar o mapeamento do modelo lógico, com o objetivo de efetuar a passagem para o modelo físico de dados, deve ser a análise do DD e a conversão das definições nele estabelecidas para a linguagem do SGBD escolhido, considerando tipos de dados, restrições e recomendações de convenções. No modelo físico, cada atributo deve ser devidamente especificado, conforme a Figura 6.5.

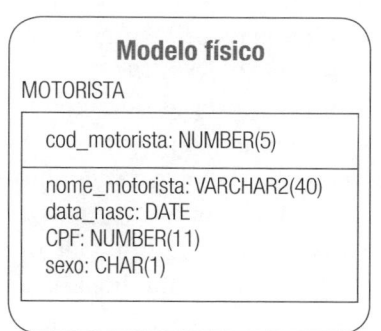

Modelo lógico	Modelo físico
MOTORISTA	MOTORISTA
cod_motorista	cod_motorista: NUMBER(5)
nome_motorista	nome_motorista: VARCHAR2(40)
data_nascimento	data_nasc: DATE
CPF_motorista	CPF: NUMBER(11)
sexo	sexo: CHAR(1)

Figura 6.5 – Comparativo entre atributos do modelo lógico e do modelo físico

> **DICA**
>
> Erwin é uma ferramenta para modelagem de dados, disponível em: <http://erwin.com/worldwide/portuguese-brazil>

Muitas ferramentas para modelagem de dados oferecem recursos para que a passagem do modelo lógico para o modelo físico ocorra automaticamente, de acordo com as configurações escolhidas. Esse é o caso, por exemplo, da ferramenta Erwin, utilizada na criação dos modelos apresentados neste livro.

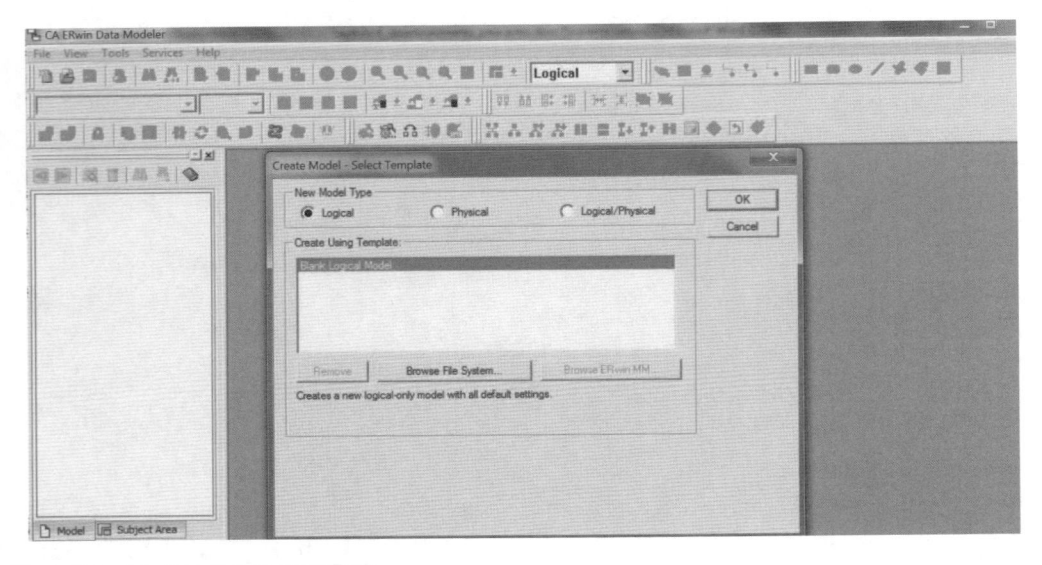

Figura 6.6 – Interface da ferramenta Erwin

Ao iniciar um projeto de modelo de dados, é possível escolher o que será desenvolvido: um modelo lógico, um modelo físico ou ambos. Na Figura 6.6, observe que foi selecionada a opção "ambos", pois, a partir do modelo lógico, será gerado, automaticamente, o modelo físico. Observe também que é possível a escolha do SGBD e a sua versão.

Na passagem do modelo lógico para o modelo físico de dados, outro aspecto que sofre alterações é a representação de relacionamentos de hierarquia (generalização e especialização) entre entidades. Na Figura 6.7, a entidade PESSOA é especializada em PESSOA_FISICA e PESSOA_JURIDICA. O símbolo que representa a relação "*is a*" (em português, é um) é convertido em um relacionamento "um para um" ou "nenhum".

Como pode ser analisado na Figura 6.7, as restrições de preenchimento obrigatório ou nulidade devem ser estabelecidas conforme se observa no campo RG, da entidade PESSOA_FISICA. Já o campo dat_nasc não requer preenchimento obrigatório.

A Figura 6.8 apresenta um exemplo de modelo físico de dados para o estudo de caso Rádio Táxi On-line (visto na Introdução). Observe que o nome do atributo é seguido do tipo de dado.

MODELO FÍSICO DE DADOS 165

Modelo lógico

PESSOA
- num_pessoa
- nom_pessoa
- email

PESSOA_FISICA
- num_pessoa (FK)
- dat_nasc
- CPF
- RG

PESSOA_JURIDICA
- num_pessoa (FK)
- CNPJ

MOTORISTA
- num_pessoa (FK)
- CNH_numero
- CNH_validade
- CNH_primeira
- CNH_categoria
- dat_cadastro

CONVENIADA
- num_pessoa (FK)
- num_contrato
- dat_contrato

Modelo físico

PESSOA
- num_pessoa: NUMBER(4) NOT NULL
- nom_pessoa: VARCHAR2(40) NULL
- email: VARCHAR2(20) NULL

PESSOA_FISICA
- num_pessoa: NUMBER(4) NOT NULL(FK)
- dat_nasc: DATE NULL
- CPF: NUMBER(11) NULL
- RG: NUMBER(9) NOT NULL

PESSOA_JURIDICA
- num_pessoa: NUMBER(4) NOT NULL(FK)
- CNPJ: NUMBER(13) NULL

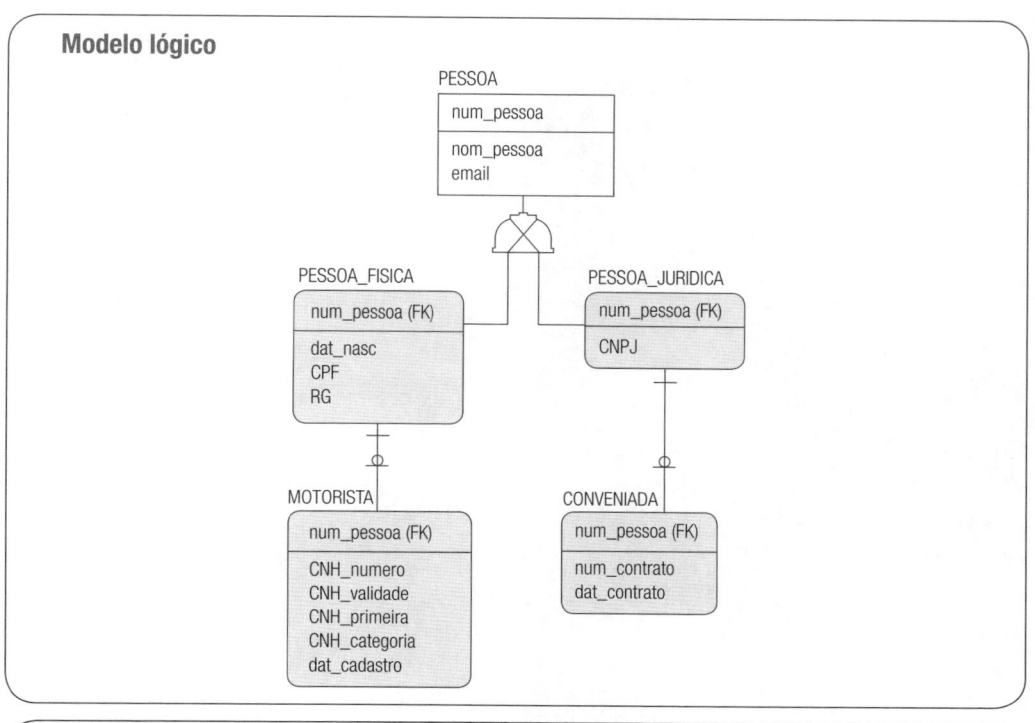

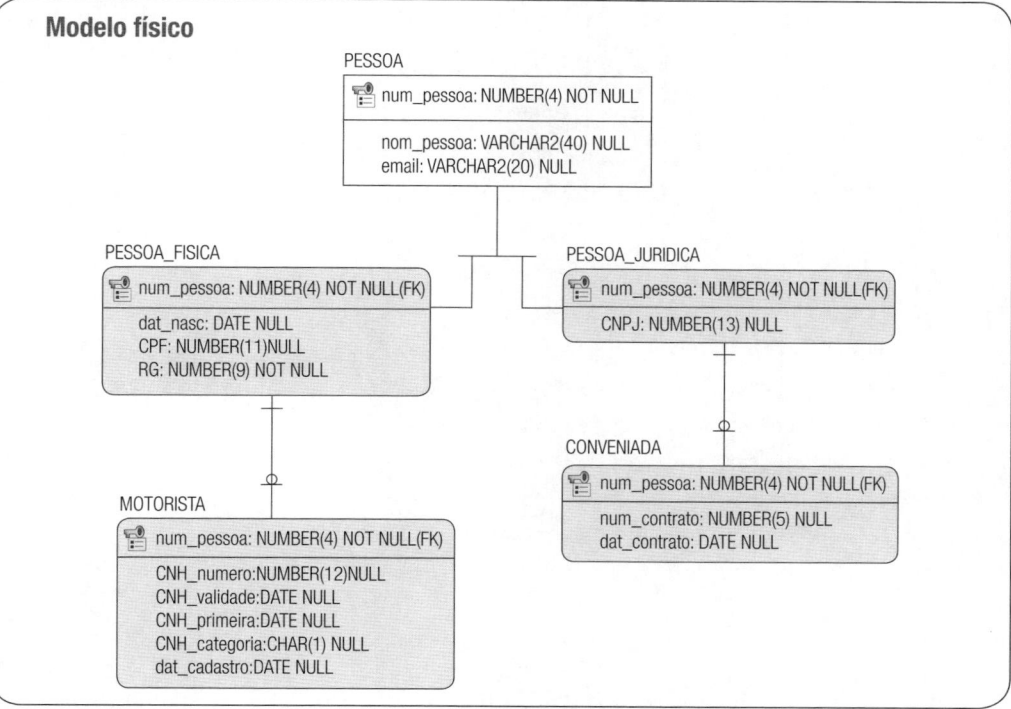

MOTORISTA
- num_pessoa: NUMBER(4) NOT NULL(FK)
- CNH_numero: NUMBER(12) NULL
- CNH_validade: DATE NULL
- CNH_primeira: DATE NULL
- CNH_categoria: CHAR(1) NULL
- dat_cadastro: DATE NULL

CONVENIADA
- num_pessoa: NUMBER(4) NOT NULL(FK)
- num_contrato: NUMBER(5) NULL
- dat_contrato: DATE NULL

Figura 6.7 – Comparativo entre relacionamentos do modelo lógico e do modelo físico de dados

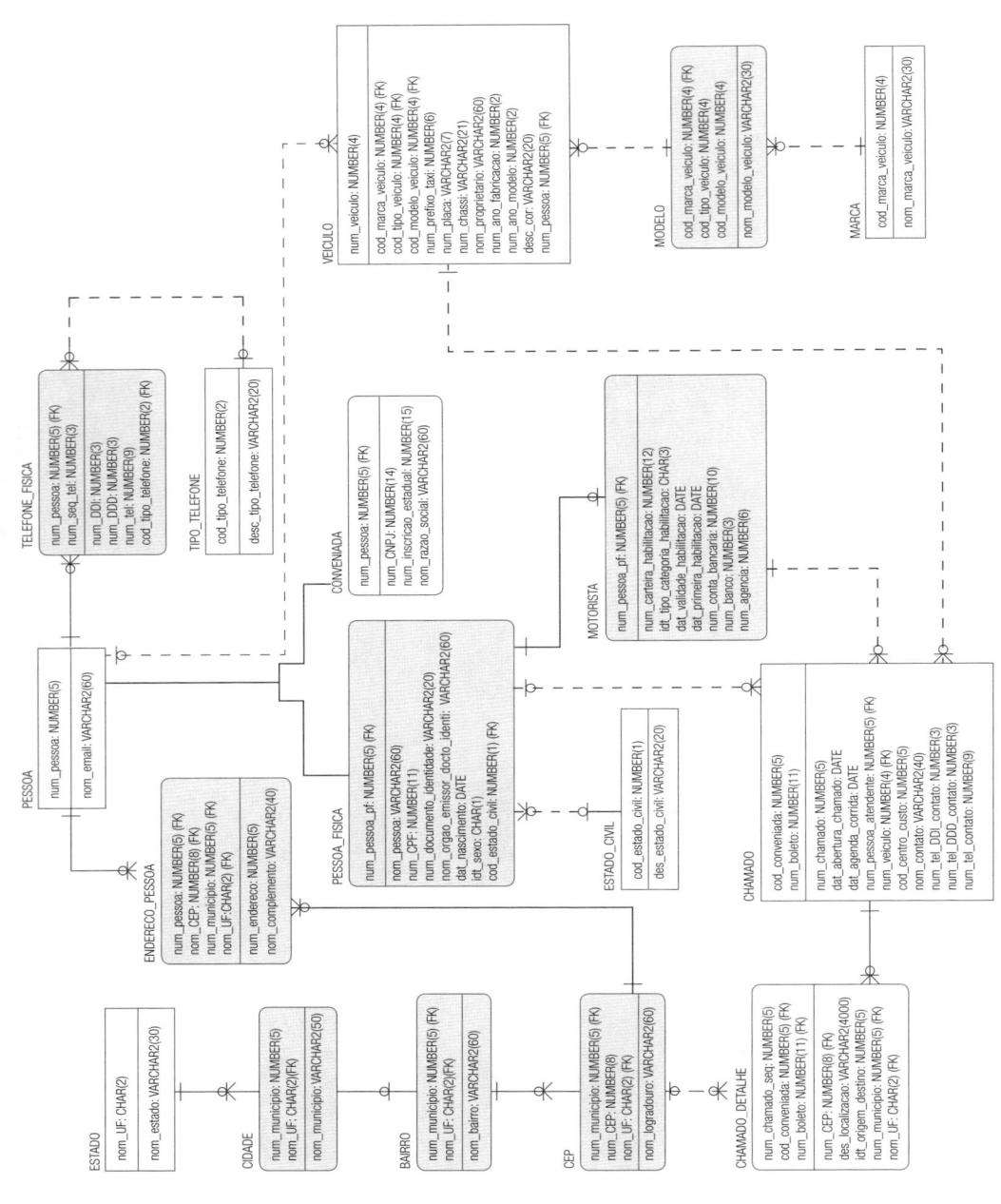

Figura 6.8 – Modelo físico de dados do cenário Rádio Táxi On-line (figura disponível na Sala Virtual, em <sv.pearson.com.br>)

MODELO FÍSICO DE DADOS

EXERCÍCIOS

▶ Para a resolução dos exercícios 1 e 2, considere o estudo de caso Rádio Táxi On-line e faça o Dicionário de Dados para as entidades dadas a seguir, conforme o modelo apresentado no Quadro 6.3.

1. Entidade PESSOA_FISICA

    PESSOA_FISICA

    num_pessoa_pf:NUMBER(5) (FK)

    nom_pessoa: VARCHAR(60)
    num_CPF: NUMBER(11)
    num_documento_identidade: VARCHAR(20)
    nom_orgao_emissor_docto_identi: VARCHAR(60)
    dat_nascimento: DATE
    idt_sexo: CHAR(1)
    cod_estado_civil: NUMBER(1) (FK)

2. Entidade VEICULO

    VEICULO

    num_veiculo:NUMBER(4)

    cod_marca_veiculo: NUMBER(4) (FK)
    cod_tipo_veiculo: NUMBER(4) (FK)
    cod_modelo_veiculo: NUMBER(4) (FK)
    num_prefixo_taxi: NUMBER(6)
    num_placa: VARCHAR2(7)
    num_chassi: VARCHAR2(21)
    nom_proprietario: VARCHAR2(60)
    num_ano_fabricacao: NUMBER(2)
    num_ano_modelo: NUMBER(2)
    desc_cor: VARCHAR2(20)
    num_pessoa: NUMBER(5) (FK)

▶ Para a resolução dos exercícios 3 a 5, calcule o espaço não ocupado pelo cabeçalho no banco de dados, considerando as informações dadas a seguir.

3. Considere DB_BLOCK_SIZE = 8192, KCBH = 20, UB4 = 4, KTBBH = 48, INITRANS = 2, KTBIT = 24 e KDBH = 14.

4. Considere DB_BLOCK_SIZE = 4192, KCBH = 20, UB4 = 4, KTBBH = 48, INITRANS = 5, KTBIT = 24 e KDBH = 14.

5. Considere DB_BLOCK_SIZE = 4192, KCBH = 20, UB4 = 4, KTBBH = 48, INITRANS = 6, KTBIT = 24 e KDBH = 14.

▶ Para a resolução dos exercícios 6 a 8, calcule o espaço livre do bloco de dados considerando as informações dadas a seguir.

6. Considere que o espaço não ocupado pelo cabeçalho no banco de dados é 7892, KBDT = 4 e PCTFREE = 10.

7. Considere que o espaço não ocupado pelo cabeçalho no banco de dados é 7492, KBDT = 4 e PCTFREE = 20.

8. Considere que o espaço não ocupado pelo cabeçalho no banco de dados é 3986, KBDT = 4 e PCTFREE = 40.

9. Sabendo que o tamanho médio de uma linha é 27 e o espaço livre de um bloco de dados é 8082, calcule a quantidade de registros que cabem em um bloco de dados.

10. Proponha o modelo físico de dados para o cenário Rádio Táxi On-line.

Implementação do modelo físico de dados

CAPÍTULO 7

Neste capítulo, serão estudadas as instruções para a implementação de um modelo de banco de dados, consistindo na criação de tabelas e estruturas mínimas necessárias para sua utilização. Neste momento, serão adotadas como estruturas mínimas as restrições necessárias para a introdução de regras de segurança e integridade do banco de dados.

A linguagem padrão para bancos de dados relacionais é a SQL, do inglês, sigla para *Structured Query Language* (Linguagem Estruturada para Consulta). Existem diversos Sistemas Gerenciadores de Banco de Dados Relacional (SGBDR) que possibilitam a utilização da linguagem SQL e que também oferecem recursos para administração e manutenção do banco de dados. Para ilustrar os exemplos, optamos por demonstrar o SGBDR Oracle 11g.

7.1 Introdução à linguagem SQL

Durante o desenvolvimento dos Bancos de Dados Relacionais, foram criadas linguagens destinadas a sua manipulação. No início dos anos de 1970, o Departamento de Pesquisas da IBM desenvolveu a linguagem SQL como forma de interface para o sistema de banco de dados relacional, denominado SYSTEM R. Inicialmente, a SQL foi chamada SEQUEL (*Structured English QUEry Language*). Em 1977, essa nomenclatura foi revisada e passou a ser chamada definitivamente de SQL (*Structured Query Language*).

Em 1986, o Instituto Nacional Americano de Padrões (*American National Standard Institute* – ANSI) em conjunto com a Organização Internacional de Padrões (*International Standards Organization* – ISO) publicou um padrão de linguagem SQL, conhecida como SQL-86 ou SQL-1, tornando-se então a linguagem padrão adotada para Bancos de Dados Relacionais. Sendo assim, os diferentes SGBDR, tais como Oracle, SQLServer, MySQL, DB2, entre outros, utilizam como linguagem padrão a SQL. A SQL-86 passou por algumas revisões: em 1992, que deu origem à SQL-92 ou SQL-2, em 1999, originando a SQL-99 ou SQL-3 e, no ano de 2003, a SQL-2003.

7.1.1 Características e instruções SQL

Em decorrência da padronização, a SQL apresenta algumas características que merecem destaque:

- As instruções padronizadas seguem a mesma nomenclatura e formato para os diferentes tipos de SGBD, respeitando as particularidades de cada um.
- A migração de um SGBD para outro não requer grandes mudanças.
- Quando ocorre a migração de um SGBD, a adaptação dos profissionais é facilitada, com redução de tempo e de custos para treinamentos, pois as instruções possuem nomes e funcionalidades iguais.
- Portabilidade entre as plataformas.

A SQL possui três categorias de instruções:

1. *DDL – Data Definition Language*: utilizada para definição e descrição dos dados.
2. *DML – Data Manipulation Language*: utilizada para manipulação de dados. Na DML, existe uma subcategoria de instruções, chamada *Data Control Language* (DCL), que é utilizada para controlar o acesso aos dados.
3. *TCL – Transact Control Language*: utilizadas para controle de transações.

Veja mais informações sobre cada categoria de instruções nos Quadros 7.1, 7.2, 7.3 e 7.4.

Quadro 7.1 Categorias de instruções DDL – *Data Definition Language*

Finalidade	Definição e manutenção das estruturas do banco de dados, tais como a criação do próprio banco de dados e das tabelas que o compõem, além das relações entre as tabelas e os objetos do banco de dados.
Instruções	
Create	Criação de estruturas de objetos do banco de dados.
Alter	Alteração da estrutura de objetos do banco de dados.
Drop	Eliminação das estruturas de objetos do banco de dados.
Truncate	Exclusão física de linhas de tabelas.
Rename	Renomeação de objetos do banco de dados.
Comment	Inclusão de comentários aos objetos do banco de dados.

Quadro 7.2 Categorias de instruções DML – *Data Manipulation Language*

Finalidade	Consultas, inserções, exclusões e alterações em um ou mais registros, de uma ou mais tabelas, de maneira simultânea.
Instruções	
Insert	Inserção de dados.
Update	Alteração de dados.
Delete	Exclusão de dados.
Select	Consulta de dados.
Merge	Combinação das instruções `insert`, `update` e `delete`.

Quadro 7.3 Subcategorias de instruções DCL – *Data Control Language*

Finalidade	Controle dos privilégios de usuários, de forma que o administrador do banco de dados possa determinar o nível de acesso de um usuário aos objetos do banco de dados, concedendo privilégios ou retirando esse acesso e revogando os privilégios.
Instruções	
Grant	Atribuição de privilégios aos usuários do banco de dados.
Revoke	Revogação de privilégios dos usuários do banco de dados.

Quadro 7.4 Categorias de instruções TCL – *Transact Control Language*

Finalidade	Controle de transações, consideradas o conjunto de uma ou mais operações DML realizadas no banco de dados.
Instruções	
Commit	Confirmação das manipulações.
Rollback	Desistência das manipulações.
Savepoint	Criação de pontos para o controle das transações.

7.2 Definição e manutenção de dados – operações DDL

A categoria de instruções DDL possibilita criar, alterar, excluir e renomear estruturas de objetos do banco de dados, além de inserir comentários nos objetos. Sendo assim, perceba que a categoria é responsável pela definição e manutenção das estruturas do banco de dados. As seções a seguir mostrarão como aplicar as instruções dessa categoria na implementação de um banco de dados.

7.3 Esquemas

Para iniciar a implementação de um banco de dados, cada usuário possui uma "área de trabalho" denominada "esquema". O esquema é um elemento do banco de dados que agrupa os demais objetos pertencentes a um determinado usuário, tais como tabelas, visões, índices, entre outros. Ao criar um usuário, automaticamente um esquema também é criado para ele, e, como consequência, o nome do esquema é o mesmo que o do usuário.

7.4 Tabelas

As tabelas são objetos do banco de dados preparados para o armazenamento de dados originários de diversos tipos de transações, por exemplo, de aplicações web, programas comerciais e sistemas de apoio à decisão ou manipulação direta.

As tabelas são compostas por registros (linhas) que, por sua vez, são compostos por campos (colunas). Os campos devem ser definidos de acordo com o tipo de dado que será armazenado e com as regras a serem respeitadas. Nas etapas de projeto e de implementação do banco de dados, esses termos podem ser identificados de outra maneira. Veja no Quadro 7.5 uma comparação entre os termos utilizados em cada uma dessas etapas.

Quadro 7.5 Comparativo entre termos de projeto e implementação de banco de dados

Projeto de banco de dados	Implementação de banco de dados
Entidade	Tabela
Tupla ou registro	Registro ou linha
Atributo	Campo ou coluna
Restrições	Restrições ou `constraints`

7.4.1 Criação de tabelas

Parte da categoria de operações DDL, a instrução `create` é utilizada para a criação de tabelas e outros objetos do banco de dados. Para criar uma tabela, é necessário que o usuário tenha privilégios, além de uma área para armazenamento dos dados. A sintaxe simplificada para a criação de tabelas é:

> **PONTO DE ATENÇÃO**
> O uso de colchetes [ ] indica que o uso da instrução é opcional.

LINGUAGEM DE PROGRAMAÇÃO

Criação de tabela

```
CREATE TABLE [esquema.]tabela
(nome da coluna tipo do dado [DEFAULT expr]
[constraint da coluna],
...,
[constraint da tabela]);
```

Elementos e funcionalidades	
esquema	Nome do proprietário da tabela. Quando omitido, a tabela é criada no esquema do usuário corrente.
tabela	Nome da tabela.
DEFAULT expr	Valor *default* que será utilizado quando um dado inserido for omitido.
coluna	Identificador, ou seja, o nome da coluna.
tipos de dados	Tipos de dado e tamanho da coluna.
constraint	Restrições da coluna. Quando o nome da `constraint` é omitido, o Oracle assume uma identificação para a restrição (essa cláusula é opcional).

Para a nomeação de tabelas e colunas, existem algumas convenções que devem ser seguidas:

- Começar sempre com uma letra.
- Ter entre 1 e 30 caracteres.
- Conter somente A–Z, a–z, 0–9, _, $ e #.
- Não duplicar o nome de outro objeto de propriedade do mesmo usuário.
- Não ser uma palavra reservada da linguagem, como o nome de instruções.

> **DICA**
> No site da Oracle, é possível obter mais detalhes sobre os tipos de dados. Acesse <http://docs.oracle.com/cd/B28359_01/server.111/b28318/datatype.htm>.

Veja alguns tipos de dados disponíveis no Oracle, no Quadro 7.6:

Quadro 7.6   Tipos de dados no Oracle

Tipos de dado	Descrição
VARCHAR2(tamanho)	Dados de caractere de comprimento variável. O tamanho deve ser especificado, sendo o dado mínimo de caractere 1 e o máximo 4.000.
CHAR(tamanho)	Dados de caractere de comprimento fixo. O tamanho *default* mínimo de caracteres é 1 e o máximo 2.000.
NUMBER(p,s)	Dados numéricos de comprimento variável, em que p é o tamanho total e s, a parte correspondente aos decimais. O tamanho (p) pode variar entre 1 e 38 caracteres, e a escala (s) entre 84 e 127.
DATE	Valores de data e hora.
LONG	Dados de caractere de comprimento variável até 2 gigabytes.
RAW	Dados binários brutos. O tamanho máximo é de 2.000 caracteres e deve ser especificado.
LONG RAW	Dados binários brutos de tamanho variável. O tamanho máximo é de 2 gigabytes.
CLOB	Dados de caractere, podendo variar entre 1 byte e 4 gigabytes.
BLOB	Dados binários de até 4 gigabytes.
BFILE	Dados binários armazenados em um arquivo externo de até 4 gigabytes.
ROWID	Sistema numérico de base 64, que representa o endereço exclusivo de uma linha na tabela.
TIMESTAMP (frações de segundo)	Data e hora armazenados com frações de segundo, onde frações de segundo podem ser um valor entre 0 e 9. O valor *default* é 6.
TIMESTAMP (frações de segundo) WITH TIME ZONE	Armazena, além de data e hora com frações de segundo, o deslocamento de fuso horário, isto é, a diferença entre a hora local e o UTC (*Coordinated Universal Time*).
TIMESTAMP (frações de segundo) WITH LOCAL TIME ZONE	Oracle retorna os dados no fuso horário local da sessão dos usuários, porém não armazena o deslocamento de fuso horário.
INTERVAL TO MONTH	Intervalos de anos e meses armazenam a diferença entre dois valores de datas e horas, sendo as partes importantes: mês e ano.
INTERVAL DAY TO SECOND	Intervalos de dias, horas, minutos e segundos armazenam a diferença entre dois valores de datas e horas.

EXEMPLO 1

Criação da tabela PESSOA_FISICA

A tabela `PESSOA_FISICA` será criada a partir da instrução `create table`, com base na estrutura apresentada na Tabela 7.1.

Tabela 7.1 Estrutura da tabela PESSOA_FISICA (simplificada)

Coluna	Tipo de dado	Tamanho
num_pessoa_pf	numérico inteiro	5
nom_pessoa	alfanumérico	30
num_CPF	numérico inteiro	11
dat_nascimento	data	padrão
idt_sexo	caractere	1

Sintaxe

```
1  CREATE TABLE PESSOA_FISICA
2  ( num_pessoa_pf      NUMBER(5),
3    nom_pessoa         VARCHAR2(30),
4    num_CPF            NUMBER(11),
5    dat_nascimento     DATE,
6    idt_sexo           CHAR(1));

Table created.
```

Perceba que, ao final da linha de programação, é emitida a mensagem `Table created`. Isso acontece porque o processo de criação da tabela foi bem sucedido. Caso contrário, será apresentada uma mensagem de erro e a tabela não será criada.

Já a instrução `describe` é utilizada para exibir a estrutura de uma tabela:

Sintaxe

```
DESCRIBE PESSOA_FISICA
Nome                              Nulo?      Tipo
NUM_PESSOA_PF                                NUMBER(5)
NOM_PESSOA                                   VARCHAR2(50)
NUM_CPF                                      NUMBER(11)
DAT_NASCIMENTO                               DATE
IDT_SEXO                                     VARCHAR2(1)
COD_ESTADO_CIVIL                             NUMBER(2)
```

7.4.2 Alteração de tabelas

Após a criação das tabelas, pode ser necessária a alteração da sua estrutura, que pode interferir, por exemplo, na inserção de uma nova coluna, na redefinição da estrutura de uma coluna, ou na inserção e alteração de uma restrição. A instrução ALTER TABLE, que pertence à categoria DDL, possibilita a realização dessas alterações.

> **PONTO DE ATENÇÃO**
> A numeração das linhas, vista nos exemplos, é ilustrativa e não faz parte da instrução. No ambiente SQL*Plus, a numeração das linhas é aplicada automaticamente a cada *enter*.

7.4.3 Inserção de novas colunas

Para adicionar novas colunas a uma tabela deve-se utilizar a sintaxe:

LINGUAGEM DE PROGRAMAÇÃO

Inserção de tabela

```
ALTER TABLE tabela
ADD (nome da coluna tipo de dado [restrições],...);
```

> **PONTO DE ATENÇÃO**
> Se uma tabela já tiver linhas quando uma coluna for adicionada, a nova coluna será inicialmente nula para todas as linhas existentes.

Elementos e funcionalidades	
tabela	Nome da tabela que será alterada, apresentando a nova coluna ou restrição especificada.
ADD	Adicionar colunas ou restrições à tabela.
nome da coluna	Nome da coluna que será acrescentada.
tipo de dado	Tipo de dado da coluna que será acrescentada.
restrições	Especificação das restrições para a coluna acrescentada, caso seja necessário.

EXEMPLO 2

Inserção da coluna cod_estado_civil

Para adicionar a coluna cod_estado_civil, sendo ela numérica com duas posições, na tabela PESSOA_FISICA, deve-se utilizar a sintaxe:

```
1  ALTER TABLE PESSOA_FISICA
2  ADD (cod_estado_civil NUMBER(2));
```

As restrições da coluna – que serão estudadas na seção 7.5 – também podem ser definidas, nesse caso, no nível da coluna. A nova coluna, então, torna-se a última da tabela.

7.4.4 Modificação de colunas

Para modificar a estrutura das colunas, deve-se utilizar a cláusula MODIFY em conjunto com a instrução ALTER TABLE, conforme a sintaxe:

LINGUAGEM DE PROGRAMAÇÃO

Alteração de colunas

```
ALTER TABLE  tabela
MODIFY      (coluna especificações);
```

Elementos e funcionalidades	
tabela	Nome da tabela.
MODIFY	Palavra reservada que indica modificação na estrutura da coluna.
coluna	Nome da coluna que sofrerá alterações.
especificações	Tipo de dado, tamanho, restrições etc.

PONTO DE ATENÇÃO

Uma alteração no valor *default* de uma coluna afeta somente as novas inserções. Uma coluna pode ser especificada como NOT NULL – restrição que será vista na seção 7.5.1 – somente se a tabela não tiver linhas.

EXEMPLO 3

Alteração da coluna nom_pessoa_pf

Para alterar a estrutura da coluna nom_pessoa_pf, da tabela PESSOA_FISICA, para 70 caracteres alfanuméricos, deve-se utilizar a sintaxe:

```
ALTER TABLE    PESSOA_FISICA
MODIFY        (nom_pessoa_pf VARCHAR2(70));
```

Com a sintaxe apresentada no Exemplo 3 é possível:

- Aumentar a largura ou a precisão de uma coluna numérica.
- Diminuir a largura de uma coluna, caso contenha somente nulos e/ou se a tabela não tiver linhas.
- Alterar o tipo de dado, caso a coluna contenha nulos.
- Converter uma coluna CHAR para o tipo de dado VARCHAR2, ou vice-versa, caso a coluna contenha nulos ou o tamanho da coluna não tenha sido alterado.

7.4.5 Exclusão de tabela

A instrução DROP TABLE remove a definição de uma tabela. Isso significa que a estrutura da tabela é excluída permanentemente, incluindo os dados e os índices associados a ela. Para excluir uma tabela, deve-se aplicar a seguinte sintaxe:

LINGUAGEM DE PROGRAMAÇÃO

Exclusão de tabela

```
DROP TABLE tabela;
```

EXEMPLO 4

Exclusão da tabela PESSOA_FISICA

Para excluir a tabela `PESSOA_FISICA`, basta aplicar a sintaxe:
```
DROP TABLE PESSOA_FISICA;
```

PONTO DE ATENÇÃO

A instrução DROP TABLE, uma vez executada, é irreversível. O Oracle Server não apresenta nenhuma mensagem questionando a ação ao emitir a instrução. Caso o usuário possua tal tabela ou um privilégio de nível superior, então a tabela será imediatamente removida.

Veja o que acontece ao excluir uma tabela:

- Todos os dados relacionados a ela também serão eliminados.
- As *views* e sinônimos não serão eliminados, porém serão invalidados.
- Todas as transações pendentes sofrerão `commit` – instrução pertencente à categoria TCL, que será vista no Capítulo 8.
- Somente o criador da tabela ou um usuário com o privilégio `drop any table` poderá remover uma tabela.

7.5 Restrições

As restrições são instruções que impõem regras à manipulação dos dados. Para ficar mais claro, pense que uma restrição pode, por exemplo, determinar que um campo deva ser preenchido obrigatoriamente, caso contrário apresentará uma mensagem de notificação para o usuário e impedirá a finalização do registro. Para impedir que dados inválidos sejam digitados nas tabelas, são utilizadas as restrições, garantindo a consistência dos dados. Veja no Quadro 7.7 os tipos de restrição válidos no Oracle.

Quadro 7.7   Restrições válidas no Oracle

Restrição	Funcionalidade
NOT NULL	Impõe a inserção obrigatória de dados na coluna.
UNIQUE	Recusa dados com valores já inseridos em outros registros.
PRIMARY KEY	Define uma ou mais colunas como chave primária da tabela.
FOREIGN KEY	Define uma ou mais colunas como chave estrangeira da tabela.
CHECK	Especifica uma lista de valores que serão utilizados para validar a inserção de um dado.

> **PONTO DE ATENÇÃO**
>
> Restrições (chaves) compostas por mais de uma coluna devem, obrigatoriamente, ser especificadas no nível da tabela.

Todas as restrições são denominadas `constraints` e ficam armazenadas no Dicionário de Dados (DD). As restrições não nomeadas serão identificadas pelo Oracle com o formato `SYS_cn`, em que *n* é um número inteiro para criar o nome de uma restrição exclusiva.

As restrições podem ser definidas em dois momentos: durante a criação da tabela, ou posteriormente, por meio da alteração da tabela. Também é possível desativar as restrições temporariamente. Além disso, existem duas maneiras de impor as restrições: no nível de coluna, isto é, quando a coluna está sendo descrita; ou no nível de tabela, após a descrição da coluna.

As sintaxes que devem ser aplicadas para definir as restrições são:

LINGUAGEM DE PROGRAMAÇÃO

Sintaxe de restrições

- Restrição nomeada no nível da coluna:
  ```
  nome_da_coluna tipo_do_dado [DEFAULT expr]constraint nome_restrição tipo_da_restrição
  ```
- Restrição não nomeada no nível da coluna:
  ```
  nome_da_coluna tipo_do_dado [DEFAULT expr]tipo_da_restrição
  ```
- Restrição nomeada no nível da tabela:
  ```
  constraint nome_restrição tipo_da_restrição(nome da coluna)
  ```
- Restrição não nomeada no nível da tabela:
  ```
  constraint nome_restrição tipo_da_restrição(nome da coluna)
  ```

Elementos e funcionalidades	
`constraint`	Palavra reservada, de uso opcional, para especificar uma restrição.
`nome_restrição`	Nome da restrição, opcional. Quando utilizada deve ser precedida da palavra reservada `constraint`.
`tipo_da_restrição`	Tipo da restrição que será implementada.
`(nome da coluna)`	Nome da coluna que receberá a restrição. Aplica-se à definição de restrições no nível da tabela.

Nas próximas seções, serão apresentadas cada uma das restrições, suas características e exemplos.

7.5.1 Restrição *not null*

*N*ulo ou *null* é a ausência de valor e ocorre quando um campo não é preenchido, isto é, quando não há dado. A restrição `NOT NULL` assegura que nulos não sejam permitidos na coluna, determinando o preenchimento obrigatório dos campos com esta restrição. As colunas sem uma restrição NOT NULL podem não conter valores por *default*.

EXEMPLO 5

Restrição NOT NULL na tabela PESSOA_FISICA

Retomando o Exemplo 1, veja como reescrever a tabela PESSOA_FISICA para adicionar a restrição NOT NULL às colunas nom_pessoa e dat_nascimento.

```
1   CREATE TABLE PESSOA_FISICA
2   ( num_pessoa_pf       NUMBER(5),
3     nom_pessoa VARCHAR2(30) constraint
nn_P_FISICA_nom_pessoa NOT NULL,
4     num_CPF              NUMBER(11),
5     dat_nascimento       DATE NOT NULL,
6     idt_sexo             CHAR(1));
```

Observe que, na linha 3, a restrição está sendo identificada, já na linha 5, o mesmo não ocorre. Nesse caso, o Oracle a identificará de acordo com o seu padrão de identificação SYS_cn. Para identificar uma restrição, deve-se utilizar a palavra reservada constraint após a definição do campo. Em seguida, é necessário indicar o nome da restrição nn_P_FISICA_nom_pessoa_pf e, por último, o tipo da restrição NOT NULL, conforme a instrução da linha 3.

Definir uma restrição não identificada no nível da coluna requer apenas a indicação do tipo da restrição logo após a definição da instrução disponível na linha 5.

DICA

A restrição NOT NULL deve ser, obrigatoriamente, definida no nível da coluna.

PONTO DE ATENÇÃO

Caso tenha criado a tabela, não será possível recriá-la. Portanto, será necessário excluí-la (sintaxe vista na seção 7.4.4).

Para verificar se as colunas da tabela têm preenchimento obrigatório, utilize a instrução DESCRIBE, conforme o Exemplo 6.

EXEMPLO 6

Instrução DESCRIBE na verificação da restrição NOT NULL

```
DESCRIBE PESSOA_FISICA
Nome                          Nulo?            Tipo
NUM_PESSOA_PF                                  NUMBER(5NOM_PESSOA
NOT NULL              VARCHAR2(50)
NUM_CPF                                        NUMBER(11)
DAT_NASCIMENTO                NOT NULL         DATE
IDT_SEXO                                       VARCHAR2(1)
COD_ESTADO_CIVIL                               NUMBER(2)
```

7.5.2 Restrição *unique key*

Uma restrição de integridade `unique key` impõe que cada valor em uma coluna ou conjunto de colunas (chave) seja exclusivo — ou seja, duas linhas de uma tabela não podem ter valores duplicados em uma coluna específica, ou em um conjunto de colunas. A coluna ou a chave incluída na definição da restrição `unique key` é chamada *chave exclusiva*. Se a chave `unique` contiver mais de uma coluna, tal grupo de colunas é considerado uma *chave exclusiva composta*. A restrição `unique key` pode ser definida no nível da coluna ou no da tabela.

EXEMPLO 7

Restrição UNIQUE KEY no nível da coluna

Para aplicar a restrição `unique` no nível da coluna, deve-se aplicar a sintaxe:

```
1  CREATE TABLE PESSOA_FISICA
2  ( num_pessoa_pf       NUMBER(5),
3    nom_pessoa VARCHAR2(30) constraint nn_P_FISICA_nom_pessoa NOT NULL,
4    num_CPF             NUMBER(11) constraint uk_P_FISICA_num_CPF unique,
5    dat_nascimento      DATE NOT NULL,
6    idt_sexo            CHAR(1));
```

Na linha 4, observe que a restrição é definida no nível da coluna e foi nomeada. Para identificar uma restrição, é necessário o uso da palavra reservada `constraint`, seguida da indicação do nome da restrição `uk_P_FISICA_num_CPF` e, por último, o tipo da restrição `unique`.

Para definir a restrição não nomeada, não é necessária a utilização da palavra reservada `constraint`. Nesse caso, a instrução pode ser escrita da seguinte maneira:

```
num_CPF NUMBER(11) unique,
```

EXEMPLO 8

Restrição UNIQUE KEY no nível da tabela

A restrição `unique` também pode ser definida no nível da tabela. Nesse caso, a restrição é imposta após a definição da coluna, que ocorre na linha 4:

```
1  CREATE TABLE PESSOA_FISICA
2  ( num_pessoa_pf       NUMBER(5),
3    nom_pessoa VARCHAR2(30) constraint nn_P_FISICA_nom_pessoa NOT NULL,
4    num_CPF             NUMBER(11),
5    dat_nascimento      DATE NOT NULL,
6    idt_sexo            CHAR(1),
7    constraint uk_P_FISICA_num_CPF unique(CPF));
```

Na linha 7 define-se uma restrição identificada. Para isso, deve-se utilizar a palavra reservada `constraint`, seguida do nome da restrição `uk_P_FISICA_num_CPF` e, por último, o tipo de restrição com o nome do campo que receberá a restrição `unique(CPF)` entre parênteses.

EXEMPLO 9

Restrição UNIQUE não nomeada

Para definir uma restrição não nomeada, basta omitir a palavra `constraint` e o nome da restrição uk_P_FISICA_num_CPF, conforme apresentado na linha 7 a seguir:

```
1   CREATE TABLE PESSOA_FISICA
2   ( num_pessoa_pf      NUMBER(5),
3     nom_pessoa VARCHAR2(30) constraint
nn_P_FISICA_nom_pessoa NOT NULL,
4     num_CPF            NUMBER(11),
5     dat_nascimento     DATE NOT NULL,
6     idt_sexo           CHAR(1)
7     unique(CPF));
```

> **PONTO DE ATENÇÃO**
> Um índice UNIQUE é automaticamente criado para uma coluna PRIMARY KEY.

7.5.3 Restrição *primary key*

A *chave primária* é uma coluna – ou um conjunto de colunas – que identifica exclusivamente cada registro em uma tabela. Essa restrição impõe a exclusividade da coluna ou combinação de colunas, assegurando que nenhuma coluna que seja parte da chave primária seja nula. Essa restrição pode ser definida no nível da tabela ou no da coluna.

EXEMPLO 10

Restrição PRIMARY KEY no nível da coluna

Para aplicar a restrição `primary key` no nível da coluna, observe a sintaxe a seguir:

```
1   CREATE TABLE PESSOA_FISICA
2   ( num_pessoa_pf     NUMBER(5)constraint pk_P_FISICA_num_pessoa_pf primary key,
3     nom_pessoa VARCHAR2(30) constraint nn_P_FISICA_nom_pessoa NOT NULL,
4     num_CPF           NUMBER(11) constraint uk_P_FISICA_num_CPF unique,
5     dat_nascimento    DATE NOT NULL,
6     idt_sexo          CHAR(1));
```

Para impor a restrição `primary key` não nomeada no nível de coluna, acompanhe a sintaxe:

`num_pessoa_pf NUMBER(5) primary key,`

> **PONTO DE ATENÇÃO**
>
> A definição da chave primária composta deve ser feita somente no nível da tabela.

EXEMPLO 11

Restrição PRIMARY KEY no nível da tabela

Para aplicar a restrição `primary key` no nível da tabela, utilize a sintaxe:

```
1   CREATE TABLE PESSOA_FISICA
2   ( num_pessoa_pf       NUMBER(5),
3     nom_pessoa VARCHAR2(30) constraint
nn_P_FISICA_nom_pessoa NOT NULL,
4     num_CPF             NUMBER(11) constraint
uk_P_FISICA_num_CPF unique,
5     dat_nascimento      DATE NOT NULL,
6     idt_sexo            CHAR(1)
7     constraint pk_P_FISICA_num_pessoa_pf primary
key(num_pessoa_pf));
```

Para impor a restrição `primary key` não nomeada no nível da tabela, aplique a sintaxe:

```
primary key(num_pessoa_pf);
```

EXEMPLO 12

Restrição PRIMARY KEY composta

Para exemplificar a criação da chave primária composta, será utilizada a Tabela 7.2, que apresenta a seguinte estrutura:

Tabela 7.2 Estrutura da tabela MODELO

Coluna	Tipo de dado	Tamanho	Restrição
cod_marca_veiculo	numérico inteiro	3	chave primária
cod_modelo_veiculo	numérico inteiro	3	
nome_modelo_veiculo	alfanumérico	40	preenchimento obrigatório

```
1 CREATE TABLE MODELO   (
2 cod_marca_veiculo     NUMBER(3),
3 cod_modelo_veiculo    NUMBER(3),
4 nom_modelo_veiculo    VARCHAR2(40) NOT NULL,
5       constraint      pk_MODELO_marca_tipo_modelo primary key(cod_marca_
veiculo,cod_tipo_veiculo, cod_modelo_veiculo));
```

Perceba que as colunas que compõem a chave primária foram definidas nas linhas 2 e 3 e, na linha 5, a restrição foi implementada.

7.5.4 Restrição *foreign key*

Essa restrição é de integridade referencial, que designa uma coluna ou combinação de colunas como a *chave estrangeira* e estabelece um relacionamento entre a chave primária, ou uma chave exclusiva, na mesma tabela ou em uma tabela diferente. O valor de chave estrangeira deve corresponder ao valor existente na tabela-mãe.

As chaves estrangeiras são baseadas nos valores dos dados, sendo uma relação lógica e não física. Essa restrição pode ser definida no nível da coluna ou no da tabela. No nível da coluna, a sintaxe é a seguinte:

LINGUAGEM DE PROGRAMAÇÃO

Restrição FOREIGN KEY no nível da coluna

```
nome_coluna tipo_dado [constraint nome_constraint] references tabela_origem(coluna));
```

Elementos e funcionalidades	
`constraint`	Palavra reservada, de uso opcional, para especificar uma restrição.
`nome_restrição`	Nome da restrição, seu uso é opcional. Quando utilizado, deve ser precedido da palavra reservada `constraint`.
`tipo_da_restrição`	Tipo da restrição que será implementada.
`references`	Estabelece referência entre as colunas.
`tabela_origem`	Nome da tabela na qual o campo é chave primária.
`(coluna)`	Nome da coluna-pai do relacionamento, que deve ser chave primária ou única na tabela de origem.

No nível da tabela, a sintaxe é a seguinte:

LINGUAGEM DE PROGRAMAÇÃO

Restrição FOREIGN KEY no nível da tabela

```
[constraint nome_constraint] TIPO_RESTRIÇÃO (coluna_fk) REFERENCES tabela_origem(coluna));
```

Elementos e funcionalidades	
`constraint`	Palavra reservada, de uso opcional, para especificar uma restrição.
`nome_restrição`	Nome da restrição, seu uso é opcional. Quando utilizado deve ser precedido da palavra reservada `constraint`.
`tipo_da_restrição`	Tipo da restrição que será implementada (foreign key).
`(coluna_fk)`	Nome da coluna que receberá a restrição de chave estrangeira.
`REFERENCES`	Estabelece referência entre as colunas.
`tabela_origem`	Nome da tabela na qual o campo é chave primária.
`(coluna)`	Nome da coluna-pai do relacionamento, que deve ser chave primária ou única na tabela de origem.

EXEMPLO 13

Restrição de chave estrangeira no nível da coluna

Para exemplificar a relação estabelecida entre tabelas, utilizaremos as tabelas VEICULO, MODELO e MARCA em versão simplificada[1], relacionadas de acordo com o modelo relacional, apresentado na Figura 7.1.

VEICULO
- num_veiculo
- cod_marca_veiculo (FK)
- cod_modelo_veiculo (FK)
- num_prefixo_taxi
- num_placa
- num_chassi
- num_ano_fabricacao
- num_ano_modelo
- des_cor

MODELO
- cod_marca_veiculo (FK)
- cod_modelo_veiculo
- nom_modelo_veiculo

MARCA
- cod_marca_veiculo (FK)
- nom_marca_veiculo

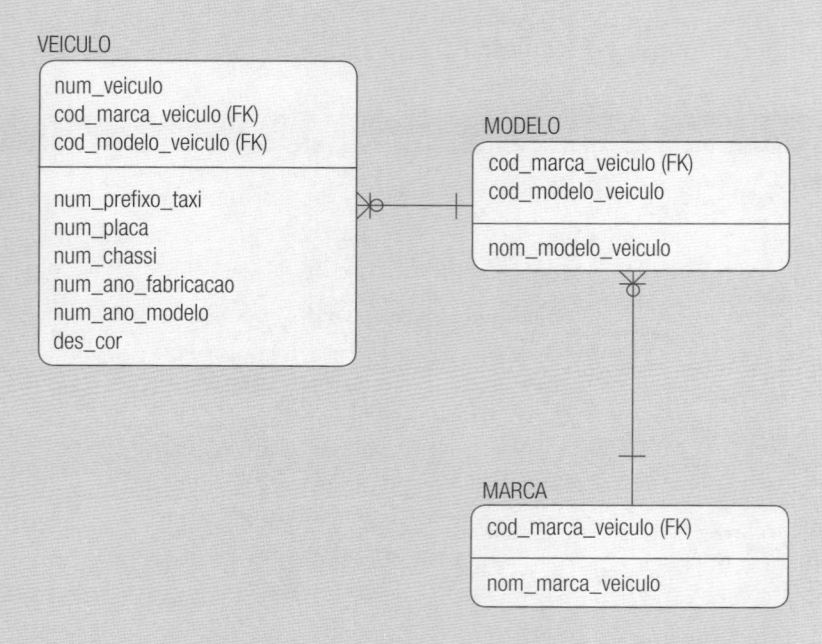

Figura 7.1 – Modelo relacional envolvendo as tabelas VEICULO, MARCA e MODELO

Observe a Tabela 7.3, que apresenta a descrição da estrutura da tabela MODELO.

Tabela 7.3 Descrição da tabela MODELO

Coluna	Tipo de dado	Tamanho	Restrições
cod_marca_veiculo	NUMBER	3	Chave estrangeira com referência para MARCA (cod_marca_veiculo)
cod_modelo_veiculo	NUMBER	3	
nom_modelo_veiculo	VARCHAR2	40	Preenchimento obrigatório

Continua

---

1 No exemplo, não são utilizadas todas as colunas requeridas para implementação do modelo.

IMPLEMENTAÇÃO DO MODELO FÍSICO DE DADOS 185

Continuação

> **PONTO DE ATENÇÃO**
>
> A tabela MARCA será referenciada pela tabela MODELO, sendo assim, precisa ser criada antes.

Perceba que a chave primária é composta pelas colunas: `cod_marca_veiculo` e `cod_modelo_veiculo`. Para aplicar a restrição, utilize a sintaxe:

```
1   CREATE TABLE MODELO (
2      cod_marca_veiculo    NUMBER(3) constraint fk_MODELO_cod_marca references MARCA(cod_marca_veiculo),
3      cod_modelo_veiculo   NUMBER(3),
4      nom_modelo_veiculo   VARCHAR2(40) NOT NULL,
5      constraint pk_MODELO_marca_modelo primary key (cod_marca_veiculo, cod_modelo_veiculo));
```

Na linha 2, são definidas a coluna `cod_marca_veiculo` e a restrição de chave estrangeira, que faz referência à tabela `MARCA` na coluna `cod_marca_veiculo`. Veja que a restrição é criada no nível da coluna. A coluna `MARCA (cod_marca_veiculo)` é pai do relacionamento, pois ela é referenciada pela coluna `MODELO (cod_marca_veiculo)`. A tabela `MODELO` requer uma chave primária composta pelas colunas `cod_marca_veiculo` e `cod_modelo_veiculo`, conforme a linha 5.

EXEMPLO 14

Restrição de chave estrangeira no nível da tabela

Para exemplificar a criação de chave estrangeira composta, neste exemplo, será demonstrada a criação da Tabela 7.4. Vale lembrar que restrições compostas podem ser criadas somente no nível da tabela.

Tabela 7.4 Descrição da tabela VEICULO

Coluna	Tipo de dado	Tamanho	Restrições
`num_veiculo`	NUMBER	5	Chave primária
`cod_marca_veiculo`	NUMBER	3	Chave estrangeira composta com referência para MARCA(cod_marca_veiculo, cod_veiculo)
`cod_modelo_veiculo`	NUMBER	3	
`num_prefixo_taxi`	NUMBER	5	Preenchimento obrigatório
`num_placa`	VARCHAR2	7	Preenchimento obrigatório
`num_chassi`	VARCHAR2	21	Preenchimento obrigatório
`num_ano_fabricacao`	NUMBER	4	
`num_ano_modelo`	NUMBER	4	
`des_cor`	NUMBER	3	

Continua

Continuação

Para aplicar a restrição, utilize a sintaxe:

```
1  CREATE TABLE VEICULO   (
2  num_veiculo    NUMBER(5) constraint pk_VEICULO_num_veiculo primary key,
3  cod_marca_veiculo            NUMBER(3),
4  cod_modelo_veiculo           NUMBER(3),
5  num_prefixo_taxi             NUMBER(5) NOT NULL,
6  num_placa                    VARCHAR2(7) NOT NULL,
7  num_chassi                   VARCHAR2(21) NOT NULL,
8  num_ano_fabricacao           NUMBER(4),
9  num_ano_modelo               NUMBER(4),
10 des_cor                      NUMBER(3),
11 constraint fk_VEICULO_marca_modelo
FOREIGN KEY (cod_marca_veiculo, cod_modelo_veiculo)
REFERENCES Modelo (cod_marca_veiculo, cod_modelo_veiculo));
```

Na linha 11, é descrita a restrição de chave estrangeira. Quando a restrição é imposta no nível da tabela, a palavra reservada `FOREIGN KEY` é obrigatória, desse modo, a coluna ou as colunas, que serão chave estrangeira, devem ser relacionadas logo após `FOREIGN KEY (cod_marca_veiculo, cod_modelo_veiculo)`. Em seguida, deve ser indicada a coluna, ou as colunas, referenciadas – `REFERENCES Modelo (cod_marca_veiculo, cod_modelo_veiculo)`.

7.5.5 Restrição *check*

A restrição `check` define uma condição que deve ser atendida a cada registro de uma tabela, isto é, os dados que serão inseridos na coluna devem pertencer a um conjunto de valores predefinidos. Podem ser utilizados operadores de comparação – que serão estudados de forma detalhada no Capítulo 9 – para a delimitação dos valores a serem aceitos para a coluna. Entre os operadores de comparação, encontram-se: >, <, >=, <=, `in`, `not in`, `not between`, `between`, =, <>. Veja, nos exemplos a seguir, como definir a restrição `check` para que o campo `idt_sexo` da tabela `PESSOA_FISICA` aceite apenas os valores "F" ou "M".

EXEMPLO 15

Restrição CHECK criada no nível da coluna

Observe a linha 6 para analisar a aplicação da sintaxe da restrição `check`:

```
1  CREATE TABLE PESSOA_FISICA
2  ( num_pessoa_pf      NUMBER(5),
3    nom_pessoa VARCHAR2(30) constraint nn_P_FISICA_nom_pessoa NOT NULL,
4    num_CPF            NUMBER(11) constraint uk_P_FISICA_num_CPF unique,
5    dat_nascimento     DATE NOT NULL,
6    idt_sexo           CHAR(1) constraint ck_P_FISICA_sexo check (sexo in('F','M')),
7    constraint pk_P_FISICA_num_pessoa_pf primary key(num_pessoa_pf));
```

Para criar a restrição não identificada, utilize a sintaxe a seguir:

```
idt_sexo CHAR(1) check (sexo in('F','M')),
```

EXEMPLO 16

Restrição CHECK criada no nível da tabela

Observe as linhas 6, 7 e 8 para analisar a aplicação da sintaxe da restrição `check`:

```
1  CREATE TABLE PESSOA_FISICA
2  ( num_pessoa_pf       NUMBER(5),
3    nom_pessoa VARCHAR2(30) constraint nn_P_FISICA_nom_pessoa NOT NULL,
4    num_CPF             NUMBER(11) constraint uk_P_FISICA_num_CPF unique,
5    dat_nascimento      DATE NOT NULL,
6    idt_sexo            CHAR(1),
7    constraint ck_P_FISICA_sexo check (sexo in('F','M')),
8    constraint pk_P_FISICA_num_pessoa_pf primary key(num_pessoa_pf));
```

Para criar a restrição não identificada, utilize a sintaxe a seguir:

```
check (sexo in('F','M'))
```

7.5.6 Consulta de restrições de uma tabela

A instrução `select` (que será estudada de forma detalhada no Capítulo 9) é utilizada para a realização de consultas. Dessa forma, para ter acesso às restrições criadas em uma tabela e consultá-las, pode-se utilizar a seguinte sintaxe:

> **PONTO DE ATENÇÃO**
>
> A sintaxe da instrução CHECK utilizada nos Exemplos 15 e 16 é idêntica.

LINGUAGEM DE PROGRAMAÇÃO

Instrução SELECT para realização de consultas

```
Select nome_coluna1, nome_coluna2 ... nome_colunaN
from nome_tabela1, nome_tabelaN
where condição;
```

EXEMPLO 17

Consulta de restrições definidas para a tabela PESSOA_FISICA

```
1  SELECT CONSTRAINT_NAME, CONSTRAINT_TYPE,
2  STATUS,SEARCH_CONDITION
3  FROM USER_CONSTRAINTS
4  WHERE TABLE_NAME = 'PESSOA_FISICA';
```

Continua

Continuação

Elementos e funcionalidades	
CONSTRAINT_NAME	Nome da restrição.
CONSTRAINT_TYPE	Tipo de restrições relacionado aos campos, em que: C = NOT NULL P = PRIMARY KEY R = FOREIGN KEY U = UNIQUE KEY
STATUS	Estado em que a restrição se encontra. Opção ENABLE significa que a restrição está válida e está sendo usada. Opção DISABLE significa que a restrição está desabilitada e que, por isso, não está em uso.
SEARCH_CONDITION	Condição expressa da restrição.

Resultado:

```
CONSTRAINT_NAME           C STATUS    SEARCH_CONDITION
SYS_C0010005              C ENABLED   "NUM_PESSOA_PF" IS NOT NULL
UK_PES_FIS_CPF            C ENABLED   "NUM_CPF" IS NOT NULL
CK_PES_FIS_IDT_SEXO       C ENABLED   Idt_sexo IN ('F', 'M')
PK_PES_FIS_NUM_PES_PF     P ENABLED
```

As restrições da SYS_C0010005 não foram nomeadas na sua descrição, então, foram atribuídas a elas um identificador.

7.5.7 Adição de restrições

Para adicionar restrições às tabelas já existentes, deve-se utilizar a cláusula ADD em conjunto com a instrução ALTER TABLE, conforme a sintaxe:

LINGUAGEM DE PROGRAMAÇÃO

Adição de restrições

```
ALTER TABLE tabela
ADD [CONSTRAINT restrição] tipo (coluna);
```

Elementos e funcionalidades	
tabela	Nome da tabela que será alterada.
CONSTRAINT	Palavra reservada, de uso opcional, para especificar restrições.
restrição	Nome da restrição, de uso opcional, mas recomendado.
tipo	Tipo da restrição.
coluna	Nome da coluna que receberá a restrição.

EXEMPLO 18

Adição de restrição da tabela PESSOA_FISICA

Para adicionar a restrição de chave estrangeira à coluna cod_estado_civil, da tabela PESSOA_FISICA, com referência para a tabela ESTADO_CIVIL, coluna cod_estado_civil, deve-se:

```
ALTER TABLE        PESSOA_FISICA
ADD CONSTRAINT fk_PES_FIS_cod_est_civil
FOREIGN KEY(cod_estado_civil)
REFERENCES ESTADO_CIVIL(cod_est_civil);
```

> **PONTO DE ATENÇÃO**
>
> Restrições não podem ser modificadas. Elas devem ser excluídas e recriadas. Para adicionar uma restrição NOT NULL, utilize a cláusula MODIFY.

7.5.8 Exclusão de restrição

Para remover uma restrição, deve-se utilizar a cláusula DROP CONSTRAINT em conjunto com a instrução ALTER TABLE, conforme a seguinte sintaxe:

LINGUAGEM DE PROGRAMAÇÃO

Exclusão de restrição

```
ALTER TABLE tabela
DROP   PRIMARY KEY | UNIQUE (coluna) |
CONSTRAINT    restrição   [CASCADE];
```

Elementos e funcionalidades	
tabela	Nome da tabela.
coluna	Nome da coluna afetada pela restrição.
restrição	Nome da constraint que será excluída.
CASCADE	Permite a eliminação de todas as restrições dependentes.

EXEMPLO 19

Exclusão de restrições

Para excluir a restrição primary key, da tabela PESSOA_FISICA, e eliminar as restrições de chave estrangeiras relacionadas a ela, utilize a sintaxe:

```
ALTER TABLE   PESSOA_FISICA
DROP PRIMARY KEY CASCADE;
```

> **PONTO DE ATENÇÃO**
>
> Antes de executar a consulta, verifique os nomes das colunas com a instrução DESCRIBE e selecione apenas as colunas desejadas – a instrução SELECT será vista de forma detalhada no Capítulo 9.

Continua

Continuação

Também é possível excluir uma restrição indicando o seu nome. Para descobrir o nome de uma restrição, pode-se consultar as *views* do DD USER_CONSTRAINTS ou USER_CONS_COLUMNS. As *views* do DD representam as consultas às tabelas do banco de dados, que funcionam como "tabelas lógicas" e que contêm informações sobre os objetos do banco de dados.

```
SELECT  CONSTRAINT_NAME, COLUMN_NAME
FROM    USER_CONS_COLUMNS
WHERE   TABLE_NAME = 'PESSOA_FISICA';

CONSTRAINT_NAME              COLUMN_NAME
SYS_C0010005                 NUM_PESSOA_PF
UK_PES_FIS_CPF               NUM_CPF
CK_PES_FIS_IDT_SEXO          IDT_SEXO
PK_PES_FIS_NUM_PES_PF        NUM_PESSOA_PF
```

Para excluir a restrição uk_pes_fis_CPF, veja a sintaxe a seguir:

```
ALTER TABLE    TB_MOTORISTA
DROP CONSTRAINT uk_pes_fis_CPF;
```

7.5.9 Desativar e ativar restrição

Uma restrição pode ser desativada com a utilização da cláusula DISABLE em conjunto com a instrução ALTER TABLE. Para torná-la ativa novamente, utilize a cláusula ENABLE, conforme a sintaxe a seguir:

LINGUAGEM DE PROGRAMAÇÃO

Desativar e ativar uma restrição

```
ALTER TABLE    tabela
DISABLE/ENABLE  CONSTRAINT restrição [CASCADE];
```

EXEMPLO 20

Desativar a chave primária da tabela PESSOA_FISICA

```
ALTER TABLE      PESSOA_FISICA
DISABLE CONSTRAINT pk_pes_fis_num_pes_PF CASCADE;
```

PONTO DE ATENÇÃO

Para tornar uma restrição ativa, os dados inseridos na coluna devem estar em conformidade com a restrição, isto é, devem respeitá-la. Caso contrário, não será possível ativar a restrição.

EXEMPLO 21

Ativar a chave primária da tabela PESSOA_FISICA

```
ALTER TABLE      PESSOA_FISICA
ENABLE CONSTRAINT pk_pes_fis_num_pes_PF CASCADE;
```

EXERCÍCIOS

1. Crie as tabelas descritas a seguir:

   a) Tabela AGENCIA

Coluna	Tipo de dado	Tamanho	Observações
num_banco	numérico inteiro	3	Preenchimento obrigatório e chave estrangeira com referência para tabela BANCO, coluna num_banco
num_agencia	numérico inteiro	7	Preenchimento obrigatório
Chave primária composta pelas colunas num_banco e num_agencia			

   b) Tabela BANCO

Coluna	Tipo de dado	Tamanho	Observações
num_banco	NUMBER	3	chave primária
nom_banco	VARCHAR2	30	

2. Com base no modelo relacional da figura abaixo, escreva as instruções para criar as tabelas, sem especificar as restrições de chave estrangeira.

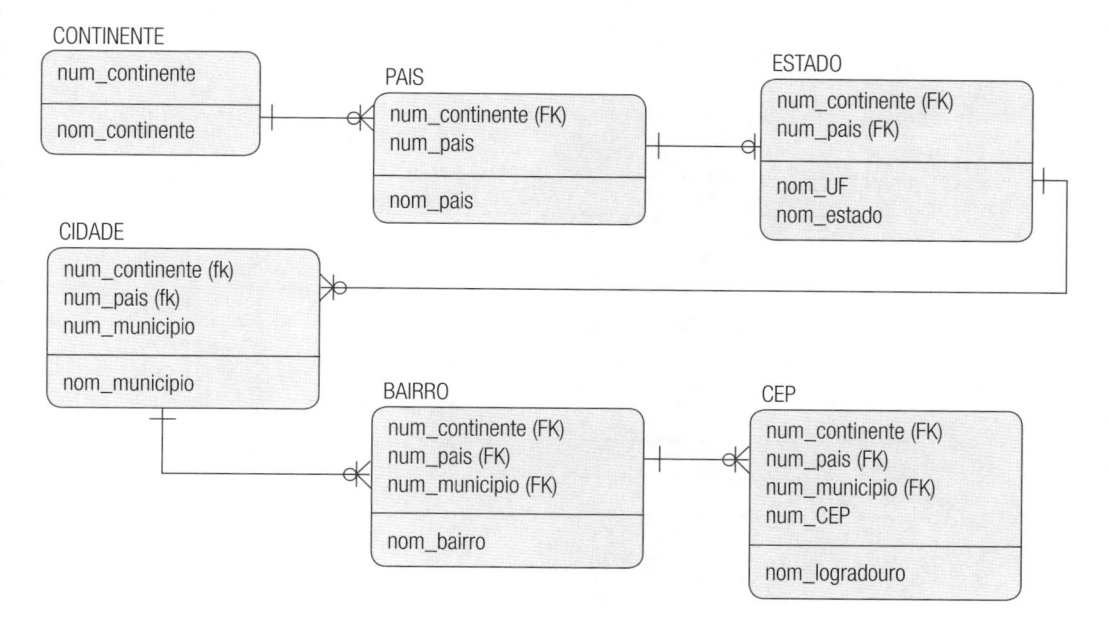

CONTINENTE
- num_continente
- nom_continente

PAIS
- num_continente (FK)
- num_pais
- nom_pais

ESTADO
- num_continente (FK)
- num_pais (FK)
- nom_UF
- nom_estado

CIDADE
- num_continente (fk)
- num_pais (fk)
- num_municipio
- nom_municipio

BAIRRO
- num_continente (FK)
- num_pais (FK)
- num_municipio (FK)
- nom_bairro

CEP
- num_continente (FK)
- num_pais (FK)
- num_municipio (FK)
- num_CEP
- nom_logradouro

3. Altere a estrutura das tabelas criadas no Exercício 2.

4. Crie as tabelas apresentadas no modelo abaixo e descreva todas as suas restrições.

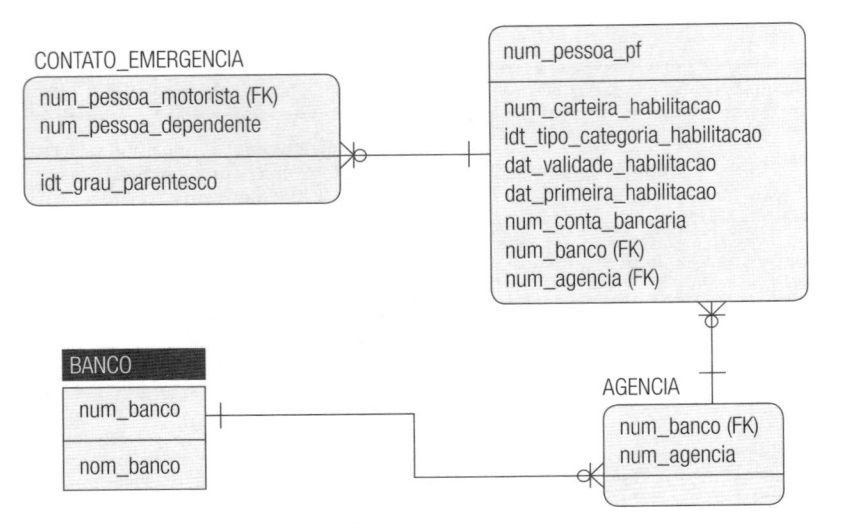

CONTATO_EMERGENCIA
- num_pessoa_motorista (FK)
- num_pessoa_dependente
- idt_grau_parentesco

num_pessoa_pf
- num_carteira_habilitacao
- idt_tipo_categoria_habilitacao
- dat_validade_habilitacao
- dat_primeira_habilitacao
- num_conta_bancaria
- num_banco (FK)
- num_agencia (FK)

BANCO
- num_banco
- nom_banco

AGENCIA
- num_banco (FK)
- num_agencia

▸ Para a resolução dos exercícios 5 a 7, considere a tabela AGENCIA.

5. Adicione a coluna nome da agencia.

6. Altere a estrutura da tabela para que seja possível cadastrar o endereço da agência.

7. Altere o modelo para relacionar PESSOA_FISICA ao seu endereço.

8. Crie a tabela PESSOA_FISICA com a seguinte estrutura:

Coluna	Tipo de Dado	Tamanho
num_pessoa_pf	NUMBER	5
nom_pessoa	VARCHAR2	50
num_CPF	NUMBER	11
num_documento_identidade	VARCHAR2	20
nom_orgao_emissor_doc_ident	VARCHAR2	30
dat_Nascimento	DATA	
idt_sexo	VARCHAR2	1
cod_estado_civil	NUMBER	2

▶ Nos exercícios 9 a 13, utilize a tabela PESSOA_FISICA.

9. Adicione a restrição de preenchimento obrigatório à coluna nom_pessoa.

10. Adicione a restrição de chave primária à coluna num_pessoa_pf.

11. Adicione a restrição de chave única à coluna num_documento_identidade.

12. Adicione as restrições de preenchimento obrigatório e chave única à coluna num_CPF.

13. Adicione uma restrição para validação dos dados inseridos na coluna cod_estado_civil de acordo com os valores 'solteiro', 'casado', 'viúvo', 'divorciado', 'outros'.

14. Relacione as tabelas MOTORISTA e PESSOA_FISICA.

Manipulação de dados – operações DML

Neste capítulo, serão estudadas as instruções de manipulação de dados, pertencentes à categoria DML, do inglês, sigla para *Data Manipulation Language* (Linguagem para Manipulação de Dados). As operações de manipulação de dados são:

- inclusão de dados nas tabelas;
- alteração ou atualização de dados;
- exclusão de dados;
- seleção e consulta de dados (que será estudado no Capítulo 9);
- *merge* ou intercalação de dados (que será estudado no Capítulo 9).

Também como parte da categoria de operações DML, está o subconjunto denominado DCL (*Data Control Language*), utilizado para controlar as transações que ocorrem no banco de dados, isto é, as ações de inserção, alteração e exclusão de dados.

Neste capítulo, as operações DML e DCL serão exemplificadas com base nas tabelas do estudo de caso Rádio Táxi On-line (visto na Introdução).

8.1 Inserção de dados

A operação de inserção de dados em uma tabela é realizada pela instrução INSERT. Para inserir dados, o usuário deve ser proprietário da tabela, isto é, deve ter criado a tabela em seu esquema, ou possuir privilégios para a inserção de dados. A sintaxe utilizada para esta instrução é:

LINGUAGEM DE PROGRAMAÇÃO

Inserção de dados em uma tabela

```
INSERT INTO tabela [(coluna [, coluna...])]
VALUES (valor [, valor...]);
```

Elementos e funcionalidades	
tabela	Nome da tabela.
coluna	Nome da coluna que será preenchida. A lista de colunas pode ser omitida e, nesse caso, devem ser informados valores referentes a todas as colunas.
valor	Dado correspondente à coluna. Os valores de data e caractere devem ser informados entre aspas simples.

Para exemplificar a inserção de dados, será utilizada a tabela PESSOA_FISICA (simplificada), vista no Capítulo 7 e que segue a estrutura apresentada na Tabela 8.1.

Tabela 8.1 Estrutura da tabela PESSOA_FISICA (simplificada)

Nome	Nulo?	Tipo
num_pessoa_pf	NOT NULL	NUMBER(5)
nom_pessoa		VARCHAR2(50)
num_CPF	NOT NULL	NUMBER(11)
dat_nascimento		DATE
idt_sexo		VARCHAR2(1)

EXEMPLO 1

Inserção de dados

Para inserir dados na tabela PESSOA_FISICA, deve-se utilizar a sintaxe a seguir:

```
1  INSERT INTO PESSOA_FISICA
2         (num_pessoa_pf,
3          nom_pessoa,
4          num_CPF,
5          dat_nascimento,
6          idt_sexo)
7  VALUES (32451,
8          'Sandra Puga',
9          12345678900,
10         '07/08/1970',
11         'F');
```

Continua

Continuação

Observe que todas as colunas estão listadas nas linhas 2 a 6 e que é informado um dado específico para cada uma das colunas descritas, nas linhas 8 a 11. Os dados alfanuméricos (VARCHAR2, CHAR, entre outros), vistos nas linhas 7 e 11, e os dados do tipo data (date e timestamp), presentes na linha 10, devem ser informados entre apóstrofos.

Veja também que foram inseridos dados em todas as colunas da tabela. Nesse caso, a sintaxe poderia ser reescrita sem a listagem das colunas, bastando informar os dados na mesma ordem de cada uma delas. Em contrapartida, quando as colunas são listadas, a ordem dos dados pode ser alterada.

EXEMPLO 2

Inserção de dados sem a listagem das colunas

Para inserir dados sem listar as colunas, observe que é necessário informar os dados na mesma ordem que a das colunas da tabela. É importante verificar previamente a estrutura da tabela, para isso utilize a instrução DESCRIBE PESSOA_FISICA.

```
1  INSERT INTO PESSOA_FISICA
2     VALUES  (33452,
3             'Edson França',
4              12245677911,
5             '09/02/1969',
6             'M');
```

EXEMPLO 3

Inserção implícita de nulos

Também é possível inserir nulos de forma implícita, isto é, deixar de informar uma ou mais colunas na inserção de dados, para as quais serão atribuídos os nulos. Para isso, utilize a sintaxe a seguir:

```
1  INSERT INTO PESSOA_FISICA
2            (num_pessoa_pf,
3             num_CPF,
4     VALUES (234651,
5             99877623899);
```

Neste exemplo, foram inseridos dados apenas nas colunas num_pessoa_pf e num_CPF, declaradas como de preenchimento obrigatório na estrutura da tabela PESSOA_FISICA. Caso não sejam informados dados para elas, será apresentado um erro, comunicando que não é possível inserir NULL.

Para as demais colunas, no entanto, não há restrição de preenchimento obrigatório. Sendo assim, todas as que não forem listadas serão registradas como nulos.

EXEMPLO 4

Consulta de registros inseridos

Verifique quais dados foram inseridos nos exemplos anteriores, realizando uma operação de consulta – a qual será estudada com mais detalhes no Capítulo 9. A instrução utilizada para consulta de dados em uma tabela é SELECT, veja como aplicá-la a seguir:

```
SELECT * FROM PESSOA_FISICA;
```

Resultado

```
  num_pessoa_pf   nom_pessoa      num_CPF        dat_nascimento   idt_sexo
1 32451           Sandra Puga     12345678900    07/08/1970       F
2 33542           Edson França    12245677911    09/02/1969       M
3 23465                           99877623899
```

Nos Exemplos 1 e 2, foram inseridos dados para todas as colunas, conforme pode ser observado nas linhas 1 e 2. Já no Exemplo 3, foram inseridos dados apenas nas colunas num_pessoa_pf e num_CPF, como pode ser visto na linha 3.

A inserção de nulos também pode ser realizada de maneira explícita, conforme será mostrado nos Exemplos 5 e 6. Nesses casos, as colunas podem ou não ser listadas e a palavra null deve ser inserida explicitamente como dado.

EXEMPLO 5

Inserção explícita de nulo com a listagem das colunas

A inserção explícita de nulo, com a listagem da coluna, deve ser feita por meio da sintaxe:

```
1  INSERT INTO PESSOA_FISICA
2         (num_pessoa_pf,
3          nom_pessoa,
4          num_CPF,
5          dat_nascimento,
6          idt_sexo)
7  VALUES (33453,
8          'Milton Goya',
9          22345878933,
10         null,
11         'M');
```

Observe que a coluna dat_nascimento é listada e, na linha 5, é informado null para a coluna (linha 9), explicitando a inserção do nulo.

EXEMPLO 6

Inserção explícita de nulo sem a listagem das colunas

Para inserir nulo, sem listar a coluna, utilize a sintaxe a seguir:

```
1   INSERT INTO PESSOA_FISICA
2     VALUES (34513,
3              null,
4              34598723111,
5              null,
6              'F');
```

Veja que as colunas não são listadas logo, é necessário informar dados para todas as colunas da tabela PESSOA_FISICA. Nesse caso, as colunas nom_pessoa_pf e dat_nascimento recebem nulos, os quais são informados explicitamente nas linhas 3 e 5.

8.1.1 Inserção e consulta de hora

A inserção de horas na tabela depende da utilização de uma função para converter os tipos de dados. No caso, a função TO_DATE pode ser utilizada para o tipo de dado date, e a função TO_TIMESTAMP, para o tipo de dado timestamp. Este assunto será abordado de forma aprofundada no Capítulo 9, mas acompanhe dois exemplos para inserção e consulta de horas. Eles serão baseados na tabela EXEMPLO_HORA, criada com a seguinte sintaxe:

LINGUAGEM DE PROGRAMAÇÃO

Criação da tabela EXEMPLO_HORA

```
create table EXEMPLO_HORA
  (hora1 date,
   hora2 timestamp);
```

EXEMPLO 7

Inserção de hora e utilização de função de linha

Tendo como base a tabela EXEMPLO_HORA, insira o valor 18:15:10 em hora1 (linha 2) e em hora2 (linha 3):

```
1 INSERT INTO EXEMPLO_HORA
2     (hora1,
3      hora2)
4   VALUES
5     (TO_DATE('18:15:10','HH24:MI:SS'),
6      TO_TIMESTAMP('18:15:10', 'HH24:MI:SS'));
```

Continua

Continuação

Veja que na linha 5 foi utilizada a função TO_DATE, seguindo a sintaxe:

TO_DATE('data e/ou hora', 'formato')

No caso, o dado 18:15:10 será "convertido" para o formato HH24:MI:SS (hora, minuto e segundo). O mesmo ocorre na linha 6, com a função TO_TIMESTAMP, seguindo a sintaxe:

TO_TIMESTAMP ('data e/ou hora', 'formato')

> **PONTO DE ATENÇÃO**
>
> Os campos com tipo de dado DATE apresentam data completa e hora, incluindo minutos e segundos. Já os campos com tipo de dado TIMESTAMP apresentam data completa e hora incluindo, além de minutos, segundos, frações de segundo e, se definido, fuso horário.

> **EXEMPLO 8**
>
> **Consulta de hora**
>
> Para consultar a linha inserida na tabela EXEMPLO_HORA, utilize a sintaxe:
>
> ```
> 1 SELECT TO_CHAR(hora1,'HH24:MI:SS'), hora2
> 2 FROM EXEMPLO_HORA;
> ```
>
> **Resultado**
>
> ```
> HORA1           HORA2
> 18:15:10        01/11/05 18:15:10,000000
> ```
>
> Na linha 1, foi utilizada a função TO_CHAR, cuja sintaxe é:
>
> TO_CHAR(campo, 'formato')
>
> A finalidade dessa sintaxe é "converter" o dado de um campo para o formato do caractere preestabelecido, procedimento que também será estudado de forma detalhada no Capítulo 9.
>
> Por *default*, os campos com tipo de dado date apresentam apenas a data, e os campos com tipo de dado timestamp indicam a data e a hora. Portanto, o uso da sintaxe é necessário para fazer a conversão e apresentar o valor da coluna HORA1 como hora e não como data.
>
> É possível observar no resultado que, em HORA1, os segundos aparecem com duas casas, enquanto, em HORA2, além das duas casas, a fração da hora também aparece após a vírgula.

8.2 Alteração de dados

A alteração, ou atualização de dados, é uma categoria de operação DML utilizada para "corrigir" dados de registros que foram inseridos nas tabelas. A sintaxe para essa instrução é:

LINGUAGEM DE PROGRAMAÇÃO

Alteração de dados

```
UPDATE tabela
SET coluna = valor [, coluna = valor, ...]
[WHERE condição];
```

Elementos e funcionalidades	
tabela	Nome da tabela.
coluna	Nome da coluna que terá o valor atualizado.
valor	Novo dado correspondente ou subconsulta que serão utilizados para atualizar o campo.
condição	Identifica as linhas a serem atualizadas de acordo com uma condição que pode ser composta por expressões de comparação ou subconsultas. Esta é uma cláusula opcional. Quando a condição não é utilizada, todas as linhas da tabela são atualizadas.

EXEMPLO 9

Alteração de nome

Para realizar a alteração do nome do motorista, com código 34513, para Miguel Ambrósio, deve-se utilizar a seguinte sintaxe:

```
1 UPDATE    PESSOA_FISICA
2 SET       nom_pessoa = 'Miguel Ambrósio'
3 WHERE     num_pessoa_pf = 34513;
```

Observe, na linha 3, que a condição para atualizar o registro é que o campo num_pessoa_pf (código do motorista) seja igual ao valor 34513. Se esta condição for omitida, todos os registros (linhas) da tabela serão atualizados, isto é, todas as pessoas passarão a ter o nom_pessoa igual a 'Miguel Ambrósio'.

> **DICA**
>
> Os dados de várias colunas podem ser atualizados de uma só vez. Para isso, basta incluir os pares nome da coluna e valor, separados por vírgulas, seguindo a sintaxe:
> ```
> SET coluna =
> valor [, coluna =
> valor, ...]
> ```

> **PONTO DE ATENÇÃO**
>
> Todas as linhas na tabela são modificadas quando a cláusula WHERE é omitida.

EXEMPLO 10

Alteração de nome e data de nascimento

Para alterar o nome do motorista, com código 34513, para Miguel Ambrósio da Silva, e a data de nascimento, para 13/07/1965, utilize a sintaxe a seguir:

```
1 UPDATE    PESSOA_FISICA
2 SET       nom_pessoa = 'Miguel Ambrósio da Silva',
3           dat_nascimento = '13/07/1965'
4 WHERE     num_pessoa_pf = 34513
```

8.3 Exclusão de dados

A exclusão de dados é uma categoria de operação DML utilizada para deletar um registro. Para excluir dados, o usuário deve ser proprietário da tabela, isto é, deve ter criado a tabela em seu esquema ou possuir privilégios para efetuar a exclusão. A sintaxe utilizada para essa instrução é:

LINGUAGEM DE PROGRAMAÇÃO

Exclusão de dados

```
DELETE [FROM] tabela
[WHERE condição];
```

Elementos e funcionalidades	
tabela	Nome da tabela.
condição	Identifica as linhas a serem eliminadas de acordo com uma condição que pode ser composta por expressões de comparação ou de subconsulta. Esta é uma cláusula opcional. Se a condição para exclusão das linhas não for indicada, *todas* as linhas (registros) da tabela serão excluídas.

EXEMPLO 11

Exclusão de dados da tabela PESSOA_FISICA

A instrução DELETE é bastante simples, mas é importante que o usuário faça o seu uso com atenção. Neste exemplo, serão excluídos todos os registros que atenderem à condição, isto é, todos os registros cujo código da pessoa seja igual a 34513 (linha 2).

```
1 DELETE FROM PESSOA_FISICA
2 WHERE num_pessoa_pf = 34513;
```

A condição estabelecida na linha 2 determina quais registros (linhas) serão excluídos. Caso seja omitida, TODOS os registros da tabela PESSOA_FISICA serão excluídos.

8.4 Confirmação e descarte de transações

Quando se fala a respeito de *transação*, é importante considerar que ela compreende um conjunto de operações que devem ser bem-sucedidas para que seja efetivada. No entanto, do ponto de vista do usuário, uma transação parece uma simples operação.

Por exemplo, ao transferir dinheiro de uma conta corrente para outra, o usuário informa os dados requeridos para que a transferência seja realizada e recebe uma notificação de conclusão da operação. No entanto, para que essa transação seja realizada com sucesso, sem a ocorrência de falhas, uma série de operações deve ser efetuada. Nesse caso, de maneira simplificada, as operações são:

- O dinheiro precisa ser debitado de uma conta e creditado em outra.
- Portanto, duas operações de atualização de dados devem ser realizadas em dois locais diferentes.

Analisando dessa forma, é possível constatar que uma transação é um conjunto de operações DML, que são realizadas para concluir determinada tarefa. Desse modo, para garantir a integridade dos dados, é necessário que as transações assegurem:

- Consistência de dados.
- Atomicidade, ou seja, todas as operações devem ser refletidas corretamente no banco de dados, ou, então, nenhuma das operações deverá ser realizada.
- Integridade da base de dados.

Quando não ocorrem falhas no processamento das operações de uma transação, ela pode ser efetivada. Nesse caso, as modificações são refletidas fisicamente no banco de dados. Enquanto isso não ocorre, as alterações se refletem apenas na memória e podem ser desfeitas ou descartadas.

As operações INSERT, UPDATE e DELETE são responsáveis por dar início às transações. Já as instruções COMMIT e ROLLBACK controlam as transações, possibilitando também a visualização das alterações realizadas, antes de se tornarem permanentes, e o agrupamento das operações relacionadas logicamente – como no exemplo da transferência de valores entre contas bancárias.

No exemplo, as operações de atualização do saldo da conta debitada e da conta creditada devem ser bem-sucedidas para que a transação seja concluída, caso contrário, deverá ser desfeita. Dessa maneira, essas operações estão agrupadas. Por serem instruções de controle das transações, COMMIT e ROLLBACK exercem funções determinantes para a confirmação ou o descarte da transação. No caso, a instrução COMMIT confirma as transações, efetivando as manipulações de dados realizadas nas tabelas fisicamente, ou seja, as operações necessárias para realizar a transação ocorrem em memória e não são registradas no banco de dados até que a instrução COMMIT seja acionada. Em contrapartida, ao acionar o ROLLBACK, as transações que ainda não tenham sido confirmadas e estejam em memória são descartadas.

Uma transação tem início quando a primeira instrução SQL executável é realizada e termina com um dos seguintes eventos:

- Emissão de uma instrução COMMIT ou ROLLBACK.
- Execução de uma instrução DDL ou DCL. Nesse caso, ocorre um COMMIT automático.
- Ocorrência de falha no computador ou queda do sistema. Nesse caso, ocorre um ROLLBACK automático.

Um COMMIT automático ocorre sob as seguintes circunstâncias:

- Instrução DDL é emitida.
- Instrução DCL é emitida.
- Dependendo das configurações do SGBDR.

Um ROLLBACK automático ocorre quando há finalização anormal de uma transação.

> **PONTO DE ATENÇÃO**
>
> É importante lembrar que, após a emissão da instrução COMMIT, não há como reverter a operação realizada.

EXEMPLO 12

Instrução COMMIT

```
1  UPDATE    PESSOA_FISICA
2  SET       nom_pessoa = 'Miguel Ambrósio da Silva',
3            dat_nascimento = '13/07/1965'
4  WHERE     num_pessoa_pf = 34513;
5
6  COMMIT;
```

Observe que a transação é iniciada pela instrução UPDATE. A partir dessa instrução, uma cópia dos dados anteriores à alteração é armazenada no segmento de ROLLBACK ou no segmento de UNDO (linhas 1 a 4).

Quando a operação realizada pela instrução UPDATE é concluída, a alteração fica disponível em memória, ou seja, ela ainda não foi refletida fisicamente no banco de dados e, caso outros usuários acessem os dados, visualizarão a cópia anterior à operação (linha 4).

A instrução COMMIT (linha 6) efetiva a operação. Consequentemente, a transação é concluída e a alteração dos dados é refletida de forma física na base de dados. Nesse momento, caso outros usuários acessem o registro, visualizarão os dados atualizados. A imagem antiga é retirada do segmento de ROLLBACK ou UNDO.

EXEMPLO 13

Instrução ROLLBACK

```
1  DELETE FROM PESSOA_FISICA
2  WHERE    = 34513;
3
4  ROLLBACK;
```

Na sintaxe, a transação é iniciada com a instrução DELETE. Com esta instrução, uma cópia dos dados é armazenada no segmento de ROLLBACK ou UNDO.

Da mesma forma como ocorreu no Exemplo 12, quando a operação DELETE é concluída, os dados ainda não são removidos fisicamente do banco de dados. Como a instrução COMMIT não foi acionada, a exclusão está armazenada em memória.

Nesse momento, ainda é possível descartar a transação. Para isso, a instrução ROLLBACK (linha 4) é acionada e cancela a operação de exclusão, retornando os dados ao estado anterior à operação. Isto é, os dados do segmento de ROLLBACK ou UNDO são gravados novamente na tabela.

A consistência na leitura de dados é essencial para que cada usuário visualize uma cópia dos dados efetivados na base de dados, antes do início de uma categoria de operação DML. Com uma leitura consistente, assegura-se que:

- Os usuários não acessem a dados que estejam sendo alterados.
- As alterações feitas por um usuário não sejam interrompidas ou entrem em conflito com as alterações que outro usuário esteja fazendo.
- Linhas que estejam sendo alteradas sejam disponibilizadas apenas para consulta.

EXERCÍCIOS

▶ **PREPARE-SE**
Escreva as instruções utilizando a linguagem SQL para realizar as operações listadas a seguir.

1. Insira os seguintes registros na tabela PESSOA.

num_pessoa	nom_email
78360	rst.marcondes@smail.com
78361	jcc.meirelles@jmail.com
78362	mjk.amadeus@imail.com

2. Confirme as inserções realizadas no Exercício 1.

3. Insira os seguintes registros na tabela PESSOA_FISICA.

num_pessoa_pf	nom_pessoa	num_CPF	num_documento_identidade	nom_orgao_emissor_doc_ident	dat_nascimento	idt_sexo	cod_estadocivil
78360	Roberto Marcondes	99911122233	19999888	SSP	15/03/1988	M	1
78361	Julio Merelleis	99811233134	18888999	SSP	17/02/1975	M	1
78362	Maria Rita Amadeus	99711333235	17777888	SSP	23/12/1980	F	1

4. Confirme as inserções realizadas no Exercício 3.

5. Na Tabela PESSOA_FISICA, altere o nome da pessoa física com código 78361 para Júlio Meirelles e o seu estado civil para 2.

6. Consulte a alteração realizada no Exercício 5.

7. Desfaça a operação (transação) do Exercício 5.

8. Consulte novamente o registro da tabela PESSOA_FISICA cujo código da pessoa seja igual a 78361.

9. Qual foi o resultado da operação realizada no Exercício 8? Justifique.

10. Refaça o Exercício 5 e confirme a alteração.

11. Exclua, da tabela PESSOA_FISICA, o registro com código de pessoa igual a 78362.

12. Desfaça a transação realizada no Exercício 11.

13. Altere o campo data de nascimento, da tabela PESSOA_FISICA cujo código da pessoa seja 78362, para 13/01/1998.

14. Altere o campo número do RG da tabela PESSOA_FISICA, cujo código da pessoa seja 78362, para 13321142.

15. Desfaça as operações realizadas nos Exercícios 13 e 14.

16. As transações realizadas nos Exercícios 13 e 14 poderiam ser realizadas em uma única operação? Escreva a instrução para isso e confirme a transação.

Consulta de dados

A principal função de um sistema de banco de dados é proporcionar recursos para armazenamento, manutenção e consulta dos dados, de maneira segura e eficaz. Nos capítulos anteriores, foram apresentadas instruções para a criação das estruturas de armazenamento e manutenção dos dados. Neste capítulo, serão estudados os recursos para consultar os mesmos dados que foram armazenados e atualizados.

A consulta de dados é uma pesquisa realizada no banco de dados, cujo propósito é recuperar as linhas (registros) que atendem às condições preestabelecidas. As consultas podem envolver diferentes recursos e, por isso, apresentam as seguintes definições:

- Consultas simples.
- Consultas baseadas em condições simples ou compostas.
- Consultas que recuperam dados de diferentes tabelas (junções).
- Consultas que utilizam funções para realização de diferentes operações.
- Consultas que manipulam grupos de dados.
- Consultas baseadas no resultado de outras consultas.

A instrução utilizada para a realização das consultas é o SELECT, que faz parte da categoria de operações DML.

9.1 Consulta simples

A consulta simples possibilita: a recuperação de todas as linhas e colunas de uma tabela; a seleção de linhas que atendam aos requisitos preestabelecidos; e a definição das colunas, cujos dados serão selecionados. A sintaxe para realizar uma consulta simples de dados é a seguinte:

LINGUAGEM DE PROGRAMAÇÃO

Consulta simples

```
SELECT [* ou lista de colunas]
FROM tabela_nome;
```

Elementos e funcionalidades	
*	Todas as colunas de uma tabela.
lista de colunas	Especifica as colunas que serão utilizadas na consulta.
tabela_nome	Nome da tabela ou das tabelas, cujos dados serão recuperados.
;	Final da instrução.

EXEMPLO 1

Consulta de todas as linhas e colunas

Para consultar todas as linhas e colunas da tabela PESSOA_FISICA, deve-se aplicar a sintaxe:

```
SELECT *
FROM PESSOA_FISICA;
```

Resultado

NUM_PESSOA_PF	NOM_PESSOA	NUM_CPF	NUM_DOCUMENTO_IDENTI	NOM_ORGAO_EMISSOR_DOC_IDENT	DAT_NASC	I	COD_ESTADO_CIVIL
78345	BENEDITO SILVA	92981873722	22331	SSP	25/02/70	M	2
79345	CARMEM DOLORES	19196887722	1122	SSP	01/03/65	F	3
71345	DALTON CRUZ	98989898982	33221	SSP	09/04/76	M	4
75345	ZULMIRA CREEP	23239874123	18765432	SSP	09/05/69	F	1

Observe que todos os dados da tabela apareceram no resultado.

EXEMPLO 2

Consulta de nome

Para consultar apenas dados de uma coluna da tabela PESSOA_FISICA, nesse caso, o nome dos motoristas cadastrados, utilize a sintaxe:

```
SELECT nom_pessoa
FROM PESSOA_FISICA;
```

Resultado

```
NOM_PESSOA
--------------------------------
BENEDITO SILVA
CARMEM DOLORES
```

Continua

Continuação

```
DALTON CRUZ
ZULMIRA CREEP
AMADEU SILVANO
DOLORES MARIA
SANDRA PUGA
```

O resultado apresenta exatamente o dado solicitado, sendo este apenas o nome dos motoristas cadastrados.

EXEMPLO 3

Consulta de nome e data de nascimento

Para consultar o nome e a data de nascimento dos motoristas cadastrados na tabela `PESSOA_FISICA`, utilize a sintaxe a seguir:

```
SELECT nom_pessoa, dat_nascimento
FROM TB_MOTORISTA;
```

DICA

Nas consultas simples, podem ser selecionadas quaisquer colunas que fazem parte da tabela.

Resultado

```
NOM_PESSOA                                      DAT_NASC
-----------------------------------------       --------
BENEDITO SILVA                                  25/02/70
CARMEM DOLORES                                  01/03/65
DALTON CRUZ                                     09/04/76
ZULMIRA CREEP                                   09/05/69
AMADEU SILVANO                                  17/07/77
DOLORES MARIA                                   23/04/50
SANDRA PUGA                                     07/08/70
```

Mais uma vez, o resultado apresenta os registros correspondentes ao que foi solicitado na instrução.

9.1.1 Operadores aritméticos

Os operadores aritméticos podem ser utilizados em qualquer cláusula de uma instrução SQL, com exceção da cláusula `FROM`. Veja a lista de operadores aritméticos no Quadro 9.1.

Quadro 9.1 Operadores aritméticos

Operador	Descrição
+	Adição
−	Subtração
*	Multiplicação
/	Divisão

> **PONTO DE ATENÇÃO**
> O separador decimal é o ponto.

> **DICA**
> O valor de 10% pode ser representado por uma multiplicação de 1,10, para adicionar, ou pela multiplicação de 0,9, para deduzir.

EXEMPLO 4

Cálculo utilizando operador aritmético de adição

Para calcular um acréscimo de R$ 30,00 no valor de todas as faturas, da tabela FATURA, utilize a seguinte sintaxe:

```
SELECT cod_conveniada, num_fatura, vlr_fatura, vlr_
fatura + 30.00
FROM FATURA;
```

Resultado

```
COD_CONVENIADA  NUM_FATURA  VLR_FATURA  VLR_FATURA + 30.00
--------------  ----------  ----------  ------------------
99123           1           3.478       3.508
99124           2           4.175       4.205
99126           3           2.190       2.220
99127           4           132         162
99128           5           13.288      13.318
99129           6           15.792      15.822
99130           7           14.484      14.514
99131           8           27.891      27.921
```

Observe que a coluna vlr_fatura + 30.00, resultante do cálculo, não é uma nova coluna na tabela FATURA. Ela é lógica, isto é, serve apenas para exibição do resultado. Por *default*, o nome dessa coluna surge do cálculo que a criou — nesse caso, vlr_fatura + 30.00.

Caso uma expressão aritmética apresente mais de um operador, a precedência matemática será respeitada na execução da operação, ou seja, a multiplicação e a divisão serão avaliadas em primeiro lugar. Por outro lado, se os operadores tiverem a mesma prioridade em uma mesma expressão, então a avaliação será realizada da esquerda para a direita. O uso de parênteses pode alterar a ordem de execução das instruções.

EXEMPLO 5

Cálculo utilizando operador aritmético de adição e multiplicação

Para calcular um acréscimo de R$ 30,00 no valor de todas as faturas e adicionar a elas mais 10% da tabela FATURA, aplique a sintaxe a seguir:

```
SELECT cod_conveniada, num_fatura, vlr_fatura, vlr_fatura + 30.00 * 1.10
FROM FATURA;
```

Resultado

```
COD_CONVENIADA  NUM_FATURA  VLR_FATURA  VLR_FATURA+30.00 * 1.10
--------------  ----------  ----------  -----------------------
99123           1           3.478       3.511
99124           2           4.175       4.208
```

Continua

Continuação

```
99126          3          2.190          2.223
99127          4          132            165
99128          5          13.288         13.321
```

Observe que a sintaxe da forma como foi escrita realizará, em primeiro lugar, a operação `30.00 * 1.10` e o resultado será somado ao dado `vlr_fatura`.

Para alterar a ordem da expressão e calcular a operação `vlr + 30.00`, para que o resultado seja, então, multiplicado por 1.10, deve-se isolar a operação com o uso de parênteses. O uso de parênteses sobrepõe às normas de precedência matemática, priorizando a realização de uma determinada operação.

EXEMPLO 6

Uso de parênteses para impor prioridade

Para alterar a ordem do cálculo, a sintaxe deve apresentar parênteses separando as operações:

```
SELECT cod_conveniada, num_fatura, vlr_fatura, (vlr_fatura + 30.00) * 1.10
FROM FATURA;
```

Resultado

```
COD_CONVENIADA  NUM_FATURA  VLR_FATURA  (VLR_FATURA + 30.00) * 1.10
--------------  ----------  ----------  ---------------------------
99123           1           3.478       3.858,8
99124           2           4.175       4.625,5
99126           3           2.190       2.442
99127           4           132         178,2
99128           5           13.288      14.649,8
```

As regras de precedência determinam a ordem de avaliação e de cálculo das expressões. O Quadro 9.2 relaciona a ordem de precedência, que pode ser alterada pelo uso de parênteses, delimitando as expressões a serem calculadas primeiro.

Quadro 9.2 Regras de precedência

Precedência	Operador	Operação
1	*, /, +, -	Aritmética.
2	||	Concatenação.
3	=, <>, <, >, <=, >=	Comparação.
4	IS [NOT] NULL, LIKE, [NOT] BETWEEN, [NOT] IN, EXISTS, IS OF	Comparação.
5	NOT	Condição Lógica NOT.
6	AND	Condição Lógica AND.
7	OR	Condição Lógica OR.

9.1.2 Apelido ou *alias* de colunas

Nos resultados das consultas anteriores, o identificador das colunas – que aparece no cabeçalho do resultado da consulta – é o nome da própria coluna ou o da expressão utilizada. Também é possível que sejam utilizados apelidos, ou *alias*, para identificá-los.

Os apelidos de coluna são úteis para melhorar a legibilidade do resultado da consulta, ocultando expressões complexas ou nomes de colunas pouco significativos para quem não conhece o projeto, facilitando o entendimento do resultado por parte do usuário. Para criar um apelido para uma determinada coluna, a sintaxe empregada é a seguinte:

LINGUAGEM DE PROGRAMAÇÃO

Apelido de coluna

```
SELECT [coluna ou expressão] [as] apelido
FROM tabela_nome;
```

Elementos e funcionalidades	
coluna ou expressão	Coluna ou expressão, utilizadas na consulta, que receberão o apelido.
as	Palavra reservada, de uso opcional, que indica a utilização de um apelido.
apelido	Identificador atribuído à coluna ou à expressão para fins de apresentação, ou seja, a palavra que será o apelido.
tabela_nome	Nome da tabela, ou das tabelas, cujos dados serão recuperados.
;	Final da instrução.

A criação do apelido, ou *alias*, deve respeitar algumas condições:

- Pode ser qualquer palavra simples.
- Não deve ser uma palavra reservada. As palavras reservadas são instruções, cláusulas, tipos de dados, ou qualquer outra palavra utilizada pela linguagem, por exemplo: `date` (tipo de dado), `SELECT` (instrução), `WHERE` (cláusula).
- Apelidos compostos por mais de uma palavra, que contenham caracteres especiais (tais como acento), ou que façam distinção entre letras maiúsculas e minúsculas, devem ser escritos entre aspas "apelido".

EXEMPLO 7

Utilização de apelidos para identificação de colunas ou expressões

Nesse caso, duas colunas diferentes receberão novos apelidos. Para isso, será utilizada a sintaxe:

```
1 SELECT cod_conveniada CONVENIADA,
2       (vlr_fatura + 30.00) * 1.10 AS "VALOR FINAL DA FATURA"
3 FROM FATURA;
```

Resultado

```
CONVENIADA    VALOR FINAL DA FATURA
----------    ---------------------
99123         3.858,8
99124         4.625,5
99126         2.442
99127         178,2
99128         14.649,8
```

Na linha 1, a coluna `cod_conveniada` recebe o apelido `CONVENIADA`. Observe que a palavra reservada foi omitida, pois seu uso é opcional. Já na linha 2, a expressão (`vlr_fatura + 30.00) * 1.10` utiliza a palavra reservada `as` e tem como apelido `VALOR FINAL DA FATURA`. O apelido é composto por três palavras, por isso deve ser especificado entre aspas. O apelido também deveria aparecer entre aspas caso fosse necessário definir um formato diferente, por exemplo, com o uso de letras minúsculas e maiúsculas – como "`Valor FINAL da Fatura`" – ou com a utilização de caracteres especiais, como acentos e outros – por exemplo "`Preço FINAL da fatura`".

9.1.3 Resultado de consulta ordenado

O resultado da consulta de dados pode ser apresentado de forma ordenada, para isso, basta que se acrescente a instrução `ORDER BY` e a coluna, ou a relação de colunas, pela qual deverá ocorrer a ordenação. Também é possível definir a ordem do resultado, sendo de forma ascendente (`ASC`), que é o *default*, ou descendente (`DESC`).

EXEMPLO 8

Resultado de consulta ordenado por uma coluna e de forma ascendente (crescente)

Na tabela `FATURA`, para ordenar o resultado da consulta que lista o código da conveniada e o valor da fatura, utilize a seguinte sintaxe:

```
1 SELECT cod_conveniada CONVENIADA,
2        vlr_fatura VALOR
3 FROM FATURA
4 ORDER BY vlr_fatura;
```

Continua

Continuação

Resultado

```
CONVENIADA    VALOR
----------    ----------
99127         132
99129         980,9
99127         1.027,6
99124         1.753
99126         2.190
99132         3.101,25
99123         3.302,25
99123         3.478
```

Na linha 4, a instrução ORDER BY vlr_fatura define que a ordenação das linhas selecionadas seja realizada pela coluna vlr_fatura. A coluna também poderia ser denominada pelo seu apelido: ORDER BY VALOR; ou pela posição que ocupa na relação de colunas listadas: ORDER BY 2.

9.2 Consultas baseadas em condições

As consultas baseadas em condições envolvem a adição da cláusula WHERE à instrução SELECT, a qual será utilizada para especificar a condição, ou as condições que deverão ser obedecidas no processo de recuperação das linhas. A sintaxe da consulta baseada em condições é:

LINGUAGEM DE PROGRAMAÇÃO

Consulta baseada em condições

```
SELECT [* ou lista de colunas]
FROM tabela_nome
WHERE condição;
```

	Elementos e funcionalidades
*	Todas as colunas de uma tabela.
lista de colunas	Especifica as colunas que serão utilizadas na consulta.
tabela_nome	Nome da tabela, ou das tabelas, cujos dados serão consultados.
condição	Expressão que estabelece os critérios para seleção e recuperação das linhas.
;	Final da instrução.

EXEMPLO 9

Consulta de todas as faturas da conveniada de código 99128

Na tabela FATURA, para fazer uma consulta de todas as faturas, sob a condição de serem referentes apenas à conveniada de código 99128, deve-se utilizar a seguinte sintaxe:

```
1 SELECT *
2 FROM FATURA
3 WHERE cod_conveniada = 99128;
```

Resultado

```
COD_CONVENIADA NUM_FATURA DAT_EMIS DAT_VENC VLR_FATURA
-------------- ---------- -------- -------- ----------
         99128          5 30/01/12 10/02/12     13.288
         99128         14 28/02/12 10/03/12     27.384
         99128         24 30/03/12 10/04/12     27.384
```

Na linha 3, a condição estabelecida envolve a comparação entre o dado da coluna cod_conveniada e o valor 99.128, por meio da expressão lógica: cod_conveniada = 99.128. Durante a pesquisa, caso o dado seja igual a 99.128, significa que a condição foi satisfeita, sendo um resultado verdadeiro e a linha será retornada. As linhas ou registros que estiverem de acordo com a condição, retornando como um resultado falso, não serão apresentados.

EXEMPLO 10

Consulta de todas as faturas com data de emissão 30/03/2012

A condição para a consulta de dados foi alterada em comparação ao Exemplo 9, dependendo apenas da data de emissão. Nesse caso, utilize a sintaxe:

```
1 SELECT *
2 FROM FATURA
3 WHERE dat_emissao_fatura = '30/03/2012';
```

> **PONTO DE ATENÇÃO**
>
> Os literais ou as datas utilizadas em comparações devem ser especificadas entre apóstrofos, por exemplo 'valor'.

Resultado

```
COD_CONVENIADA NUM_FATURA DAT_EMIS DAT_VENC VLR_FATURA
-------------- ---------- -------- -------- ----------
99123          19         30/03/12 10/04/12 3.302,25
99124          21         30/03/12 10/04/12 17.032,2
99126          22         30/03/12 10/04/12 16.391,5
99127          23         30/03/12 10/04/12 10.137,75
99128          24         30/03/12 10/04/12 27.384
99129          25         30/03/12 10/04/12 980,9
```

Observe que a data de emissão, condição desta consulta de dados, aparece entre apóstrofos: '30/03/2012'.

9.2.1 Operadores de comparação

Os operadores de comparação, ou operadores relacionais, podem ser utilizados para estabelecer uma relação de comparação entre valores ou expressões, resultando sempre em um valor lógico (booleano), sendo verdadeiro ou falso. Os operadores lógicos podem ser utilizados em consultas, atualizações ou exclusões de dados. Conheça os operadores de comparação no Quadro 9.3.

Quadro 9.3 Operadores de comparação

Operador	Descrição	Exemplo
=	Igualdade	`vlr_fatura = 15.00`
<>	Diferente	`vlr_fatura <> 15.00`
>	Maior do que	`vlr_fatura > 15.00`
<	Menor do que	`vlr_fatura < 15.00`
>=	Maior ou igual a	`vlr_fatura >= 15.00`
<=	Menor ou igual a	`vlr_fatura <=5.00`
`between valor1 and valor2`	Entre valor1 e valor2 (similar a >= valor1 e <= valor2)	`vlr_fatura between 5.00 and 25.00`
`not between valor1 and valor2`	Não está entre valor1 e valor2	`vlr_fatura not between 5.00 and 25.00`
`in (conjunto de valores)`	Igual a um dos valores do conjunto	`vlr_fatura in(5.00, 10.00, 10.25, 15.00, 22.13)`
`not in (conjunto de valores)`	Não é igual a um dos valores do conjunto	`vlr_fatura not in(5.00, 10.00, 10.25, 15.00, 22.13)`
`is null`	Nulo	`vlr_fatura is null`
`is not null`	Não é nulo	`vlr_fatura is not null`
`LIKE expressão`	Contém a expressão	`vlr_fatura LIKE %5%`
`not LIKE expressão`	Não contém a expressão	`vlr_fatura not LIKE %5%`

EXEMPLO 11

Consulta de dados com o operador de comparação >= (maior ou igual a)

Tendo como base a tabela `FATURA`, será realizada a consulta do número da fatura, do número da conveniada e do valor da fatura de todas as conveniadas que tenham faturas com valor maior ou igual a 5.000,00. Nesse caso, utilize a seguinte sintaxe:

```
1 SELECT cod_conveniada, num_fatura, vlr_fatura
2 FROM FATURA
3 WHERE vlr_fatura >= 5000.00;
```

Continua

Continuação

Resultado

```
COD_CONVENIADA   NUM_FATURA   VLR_FATURA
--------------   ----------   ----------
99128            5            13.288
99129            6            15.792
99130            7            14.484
99131            8            27.891
99132            9            22.312,2
```

EXEMPLO 12

Consulta de dados com o operador de comparação BETWEEN

O operador between avalia uma determinada faixa de valores. Para utilizar o operador, é importante considerar que os valores-limite são inclusivos e que a sintaxe deve ser iniciada pelo limite inferior.

Partindo da tabela FATURA, será consultado o número da fatura, o número da conveniada e o valor da fatura de todas as conveniadas que tenham faturas com valor entre 1.000,00 e 8.000,00. Ou seja, com valor maior ou igual a 1.000,00 e menor ou igual a 8.000,00. Para isso, utilize a sintaxe:

```
1 SELECT cod_conveniada, num_fatura, vlr_fatura
2 FROM FATURA
3 WHERE vlr_fatura between 1000.00 and 8000.00;
```

Resultado

```
COD_CONVENIADA   NUM_FATURA   VLR_FATURA
--------------   ----------   ----------
99123            1            3.478
99124            2            4.175
99126            3            2.190
99124            11           1.753
99126            12           6.239,5
99127            13           1.027,6
99129            15           6.982
99132            18           3.101,25
```

O operador between também pode ser combinado com o operador de negação not. Nesse caso, a negativa da linha 3 ficaria:

```
WHERE vlr_fatura not between 1000.00 and 8000.00;
```

O resultado dessa consulta retornaria registros cujo valor da fatura não estivesse entre 1.000,00 e 8.000,00.

EXEMPLO 13

Consulta de dados com o operador de comparação IN

O operador `in`, que pode ser utilizado com qualquer tipo de dado, tem a função de indicar os valores pertencentes a um determinado conjunto de uma lista de dados. Com base na tabela FATURA, será consultado o nome e a data de nascimento das pessoas cujas datas são 25/02/1970, ou 09/05/1969, ou 15/01/1955. Ou seja, a instrução `in` possibilita verificar quais usuários cadastrados pertencem a esse grupo determinado de datas de nascimento.

```
1 SELECT nom_pessoa as NOME,
2        dat_nascimento as NASCIMENTO
3 FROM PESSOA_FISICA
4 WHERE dat_nascimento IN('25/02/1970', '09/05/1969', '15/01/1955');
```

Resultado

```
NOME                                         NASCIMENTO
-------------------------------------------  ----------
BENEDITO SILVA                               25/02/70
ZULMIRA CREEP                                09/05/69
MARCOS SILVA                                 15/01/55
```

Observe que, em um primeiro momento, as colunas `nom_pessoa` e `dat_nascimento` (linhas 1 e 2) recebem os apelidos NOME e NASCIMENTO. Já na linha 4, as datas do conjunto – que serão avaliadas como condição para recuperação das linhas – devem ser informadas, obrigatoriamente, entre apóstrofos.

> **PONTO DE ATENÇÃO**
>
> Datas e caracteres devem estar entre apóstrofos ('valor'), como nos Exemplos 13 e 14.

EXEMPLO 14

Consulta de dados com o operador de comparação NOT IN

Com base na tabela FATURA, será realizada a consulta a partir do o nome e da data de nascimento das pessoas cujos nomes *não* sejam BENEDITO SILVA, ou ZULMIRA CREEP, ou MARCOS SILVA. Como os nomes são compostos por caracteres, eles devem aparecer entre apóstrofos na sintaxe (linha 4).

```
1 SELECT nom_pessoa as NOME,
2        dat_nascimento as NASCIMENTO
3 FROM PESSOA_FISICA
4 WHERE  nom_pessoa NOT IN('BENEDITO SILVA',
 'ZULMIRA CREEP', 'MARCOS SILVA');
```

Resultado

```
NOME                                         NASCIMENTO
-------------------------------------------  ----------
CARMEM DOLORES                               01/03/65
DALTON CRUZ                                  09/04/76
AMADEU SILVANO                               17/07/77
DOLORES MARIA                                23/04/50
SANDRA PUGA                                  07/08/70
```

EXEMPLO 15

Consulta de dados com o operador de comparação IS NULL

Os operadores `is null` e `is not null` devem ser utilizados para comparações com nulos. Um campo nulo significa que não existe dado para aquele campo. Sendo assim, não é possível realizar uma consulta com operadores de igualdade (=) ou diferente (<>), porque um nulo não pode ser igual ou diferente a qualquer valor.

Nesse caso, partindo da tabela `FATURA`, para consultar o código das pessoas cujo estado civil não foi cadastrado, deve-se aplicar a seguinte sintaxe:

```
SQL> SELECT num_pessoa_pf
  2  FROM PESSOA_FISICA
  3  WHERE cod_estado_civil IS NULL;
```

Resultado

```
NUM_PESSOA_PF
-------------
32451
23465
```

EXEMPLO 16

Consulta de dados com o operador de comparação LIKE

O operador `LIKE` pode ser utilizado para selecionar linhas cujos campos apresentam um determinado padrão de caractere, por isso também é chamado de pesquisa curinga. Na tabela `FATURA`, para exibir o nome de todas as pessoas cuja primeira letra do nome seja J, deve-se utilizar a sintaxe:

```
1 SELECT nom_pessoa as NOME
2 FROM PESSOA_FISICA
3 WHERE nom_pessoa LIKE 'J%';
```

Resultado

```
NOME
----------------------------------------
JOSÉ ALBUQUERQUE
JUAREZ CHAVES
JOELMA CRUZ
```

Note a presença do caractere especial % na linha 3, que pode ser utilizado de três formas:

- **No final do padrão pesquisado**: indica que o os registros do resultado deverão começar com o padrão do elemento indicado, conforme a linha 3 desse exemplo.
- **No início do padrão pesquisado**: indica que os registros do resultado deverão terminar com o padrão indicado.
- **No início e no final do padrão pesquisado**: indica que o padrão deverá constar na coluna.

EXEMPLO 17

Consulta de dados com o caractere % no início e no final do padrão

Na tabela FATURA, para exibir o nome de todas as pessoas que contenham RA em qualquer posição do nome, utiliza-se o caractere especial % no início e no final do padrão da pesquisa (linha 3), com a sintaxe:

```
1 SELECT nom_pessoa as NOME
2 FROM PESSOA_FISICA
3 WHERE nom_pessoa LIKE '%RA%';
```

Resultado

```
NOME
-----------------------------------
ZULMIRA CREEP
SANDRA PUGA
IRINILZA RAFAELA
ESTEVAO MOREIRA
ADILSON RAMOS
```

PONTO DE ATENÇÃO

Caracteres com letras maiúsculas são diferentes de caracteres com letras minúsculas.

EXEMPLO 18

Consulta de dados com especificação da posição do elemento da consulta

Também é possível estabelecer uma determinada posição para pesquisar o padrão do elemento desejado. Nesse caso, para exibir todos os nomes das pessoas cuja segunda letra do nome seja S, utiliza-se a sintaxe:

```
SQL> SELECT nom_pessoa as NOME
   2  FROM PESSOA_FISICA
   3  WHERE nom_pessoa LIKE '_S%';
```

Resultado

```
NOME
------------------------------
ESTEFANIA JORDANIA
ESTEVAO MOREIRA
```

Observe que o *underline* (_) foi utilizado para determinar em qual posição o caractere S deveria aparecer no nome da pessoa.

9.2.2 Operadores lógicos

Os operadores lógicos são utilizados para concatenar ou associar expressões que estabelecem uma relação de comparação entre valores, resultando sempre em um valor lógico (booleano), sendo verdadeiro ou falso. Conheça os operadores lógicos no Quadro 9.4.

Quadro 9.4 Operadores lógicos

Operador	Descrição
AND	O valor retorna verdadeiro, caso todas as expressões envolvidas na operação sejam verdadeiras.
OR	O valor retorna verdadeiro, caso ao menos uma expressão envolvida na operação seja verdadeira.
NOT	Negação do resultado da expressão. Caso o resultado seja verdadeiro será considerado falso e vice-versa. Este operador pode ser combinado com outros operadores.

EXEMPLO 19

Consulta de dados com o operador lógico AND

Para listar nomes e datas de nascimento de todas as pessoas cujas datas de nascimento sejam maiores ou iguais a 30/01/1970 e o nome da pessoa contenha a letra S, utiliza-se a seguinte sintaxe:

```
1 SELECT nom_pessoa as NOME,
2        dat_nascimento as NASCIMENTO
3 FROM PESSOA_FISICA
4 WHERE  dat_nascimento >= '30/01/1970'
5        AND
6        nom_pessoa LIKE '%S%';
```

Resultado

```
NOME                                                NASCIMENTO
--------------------------------------------------  ----------
BENEDITO SILVA                                      25/02/70
AMADEU SILVANO                                      17/07/77
SANDRA PUGA                                         07/08/70
ROBSON MEIRELES                                     10/01/72
```

Observe que a condição para a recuperação das linhas no resultado da pesquisa contém duas expressões e, somente se ambas forem avaliadas como verdadeiras, as linhas serão apresentadas.

EXEMPLO 20

Consulta de dados com o operador lógico OR

O operador `or`, diferente do operador `and`, recupera as linhas que atendam ao menos a uma das condições especificadas. Neste exemplo, observe que o operador `and` foi substituído pelo operador `or` e que, consequentemente, o conjunto de linhas apresentado no resultado é maior.

Para listar nomes e datas de nascimento de todas as pessoas cujas datas de nascimento sejam maiores ou iguais a 30/01/1970, ou o nome da pessoa contenha a letra S, utiliza-se a sintaxe:

```
1 SELECT nom_pessoa as NOME,
2        dat_nascimento as NASCIMENTO
3 FROM PESSOA_FISICA
4 WHERE dat_nascimento >= '30/01/1970'
5       OR
6       nom_pessoa LIKE '%S%';
```

Resultado

```
NOME                                                   NASCIMENTO
-------------------------------------------------      ----------
BENEDITO SILVA                                         25/02/70
CARMEM DOLORES                                         01/03/65
DALTON CRUZ                                            09/04/76
AMADEU SILVANO                                         17/07/77
DOLORES MARIA                                          23/04/50
SANDRA PUGA                                            07/08/70
MARCOS SILVA                                           15/01/55
JOSÉ ALBUQUERQUE                                       05/02/65
ROBSON MEIRELES                                        10/01/72
ESTEFANIA JORDANIA                                     02/05/57
RICARDO SALTEIRON                                      03/06/68
MANOEL MATIAS                                          22/07/66
IRINILZA RAFAELA                                       18/08/77
JUAREZ CHAVES                                          07/08/70
CRISTINA ROMILDA                                       19/05/69
ESTEVAO MOREIRA                                        29/09/85
ADILSON RAMOS                                          30/10/77
MARCOS ANDRADE                                         15/01/65
JOELMA CRUZ                                            16/11/80
```

A condição para recuperação das linhas contém duas expressões, porém, se qualquer uma delas for avaliada como verdadeira, a linha será apresentada no resultado.

EXEMPLO 21

Consulta de dados com o operador lógico NOT

O operador `not` "inverte" o resultado da expressão avaliada, isto é, se a expressão for avaliada como verdadeira, com a utilização do operador, somente as linhas que não atendam à condição serão apresentadas. Nesse exemplo, observe que a expressão avaliada é composta por duas condições que devem ser atendidas e serão retornadas todas as linhas que não atenderem a tais condições no resultado.

Nesse caso, o operador `not` será utilizado para listar nomes e datas de nascimento de todas as pessoas cujas datas de nascimento não sejam maiores ou iguais a 30/01/1970 e cujo nome não contenha a letra S.

Continua

Continuação

```
SQL> SELECT nom_pessoa as NOME,
  2    dat_nascimento as NASCIMENTO
  3  FROM PESSOA_FISICA
  4  WHERE NOT (dat_nascimento >= '30/01/1970' AND nom_pessoa LIKE '%S%');

Resultado

NOME                                                  NASCIMENTO
--------------------------------------------------    ----------
ZULMIRA CREEP                                         09/05/69
```

9.3 Junções (*join*)

Muitas vezes, os dados necessários para atender a determinada demanda estão em diversas tabelas. Nesse caso, é preciso estabelecer um critério de relacionamento entre elas, que pode estar baseado em junções idênticas, não idênticas, externas ou autojunções.

9.3.1 Junções idênticas (*equijoin*)

Uma junção idêntica pode ser estabelecida entre tabelas que possuem chave primária e chave estrangeira correspondentes. Na Figura 9.1, o campo `num_pessoa_pf`, da tabela `PESSOA_FISICA`, é a chave primária, e está sendo referenciada pela coluna `num_pessoa_pf` da tabela `MOTORISTA`. No caso, o campo `num_pessoa_pf`, da tabela `MOTORISTA`, é chave estrangeira e primária, indicando que essa tabela é uma entidade fraca.

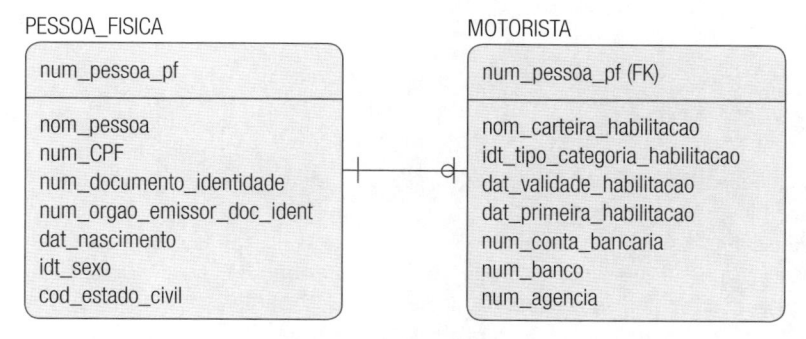

```
PESSOA_FISICA                          MOTORISTA
┌─────────────────────────────┐        ┌──────────────────────────────────┐
│ num_pessoa_pf               │        │ num_pessoa_pf (FK)               │
├─────────────────────────────┤        ├──────────────────────────────────┤
│ nom_pessoa                  │        │ nom_carteira_habilitacao         │
│ num_CPF                     │├────┤◁ │ idt_tipo_categoria_habilitacao   │
│ num_documento_identidade    │        │ dat_validade_habilitacao         │
│ num_orgao_emissor_doc_ident │        │ dat_primeira_habilitacao         │
│ dat_nascimento              │        │ num_conta_bancaria               │
│ idt_sexo                    │        │ num_banco                        │
│ cod_estado_civil            │        │ num_agencia                      │
└─────────────────────────────┘        └──────────────────────────────────┘
```

Figura 9.1 – Relacionamento entre as tabelas PESSOA_FISICA e MOTORISTA

A junção entre tabelas é indicada pela instrução JOIN. Uma *equijunção* pode ser implementada de três formas:

- NATURAL JOIN: compara todas as colunas, que possuem nomes idênticos, das tabelas envolvidas na junção.
- USING: compara todas as colunas das tabelas envolvidas, por meio da coluna indicada.
- ON: define a condição para comparação.

Para aplicar a NATURAL JOIN, utilize a sintaxe:

LINGUAGEM DE PROGRAMAÇÃO

NATURAL JOIN

```
SELECT [* ou lista de colunas]
FROM tabela_nome [apelido] NATURAL JOIN tabela_nome [apelido]
WHERE condição;
```

EXEMPLO 22

Levantamento de nomes e datas com a instrução NATURAL JOIN

Para recuperar os nomes dos motoristas e as respectivas datas da primeira habilitação, utiliza-se a instrução NATURAL JOIN.

```
1 SELECT P.nom_pessoa AS NOME,
2 M.dat_primeira_habilitacao AS "1a. HABILITACAO"
3 FROM PESSOA_FISICA P NATURAL JOIN MOTORISTA M;
```

Resultado

```
NOME                                                1a. HABILITACAO
--------------------------------------------------  ---------------
MARCOS SILVA                                        15/07/75
ESTEFANIA JORDANIA                                  10/03/78
JOSÉ ALBUQUERQUE                                    13/01/85
ROBSON MEIRELES                                     15/07/90
```

Observe que, na linha 3, a tabela PESSOA_FISICA recebe o apelido P e a tabela MOTORISTA recebe o apelido M. O uso de apelidos (instrução alias, vista na seção 9.1.2) para as tabelas é um recurso que facilita a escrita das instruções. Ao indicar as colunas que serão recuperadas pela consulta, o nome da coluna deve ser precedido do nome da tabela, ou do apelido da tabela. Sendo assim, na linha 1, a coluna nom_pessoa_pf faz parte da tabela PESSOA_FISICA, que recebeu apelido P (P.nom_pessoa). Já na linha 2, a coluna dat_primeira_habilitacao faz parte da tabela MOTORISTA, que recebeu apelido M (M.dat_primeira_habilitacao).

O uso da instrução NATURAL JOIN estabelece que a junção entre as tabelas PESSOA_FISICA e MOTORISTA será feita pelas colunas que possuem nome idêntico nas duas tabelas, como foi observado na Figura 9.1. No Exemplo 22, existe apenas uma coluna com nome idêntico nas duas tabelas (num_pessoa_pf). Caso existissem outras colunas de nome idêntico, para que a junção fosse bem sucedida, todas as colunas deveriam ter o mesmo tipo de dado e o mesmo valor. Para indicar a coluna, ou as colunas, para a junção, utiliza-se a instrução USING.

> **PONTO DE ATENÇÃO**
> O apelido é atribuído à tabela na cláusula FROM, entretanto, a tabela deverá ser referenciada pelo apelido em todas as cláusulas.

Essa instrução estabelece que a junção entre as tabelas ocorrerá apenas por meio da coluna indicada, e essa coluna deve existir nas tabelas que fazem parte da junção com o mesmo nome. A instrução USING é uma variação da NATURAL JOIN e a sintaxe a ser aplicada é:

LINGUAGEM DE PROGRAMAÇÃO

Instrução USING

```
SELECT [* ou lista de colunas]
FROM tabela_nome [apelido] JOIN tabela_nome [apelido]
USING(coluna)
WHERE condição;
```

EXEMPLO 23

Levantamento de nomes e datas com a instrução USING

Para recuperar os nomes dos motoristas e as respectivas datas da primeira habilitação, utiliza-se a instrução USING.

```
1 SELECT P.nom_pessoa AS NOME,
2 M.dat_primeira_habilitacao AS "1a. HABILITACAO"
3 FROM PESSOA_FISICA P JOIN MOTORISTA M
4 USING(num_pessoa_pf);
```

Observe que, na linha 3, a instrução JOIN indica a junção entre as tabelas PESSOA_FISICA e MOTORISTA. Já na linha 4, é indicada a coluna pela qual será realizada a junção, no caso, a coluna num_pessoa_pf, com a sintaxe: USING(num_pessoa_pf).

Outra maneira de realizar uma equijunção é por meio da instrução ON, que difere das anteriores por permitir que a junção seja realizada com colunas de nomes diferentes. A Figura 9.2 ilustra essa situação, utilizando as tabelas PESSOA, PESSOA_FISICA e MOTORISTA.

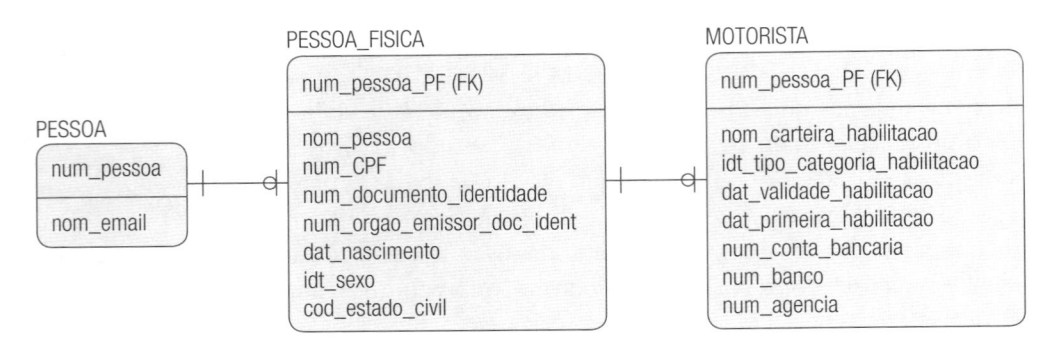

```
                    PESSOA_FISICA                           MOTORISTA
                    num_pessoa_PF (FK)                      num_pessoa_PF (FK)
  PESSOA
                    nom_pessoa                              nom_carteira_habilitacao
  num_pessoa        num_CPF                                 idt_tipo_categoria_habilitacao
                    num_documento_identidade                dat_validade_habilitacao
  nom_email         num_orgao_emissor_doc_ident             dat_primeira_habilitacao
                    dat_nascimento                          num_conta_bancaria
                    idt_sexo                                num_banco
                    cod_estado_civil                        num_agencia
```

Figura 9.2 – Relacionamento entre as tabelas PESSOA, PESSOA_FISICA e MOTORISTA

Na Figura 9.2, a coluna `num_pessoa` da tabela `PESSOA` é referenciada pela coluna `num_pessoa_pf` da tabela `PESSOA_FISICA`. A sintaxe utilizada para a instrução ON é a seguinte:

LINGUAGEM DE PROGRAMAÇÃO

Instrução ON

```
SELECT [* ou lista de colunas]
FROM tabela_nome [apelido] JOIN tabela_nome [apelido]
ON(TABELA1.coluna = TABELA2.coluna)
WHERE condição;
```

EXEMPLO 24

Consulta de nomes e e-mails com a instrução ON

Para recuperar os nomes e e-mails das pessoas físicas, utiliza-se a instrução ON.

```
1 SELECT PF.nom_pessoa AS NOME,
2        P.nom_email AS EMAIL
3 FROM PESSOA P JOIN PESSOA_FISICA PF
4 ON(P.num_pessoa = PF.num_pessoa_pf);
```

Resultado

```
NOME                          EMAIL
----------------------------  ----------------------------
BENEDITO SILVA                erossilva@ix.com.br
CARMEM DOLORES                stencil@imail.com.br
DALTON CRUZ                   goi66@imail.com.br
ZULMIRA CREEP                 jklm@jmail.com.br
AMADEU SILVANO                a09ui@jmail.com.br
DOLORES MARIA                 llop3@jmail.com.br
MARCOS SILVA                  spuga@empresa.com.br
JOSÉ ALBUQUERQUE              jfernandes@ix.com.br
ROBSON MEIRELES               ss3@imail.com.br
```

Continua

Continuação

Na linha 3, com a instrução JOIN é estabelecida a junção entre as tabelas PESSOA, que recebe o apelido P, e PESSOA_FISICA, que recebe o apelido PF. Na linha 4, é indicada que a junção será realizada pela comparação de igualdade entre as colunas num_pessoa, da tabela PESSOA, e num_pessoa_pf, da tabela PESSOA_FISICA, com a sintaxe: ON(P.num_pessoa = PF.num_pessoa_pf).

> **DICA**
>
> Para relacionar duas tabelas, é necessária uma operação de junção. Para três tabelas, são necessárias duas operações de junção. Ou seja, para *n* tabelas, são realizadas *n-1* operações de junção.

É possível estabelecer a relação entre diversas tabelas. No Exemplo 25, as tabelas são relacionadas.

EXEMPLO 25

Junção de três tabelas com a instrução JOIN

Para listar o nome do motorista, o número da carteira de habilitação e o e-mail utilizando três tabelas como referência (PESSOA, PESSOA_FISICA e MOTORISTA), aplica-se a sintaxe:

```
1 SELECT PF.nom_pessoa AS NOME,
2        M.num_carteira_habilitacao AS HABILITACAO,
3        P.nom_email AS EMAIL
4 FROM PESSOA_FISICA PF JOIN MOTORISTA M
5      ON (PF.num_pessoa_pf = M.num_pessoa_pf)
6                     JOIN PESSOA P
7      ON(M.num_pessoa_pf = P.num_pessoa);
```

Resultado

```
NOME                    HABILITACAO    EMAIL
--------------------    -----------    --------------------
MARCOS SILVA            454545         spuga@empresa.com.br
JOSÉ ALBUQUERQUE        657677         jfernandes@ix.com.br
ROBSON MEIRELES         334566         ss3@imail.com.br
STEFANIA JORDANIA       212133         maw@gool.com.br
```

Na linha 4, é indicada a junção entre as tabelas PESSOA_FISICA, que recebe o apelido PF, e MOTORISTA, com o apelido M. Na linha 5, a cláusula ON indica a condição para junção entre as tabelas (PF.num_pessoa_pf = M.num_pessoa_pf) e, na linha 6, é estabelecida a junção entre a tabela PESSOA, que recebe o apelido P, e a tabela MOTORISTA. Na linha 7, é estabelecida a condição para junção entre elas ON(M.num_pessoa_pf = P.num_pessoa).

9.3.2 Autojunções (self-join)

A autojunção é uma operação de junção entre colunas da mesma tabela, conforme ilustrado na Figura 9.3.

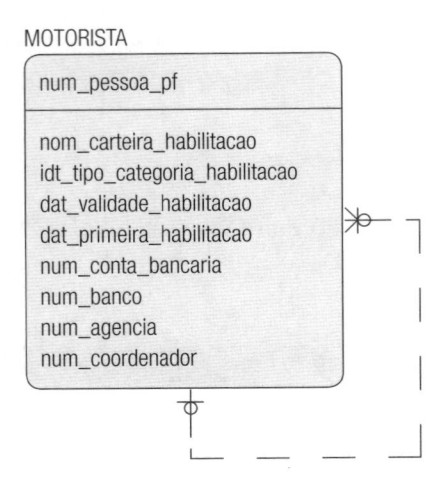

Figura 9.3 – Autojunção de colunas na mesma tabela

A Figura 9.3 exemplifica o caso de um motorista coordenar uma equipe de outros motoristas. Na tabela `MOTORISTA`, a coluna `num_coordenador` referencia a coluna `num_pessoa_pf` e essa relação caracteriza a autojunção.

A autojunção é uma *equijoin* e, para representá-la, é necessário atribuir apelidos diferentes para a mesma tabela, de modo que sejam tratadas como se fossem duas tabelas distintas, do ponto de vista lógico, como ilustrado na Figura 9.4.

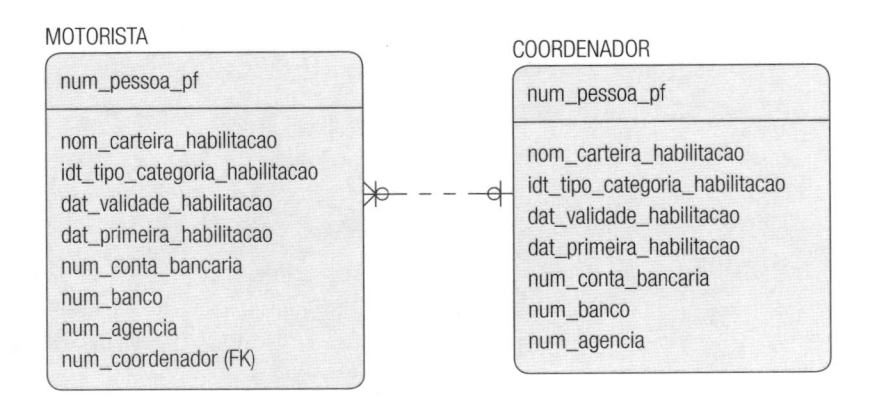

Figura 9.4 – Representação lógica de autojunção na tabela MOTORISTA

EXEMPLO 26

Consulta de códigos do motorista e do seu respectivo coordenador

Para consultar o código do motorista e o do respectivo coordenador, utiliza-se a sintaxe:

```
1 SELECT MOTORISTA.num_pessoa_pf as MOTORISTA,
2        COORDENADOR.num_pessoa_pf as COORDENADOR
3 FROM MOTORISTA JOIN MOTORISTA COORDENADOR
4 ON(MOTORISTA.num_coordenador = COORDENADOR.num_pessoa_pf);
```

Resultado

```
MOTORISTA  COORDENADOR
---------- -----------
42345      12345
72345      12345
82345      12345
92345      12345
13345      14345
15345      14345
16345      14345
17345      14345
```

Observe que, na linha 3, a junção ocorre entre a tabela MOTORISTA e uma ocorrência da mesma tabela, que recebeu o apelido de COORDENADOR. Na linha 4, a coluna num_coordenador da tabela MOTORISTA faz referência à coluna num_pessoa_pf da tabela COORDENADOR.

9.3.3 Junções externas

A junção externa é utilizada para recuperar as linhas de uma equijunção, sendo que, em alguma das tabelas, pode não haver registro correspondente. A junção externa pode ser esquerda (*left outer*), direita (*right outer*) ou completa (*full outer*), como será detalhado a seguir.

1. A *junção externa esquerda* recupera todas as linhas da equijunção, além das que não possuem correspondentes na tabela à esquerda da operação.

EXEMPLO 27

Consulta de nomes e e-mails utilizando junção externa esquerda

Pode-se utilizar a junção externa esquerda para recuperar nomes das pessoas físicas e seus respectivos e-mails, apresentando também os nomes das pessoas que não possuem e-mails.

```
1 SELECT PF.nom_pessoa AS NOME,
2        P.nom_email AS EMAIL
```

Continua

Continuação

```
3 FROM PESSOA_FISICA PF LEFT OUTER JOIN PESSOA P
4 ON(PF.num_pessoa_pf = P.num_pessoa);
```

Resultado

```
  NOME                                EMAIL
  ----------------------------------- -----------------------------
1 ESTEVAO MOREIRA                     ggh3@mail.br
2 ADILSON RAMOS                       tty@mail.com.br
3 MARCOS ANDRADE                      kio5@mail.com.br
4 JOELMA CRUZ                         poi5@mail.com.br
5 SANDRA PUGA
```

A operação de junção, na linha 3, indica que os registros da tabela PESSOA_FISICA (à esquerda do operador de junção LEFT JOIN), que não têm correspondentes na tabela PESSOA, deverão ser apresentados. Pode-se observar no resultado que o registro da linha 5 só contém dados para a coluna NOME, não havendo e-mail cadastrado para a pessoa SANDRA PUGA.

2. A *junção externa direita* recupera todas as linhas da equijunção, além das que não possuem correspondentes na tabela à direita da operação.

EXEMPLO 28

Consulta de nomes e e-mails utilizando junção externa direita

Aplica-se a junção externa direita para recuperar nomes de pessoas físicas e seus respectivos e-mails, apresentando também os e-mails que não estão associados a pessoas físicas.

```
1 SELECT PF.nom_pessoa AS NOME,
2        P.nom_email AS EMAIL
3 FROM PESSOA_FISICA PF RIGHT OUTER JOIN PESSOA P
4 ON(PF.num_pessoa_pf = P.num_pessoa);
```

Resultado

```
  NOME                                EMAIL
  ----------------------------------- -----------------------------
1 ESTEVAO MOREIRA                     ggh3@mail.br
2 ADILSON RAMOS                       tty@mail.com.br
3 MARCOS ANDRADE                      kio5@mail.com.br
4 JOELMA CRUZ                         poi5@mail.com.br
5                                     bancosem@sem.com.br
```

Observe que a operação de junção, na linha 3, indica que os registros da tabela PESSOA (à direita do operador de junção RIGHT JOIN), que não têm correspondentes em PESSOA_FISICA, deverão ser apresentados. Pode-se observar no resultado que o registro da linha 5 contém dados apenas para a coluna EMAIL, não havendo nomes de pessoa física para o e-mail bancosem@sem.com.br.

3. A *junção externa completa* recupera todas as linhas da equijunção, além das que não possuem correspondentes na tabela à direita e à esquerda da operação, conforme ilustrado no Exemplo 29.

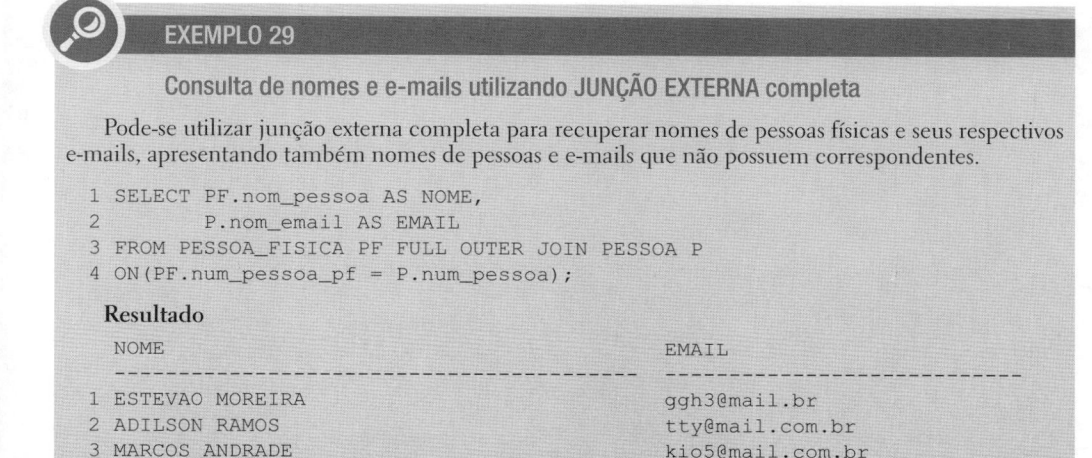

EXEMPLO 29

Consulta de nomes e e-mails utilizando JUNÇÃO EXTERNA completa

Pode-se utilizar junção externa completa para recuperar nomes de pessoas físicas e seus respectivos e-mails, apresentando também nomes de pessoas e e-mails que não possuem correspondentes.

```
1 SELECT PF.nom_pessoa AS NOME,
2        P.nom_email AS EMAIL
3 FROM PESSOA_FISICA PF FULL OUTER JOIN PESSOA P
4 ON(PF.num_pessoa_pf = P.num_pessoa);
```

Resultado

```
  NOME                                      EMAIL
  ----------------------------------------  ----------------------------------------
1 ESTEVAO MOREIRA                           ggh3@mail.br
2 ADILSON RAMOS                             tty@mail.com.br
3 MARCOS ANDRADE                            kio5@mail.com.br
4 JOELMA CRUZ                               poi5@mail.com.br
5 SANDRA PUGA
6                                           bancosem@sem.com.br
```

Note que o registro da linha 5 contém dados apenas para a coluna NOME, não havendo e-mail para o nome SANDRA PUGA, assim como na linha 6 é apresentado apenas o registro de e-mail, não havendo nome de pessoa física para bancosem@sem.com.br.

9.3.4 Junção não idêntica (não equijunção)

A junção não idêntica é utilizada para obter dados de tabelas que não possuem relacionamentos preestabelecidos. Esse tipo de junção não requer a comparação entre chaves primária e estrangeira, uma vez que é feita ao comparar as faixas de valores, por exemplo.

Na Figura 9.5, as tabelas FATURA e CLASSIFICACAO não possuem relacionamento direto, mas é possível realizar uma junção não idêntica entre elas, comparando o valor da fatura e a faixa de valores, estabelecida pelas colunas limite_inferior e limite_superior, da tabela CLASSIFICACAO.

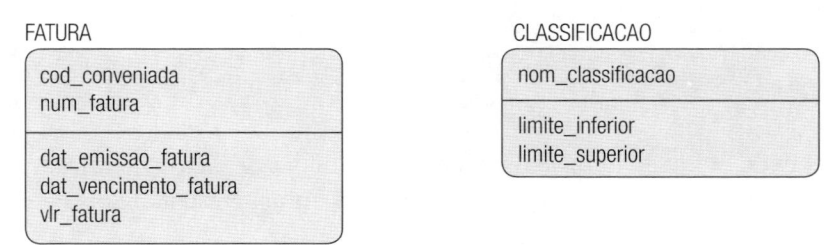

```
FATURA                          CLASSIFICACAO
-----------------------         -----------------------
cod_conveniada                  nom_classificacao
num_fatura
                                limite_inferior
dat_emissao_fatura              limite_superior
dat_vencimento_fatura
vlr_fatura
```

Figura 9.5 – Junção não idêntica entre as tabelas FATURA e CLASSIFICACAO

EXEMPLO 30

Consulta de códigos, valores e nomes utilizando junção não idêntica

Utiliza-se junção não idêntica para listar o código das conveniadas, o valor de cada fatura e o nome da classificação, atribuído para cada uma, considerando apenas a conveniada de código 99130.

```
1 SELECT F.cod_conveniada, F.vlr_fatura, C.nom_classificacao
2 FROM FATURA F JOIN CLASSIFICACAO C
3 ON (F.vlr_fatura BETWEEN C.limite_inferior AND C.limite_superior)
4 WHERE cod_conveniada = 99130;
```

Resultado

```
COD_CONVENIADA   VLR_FATURA   NOM_CLASSIFICACAO
--------------   ----------   -----------------
99130            142.321      DIAMANTE
99130            32.109,1     PRATA
99130            14.484       BRONZE
99130            3.982,1      BRONZE
```

Observe que apenas a conveniada de código 99130 foi listada, apresentando o código da conveniada, o valor da fatura e o nome da classificação no resultado, conforme solicitado na sintaxe.

9.4 Funções SQL

As funções SQL, assim como em outras linguagens, recebem e processam argumentos, retornando um determinado resultado ao ambiente de chamada, de acordo com a solicitação. Para isso, a sintaxe utilizada é a seguinte:

LINGUAGEM DE PROGRAMAÇÃO

Funções SQL

funçãoNome(argumento)

Elementos e funcionalidades	
funçãoNome	Nome da função.
argumento	Valor que pode ser uma constante, uma variável, o nome da coluna, ou uma expressão. A quantidade de argumentos requeridos pode variar de uma função para outra.

As funções de linha são utilizadas para manipular itens de dados, ou seja, aceitam um ou mais argumentos e retornam um valor para cada linha apresentada pela consulta. As funções de linha manipulam caracteres, números, datas, além de converterem dados, podendo ser utilizadas na lista de colunas ou em condições para recuperação de linhas.

Nos exemplos a seguir, serão detalhadas as principais funções de linha, sendo elas: LENGTH, LOWER, UPPER, SUBSTRING, INSTR, REPLACE, TRANSLATE, ROUND, TRUNC, CURRENT_TIMESTAMP, TO_CHAR, TO_DATE, TO_NUMBER, NVL.

EXEMPLO 31

Função de linha LENGTH (argumento)

A função de linha LENGTH (argumento) exibe a quantidade de caracteres de um argumento. Nesse caso, para consultar o nome e a quantidade de caracteres do nome de pessoas físicas, utilize a sintaxe:

```
1 SELECT nom_pessoa AS NOME,
2 LENGTH(nom_pessoa) AS TAMANHO
3 FROM PESSOA_FISICA
4 ORDER BY NOME;
```

Resultado

```
NOME                TAMANHO
----------------    ----------
ADILSON RAMOS       13
AMADEU SILVANO      14
BENEDITO SILVA      14
CARMEM DOLORES      14
CRISTINA ROMILDA    16
DALTON CRUZ         11
DOLORES MARIA       13
```

Observe que a expressão LENGTH (nom_pessoa), na linha 2, recebe o apelido TAMANHO, e que no resultado para cada linha é apresentada a quantidade de caracteres da coluna nom_pessoa.

EXEMPLO 32

Função de linha LOWER (argumento)

A função de linha LOWER (argumento) converte o argumento para letras minúsculas. Nesse caso, para consultar o nome de pessoas físicas com letras minúsculas, utilize a sintaxe:

```
1 SELECT nom_pessoa AS NOME,
2 LOWER(nom_pessoa) AS NOME_MINUSCULAS
3 FROM PESSOA_FISICA;
```

Continua

Continuação

Resultado

```
NOME                NOME_MINUSCULAS
---------------     -----------------
ADILSON RAMOS       adilson ramos
AMADEU SILVANO      amadeu silvano
BENEDITO SILVA      benedito silva
```

Na linha 2, a expressão LOWER(nom_pessoa) recebe o apelido NOME_MINUSCULAS. Observe no resultado, que, para cada linha retornada, o dado da coluna nom_pessoa é apresentado em letras minúsculas.

EXEMPLO 33

Função de linha UPPER (argumento)

A função de linha UPPER(argumento) converte uma cadeia de caracteres em letras maiúsculas. Nesse caso, para exibir o nome e a data de nascimento de Benedito Silva em letras maiúsculas, utilize a sintaxe:

```
1 SELECT nom_pessoa AS NOME,
2        dat_nascimento AS NASCIMENTO
3 FROM PESSOA_FISICA
4 WHERE UPPER(nom_pessoa) = UPPER('Benedito Silva');
```

Resultado

```
NOME                                         NASCIMENTO
------------------------------------------   ----------
BENEDITO SILVA                               25/02/70
```

Nesse caso, os nomes foram armazenados na base de dados com letras maiúsculas, mas não é sempre que o formato de armazenamento é conhecido. Para equalizar o formato dos valores a serem comparados, utilizam-se as funções UPPER (que converte o valor para letras maiúsculas) ou LOWER (que converte o valor para letras minúsculas).

EXEMPLO 34

Função de linha SUBSTRING (argumento1, argumento2, argumento3)

A função de linha SUBSTRING(argumento1, argumento2, argumento3) extrai uma cadeia de caracteres do argumento1, iniciando a partir da posição indicada em argumento2 e conforme o tamanho especificado em argumento3. Nesse caso, para exibir o nome de pessoas físicas, com a SUBSTRING que inicia na posição 3 e com 5 caracteres, utilize a sintaxe:

```
1 SELECT nom_pessoa AS NOME,
2 SUBSTRING(nom_pessoa, 3, 5)
3 FROM PESSOA_FISICA;
```

Continua

Continuação

Resultado

```
NOME                                              SUBST
-------------------------------------------------- -----
ADILSON RAMOS                                     ILSON
AMADEU SILVANO                                    ADEU
BENEDITO SILVA                                    NEDIT
CARMEM DOLORES                                    RMEM
```

Perceba que a expressão `SUBSTRING(nom_pessoa,3,5)` extrai da coluna `nom_pessoa` 5 caracteres a partir da posição 3.

EXEMPLO 35

Função de linha INSTR (argumento1, argumento2)

A função de linha `INSTR(argumento1,argumento2)` pesquisa em `argumento1`, a posição da primeira ocorrência de `argumento2`. Nesse caso, para exibir o nome de pessoas físicas e a posição em que se encontra o caractere M, utilize a sintaxe:

```
1 SELECT nom_pessoa AS NOME,
2 INSTR(nom_pessoa, 'M')
3 FROM PESSOA_FISICA
4 ORDER BY NOME;
```

> **DICA**
> O nome da função pode ser diferente em alguns SGBDs. No Oracle, por exemplo é SUBSTR, mas funciona da mesma maneira.

Resultado

```
  NOME                        INSTR(NOM_PESSOA,'M')
  --------------------------- ---------------------
1 ADILSON RAMOS               11
2 AMADEU SILVANO              2
3 BENEDITO SILVA              0
4 CARMEM DOLORES              4
```

As linhas do resultado foram enumeradas para facilitar a explicação. Observe, na linha 1, que a letra M foi encontrada na posição 11 do NOME; na linha 3, a letra M não foi encontrada; e, na linha 4, ela aparece em duas posições. Entretanto, a função `INSTR` mostrará apenas a posição da primeira letra M encontrada.

EXEMPLO 36

Função de linha REPLACE (argumento1, argumento2, argumento3)

A função de linha `REPLACE (argumento1, argumento2, argumento3)` pesquisa em `argumento1` o valor de `argumento2` e substitui pelo `argumento3`. Nesse caso, para exibir o nome de pessoas físicas e substituir os caracteres MA por xw, utilize a sintaxe:

Continua

Continuação

```
1 SELECT nom_pessoa AS NOME,
2 REPLACE(nom_pessoa, 'MA','xw')
3 FROM PESSOA_FISICA
4 ORDER BY NOME;
```

Resultado

```
NOME                 REPLACE(NOM_PESSOA,'MA','xw')
------------------   ---------------------------------
1 ADILSON RAMOS      ADILSON RAMOS
2 AMADEU SILVANO     AxwDEU SILVANO
3 BENEDITO SILVA     BENEDITO SILVA
4 CARMEM DOLORES     CARMEM DOLORES
```

Observe, na linha 2 do resultado, que o padrão MA informado como `argumento2` foi substituído pelo padrão xw, informado como `argumento3`.

EXEMPLO 37

Função de linha TRANSLATE (argumento1, argumento2, argumento3)

A função de linha `TRANSLATE(argumento1, argumento2, argumento3)` pesquisa em `argumento1` cada valor de `argumento2` e substitui pelo seu correspondente em `argumento3`. Nesse caso, para exibir o nome de pessoas físicas e substituir os caracteres M e A pelos caracteres w e y, respectivamente, utilize a sintaxe:

```
1 SELECT nom_pessoa AS NOME,
2 TRANSLATE(nom_pessoa, 'MA','xw')
3 FROM PESSOA_FISICA
4 ORDER BY NOME;
```

Resultado

```
NOME                 TRANSLATE(NOM_PESSOA,'MA','xw')
------------------   ---------------------------------
1 ADILSON RAMOS      wDILSON RwxOS
2 AMADEU SILVANO     wxwDEU SILVwNO
3 BENEDITO SILVA     BENEDITO SILVw
4 CARMEM DOLORES     CwRxEx DOLORES
```

Perceba que a pesquisa será realizada na coluna `nom_pessoa(argumento1)` e, quando forem encontradas as letras M ou A (`argumento2`), elas serão substituídas, respectivamente, por x ou w (`argumento3`). Observe, por exemplo, na linha 1 do resultado, que não importa a ordem em que os caracteres do `argumento2` são encontrados para a substituição ocorrer, além disso, eles também não precisam aparecer juntos.

EXEMPLO 38

Função de linha ROUND (argumento1, argumento2)

A função de linha `ROUND(argumento1, argumento2)` arredonda a coluna, expressão ou valor, representado por `argumento1`, para *n* casas decimais (`argumento2`). Caso o `argumento2` seja 0 ou estiver ausente, o valor será arredondado para um número inteiro.

Para exibir o código da conveniada e o valor da fatura adicionado de 0.33333, arredondado para 2 casas decimais, utilize a sintaxe:

```
1 SELECT COD_CONVENIADA,
2   VLR_FATURA + 0.33333,
3   ROUND((VLR_FATURA + 0.33333), 2)
4 FROM FATURA;
```

Resultado

```
COD_CONVENIADA    VLR_FATURA + 0.33333    ROUND((VLR_FATURA + 0.33333),2)
--------------    --------------------    -------------------------------
99126             6239,83333              6.239,83
99127             1027,93333              1.027,93
99128             27384,3333              27.384,33
99129             6982,33333              6.982,33
99132             3101,58333              3.101,58
99131             22157,0333              22.157,03
```

Observe que, na linha 2, o valor 0.33333 é adicionado ao valor da fatura apenas para ilustrar a operação de arredondamento realizada na linha 3, por meio da qual o valor da fatura adicionado de 0.33333 foi arredondado para duas casas decimais. Nesse caso, (VLR_FATURA + 0.33333) é o argumento1 e 2 é o argumento2.

EXEMPLO 39

Função de linha TRUNC (argumento1, argumento2)

A função de linha `TRUNC(argumento1, argumento2)` trunca a coluna, expressão ou valor representado pelo `argumento1`, para *n* casas decimais (`argumento2`). Caso o `argumento2` seja 0 ou esteja ausente, o valor será truncado para um número inteiro. Por outro lado, se ele for 2, o valor será truncado para duas casas decimais.

Nesse caso, para exibir o código da conveniada e o valor da fatura com o valor truncado para um valor inteiro (com zero casas decimais), utilize a sintaxe:

```
1 SELECT COD_CONVENIADA, VLR_FATURA,
2 TRUNC(VLR_FATURA, 0)
3 FROM FATURA;
```

Continua

Continuação

Resultado

```
  COD_CONVENIADA   VLR_FATURA   TRUNC(VLR_FATURA,0)
  --------------   ----------   -------------------
1 99128            27.384       27.384
2 99129            980,9        980
3 99130            32.109,1     32.109
4 99131            15.433,75    15.433
5 99132            13.333,25    13.333
```

A função TRUNC elimina as casas decimais para que o resultado fique com zero posições. Observe na linha 2, que o valor 980,9 foi truncado para 980.

EXEMPLO 40

Função de linha CURRENT_DATE

A função de linha CURRENT_DATE não recebe qualquer argumento e tem como objetivo retornar a data corrente (atual). Nesse caso, para listar os números de faturas, a data de vencimento e a data atual para a conveniada de código 99131, utilize a sintaxe:

```
1 SELECT NUM_FATURA, DAT_VENCIMENTO_FATURA, CURRENT_DATE
2 FROM FATURA
3 WHERE COD_CONVENIADA = 99131;
```

Resultado

```
NUM_FATURA   DAT_VENCIMENTO   CURRENT_DATE
----------   --------------   ------------
8            10/02/12         23/10/12
17           10/03/12         23/10/12
27           10/04/12         23/10/12
```

No resultado, observe que o valor da data corrente é o mesmo para todas as linhas retornadas.

EXEMPLO 41

Função de linha CURRENT_TIMESTAMP

A função de linha CURRENT_TIMESTAMP não recebe qualquer argumento e apresenta data e horário correntes. Nesse caso, para listar números de faturas, data de vencimento, horário e data atuais para a conveniada de código 99131, utiliza-se a sintaxe:

```
1 SELECT NUM_FATURA, DAT_VENCIMENTO_FATURA, CURRENT_TIMESTAMP
2 FROM FATURA
3 WHERE COD_CONVENIADA = 99131;
```

Continua

Continuação

Resultado

```
NUM_FATURA    DAT_VENCIMENTO_FATURA    CURRENT_TIMESTAMP
-----------   ---------------------    ---------------------------------
8             10/02/12                 23/10/12 18:32:54,335000 -02:00
17            10/03/12                 23/10/12 18:32:54,335000 -02:00
27            10/04/12                 23/10/12 18:32:54,335000 -02:00
```

A função `CURRENT_TIMESTAMP` apresenta, além da data corrente, a hora completa, inclusive com frações de segundo.

EXEMPLO 42

Função de linha TO_CHAR (argumento1, argumento2) para conversão de números

A função de linha `TO_CHAR (argumento1, argumento2)` converte o valor (data ou número) representado em `argumento1`, para uma cadeia de caracteres com um formato predeterminado, representado por `argumento2`.

A conversão de números em caracteres é utilizada, especialmente, para manipulações que requerem a apresentação de números em determinados formatos. No Quadro 9.5, veja alguns exemplos de formatos e a exibição gerada pela sua utilização.

Quadro 9.5 Formatos para conversão de números

Elemento	Descrição	Formato	Resultado para valor de entrada '1234'
$	Exibe o cifrão do lado esquerdo do valor.	$99999	$1234
,	Separador de milhar.	999,999	1,234
.	Separador de decimal.	99999.99	1234.00
0	Insere zeros à esquerda do número para completar o valor que contiver menos caracteres que o especificado.	099999	01234
9	Insere "espaços em branco" à esquerda do número que contiver menos caracteres que o especificado.	99999	1234

Nesse caso, para exibir valores das faturas no formato monetário, utiliza-se a seguinte sintaxe:

```
1 SELECT VLR_FATURA,
2 TO_CHAR(VLR_FATURA, '$99,999.99')
3 FROM FATURA;
```

Continua

Continuação

Resultado

```
VLR_FATURA    TO_CHAR(VLR_FATURA, '$99,999.99')
----------    ---------------------------------
27.384        $27,384.00
980,9         $980.90
32.109,1      $32,109.10
15.433,75     $15,433.75
13.333,25     $13,333.25
3.478         $3,478.00
```

EXEMPLO 43

Função de linha TO_CHAR (argumento1, argumento2) para conversão de datas

A função TO_CHAR também possibilita converter datas em caracteres e, assim como com números, a função torna-se interessante para algum tipo de manipulação que requeira a apresentação de datas em formatos específicos. No Quadro 9.6, estão relacionados alguns formatos para realizar a representação e a manipulação de datas.

Quadro 9.6   Formatos para conversão de datas

Formato	Descrição	Resultado para valor de entrada Domingo 15/04/2012 14:15[1]
DD	Dia do mês.	15
DY	Abreviação do nome do dia da semana com 3 letras.	DOM
DAY	Nome do dia da semana.	DOMINGO
DDSP	Nome do dia no mês por extenso.	QUINZE
MM	Número do mês.	04
MON	Abreviação do nome do mês com três letras.	ABR
MONTH	Nome do mês por extenso.	ABRIL
YY	Ano com dois dígitos.	12
RR	Ano com dois dígitos. Criado para solucionar o problema do bug do milênio, que aconteceu na virada para o ano de 2000. Datas entre 00 a 49 são consideradas 2000 a 2049. Datas entre 50 a 99 são consideradas 1950 a 1999.	12
YYYY	Ano com quatro dígitos.	2012
RRRR	Ano com quatro dígitos, atendendo também aos requisitos do bug do milênio.	2012
HH:MI:SS	Hora, minuto e segundo.	14:15:00
HH24	Hora, contemplando números de 0 a 23.	14

Continua

---

[1] O resultado poderá ser apresentado em inglês, dependendo das configurações do SGBD.

Continuação

A sintaxe da função TO_CHAR para manipulação de datas é TO_CHAR (argumento1, argumento2) – assim como foi visto no Exemplo 42 –, em que argumento1 representa a data a ser formatada e argumento2 o formato a ser aplicado. O formato pode ser o resultado da combinação de diversos formatos e caracteres. Nesse caso, para exibir a data da fatura da conveniada 99130 de acordo com o formato São Paulo, DD do mês de month do ano de YYYY, utiliza-se a sintaxe:

```
1 SELECT TO_CHAR(DAT_VENCIMENTO_FATURA,
2 '"Sao Paulo," DD "de" month "do ano de" YYYY')AS "DATA FORMATADA"'
3 FROM FATURA WHERE cod_conveniada = 99132;
```

Resultado

```
DATA FORMATADA
-------------------------------------------
Sao Paulo, 10 de  fevereiro do ano de  2012
Sao Paulo, 10 de  março      do ano de  2012
Sao Paulo, 10 de  abril      do ano de  2012
```

Observe que, na linha 1, a função TO_CHAR tem como argumento1 a coluna dat_vencimento_fatura e, como argumento2, o formato Sao Paulo, DD de month do ano de YYYY, que recebe o apelido DATA FORMATADA. Sendo assim, as cadeias de caracteres Sao Paulo, de e do ano de serão apresentadas em todas as linhas.

EXEMPLO 44

Função de linha TO_DATE (argumento1, argumento2)

A função de linha TO_DATE (argumento1, argumento2) converte uma cadeia de caracteres (agumento1), para o formato de data (argumento2). Nesse caso, para exibir a cadeia de caracteres 15/02/2012 no formato de data DD/MM/YYYY, e a data de vencimento de todas as faturas, utiliza-se a sintaxe:

```
SELECT TO_DATE('15/02/2012', 'DD/MM/YYYY'),
       DAT_VENCIMENTO_FATURA
FROM FATURA;
```

Resultado

```
TO_DATE('15/02/2012','DD/MM/YYY')    DAT_VENC
---------------------------------    --------
15/02/12                             10/02/12
15/02/12                             10/02/12
15/02/12                             10/02/12
15/02/12                             10/02/12
15/02/12                             10/02/12
```

A função TO_DATE é bastante útil para o tratamento de dados inseridos ou alterados, convertendo explicitamente o valor para o formato de data desejado.

> **PONTO DE ATENÇÃO**
> Para realizar a conversão na sintaxe, o formato deve ser expresso entre apóstrofos, como o argumento2 da função TO_CHAR, de acordo com um dos formados descritos.

> **PONTO DE ATENÇÃO**
> Todas as cadeias de caracteres podem ser exibidas desde que estejam entre aspas duplas.

EXEMPLO 45

Função de linha TO_NUMBER (argumento1)

A função de linha `TO_NUMBER (argumento1)` converte uma cadeia de caracteres numéricos em um valor numérico. Nesse caso, para converter a cadeia 12345 em um valor numérico que deverá ser adicionado ao valor da fatura, utiliza-se a seguinte sintaxe:

```
SELECT TO_NUMBER('12345') + VLR_FATURA
FROM FATURA;
```

Resultado

```
TO_NUMBER('12345')+VLR_FATURA
-----------------------------
15.823
16.520
14.535
12.477
25.633
28.137
26.829
40.236
```

A função `TO_NUMBER` é bastante útil para o tratamento de dados inseridos ou alterados, convertendo explicitamente o valor para o formato desejado.

EXEMPLO 46

Função de linha NVL (argumento1, argumento2)

A função de linha `NVL (argumento1, argumento2)` é utilizada para substituir o `argumento1`, quando este for nulo, pelo `argumento2`. Nesse caso, a sintaxe solicitará a exibição do código da pessoa e do seu e-mail. Já a função `NVL`, será utilizada para apresentar a expressão `sem email` quando o valor de e-mail for nulo.

```
1 SELECT num_pessoa, nom_email, NVL(nom_email, 'sem email')
2 FROM PESSOA;
```

Resultado

```
  NUM_PESSOA  NOM_EMAIL                NVL(NOM_EMAIL,'SEMEMAIL')
  ----------  ----------------------   -------------------------
1 18345                                sem email
2 18346                                sem email
3 18347                                sem email
4 12345       spuga@empresa.com.br     spuga@empresa.com.br
5 22345       jfernandes@ix.com.br     jfernandes@ix.com.br
```

Observe, nas linhas 1, 2 e 3 do resultado, que não há dados para a coluna `NOM_EMAIL`. Nesses casos, o resultado da coluna `NVL(nom_email, 'sem email')` apresenta a expressão `sem email`.

9.5 Consultas para manipulação de grupos de dados

Diferente das funções que manipulam uma linha de cada vez, as funções de grupo operam em conjuntos de linhas para fornecer um resultado por grupo. As operações das funções de grupo podem envolver todas as linhas de uma tabela ou conjuntos de linhas definidos por critérios preestabelecidos.

Assim como as funções de diversas outras linguagens, ou aplicativos, as funções disponíveis na SQL requerem argumentos para realizar operações e retornar valores. Nesse caso, os argumentos serão representados pelo nome da coluna: FUNÇÃO (coluna).

Algumas funções disponíveis para manipulação de grupos de dados são:

- AVG ( ): retorna a média obtida entre os valores de um conjunto.
- COUNT ( ): retorna a quantidade de ocorrências.
- MAX ( ): retorna o maior valor de um conjunto.
- MIN ( ): retorna o menor valor de um conjunto.
- SUM ( ): retorna a somatória dos valores de um conjunto.

Para aplicar essa instrução, utilize a sintaxe:

LINGUAGEM DE PROGRAMAÇÃO

Manipulação de grupos de dados

```
SELECT [coluna,] função_de_grupo(coluna)
FROM tabela
[WHERE condição]
[GROUP BY coluna]
[HAVING condição]
[ORDER BY coluna];
```

Elementos e funcionalidades	
[coluna,]	Lista de colunas envolvidas na consulta. Esta é uma cláusula opcional.
função_de_grupo(coluna)	Indica o nome da função que será utilizada e cujos dados da coluna definida serão considerados como parâmetro para a função.
FROM tabela	Tabela ou tabelas utilizadas na consulta.
[WHERE condição]	Condição para realização da consulta, limitando o conjunto de dados que comporão o conjunto.
[GROUP BY coluna]	Cria grupos de dados.
[HAVING condição]	Limita os grupos a serem mostrados, sendo similar à cláusula WHERE (vista na seção 9.2), mas aplica-se somente a agrupamentos.
[ORDER BY coluna];	Por *default*, a ordenação é ascendente.

O agrupamento simples envolve todo o conjunto de uma determinada tabela, isto é, considera todas as linhas que satisfazem a uma condição e cada função envolvida produz um único resultado para o conjunto.

EXEMPLO 47

Verificação de faturas utilizando as funções MIN, MAX e AVG

Para verificar a fatura com maior valor, a fatura com menor valor e o valor médio entre todas as faturas, utiliza-se a seguinte sintaxe:

```
1 SELECT MAX(vlr_fatura) AS MAIOR,
2 MIN(vlr_fatura) AS MENOR,
3 AVG(vlr_fatura) AS MEDIA
4 FROM FATURA;
```

Resultado

```
MAIOR         MENOR    MEDIA
----------    ------   ------------
32.109,1      132      12.028,6778
```

No exemplo, a consulta verifica o maior valor de fatura, o menor valor de fatura e a média entre todas as faturas. É possível estabelecer condições para realizar a operação, incluindo a cláusula WHERE, selecionando as linhas que participarão da operação.

Além das funções vistas anteriormente, existe também a função COUNT, que pode ser utilizada de duas maneiras:

- COUNT(*): retorna o número de linhas em uma tabela, inclusive linhas duplicadas e linhas contendo nulos em alguma coluna.
- COUNT(coluna): retorna o número de linhas não nulas da coluna, identificada por *coluna*.

EXEMPLO 48

Contagem de linhas e de valores não nulos utilizando a função COUNT

Para contar todas as linhas da tabela FATURA e todas as faturas que possuem valores cadastrados, utiliza-se a seguinte sintaxe:

```
1 SELECT COUNT(*) AS "TOTAL DE LINHAS",
2 COUNT(vlr_fatura) AS "TOTAL VALORES NAO NULOS"
3 FROM FATURA;
```

Resultado

```
TOTAL DE LINHAS    TOTAL VALORES NAO NULOS
---------------    ------------------------
30                 27
```

Observe que a instrução COUNT(*), que recebeu o apelido de TOTAL DE LINHAS, considera todas as linhas da tabela. Já a instrução COUNT(vlr_fatura), que recebeu o apelido TOTAL VALORES NÃO NULOS, considera apenas as linhas que possuem dado para a coluna vlr_fatura, conforme os resultados 30 e 27, respectivamente.

9.5.1 Agrupamento

O agrupamento possibilita a apresentação de um resultado para cada agrupamento especificado. Fique atento aos seguintes detalhes no momento de utilizar essa função:

- Para limitar o resultado de linhas que será envolvido no agrupamento, deve-se utilizar a cláusula WHERE e, em seguida, a cláusula GROUP BY.
- Todas as colunas individuais envolvidas na consulta, isto é, que não estão participando de funções de grupo, devem ser incluídas na cláusula GROUP BY.
- A coluna GROUP BY não precisa estar na cláusula SELECT.
- Pode-se utilizar a função de grupo na cláusula ORDER BY.

EXEMPLO 49

Consulta de faturas por conveniada utilizando GROUP BY

Para apresentar a quantidade e o valor total das faturas que cada conveniada possui, utiliza-se a seguinte sintaxe:

```
1 SELECT cod_conveniada, COUNT(num_fatura), SUM(vlr_fatura)
2 FROM FATURA
3 GROUP BY cod_conveniada;
```

Resultado

```
COD_CONVENIADA  COUNT(NUM_FATURA)  SUM(VLR_FATURA)
--------------  -----------------  ---------------
99123           4                  19.081,5
99124           3                  22.960,2
99126           4                  2.482,1
99127           4                  11.297,35
99128           3                  6.805,6
```

Na linha 3, o agrupamento está sendo realizado por cod_conveniada, dessa maneira serão apresentadas a quantidade de faturas e o valor da soma de todas elas para cada código de conveniada.

EXEMPLO 50

Consulta de faturas por conveniada e data de vencimento utilizando GROUP BY

Para apresentar a quantidade e o valor total das faturas que cada conveniada possui por data de vencimento, utiliza-se a sintaxe:

```
1 SELECT cod_conveniada, dat_vencimento_fatura, count(num_fatura),
  sum(vlr_fatura)
2 FROM FATURA
3 WHERE dat_vencimento_fatura in('10/02/12','10/03/12','10/04/12')
4 GROUP BY cod_conveniada, dat_vencimento_fatura
5 ORDER BY cod_conveniada;
```

Continua

Continuação

Resultado

```
COD_CONVENIADA  DAT_VENC   COUNT(NUM_FATURA)  SUM(VLR_FATURA)
--------------  --------   -----------------  ---------------
99123           10/02/12   2                  6.956
99123           10/03/12   1                  12.301,25
99124           10/02/12   2                  8.350
99124           10/04/12   1                  17.032,2
99126           10/02/12   3                  6.570
99126           10/03/12   1                  6.239,5
```

Perceba que, na linha 3, é estabelecida uma condição e somente as linhas que atenderem a essa condição serão agrupadas. O resultado da consulta será ordenado pela coluna cod_conveniada. Já o agrupamento será feito por cod_conveniada e por dat_vencimento_fatura.

PONTO DE ATENÇÃO

Todas as colunas e expressões na lista SELECT, que não contenham uma função agregada, devem estar na cláusula GROUP BY.

EXEMPLO 51

Consulta de faturas por conveniada e valor total utilizando GROUP BY e HAVING

Na utilização de funções de agrupamento, muitas vezes, é necessário estabelecer certas condições para conseguir um resultado específico. Entre essas condições, está o caso da instrução WHERE, que seleciona as linhas que participarão do agrupamento da instrução HAVING, que deve ser utilizada para aplicar uma condição de seleção sobre as linhas agrupadas. Recomenda-se que a instrução HAVING seja incluída após a instrução GROUP BY.

Nesse caso, para apresentar a quantidade e o valor total das faturas de cada conveniada, somente quando o valor total de faturas for superior a 30.000, utiliza-se a seguinte sintaxe:

```
1 SELECT cod_conveniada, count(num_fatura), sum(vlr_
fatura)
2 FROM FATURA
3 GROUP BY cod_conveniada
4 HAVING SUM(vlr_fatura) > 30000;
```

Resultado

```
COD_CONVENIADA  COUNT(NUM_FATURA)  SUM(VLR_FATURA)
--------------  -----------------  ---------------
99128           4                  81.344
99129           4                  39.546,9
99130           4                  65.059,2
99131           6                  149.154,45
99132           6                  105.683,3
```

O agrupamento ocorre na linha 3. Na linha 4, são selecionadas as linhas cujo resultado do agrupamento deve ser maior que 30.000.

EXEMPLO 52

Consulta de faturas por conveniada, data e valor total utilizando GROUP BY, WHERE e HAVING

Para apresentar a quantidade e o valor total das faturas de cada conveniada, cujas faturas tenham mais de 240 dias da data atual e somente quando o valor total de faturas for superior a 30.000, utiliza-se a seguinte sintaxe:

```
1 SELECT cod_conveniada, count(num_fatura), sum(vlr_fatura)
2 FROM FATURA
3 WHERE dat_vencimento_fatura <= current_date - 240
4 GROUP BY cod_conveniada
5 HAVING SUM(vlr_fatura) > 30000;
```

Resultado

```
COD_CONVENIADA  COUNT(NUM_FATURA)  SUM(VLR_FATURA)
--------------  -----------------  ---------------
99129           2                  31.584
99131           4                  111.564
99132           4                  89.248,8
```

Observe que somente participarão do agrupamento as linhas que atenderem à condição estabelecida na linha 3.

9.6 Consultas baseadas no resultado de outras consultas

Uma subconsulta é uma forma de consulta utilizada em conjunto com outra instrução SQL, podendo ser aplicada dentro das instruções `SELECT`, `INSERT`, `DELETE` `UPDATE` e `CREATE TABLE`. Existem três tipos distintos de subconsulta:

1. **Subconsulta de uma única linha:** consultas que retornam somente uma linha da instrução `SELECT` interna.
2. **Subconsulta de várias linhas:** consultas que retornam mais de uma linha da instrução `SELECT` interna.
3. **Subconsulta de várias colunas:** consultas que retornam mais de uma coluna da instrução `SELECT` interna.

9.6.1 Subconsulta em consultas

O uso de subconsultas em consultas é útil quando a consulta principal requer valores desconhecidos, por exemplo identificar pessoas físicas que fazem aniversário no mesmo dia que `SANDRA PUGA`. Para resolver esse problema, são necessárias *duas* consultas: a primeira para descobrir a data de aniversário de `SANDRA PUGA`; e a segunda para descobrir quem faz aniversário no mesmo dia em que ela. No caso de subconsultas em consultas, a sintaxe utilizada é:

> **LINGUAGEM DE PROGRAMAÇÃO**
>
> **Subconsultas em consultas**
>
> ```
> SELECT colunas, FROM tabela
> WHERE   condição operador expr
>     (SELECT  select_list
>      FROM tabela);
> ```
>
> As linhas em destaque representam as subconsultas.

Para utilizar as subconsultas em consultas, fique atento a esses detalhes:

- A condição envolve uma operação de comparação entre uma coluna e o resultado que será retornado pela subconsulta. A subconsulta pode ser construída de acordo com o problema apontado e incluir condições, funções de grupo, várias colunas etc.
- A subconsulta (consulta interna) é executada antes da consulta principal.
- A subconsulta pode ser incluída nas instruções WHERE, HAVING ou FROM.
- O operador deve ser adequado ao tipo de retorno da subconsulta, uma vez que o retorno pode ser de uma única linha ou de várias linhas.

Subconsulta de uma única linha

Em subconsultas de uma linha, podem ser utilizados os operadores relacionais de comparação <, >, <>, >=, <= e = (vistos na seção 9.2.1) para subconsultas que retornam uma única linha.

> **EXEMPLO 53**
>
> **Consulta de pessoas físicas utilizando o operador relacional =**
>
> Para identificar pessoas físicas que fazem aniversário no mesmo dia em que SANDRA PUGA, utiliza-se a seguinte sintaxe:
>
> ```
> 1 SELECT nom_pessoa
> 2 FROM PESSOA_FISICA
> 3 WHERE dat_nascimento = (SELECT dat_nascimento
> 4                         FROM PESSOA_FISICA
> 5                         WHERE nom_pessoa = 'SANDRA PUGA');
> ```

Continua

Continuação

Resultado

```
NOM_PESSOA                                          DAT_NASC
--------------------------------------------------  --------
SANDRA PUGA                                         07/08/70
JUAREZ CHAVES                                       07/08/70
```

Observe que a subconsulta, que se inicia na linha 3, será realizada antes, para que o seu resultado seja utilizado na comparação `dat_nascimento = (SELECT ...)`. Em seguida, será realizada a consulta principal, iniciada na linha 1, com o objetivo de retornar as linhas cujas datas de nascimento sejam iguais à data referente a `SANDRA PUGA`. Nesse caso, a subconsulta não poderá retornar mais de uma linha.

EXEMPLO 54

Consulta de conveniadas utilizando o operador relacional >

Nesse caso, o princípio de execução da consulta é o mesmo que o do Exemplo 54, diferindo apenas no operador relacional. Portanto, para identificar as conveniadas que possuem mais faturas que a conveniada 99123, utiliza-se a sintaxe:

```
1 SELECT cod_conveniada, count(num_fatura)
2 FROM FATURA
3 GROUP BY cod_conveniada
4 HAVING count(num_fatura) > (SELECT count(num_fatura)
                              FROM FATURA
                              WHERE cod_conveniada = 99123)
```

Resultado

```
COD_CONVENIADA   COUNT(NUM_FATURA)
--------------   -----------------
99126            5
99127            5
99131            6
99132            6
```

As linhas da sintaxe em destaque representam a subconsulta.

9.6.2 Subconsulta de várias linhas

Quando a subconsulta pode retornar mais do que uma linha, deve-se utilizar operadores de conjuntos. Veja quais são eles no Quadro 9.7.

Quadro 9.7 Operadores de conjunto

Operador	Descrição
in	Verifica se um valor faz parte de um conjunto de valores, não considerando nulos.
not in	Verifica se um valor não faz parte de um conjunto de valores.
any	Verifica se a comparação com um determinado argumento coincide com algum valor da lista.
all	Verifica se a comparação com um determinado argumento coincide com todos os valores da lista.
exists	Verifica se um valor específico existe em um conjunto, considerando nulos.
not exists	Verifica se um valor específico não existe em um conjunto, considerando nulos.

PONTO DE ATENÇÃO

A consulta não retornará nenhum valor se, no resultado da subconsulta, existir algum valor NULO. Sempre que houver a possibilidade de valores nulos integrarem o conjunto de resultados de uma subconsulta, não use o operador NOT IN.

EXEMPLO 55

Consulta de conveniadas e faturas utilizando o operador de conjunto NOT IN

Para retornar somente as conveniadas que tenham faturas de valor diferente de 37, 38 e 39, exibindo o código da conveniada e o valor da fatura, utiliza-se a seguinte sintaxe:

```
1 SELECT cod_conveniada, vlr_fatura
2   FROM FATURA
3  WHERE vlr_fatura not in
4                  (SELECT vlr_fatura
5                     FROM FATURA
6                    WHERE num_fatura in(37,38,39));
```

Resultado

```
COD_CONVENIADA  VLR_FATURA
--------------  ----------
99123           3.478
99123           3.478
99130           3.982,1
99131           15.433,75
99126           16.391,5
99123           3.302,25
99123           12.301,25
```

Nas subconsultas (linhas em destaque) que envolvem várias colunas, existe a necessidade de compatibilidade entre o número de colunas da subconsulta e o número de colunas da condição.

9.6.3 Criação de tabela com base em subconsulta

Ao criar uma tabela a partir de uma subconsulta, as colunas terão o nome especificado pela sintaxe e as linhas inseridas serão aquelas recuperadas pela instrução SELECT. A sintaxe utilizada para a criação de uma tabela com base em uma subconsulta é:

LINGUAGEM DE PROGRAMAÇÃO

Criação de tabela com base em subconsulta

```
CREATE TABLE tabela
    [(coluna, coluna...)]
AS subconsulta;
```

Elementos e funcionalidades	
tabela	Nome da tabela.
coluna	Nome da coluna, valor *default* e restrição de integridade.
subconsulta	Instrução SELECT define o conjunto de linhas a serem inseridas na nova tabela.

PONTO DE ATENÇÃO

Deve existir correspondência entre o número de colunas especificadas e o número de colunas da subconsulta.

EXEMPLO 56

Criação de tabela com base em outra tabela

Para criar a tabela FATURA_2 com base na tabela FATURA, utiliza-se a sintaxe:

```
CREATE TABLE FATURA_2
   AS
   SELECT * FROM FATURA;
```

Observe que a tabela FATURA_2 terá as mesmas colunas e linhas que a tabela FATURA e os nomes das colunas também serão os mesmos.

EXEMPLO 57

Criação de tabela com base em duas tabelas e especificação de nome das colunas

Para criar a tabela PESSOA_2, baseada nas tabelas PESSOA e PESSOA_FISICA, considerando que a tabela PESSOA_2 deve apresentar as colunas cod_pessoa, nom_pessoa e nom_email, nomeadas como código, nome e email, respectivamente, utiliza-se a seguinte sintaxe:

```
1 CREATE TABLE PESSOA_2
2 (codigo, nome, email)
3    AS
4       SELECT P.num_pessoa, PF.nom_pessoa, P.nom_email
5       FROM PESSOA P JOIN PESSOA_FISICA PF
6       ON(P.num_pessoa = PF.num_pessoa_pf);
```

Como resultado, a tabela PESSOA_2 será criada com as colunas código, nome e email que terão a estrutura e os dados das colunas num_pessoa (da tabela PESSOA); nom_pessoa (da tabela PESSOA_FISICA); e nom_email (da tabela PESSOA).

9.6.4 Inserção de dados a partir de subconsultas

A inserção de dados também pode ser realizada a partir de informações armazenadas em outras tabelas. Para isso, deve-se utilizar a opção INSERT com uma subconsulta. A sintaxe utilizada para inserir dados a partir de uma subconsulta é:

> **PONTO DE ATENÇÃO**
>
> A palavra *values* não deve ser utilizada. Também é necessário que exista correspondência entre o número de colunas listadas no INSERT e na subconsulta.

> **LINGUAGEM DE PROGRAMAÇÃO**
>
> Inserção de dados a partir de subconsulta
>
> ```
> INSERT INTO TABELA(lista de colunas)
>               subconsulta;
> ```

EXEMPLO 58

Inserção de dados em tabela utilizando subconsulta

Para inserir o nome de pessoas, e-mail e data de nascimento na tabela ANIVERSARIO, utiliza-se a sintaxe:

```
1 INSERT INTO ANIVERSARIO
2 SELECT P.num_pessoa, PF.DAT_NASCIMENTO, P.nom_email
3 FROM PESSOA P JOIN PESSOA_FISICA PF
4 ON(P.num_pessoa = PF.num_pessoa_pf);
```

Observe que os dados serão recuperados a partir das tabelas PESSOA e PESSOA_FISICA e serão inseridos na tabela ANIVERSARIO.

A tabela ANIVERSARIO poderá ser criada com a instrução:

```
CREATE TABLE ANIVERSARIO
AS
SELECT P.num_pessoa, PF.DAT_NASCIMENTO, P.nom_email
  FROM PESSOA P JOIN PESSOA_FISICA PF
   ON(P.num_pessoa = PF.num_pessoa_pf)
 WHERE 1=2;
```

9.6.5 Alteração de dados a partir de subconsultas

As subconsultas também podem ser utilizadas na alteração de dados, na avaliação de condições ou na atualização de valores.

Para atualizar todos os códigos de coordenador, com o valor do código de coordenador do motorista 42345, deve-se utilizar a instrução UPDATE. Nesse caso, as linhas que atendem à condição da instrução UPDATE terão a coluna num_coordenador atualizada com o mesmo número de coordenador do motorista, de número 42345(num_pessoa_pf). A sintaxe utilizada é:

LINGUAGEM DE PROGRAMAÇÃO

Atualização de dados utilizando UPDATE

```
UPDATE MOTORISTA
set num_coordenador =
            (SELECT num_coordenador
             FROM MOTORISTA
             WHERE num_pessoa_pf = 42345)
WHERE num_pessoa_pf = 16435;
```

9.6.6 Exclusão de linhas a partir de subconsultas

A exclusão de linhas é outro caso de operação no qual as subconsultas podem ser utilizadas.

EXEMPLO 59

Exclusão de dados utilizando subconsultas

Para excluir todos os motoristas que sejam coordenados pelo mesmo coordenador que o motorista 42345, utiliza-se a seguinte sintaxe:

```
1  DELETE MOTORISTA
2  WHERE num_coordenador =
3    (SELECT num_coordenador
4     FROM MOTORISTA
5     WHERE num_pessoa_pf = 42345);
```

Observe que para descobrir quais são os motoristas coordenados pelo mesmo coordenador que o motorista 42345 é utilizada a subconsulta que inicia na linha 3.

EXERCÍCIOS

> ▶ **PREPARE-SE**
>
> Para a resolução dos exercícios a seguir, considere o estudo de caso Rádio Táxi On-line, visto na Introdução.

1. Listar cada veículo e o nome de seu proprietário.

2. Listar a relação de motoristas aniversariantes do mês.

3. Listar o nome dos motoristas que iniciam com uma determinada letra qualquer.

4. Listar a relação de chamados atendidos por um respectivo motorista em uma data qualquer (dados do motorista e da data devem ser informados por variáveis de substituição).

5. Emitir um relatório com o fechamento da fatura para a conveniada. Deverão ser listados: nome da conveniada, número da fatura, data de vencimento e a soma dos boletos.

6. Apresentar o valor total que a conveniada deverá pagar à companhia Rádio Táxi On-line (somatória dos boletos + 2%). Exibir o nome da conveniada, o valor dos boletos e o valor com acréscimo de 2%.

7. Listar todos os chamados de uma determinada conveniada em um determinado mês. Os dados deverão ser informados por variáveis de substituição.

8. Listar todas as faturas com pagamento atrasado em 30 dias.

9. Calcular e apresentar a somatória de faturas atrasadas de cada conveniada.

10. Calcular o valor a ser recebido semanalmente por cada motorista, considerando o desconto de 3% que deverá ser pago à administradora. Apresente o nome do motorista, o valor com e sem o desconto, e o valor somente da taxa cobrada.

11. Listar os cinco motoristas com maior faturamento no último mês.

12. Listar a média de faturamento mensal de cada motorista.

13. Listar a média de pagamento de cada conveniada à Rádio Táxi On-line.

14. Listar a somatória dos pagamentos anuais de cada conveniada.

15. Listar as corridas de um determinado passageiro, local de saída e chegada.

16. Listar o tempo médio de cada corrida.

17. Listar a corrida com maior tempo de duração.

18. Listar os carros disponíveis para locação.

19. Listar a relação de dependentes de um determinado motorista. Apresentar o nome do dependente e o grau de parentesco com o motorista.

20. Listar a relação de motoristas com carteira de habilitação a vencer em 30 dias. Apresentar o nome do motorista, carteira de habilitação e a data de vencimento.

Linguagem procedural PL/SQL

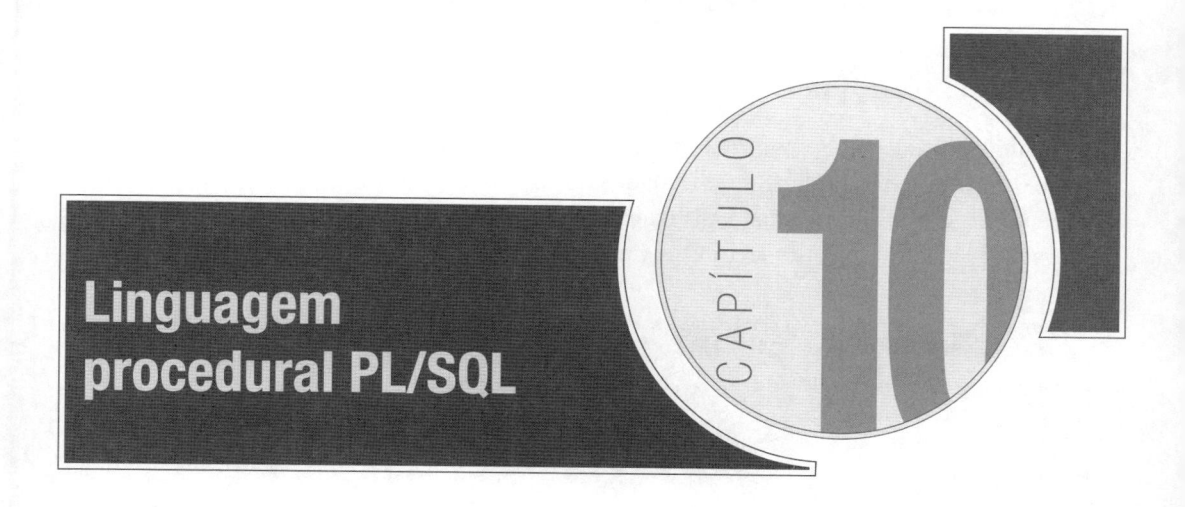

A PL/SQL é a linguagem procedural do SGBD Oracle que combina instruções de programação procedural, tais como laços de seleção e laços de repetição com SQL, e possibilita a criação de programas que operam diretamente no banco de dados. Esses programas podem ser criados por Administradores de Banco de Dados (*Data Base Administrator* – DBA) ou por programadores.

Os programas PL/SQL são formados por unidades básicas, denominadas blocos, e podem ser classificados como *blocos anônimos ou blocos nomeados*. Os blocos anônimos são programas que precisam ser submetidos ao compilador de instruções PL/SQL a cada execução. Já os blocos nomeados (procedimentos, funções e gatilhos) são objetos do banco de dados que ao serem criados são submetidos ao processo de compilação. Nesse momento, o seu pseudo-código *p-code* é gerado pelo processo de compilação e armazenado no Dicionário de Dados (DD) do SGBD. Para utilizar os blocos nomeados, é necessário chamá-los em linhas de comando ou a partir de outros blocos PL/SQL. Um bloco PL/SQL é dividido em seções, as quais são estruturadas da forma apresentada no Quadro 10.1.

Quadro 10.1   Estrutura de um bloco PL/SQL

Seção	Descrição
Seção declarativa	Variáveis, cursores, exceções e tipos construídos devem ser declarados. Esta é uma seção opcional e deve ser utilizada somente quando algum desses elementos for requerido na resolução do problema.
Seção executável	Obrigatória na construção de um bloco, esta seção compreende o conjunto de instruções para resolução do problema do bloco que será construído.
Seção de tratamento de exceções	Seção opcional que deverá ser utilizada somente quando houver a necessidade do tratamento de exceções, ou seja, de erros que podem ocorrer durante a execução do bloco.

Neste capítulo, serão estudadas as instruções básicas referentes à PL/SQL, essenciais à implementação e à automatização de rotinas de atualização, manutenção e administração do banco de dados.

10.1 Blocos anônimos

Diferente dos blocos nomeados, os blocos anônimos não ficam armazenados na base de dados e não podem ser chamados por outros blocos PL/SQL. Sendo assim, eles devem ser compilados a cada utilização. Pode-se incorporar um bloco anônimo em uma aplicação ou executá-lo interativamente no SQL*Plus.

> **DICA**
>
> Para exemplificar o processo de criação e utilização de um bloco anônimo, será utilizado um programa para edição de textos, como o *Bloco de Notas*. O arquivo deverá ser identificado com o nome do arquivo e a extensão .SQL. Em seguida, o bloco será compilado na SQL*Plus.

> **EXEMPLO 1**
>
> **Criação de bloco anônimo**
>
> Para verificar a fatura com maior valor, a fatura com menor valor e o valor médio de todas as faturas, criando um bloco anônimo, utiliza-se a sintaxe:
>
> ```
> 1  DECLARE
> 2     v_maior: number(10,2);
> 3     v_menor: number(10,2);
> 4     v_media: number(10,2);
> 5  BEGIN
> 6     SELECT MAX(vlr_fatura),MIN(vlr_fatura), AVG(vlr_fatura)
> 7     INTO v_maior, v_menor, v_media
> 8     FROM FATURA;
> 9  END;
> 10 /
> ```
>
> Observe que cada instrução é finalizada com ; (ponto e vírgula), exceto as palavras-chave DECLARE e BEGIN, utilizadas para delimitar as seções do bloco. As palavras reservadas BEGIN e END são obrigatórias, sendo que a instrução END (linha 9) indica o final do bloco.
>
> Veja que na linha 10 foi utilizada uma barra (/), cuja função é executar o bloco anônimo PL/SQL carregado no *buffer* da SQL*Plus. Na linha 7, é vista a instrução INTO, obrigatória em SELECT, indicando que o dado recuperado será armazenado em uma variável. Para cada coluna listada na consulta, deve haver uma variável previamente declarada. Na seção declarativa que se inicia na linha 1, são declaradas as variáveis v_maior, v_menor e v_media (linhas 2, 3 e 4). Na seção executável, iniciada na linha 5, a instrução SELECT recupera os dados gerados pelas operações MAX(vlr_fatura), MIN(vlr_fatura) e AVG(vlr_fatura), indicados na linha 6, os quais serão armazenados temporariamente nas variáveis v_maior, v_menor e v_media (linha 7).

> **PONTO DE ATENÇÃO**
>
> Nas seções seguintes, serão estudados elementos e conceitos que poderão ser utilizados em blocos anônimos e/ou nomeados.

10.2 Variáveis e constantes

As variáveis são utilizadas para armazenar dados temporariamente, podendo sofrer alterações ao longo do processamento do bloco. A declaração e a inicialização das variáveis são feitas na seção declarativa do bloco. As declarações têm como funcionalidade alocar espaço de armazenamento para um valor, especificar seus tipos de dados e nomear a localização de armazenamento (em memória), para que se possa referenciá-los.

As constantes, assim como as variáveis, devem ser declaradas na seção declarativa, mas têm os seus valores predefinidos na declaração e não podem ser alterados ao longo do processamento.

As variáveis em linguagem PL/SQL suportam quatro categorias de tipos de dados: escalares, compostos, referenciais e LOB.

> **DICA**
>
> Para obter mais informações sobre dados escalares, consulte o site oficial da Oracle <http://docs.oracle.com/cd/B28359_01/appdev.111/b28370/datatypes.htm#CJAEDAEA>.

1. **Escalares:** armazena um valor único e não possui componentes internos. Os tipos de dados escalares podem ser classificados em quatro categorias: número, caractere, data e booleano. No Quadro 10.2, são apresentados alguns tipos de dados escalares.

Quadro 10.2 Tipos de dados escalares

Tipo de dado	Descrição
VARCHAR2(tamanho)	Armazena caracteres de tamanho variável, com até 32.767 bytes. Não há tamanho *default* para essas variáveis.
NUMBER(tamanho e precisão)	Armazena números reais ou inteiros.
date	Armazena datas e horas, entre os períodos de 4712 a.C. e 9999 d.C.
CHAR(tamanho)	Armazena caracteres de tamanho fixo, com até 32.767 bytes. O tamanho *default* é de 1 byte.
BOOLEAN	Armazena um dos três possíveis valores: TRUE, FALSE ou NULL.

2. **Compostos:** comportam o armazenamento de diferentes valores. Os tipos compostos em PL/SQL são registros, tabelas e matrizes.
3. **Referenciais:** armazenam valores, chamados de indicadores, que designam outros itens de programa. Um exemplo de tipo de dado referencial é o REF CURSOR.
4. **LOB (large object):** armazena blocos de dados não estruturados, como textos, imagens gráficas, videoclipes e formatos de arquivo para armazenar sons com até 4 gigabytes. Também fornecem acesso eficiente, aleatório e em intervalos aos dados, podendo ser atributos de um tipo de objeto. No Quadro 10.3, são apresentados alguns tipos de variáveis LOB.

Quadro 10.3 Classificação das variáveis LOB

Variável LOB	Classificação
Dados CLOB *Character large object* / Objeto grande de caractere	Armazena blocos grandes de dados com caracteres de um único byte no banco de dados.
Dados BLOB *Binary large object* / Objeto grande binário	Armazena objetos binários grandes no banco de dados, em linha (dentro de uma linha de tabela) ou fora de linha (fora da linha de tabela).
Dados BFILE *Binary file* / Arquivo binário	Armazena objetos grandes binários em arquivos do sistema operacional, fora do banco de dados.

As variáveis e constantes devem ser declaradas para que possam ser utilizadas. A sintaxe para sua declaração é:

LINGUAGEM DE PROGRAMAÇÃO

Declaração de variáveis e constantes

```
identificador [CONSTANT] {tipo de dados | tabela.coluna%type | variavel%type}
[NOT NULL]
[:= valor para inicialização | expr default]
```

Elementos e funcionalidades	
identificador	Nome da variável. Os identificadores não devem ter mais de 30 caracteres, sendo que o primeiro deve ser uma letra e os demais podem ser letras, números ou caracteres especiais. Também não devem ser palavras reservadas nem haver espaços entre os caracteres.
CONSTANT	Determina a declaração de uma constante, devendo ser obrigatoriamente inicializada.
tipo de dados	Determina o tipo de dado que a variável ou a constante armazenará.
%type	Declara variáveis com a mesma estrutura de uma coluna (nome_tabela.nome_coluna%type), ou de uma variável já existente (nome_variavel%type).
NOT NULL	Determina ser de preenchimento obrigatório (variáveis NOT NULL devem ser inicializadas).
expr	Valor para inicialização da variável ou constante. Expressão PL/SQL que pode ser uma literal, outra variável ou uma expressão que envolve operadores e funções.

EXEMPLO 2

Declaração de variáveis

Nesse exemplo, serão apresentadas diferentes maneiras para declarar variáveis e constantes. Observe que o texto que segue após o ; (ponto e vírgula) é precedido de -- (hífen hífen), indicando uma linha de comentário. Já o delimitador /*...*/ indica um comentário com muitas linhas (bloco de comentário). O comentário não é interpretado pelo compilador de instruções PL/SQL como uma instrução.

```
DECLARE
        v_nascimento date;  -- a variável v_nascimento receberá datas.
        v_data date := sysdate + 7; /* declaração de variável e inicialização a partir
        de uma operação aritmética */
        v_codigo number(2) not null := 10; /* declaração da variável com
        restrição de preenchimento obrigatório. Nesse caso, é preciso atribuir o valor inicial e, ao
        longo do processamento, esta variável não poderá ficar nula */
```

Continua

Continuação

```
v_UF varchar2(2) := 'SP'; /* declaração e inicialização da variável com o
valor SP; observe que os literais devem ser informados entre aspas simples (') */
v_UF varchar2(2) default 'RJ'; -- declaração da variável cujo valor default é RJ.
v_teste_logico boolean := (v_valor1 < v_valor2); /* declaração da
variável v_teste_logico que será inicializada com o resultado da expressão (v_valor1
< v_valor2). O resultado desta expressão poderá ser true, false ou null */
c_const constant number := 54; /* declaração da constante que será
inicializada com o valor 54 */.
v_nome PESSOA_FISICA.nome%type; /* declaração da variável com a mesma
estrutura da coluna nome, da tabela PESSOA_FISICA. */
v_valor1 number(7,2);/* declaração da variável numérica com 5 posições
inteiras e 2 posições decimais */
v_valor2 v_valor1%type; /* declaração da variável com a mesma estrutura da
variável v_valor1, declarada anteriormente */.
```

Além das variáveis declaradas no bloco PL/SQL, existem as de substituição, utilizadas para promover a entrada de valores para o bloco durante a sua execução. O nome da variável deve ser precedido de & e pode ocorrer nas seções declarativa, executável ou de tratamento de exceções. Também existem as variáveis globais, ou de ligação, que estabelecem a comunicação entre um ambiente externo (SQL), e o bloco. Essas variáveis devem ser declaradas no ambiente SQL, sendo utilizadas no bloco precedidas de : (dois pontos).

> **DICA**
> Adotar a convenção de nomeação para variáveis é uma boa prática de programação. Dessa forma, o prefixo V_ representa uma variável e C_, uma constante.

EXEMPLO 3

Variáveis de substituição

Para aplicar variáveis de substituição, pode-se utilizar as sintaxes:

```
1 v_nome varchar2(30) := '&p_nome';
2 v_valor number(9,2) := &p_valor_mensal;
```

> **DICA**
> Variáveis de substituição que receberão datas ou valores alfanuméricos devem ser declaradas entre apóstrofos.

Durante a execução do bloco, será solicitado que o usuário digite um valor para substituir a variável de substituição '&p_nome', o qual será atribuído (armazenado) na variável v_nome (linha 1). Observe que a variável está entre apóstrofos, isso é necessário pois ela receberá um valor alfanumérico. O mesmo processo ocorre na linha 2, entretanto, a variável &p_valor_mensal não requer o uso de apóstrofos por se tratar de uma variável que receberá valores numéricos.

> **DICA**
>
> Para visualizar o valor armazenado na variável G_VALOR_ANUAL, pode-se utilizar a instrução PRINT, seguido do nome da variável no prompt da SQL.

> **EXEMPLO 4**
>
> **Variáveis de globais**
>
> Neste exemplo, pode-se observar que para utilizar variáveis globais no bloco PL/SQL são necessárias duas etapas: a declaração da variável no ambiente SQL*Plus, e, depois, a sua utilização no bloco PL/SQL, conforme ilustrado a seguir:
>
> ```
> 1 SQL> variable g_valor_anual number(9,2)
> 2 DECLARE
> 3   v_valor number(7,2);
> 4 BEGIN
> 5   :g_valor_anual := v_valor * 12;
> 6 END;
> 7 /
> ```
>
> Na linha 1, no prompt da SQL*Plus, a variável g_valor_anual está sendo declarada. A variável também é utilizada no bloco PL/SQL na linha 5, observe que está precedida de : (dois pontos). Esse formato é obrigatório por se tratar de uma variável global (declarada na SQL*Plus).

Nos exemplos anteriores, foram utilizados operadores de atribuição (:=) e aritméticos (*, +). Porém, existem outros que poderão ser aplicados no desenvolvimento dos blocos, os quais são apresentados no Quadro 10.4.

Quadro 10.4 Operadores utilizados em PL/SQL

Operador	Descrição
+	Adição
*	Multiplicação
=	Igualdade
>	Comparação: maior do que
)	Delimitador de fim de expressão
%	Atributo
.	Separador de componentes
'	Delimitador de cadeia de caracteres
:	Variável de ligação
~= ^=	Comparação: diferente
:=	Atribuição
..	Intervalo
--	Comentário de linha
/*	Delimitador de início de comentário de linha

Operador	Descrição
<<	Delimitador de início de texto do *label* (etiqueta)
-	Subtração
/	Divisão
<> !=	Comparação: diferente
<	Comparação: menor do que
(	Delimitador de início de expressão
;	Final da instrução
,	Separador de itens
"	Delimitador de cadeia de caracteres (mensagens)
**	Exponenciação
||	Concatenação
>=	Comparação: maior ou igual
<=	Comparação: menor ou igual
*/	Delimitador de fim de comentário de linha
>>	Delimitador de final de texto do *label* (etiqueta)

> **PONTO DE ATENÇÃO**
>
> O programa deve ser editado em um arquivo de texto, como o *Bloco de Notas*, e identificado pela extensão .SQL. Para executá-lo, digite no prompt da SQL a expressão: @CAMINHO\ARQUIVO_NOME.SQL. Considere que o arquivo foi armazenado na unidade C: do computador, na pasta *scripts*, e que seu nome é *exemplo5.sql*. Dessa forma, a instrução será: SQL>@ C:\SCRIPTS\EXEMPLO5.SQL.

> **EXEMPLO 5**
>
> **Uso de variáveis**
>
> Para calcular o valor da somatória das faturas de um determinado ano e conveniada, os quais serão fornecidos por variáveis de substituição, utiliza-se a sintaxe a seguir. Observe que, nesse caso, o bloco apresentará diferentes tipos de variáveis.
>
> ```
> 1  set serveroutput on
> 2  DECLARE
> 3      v_total_faturas number(9,2);
> 4      v_ano number(4) := &ano;
> 5  BEGIN
> 6      SELECT SUM(vlr_fatura) INTO v_total_faturas
> 7      FROM FATURA
> 8      WHERE cod_conveniada = &cod_conveniada
> 9            AND
> 10           v_ano = TO_CHAR(dat_vencimento_fatura, 'yyyy');
> 11     DBMS_output.put_line('Valor total: ' || v_total_faturas);
> 12 END;
> 13 /
> ```
>
> Na linha 1, a instrução `set serveroutput on` habilita a utilização do pacote `DBMS_output.put_line`, presente na linha 11, utilizado para apresentação de mensagens. Nas linhas 3 e 4, são declaradas as variáveis PL/SQL. Observe que a variável `v_ano` é atribuída do valor informado para a variável de substituição `&ano`. Na linha 6, a instrução `SELECT` recupera o valor da somatória do valor das faturas da conveniada, cujo código é fornecido por variável de substituição `&código_conveniada`. O valor é armazenado na variável `v_total_faturas`.

10.3 Estruturas de seleção

As estruturas de seleção possibilitam que o fluxo de processamento das instruções PL/SQL seja direcionado de acordo com a condição especificada. Existem três maneiras para utilizar a instrução `IF`.

LINGUAGEM DE PROGRAMAÇÃO

Instrução IF

```
IF (condição) THEN
        conjunto de instruções;
END IF;
```

Se o teste de avaliação da condição retornar verdadeiro, o `conjunto de instruções` será realizado, caso contrário, o bloco de seleção é encerrado e o fluxo do processamento seguirá realizando as instruções constantes após o `END IF`.

```
IF(condição) THEN
        conjunto de instruções 1;
ELSE
        conjunto de instruções 2;
END IF;
```

Se o teste de avaliação da condição retornar verdadeiro, o `conjunto de instruções 1` será realizado, caso contrário, o `conjunto de instruções 2` será realizado. Em qualquer um dos casos, o fluxo do processamento seguirá após o `END IF`.

```
IF (condição1) THEN
        conjunto de instruções 1;
ELSIF (condição 2)
        conjunto de instruções 2;
...
ELSE
        conjunto de instruções n;
END IF;
```

Se o teste de avaliação da `condição 1` retornar verdadeiro, o `conjunto de instruções 1` será realizado. Caso contrário, será realizado o teste de avaliação da `condição 2`. Se o resultado for verdadeiro, o `conjunto de instruções 2` será realizado. Caso contrário, será realizado o teste avaliação da `condição 3` e assim por diante. Se nenhuma das condições testadas resultar verdadeiro, será realizado o `conjunto de instruções` previsto após o `ELSE`, considerado conjunto de instruções *default*. Em qualquer um dos casos, o fluxo de processamento seguirá após o `END IF`.

Elementos e funcionalidades	
condição	Expressão ou variável booleana (`TRUE`, `FALSE` ou `NULL`). Está associada a uma sequência de instruções, que será executada somente se a expressão produzir `TRUE`.
THEN	Associa a expressão booleana que precede a sequência posterior de instruções.
instruções	Uma ou mais instruções SQL ou PL/SQL, podendo incluir mais instruções `IF`, com diversos `IF`, `ELSE` e `ELSIF` aninhados.
ELSIF	Palavra-chave que introduz uma expressão booleana. Se a primeira condição produzir `FALSE` ou `NULL`, a palavra-chave `ELSIF` introduzirá condições adicionais.
ELSE	Palavra-chave que, se for atingida pelo controle, executará a sequência de instruções posterior a ela.

EXEMPLO 6

Cálculo de data e valor de pagamento de fatura utilizando IF

Para verificar se a data do pagamento é maior do que a data de vencimento de uma fatura e calcular um acréscimo de 5% sob o valor da fatura em caso positivo, utiliza-se a sintaxe:

```
1  set serveroutput on
2  DECLARE
3     v_dat_vencimento date;
4     v_dat_pagamento  date;
5     v_vlr_fatura number(9,2);
6     v_total number(10,2);
7     v_num_fatura number(3);
8  BEGIN
9     SELECT F.dat_vencimento_fatura,
              P.dat_pagamento,
              F.vlr_fatura
10     INTO
11            v_dat_vencimento,
              v_dat_pagamento,
              v_vlr_fatura
12     FROM FATURA F, PAGAMENTO P
13     WHERE F.cod_conveniada = P.cod_conveniada
14            AND F.cod_conveniada = &codigo_conveniada
15            AND F.num_fatura = &num_fatura;
16     IF (v_dat_pagamento > v_dat_vencimento) THEN
17         v_total := v_vlr_fatura * 1.05;
18         DBMS_OUTPUT.PUT_LINE('Valor total com 5% de juros: ' || v_total);
19     END IF;
20  END;
21  /
```

Na linha 16, ocorre a verificação se `v_dat_pagamento` é maior do que `v_dat_vencimento`. Caso o resultado seja verdadeiro, a variável `v_total` receberá o valor de `v_vlr_fatura` com 5% de acréscimo e apresentará a mensagem indicada na linha 19. Caso seja falso, o bloco seguirá o fluxo de processamento das instruções após o `END IF`.

EXEMPLO 7

Cálculo de data e valor de pagamento de fatura utilizando IF e ELSE

Comparando ao Exemplo 6, nesse momento será incluída uma instrução para o caso de não haver atraso na data de pagamento, por isso a sintaxe é apresentada apenas a partir do laço de seleção. Para verificar se a data de pagamento é maior que a de vencimento de uma fatura e, em caso positivo, calcular um acréscimo de 5% sob o valor da fatura ou, em caso negativo, manter o valor da fatura, utiliza-se a sintaxe:

Continua

Continuação

```
16 IF (v_dat_pagamento > v_dat_vencimento) THEN
17       v_total := v_vlr_fatura * 1.05;
18    ELSE
19       v_total := v_vlr_fatura;
20    END IF;
21    DBMS_output.put_line('Valor total: ' || v_total);
22 END;
```

Observe que a instrução para apresentação da mensagem foi colocada fora do laço de repetição, na linha 21. Isso foi feito para evitar que a instrução fosse repetida duas vezes, uma para o resultado verdadeiro do teste (linha 16) e outra para o resultado falso, cuja operação a ser realizada está na linha 19.

EXEMPLO 8

Cálculo de atraso no pagamento de fatura utilizando IF, ELSE e ELSIF

Neste exemplo, será adicionado um teste para também verificar se o vencimento da fatura está atrasado em 30 dias ou mais. A instrução completa será apresentada, pois foram criadas duas novas variáveis: v_dias_atraso e v_mensagem.

Portanto, para verificar se a data do pagamento é maior que a de vencimento de uma fatura e calcular um acréscimo de 5% sobre o valor da fatura caso o atraso seja inferior a 30 dias; não receber o pagamento caso o atraso for igual ou superior a 30 dias; ou manter o valor da fatura se não houver atraso, utiliza-se a sintaxe:

```
1 DECLARE
2    v_dat_vencimento date;
3    v_dat_pagamento date;
4    v_vlr_fatura number(9,2);
5    v_total number(10,2);
6    v_num_fatura number(3);
7    v_dias_atraso number(3);
8    v_mensagem varchar2(30);
9 BEGIN
10    SELECT F.dat_vencimento_fatura,
              P.dat_pagamento,
              F.vlr_fatura
11         INTO
12            v_dat_vencimento,
              v_dat_pagamento,
              v_vlr_fatura
13    FROM FATURA F, PAGAMENTO P
14    WHERE F.cod_conveniada = P.cod_conveniada
15        AND F.cod_conveniada = &codigo_conveniada
16        AND F.num_fatura = &num_fatura;
17    v_dias_atraso := v_dat_pagamento - v_dat_vencimento;
```

Continua

Continuação

```
18    IF (v_dias_atraso > 0 and v_dias_atraso < 30) THEN
19        v_total := v_vlr_fatura * 1.05;
20        v_mensagem := 'Valor da fatura' || v_total;
21    ELSIF (v_dias_atraso >= 30) THEN
22            v_mensagem := 'Não receber o pagamento, em cobrança judicial';
23    ELSE
24        v_total := v_vlr_fatura;
25        v_mensagem := 'Valor da fatura' || v_total;
26    END IF;
27        DBMS_OUTPUT.PUT_LINE(v_mensagem);
28 END;
29 /
```

Na linha 17, a variável v_dias_atraso recebe a diferença entre as variáveis v_dat_pagamento e v_dat_vencimento, e o resultado dessa operação é a quantidade de dias de atraso.

Na linha 18, verifica-se se o número de dias de atraso é maior que zero e menor que 30. Caso seja verdadeiro, realiza-se a operação de acrescer 5% sobre o valor da fatura, o qual será armazenado em v_total (linha 19). Na variável mensagem, será armazenada a mensagem 'Valor da fatura', concatenado com a variável v_total (linha 20). Caso não seja verdadeiro, na linha 21, é avaliada uma nova condição. Se essa retornar verdadeira, será realizada a instrução da linha 22, caso contrário, serão realizadas as instruções seguintes ao ELSE (linhas 24 e 25). Na linha 26, o laço de repetição é finalizado.

10.4 Estruturas de repetição

Em determinadas situações, deve-se repetir parte de um programa inúmeras vezes. Reiniciar o programa para cada repetição não é uma solução prática e pode ser inviável. Uma solução comum é a utilização de estruturas de repetição.

Segundo Puga (2008), o conceito de repetição (*looping*) é utilizado quando se deseja repetir a execução de um conjunto de instruções por determinado número de vezes. O número de repetições pode ser conhecido anteriormente ou não, mas necessariamente precisa ser finito. Para isso, variáveis devem ser utilizadas a fim de controlar a permanência no laço de repetição. A PL/SQL oferece diversos recursos para estruturar laços de repetição, entre os quais: LOOP, FOR e WHILE.

10.4.1 *Loop*

O LOOP requer a utilização de uma condição de saída associada à instrução EXIT, caso contrário, a repetição ocorrerá infinitamente. A condição de saída pode ser incluída em qualquer posição dentro do laço de repetição. A partir do momento que a condição indicada for verdadeira, o EXIT é acionado e o LOOP, finalizado. Para aplicar a instrução LOOP, utiliza-se a seguinte sintaxe:

LINGUAGEM DE PROGRAMAÇÃO

Instrução LOOP

```
LOOP
  conjunto de instruções;
  EXIT [WHEN condição];
END LOOP;
```

Elementos e funcionalidades	
LOOP	Delimitador de início do laço.
conjunto de instruções	Instruções que serão executadas em cada iteração.
EXIT WHEN condição	Condição para saída do laço.
END LOOP	Delimitador de fim do laço.

DICA

Quando uma variável é declarada, seu conteúdo é nulo por *default*. Operações aritméticas que envolvem nulos resultam nulos. Dessa maneira, variáveis que acumulam seu próprio valor devem ser inicializadas obrigatoriamente.

EXEMPLO 9

Aplicação da instrução de repetição LOOP

Para fazer um bloco gerar números de 1 a 100, apresentando-os na tela e utilizando a estrutura de repetição LOOP, aplica-se a sintaxe:

```
1  set serveroutput on
2  DECLARE
3     v_contador number(4) := 1;
4  BEGIN
5     LOOP
6        DBMS_OUTPUT.PUT_LINE('Volta' || v_contador);
7        EXIT WHEN(v_contador = 100);
8        v_contador := v_contador + 1;
9     END LOOP;
10 END;
11 /
```

Na linha 1, a instrução `set serveroutput on` indica que o pacote de mensagens de saída poderá ser utilizado, o que ocorre na linha 6 com a instrução `DMBS_OUTPUT.PUT_LINE('Volta' || v_contador)`. Observe que a variável `v_contador` é declarada e inicializada com valor 1. Isso é necessário porque a variável `v_contador` receberá, na linha 8, o valor que ela possui, adicionado de 1 a cada iteração, ou seja, a variável será incrementada. Na linha 5, é iniciado o laço de repetição que é encerrado na linha 9. A saída do laço ocorrerá quando a variável `v_contador` for igual a 100 (linha 7).

10.4.2 For

A estrutura de repetição FOR realiza as iterações de acordo com a instrução de controle que precede a palavra-chave LOOP. Para utilizar a instrução, aplica-se a sintaxe:

LINGUAGEM DE PROGRAMAÇÃO

Instrução FOR

```
FOR contador IN [REVERSE] limite_inferior..limite_superior LOOP
   conjunto de instruções;
   . . .
END LOOP;
```

Elementos e funcionalidades	
contador	Uma variável inteira declarada implicitamente, cujo valor aumenta ou diminui automaticamente em 1 a cada iteração do LOOP (para diminuir, utilize a palavra-chave REVERSE), até o limite superior ou inferior determinado.
REVERSE	Decresce o contador a cada iteração, a partir do limite superior até o limite inferior. Note que o limite inferior ainda é referenciado primeiro.
limite_inferior	Especifica o limite inferior da faixa de valores do contador.
limite_superior	Especifica o limite superior da faixa de valores do contador.

EXEMPLO 10

Aplicação da instrução de repetição FOR

Para fazer um bloco gerar números de 1 a 100, apresentando-os na tela e utilizando a estrutura de repetição FOR, utilize a sintaxe:

```
1 set serveroutput on
2 BEGIN
3    FOR v_contador IN 1..100 LOOP
4       DBMS_OUTPUT.PUT_LINE('Volta' || v_contador);
5    END LOOP;
6 END;
7 /
```

Este exemplo tem funcionalidade similar à do Exemplo 9. Observe que não há seção declarativa, uma vez que não é necessário declarar as variáveis. A variável v_contador (linha 3) é declarada e inicializada de maneira implícita e a cada iteração é incrementada automaticamente, similar ao que ocorre em v_contador := v_contador + 1, dessa maneira o código fica mais enxuto.

10.4.3 While

A instrução de repetição WHILE é utilizada para repetir uma sequência de instruções, enquanto a condição para controle não seja mais verdadeira. A condição é avaliada no início de cada iteração. Caso a condição seja falsa no início do LOOP, nenhuma iteração futura será executada. Para aplicar a instrução, utiliza-se a sintaxe:

> **PONTO DE ATENÇÃO**
> Se a condição avaliada produzir NULL, o LOOP será ignorado e o controle passará para a próxima instrução.

LINGUAGEM DE PROGRAMAÇÃO

Instrução WHILE

```
WHILE condição LOOP
    conjunto de instruções;
    . . .
END LOOP;
```

Elementos e funcionalidades	
condição	Expressão ou variável booleana (TRUE, FALSE ou NULL).
instrução	Uma ou mais instruções SQL ou PL/SQL.

EXEMPLO 11

Aplicação da instrução WHILE

Para fazer um bloco gerar números de 1 a 100, apresentando-os na tela e utilizando a estrutura de repetição WHILE, utiliza-se a sintaxe:

```
1  set serveroutput on
2  DECLARE
3    v_contador number(3) := 1;
4  BEGIN
5    while(v_contador <= 100) LOOP
6        DBMS_OUTPUT.PUT_LINE('Volta' || v_contador);
7        v_contador := v_contador + 1;
8    END LOOP;
9  END;
10 /
```

Assim como os Exemplos 9 e 10, observe na linha 5 que o teste de validação da condição é avaliado e (somente se retornar verdadeiro) as instruções das linhas 6 e 7 serão realizadas.

10.5 Cursor

Para processar uma instrução SQL, o Oracle cria uma área de memória denominada área de contexto. Essa área contém o número de linhas processadas, o conjunto ativo e um apontador para consultas.

O conjunto ativo representa o conjunto de linhas recuperadas em uma consulta, por exemplo:

- A consulta `SELECT * FROM EMP;` terá como conjunto ativo todas as linhas e colunas da tabela `EMP`.
- A consulta `SELECT ename, job FROM EMP WHERE deptno = 20;` terá como conjunto ativo as linhas e colunas que atendem à condição.

O apontador da área de contexto é o cursor. Existem dois tipos de cursores:

1. **Implícitos**: não declarado, é realizado implicitamente, quando as instruções DML e `SELECT...INTO` são aplicadas.
2. **Explícitos**: declarados explicitamente na área declarativa do bloco PL/SQL, podem processar várias linhas. Por meio de um cursor explícito, é possível controlar a área de contexto e os processamentos ocorridos nela.

Os atributos de cursores podem ser utilizados em cursores implícitos ou explícitos. Estes atributos permitem a realização de testes nos resultados das instruções SQL. São eles:

- `%FOUND`: retorna verdadeiro, caso algum registro tenha sido afetado.
- `%NOTFOUND`: retorna verdadeiro, caso não tenha encontrado nenhum registro.
- `%ISOPEN`: indica se o cursor está aberto ou não. Este é um recurso interessante para ser utilizado com cursores explícitos, pois se o desenvolvedor incluir uma instrução para abrir um cursor que já está aberto (ou fechar um que já está fechado) ocorrerá um erro, da mesma maneira caso ele tente utilizar um cursor sem abri-lo antes.
- `%ROWCOUNT`: retorna o número de registros afetados pelo cursor.

10.5.1 Cursores implícitos

Uma operação DML ou um `SELECT` no bloco PL/SQL gera um cursor implícito. Um cursor é uma referência para determinada posição de memória, em que os dados processados são armazenados. Para os cursores implícitos, essa área não possui nome, por isso, não é possível a manipulação individual de cada registro afetado, como ocorre com os cursores explícitos, os quais serão abordados mais adiante.

EXEMPLO 12

Cursor implícito

Para excluir os pagamentos da conveniada de código 99130 e exibir o número de linhas deletadas, utiliza-se a sintaxe:

```
1  set serveroutput on
2  DECLARE
3    v_linhas_deletadas   NUMBER(2);
4  BEGIN
5    DELETE FROM   PAGAMENTO
6    WHERE         cod_conveniada = 99130;
7    v_linhas_deletadas := SQL%ROWCOUNT;
8    DBMS_OUTPUT.PUT_LINE('Linhas deletadas' || v_linhas_deletadas);
9  END;
10 /
```

O cursor deste exemplo é implícito. Observe que a instrução SQL%ROWCOUNT (linha 7) recupera a quantidade de linhas afetadas pela instrução DELETE e o resultado é armazenado na variável v_linhas_deletadas, apresentada na linha 8. Como o cursor implícito não possui nome, a sigla SQL é utilizada para referir-se ao último cursor implícito gerado, ou seja, a última operação DML ou SELECT realizada.

10.5.2 Cursores explícitos

O Oracle Server utiliza áreas de trabalho, chamadas áreas SQL "reservadas", para executar instruções SQL e armazenar informações de processamento. Com cursores explícitos, essas áreas podem ser nomeadas e cada uma de suas linhas, retornada pela consulta associada a ele, poderá ser manipulada individualmente.

O conjunto de linhas retornadas por uma consulta de várias linhas é chamado *conjunto ativo*, o seu tamanho é correspondente ao número de linhas, que atende aos critérios da pesquisa. Um programa PL/SQL abre um cursor, processa as linhas retornadas pela consulta e, em seguida, fecha o cursor. A sequência para execução do controle dos cursores consiste em:

1. **Declarar o cursor:** nomear o cursor e definir a consulta associada a ele.
2. **Abrir o cursor:** a instrução OPEN executa a consulta e vincula as variáveis que estiverem referenciadas. As linhas identificadas pela consulta são chamadas *conjunto ativo* e estarão disponíveis para extração.
3. **Extrair os dados do cursor:** a cada linha processada, deve-se verificar se há novas linhas para extração.

4. Fechar o cursor: a instrução `CLOSE` fecha o curso e libera o conjunto ativo de linhas.

Os cursores explícitos devem ser declarados no bloco PL/SQL e a manipulação do seu conjunto ativo realiza-se na área de processamento do bloco. Para utilizar o cursor explícito, aplica-se a sintaxe:

> **PONTO DE ATENÇÃO**
>
> A lista de variáveis ou registro utilizado na cláusula INTO, da instrução FETCH, deve ser compatível com a lista de colunas recuperadas pelo SELECT do cursor.

LINGUAGEM DE PROGRAMAÇÃO

Cursor explícito

```
1  DECLARE
2    CURSOR nome_cursor IS consulta;
3  BEGIN
4    OPEN nome_cursor;
5    LOOP
6   FETCH cursor_name INTO [variável1, variável2, ...|record_name];
7   << INSTRUÇÕES >>
8      EXIT WHEN cursor_nome%NOTFOUND;
9    END LOOP;
10   CLOSE nome_cursor;
11 END;
12 /
```

Elementos e funcionalidades	
`CURSOR nome_cursor IS consulta`	Indica a declaração do cursor, em que o `nome_cursor` representa o identificador do cursor (que deve seguir as mesmas orientações para declaração de variávies) e `consulta` representa uma instrução `SELECT`, que irá gerar o conjunto ativo do cursor.
`FETCH cursor_name INTO [variável1, variável2, ...|record_name];`	Recupera cada linha do conjunto ativo do cursor `cursor_name` e armazena os dados de cada coluna em uma variável, ou a linha completa em um registro; para isso utiliza-se a instrução `INTO`, seguida da lista de variáveis ou registro. As variáveis ou registros devem ser declaradas previamente. A cada iteração, a instrução `FETCH` avança para a próxima linha do conjunto ativo; para isso, deve ser incluída em um laço de repetição, sendo realizada até que não existam mais registros a serem percorridos. Observe que o `LOOP` inicia na linha 5, a condição de saída é indicada na linha 8; e o fim do laço de repetição está na linha seguinte.
`INSTRUÇÕES`	Representa o conjunto de instruções para a manipulação das linhas do cursor.
`CLOSE nome_cursor`	Fecha o cursor `nome_cursor`, então o conjunto ativo se torna indefinido e a área de contexto é liberada.

EXEMPLO 13

Cursor explícito utilizando a sintaxe completa

Para apresentar a relação de aniversariantes do mês corrente, utilizando o cursor no formato completo, utiliza-se a sintaxe:

```
1  set serveroutput on
2  DECLARE
3     CURSOR cursor_aniversariantes_mes IS
4     SELECT pf.nom_pessoa, PF.dat_nascimento, P.nom_email
5     FROM pessoa p join pessoa_fisica pf ON (p.num_pessoa = pf.num_pessoa_pf)
6     WHERE TO_CHAR(pf.dat_nascimento, 'mm') = TO_CHAR(SYSDATE, 'mm');
7     v_nome pessoa_fisica.nom_pessoa%type;
8     v_email pessoa.nom_email%type;
9     v_data_aniversario date;
10 BEGIN
11    OPEN cursor_aniversariantes_mes;
12    LOOP
13    FETCH cursor_aniversariantes_mes INTO v_nome,v_data_aniversario, v_email;
14    EXIT WHEN cursor_aniversariantes_mes%notfound;
15    DBMS_OUTPUT.PUT_LINE(v_nome || ',' || v_data_aniversario || ',' || v_email);
16    END LOOP;
17    CLOSE cursor_aniversariantes_mes;
18 END;
19 /
```

Na linha 3, o cursor `cursor_aniversariantes_mes` é declarado com base na consulta descrita nas linhas 4 a 6. Observe que na linha 11 o cursor é aberto e o conjunto ativo que contém os dados recuperados pela consulta é carregado em memória. Na linha 12, inicia-se o laço de repetição, o qual garante que todas as linhas do cursor sejam recuperadas e que o laço seja encerrado quando não existirem mais linhas a serem processadas (linha 16). A instrução `FETCH` (linha 13) recupera a linha corrente e a carrega em variáveis para que cada dado possa ser manipulado. A instrução `EXIT WHEN` (linha 14) indica a saída do laço de repetição quando não existirem mais linhas para serem processadas, por meio da instrução `cursor_aniversariantes_mes%notfound`. Na linha 17, o cursor é fechado e, com isso, o espaço em memória é liberado.

Outra maneira de trabalhar com cursores, é aplicar a sintaxe simplificada. Para isso, utiliza-se a estrutura de repetição `FOR`, de modo que as instruções `OPEN`, `FETCH` e `CLOSE` sejam realizadas implicitamente, conforme representado na sintaxe:

LINGUAGEM DE PROGRAMAÇÃO

Instrução FOR (sintaxe simplificada)

```
FOR registro_nome IN cursor_nome LOOP
    <<INSTRUÇÕES>>
END LOOP;
```

Elementos e funcionalidades	
`registro_nome`	Indica o nome da variável do tipo registro, que é declarada implicitamente de acordo com a relação de colunas listada na consulta do cursor.
`cursor_nome`	Indica o nome do cursor que será utilizado.

EXEMPLO 14

Cursor utilizando a estrutura de repetição FOR

Para apresentar a relação de aniversariantes do mês corrente utilizando a estrutura de repetição FOR (para manipulação de cursor), aplica-se a sintaxe:

```
1  set serveroutput on
2  DECLARE
3  CURSOR cursor_aniversariante_mes IS
4  SELECT pf.nom_pessoa, PF.dat_nascimento, P.nom_email
5  FROM pessoa p join pessoa_fisica pf
          ON (p.num_pessoa = pf.num_pessoa_pf)
6  WHERE TO_CHAR(pf.dat_nascimento, 'mm') = TO_
          CHAR(sysdate, 'mm');
7  BEGIN
8      FOR registro_aniversariantes_mes
           IN cursor_aniversariante_mes LOOP
9  DBMS_OUTPUT.PUT_LINE(registro_aniversariantes_mes.
nom_pessoa || ',' || registro_aniversariantes_mes.
dat_nascimento || ',' || registro_aniversariantes_
mes.nom_email);
10 END LOOP;
11 END;
12 /
```

O cursor é declarado na linha 3 e quando o fluxo entra no laço de repetição (linha 8) é criada implicitamente a variável `registro_aniversariantes_mes`, baseada na estrutura do cursor `cursor_aniversariante_mes`. O cursor é aberto e a primeira linha é carregada na variável registro. Quando o laço de repetição termina, o cursor é fechado (linha 12).

PONTO DE ATENÇÃO

Na primeira iteração do laço de repetição, a consulta associada ao cursor é analisada e o conjunto ativo é gerado. A variável registro, que armazenará cada linha do conjunto ativo, é criada implicitamente com a estrutura do cursor em questão; e a cada iteração o cursor é posicionado na linha seguinte até que não existam mais linhas a serem processadas.

PONTO DE ATENÇÃO

O nome dos campos de registro é igual ao nome das colunas listadas na consulta. Para utilizar cada campo individualmente, o NOME_DO_REGISTRO.NOME_DO_CAMPO deve ser indicado.

10.6 Tratamento de exceção

Uma exceção é uma ocorrência não esperada, ou diferente daquela programada para ser executada. Em outras palavras, uma exceção é um erro que ocorre durante a execução do bloco PL/SQL.

Os erros de execução (*runtime*) estão associados à utilização do programa. Nesse caso, quando as exceções não são previstas e tratadas, o erro gerado interrompe o processamento e uma mensagem é devolvida para a aplicação.

O bloco PL/SQL com tratamento de exceções apresenta a seguinte estrutura:

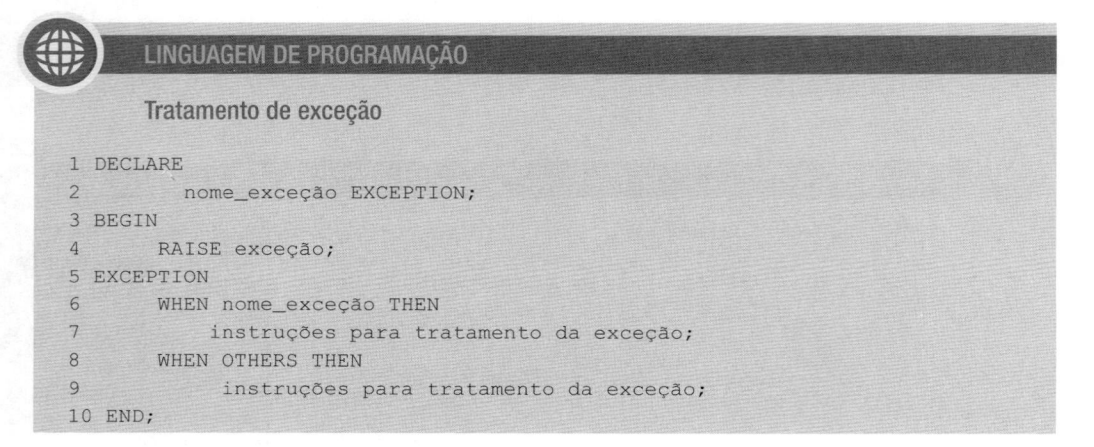

LINGUAGEM DE PROGRAMAÇÃO

Tratamento de exceção

```
1 DECLARE
2      nome_exceção EXCEPTION;
3 BEGIN
4      RAISE exceção;
5 EXCEPTION
6      WHEN nome_exceção THEN
7           instruções para tratamento da exceção;
8      WHEN OTHERS THEN
9           instruções para tratamento da exceção;
10 END;
```

Considerando o Quadro *Tratamento de exceção*, a declaração de uma exceção deve ser feita pelo desenvolvedor na seção declarativa, conforme indicado na linha 2. A identificação de uma exceção segue as mesmas regras adotadas para identificação de variáveis.

A abertura da exceção pode ser indicada na área de processamento (linha 4), ou seja, ao ocorrer uma exceção no fluxo do processamento, o programa é desviado para a seção de tratamento de exceções, iniciada na linha 5. Cada exceção deverá ser indicada em um manipulador *(handler)* para tratamento de exceções, indicado na linha 6 (WHEN nome_exceção THEN). A exceção será avaliada pelo nome e direcionará a execução das instruções a serem realizadas; caso não seja encontrado o manipulador para a exceção em questão, serão executadas as instruções do manipulador WHEN OTHERS THEN (linha 8), utilizado para tratamento de exceções genéricas.

O Oracle possui algumas exceções predefinidas para situações comuns e fazem parte do conjunto básico para manipulação PL/SQL e não precisam ser declaradas ou abertas explicitamente no bloco. Alguns exemplos de exceções predefinidas são apresentadas no Quadro 10.5.

Quadro 10.5 Exceções predefinidas

Exceção	Descrição
NO_DATA_FOUND	Exceção gerada por uma instrução SELECT ... INTO que não retorna nenhuma linha.
TOO_MANY_ROWS	Exceção gerada por uma instrução SELECT ... INTO que retorna muitas linhas.
ZERO_DIVIDE	Divisão por zero.

Um exemplo de exceção é a divisão por zero. Como não é possível dividir um número por zero, para realizar essa operação aritmética, o divisor deve ser diferente de 0, sendo assim, o valor esperado para divisor não está adequado. Nesse caso, não existe erro de sintaxe, mas o programa não funciona, portanto há uma exceção. Por ser um erro bastante comum, a Oracle disponibiliza uma exceção predefinida para ele. Essas exceções possuem um código Oracle, com um identificador e uma mensagem.

> **DICA**
> A lista completa de exceções predefinidas pode ser consultada no site da Oracle: <http://docs.oracle.com/cd/B19306_01/appdev.102/b14261/errors.htm>.

EXEMPLO 15

Exceções predefinidas e divisão por zero

Para realizar a divisão entre dois valores fornecidos por variáveis de substituição e um manipulador para tratamento de possíveis exceções, utiliza-se a sintaxe:

```
1  SET SERVEROUTPUT ON
2  DECLARE
3     v_x number := &divisor;
4     v_y number := &dividendo;
5     v_resultado number;
6  BEGIN
7     v_resultado := v_y / v_x;
8  EXCEPTION
9  WHEN ZERO_DIVIDE THEN
10       DBMS_OUTPUT.PUT_LINE('Não é possível realizar divisão por zero');
11 END;
12 /
```

Observe que, nas linhas 3 e 4, são declaradas as variáveis v_x e v_y, as quais receberão os valores por variáveis de substituição (&divisor e &dividendo respectivamente). Na linha 7, a variável v_resultado recebe o resultado da divisão entre v_y e v_x. Caso o valor de v_x seja zero, será gerado um erro que acionará a exceção ZERO_DIVIDE e o fluxo do processamento será desviado para a área de tratamento de exceções (linha 8). Em função disso, será realizado o tratamento da exceção, que é a apresentação da mensagem: 'Não é possível realizar divisão por zero', vista na linha 9.

10.6.1 Exceções definidas pelo usuário

Além das exceções predefinidas, é possível criar exceções personalizadas. Esse recurso permite a criação de tratamentos de erros específicos para um determinado fim.

EXEMPLO 16

Definição de exceção personalizada para tratamento de erros

Neste exemplo, para atualizar a data de validade da carteira de habilitação de um motorista, será verificado se o código do motorista é válido. Caso não seja, a exceção e_codigo_invalido será acionada:

```
1  SET SERVEROUTPUT ON
2  DECLARE
3      e_codigo_invalido EXCEPTION;
4      v_cod_motorista MOTORISTA.num_pessoa_pf%type := &cod_motorista;
5  BEGIN
6      UPDATE MOTORISTA SET dat_validade_habilitacao = '&nova_data_habilitacao'
7      WHERE num_pessoa_pf = v_cod_motorista;
8      IF SQL%NOTFOUND THEN
9  RAISE e_codigo_invalido;
10 END IF;
11 EXCEPTION
12 WHEN e_codigo_invalido THEN
13     DBMS_OUTPUT.PUT_LINE('O motorista não está cadastrado');
14 END;
15 /
```

Nesse caso, o campo data de validade da habilitação, da tabela MOTORISTA, deverá ser atualizado. Na linha 3, é declarada a exceção e_codigo_invalido, que será aplicada caso o código do motorista informado por variável de substituição (linha 4) – o qual será utilizado na condição da instrução de atualização (linhas 6 e 7) – não seja válido. Isto é, se nenhum registro for encontrado com o código de motorista determinado na linha 8, a exceção será acionada pela instrução RAISE e_codigo_invalido, desviando o fluxo do processamento para a linha 12.

Também é possível criar um tratamento para exceções não previstas, com tratamentos específicos. Para isso, pode-se incluir a instrução WHEN OTHERS.

EXEMPLO 17

Tratamento de erros não especificados

Para realizar o tratamento de erros não especificados, utiliza-se a sintaxe:

```
1 DECLARE
2 ...
```

Continua

Continuação

```
3  v_codigo_erro varchar2(20);
4  v_mensagem_erro varchar2(255);
5  BEGIN
6  ...
7  EXCEPTION
8  ...
9  WHEN OTHERS THEN
10     DBMS_OUTPUT.PUT_LINE('Erro desconhecido');
11     v_codigo_erro := SQLCODE;
12     v_mensagem_erro := SQLERRM;
13     INSERT INTO ERROS values(v_codigo_erro, v_mensagem_erro);
14 END;
15 /
```

Observe a declaração das variáveis `v_codigo_erro` e `v_mensagem_erro` (linhas 3 e 4). Essas variáveis serão utilizadas para armazenar respectivamente o código e a mensagem de erro, retornados pelas funções `SQLCODE` e `SQLERRM` (linhas 11 e 12). Esses erros são armazenados na tabela ERROS (linha 13), sendo possível analisá-los e tratá-los posteriormente de maneira personalizada em uma nova versão de bloco PL/SQL.

Para esse exemplo, deve-se criar a tabela ERROS que apresenta a seguinte estrutura:

```
1. CREATE TABLE ERROS
2. (SQLCOD varchar2(20)),
3. SQLERRO varchar2(255);
```

10.6.2 Tratamento de exceções utilizando RAISE_APPLICATION_ERROR

O procedimento `RAISE_APPLICATION_ERROR` é utilizado para comunicar uma exceção definida interativamente, retornando um código ou uma mensagem de erro não padronizada. Para aplicar a instrução, utiliza-se a sintaxe:

LINGUAGEM DE PROGRAMAÇÃO

Instrução RAISE_APPLICATION_ERROR

`RAISE_APPLICATION_ERROR (numero_erro, mensagem);`

	Elementos e funcionalidades
numero_erro	Número especificado pelo usuário para a exceção entre –20.000 e –20.999.
mensagem	Mensagem especificada pelo usuário para a exceção. Trata-se de um texto com até 2.048 bytes.

Continua

Continuação

O procedimento RAISE_APPLICATION_ERROR pode ser usado em dois locais diferentes:

1. Na seção de exceção:

```
...
EXCEPTION
WHEN NO_DATA_FOUND THEN
    RAISE_APPLICATION_ERROR (-20201, 'Motorista não cadastrado');
END;
```

2. Na seção executável:

```
...
BEGIN
...
IF SQL%NOTFOUND THEN
    RAISE_APPLICATION_ERROR(-20202, 'Motorista não cadastrado');
END IF;
```

10.7 Procedimentos (*procedures*)

Um procedimento é um conjunto de instruções que realiza determinada tarefa. A definição e o funcionamento dos procedimentos são similares à programação em outras linguagens e envolvem basicamente os seguintes passos:

- Identificação do procedimento.
- Definição do parâmetro.
- Conjunto de instruções do procedimento.
- Submissão do código ao SGBDR.

Sendo assim, o código fonte é armazenado no DD (pode-se consultar a USER_SOURCE) e o procedimento é compilado. Se a compilação for bem-sucedida, o *p-code* é armazenado no DD e não poderá ser consultado. Caso ocorram erros de compilação, estes serão armazenados na *view* USER_ERRORS. Para aplicar a instrução, utiliza-se a sintaxe:

LINGUAGEM DE PROGRAMAÇÃO

PROCEDIMENTO

```
CREATE [OR REPLACE] nome_procedimento
[parâmetro [{IN, OUT, IN OUT}] tipo_parâmetro,
...
{IS ou AS}
    BEGIN
    corpo_do_procedimento
    END [nome_procedimento];
```

Continua

Continuação

Elementos e funcionalidades	
`CREATE OR REPLACE`	Criação ou substituição do procedimento.
`nome_procedimento`	Nome que será dado ao procedimento.
`parâmetro [parâmetro [{IN, OUT, IN OUT}]`	Nome do parâmetro e modo que poderá ser entrada, saída ou entrada e saída. Se o modo for suprimido, será assumido o modo `IN` como *default*.
`tipo_parâmetro`	Tipo de dado que o parâmetro poderá aceitar.
`IS` ou `AS`	Indicam o bloco que estará associado ao procedimento (as duas palavras têm a mesma função).
`BEGIN corpo_do_procedimento END`	Respectivamente, o início, o conjunto de instruções do procedimento e o final do bloco.

EXEMPLO 18

Atualização de dados utilizando PROCEDIMENTO

Ao tomar o Exemplo 16 como base para atualizar a data de validade da carteira de habilitação de um motorista, adaptando o bloco para funcionar como um procedimento, utiliza-se a sintaxe:

```
1 CREATE OR REPLACE PROCEDURE proc_atualiza_habilitacao
2     (p_cod_motorista IN MOTORISTA.num_pessoa_pf%type,
3      p_nova_data IN MOTORISTA.dat_validade_habilitacao%type,
4      p_mensagem OUT varchar2)
5 IS
6      e_codigo_invalido EXCEPTION;
7 BEGIN
8      UPDATE MOTORISTA
9      SET dat_validade_habilitacao = p_nova_data
10     WHERE num_pessoa_pf = p_cod_motorista;
11
12     p_mensagem := 'Atualização bem sucedida';
13
14     IF SQL%NOTFOUND THEN
15        raise e_codigo_invalido;
16 END IF;
17 EXCEPTION
18    WHEN e_codigo_invalido THEN
19       p_mensagem:= 'O motorista não está cadastrado';
20 END;
21 /
```

> **PONTO DE ATENÇÃO**
>
> A palavra reservada DECLARE não deve ser utilizada em procedimentos e funções. As variáveis, exceções e cursores locais precisam ser declarados entre a palavra reservada IS (ou AS) e BEGIN.

Continua

Continuação

Na linha 1, PROCEDURE é identificada como proc_atualiza_habilitacao. Nas linhas 2 e 3, são declarados os parâmetros de entrada p_cod_motorista, com a estrutura da coluna num_pessoa_pf, da tabela MOTORISTA, e p_nova_data com a estrutura da coluna dat_validade_habilitacao, também da tabela MOTORISTA. Na linha 4, é declarado o parâmetro de saída p_mensagem. Na linha 6, é declarada a exceção e_codigo_invalido. Nessa área devem ser declaradas as variáveis, exceções e cursores locais necessários para a resolução do problema.

Na linha 8, é realizada a atualização da data de validade da habilitação do motorista, cujo código e nova data foram informados por parâmetros. Se a operação for bem-sucedida, o parâmetro de saída p_mensagem receberá a mensagem 'Atualização bem sucedida'. Se o código do motorista for inválido, será acionada a exceção e_codigo_invalido e o parâmetro p_mensagem receberá a mensagem 'O motorista não está cadastrado'.

Se a compilação do bloco for bem-sucedida, será exibida a mensagem 'Procedimento criado'. Se ocorrerem erros durante a compilação, a mensagem 'Procedimento concluído com erros' será apresentada. Para exibir a lista de erros, basta digitar a instrução SHOW ERROS. O procedimento poderá ser chamado a partir de outros procedimentos, funções, blocos anônimos ou diretamente a partir da SQL, conforme o passo a passo a seguir:

```
1 SQL> VARIABLE mensagem_proc varchar2(50)
2 SQL> EXECUTE proc_atualiza_habilitacao(7, '12/01/12', :mensagem_proc);
3 Procedimento PL/SQL concluído com sucesso.
4 SQL> PRINT mensagem_proc
```

Resultado

```
MENSAGEM_PROC
O motorista não está cadastrado
```

Na linha 1, é declarada a variável global mensagem_proc, que armazenará o valor do parâmetro de saída do procedimento atualiza_habilitacao. Na linha 2, é realizada a chamada ao procedimento com a instrução EXECUTE. Observe que proc_atualiza_habilitacao tem dois parâmetros de entrada e um parâmetro de saída. Os valores para os parâmetros de entrada devem ser fornecidos na chamada do procedimento, bem como uma variável para receber o valor devolvido pelo parâmetro de saída.

No caso desse exemplo, perceba que a chamada será feita pelo nome_procedimento (lista de parâmetros), ou seja: proc_atualiza_habilitacao (valor para o parâmetro p_cod_motorista, valor para o parâmetro p_nova_data e uma variável para receber o valor do parâmetro p_mensagem).

Se a chamada for bem-sucedida, será apresentada a mensagem 'Procedimento concluído com sucesso' (linha 3), caso contrário, a mensagem apresentará o erro gerado. Para visualizar o valor armazenado na variável :mensagem_proc (que deve ser precedida de ':' por ser uma variável global), foi utilizada a instrução SQL PRINT (linha 4), cujo resultado é apresentado em seguida, na mensagem 'O motorista não está cadastrado'.

EXEMPLO 19

Aplicação de variáveis IN OUT em procedimentos

Para receber uma sequência de números e formatá-la de modo a apresentar o número de telefone de acordo com o padrão (999) 9999-9999, aplica-se a sintaxe:

```
1 CREATE OR REPLACE PROCEDURE formata_numero_fone
2    (p_numero_fone IN OUT VARCHAR2)
3 IS
4 BEGIN
5 p_numero_fone := '(' || substr(p_numero_fone, 1, 3) || ')' || substr(p_numero_fone, 4, 4) || '-' || substr(p_numero_fone, 8);
6 END formata_numero_fone;
7 /
```

Chamando o procedimento `formata_numero_fone`

```
1 SQL> VARIABLE numero_fone varchar2(16)
2 SQL> EXECUTE :numero_fone:=11234599888
3 SQL> EXECUTE formata_numero_fone(:numero_fone);
4 SQL> PRINT numero_fone
```

Resultado

```
NUMERO_FONE
--------------------------------
(112)3459-9888
```

Observe que, na linha 1, é declarada a variável global `numero_fone`, na linha 2 é atribuído um valor à variável `numero_fone`, na linha 3 o procedimento `formata_numero_fone` é chamado e a variável `numero_fone` é utilizada como parâmetro. Na linha 4, a instrução `PRINT` apresentará o valor armazenado na variável `numero_fone`, a qual pode ser observada na linha 5.

EXEMPLO 20

Exclusão de procedimento utilizando DROP PROCEDURE

A exclusão de um procedimento deve ser feita a partir da instrução `DROP PROCEDURE`. Nesse caso, para excluir o procedimento `proc_atualiza_habilitacao`, utiliza-se a sintaxe:

```
SQL> DROP procedure proc_atualiza_habilitacao;
```

10.8 Funções (*functions*)

As funções são muito semelhantes aos procedimentos, o que os difere, do ponto de vista estrutural, é a inclusão da cláusula RETURN. Nas funções, existe a obrigatoriedade de um retorno à rotina chamadora, que é feito por meio da cláusula RETURN. Pode-se dizer que uma função é chamada como parte de uma expressão. Para aplicar as funções, utiliza-se a sintaxe:

LINGUAGEM DE PROGRAMAÇÃO

FUNÇÃO

```
CREATE [OR REPLACE] FUNCTION nome_função
[parâmetro1 [IN] tipo_parâmetro, ...]
  RETURN tipo_do_retorno
{IS ou AS}
BEGIN
      corpo_da_função
END nome_função;
```

Elementos e funcionalidades	
CREATE OR REPLACE	Criação ou substituição do procedimento.
nome_função	Nome que será dado ao procedimento.
parâmetro [parâmetro [IN]	Nome do parâmetro, sendo um modo somente para entrada. Caso o modo seja suprimido, será assumido IN como *default*.
tipo_parâmetro	Tipo de dado que o parâmetro poderá aceitar.
RETURN tipo_do_retorno	Tipo de dado que será devolvido, ou retornado, para a rotina chamadora.
IS ou AS	Indicam o bloco que estará associado ao procedimento ou função (as duas palavras têm a mesma função).
BEGIN corpo_do_procedimento END;	Respectivamente, o início, o conjunto de instruções do procedimento e o final do bloco.

EXEMPLO 21

Atualização de dados utilizando FUNÇÃO

Para que seja possível observar as diferentes maneiras de resolver um problema, o Exemplo 18 será tomado como base e uma função será implementada no lugar de um procedimento. Nesse caso, para atualizar a data de validade da carteira de habilitação de um motorista, utilizando uma função, aplica-se a sintaxe:

```
1 CREATE OR REPLACE FUNCTION func_atualiza_habilitacao
2 (p_cod_motorista IN MOTORISTA.num_pessoa_pf%type,
3 p_nova_data MOTORISTA.dat_validade_habilitacao%type)
4 RETURN varchar2
5 IS
6 v_mensagem varchar2(100);
7 BEGIN
8 UPDATE MOTORISTA
9 SET dat_validade_habilitacao = p_nova_data
```

Continua

Continuação

```
10        WHERE num_pessoa_pf = p_cod_motorista;
11        IF SQL%NOTFOUND THEN
12              v_mensagem := 'O motorista não está cadastrado';
13        ELSE
14              v_mensagem := 'Atualização bem sucedida';
15        END IF;
16        RETURN v_mensagem;
17 END;
18 /
```

Observe que, nas linhas 2 e 3, são declarados os parâmetros de entrada da função. Na linha 3, na declaração do parâmetro `p_nova_data`, o modo foi suprimido e, por *default*, será assumido o modo IN. Na linha 4, é indicado o tipo de dado de retorno da função. Na linha 6, é declarada a variável `v_mensagem`; essa variável armazenará a mensagem que será retornada pela função. Na linha 11, é verificado se a instrução UPDATE (linha 8) não atualizou nenhuma linha (SQL%NOTFOUND). Caso seja verdadeiro, a variável `v_mensagem` receberá a mensagem 'O motorista não está cadastrado'; caso contrário, se a instrução UPDATE atualizou alguma linha, será exibida a mensagem 'Atualização bem sucedida'. Na linha 16, a função retornará a variável `v_mensagem`. Nesse momento, o controle do processamento é devolvido para a rotina chamadora.

A seguir, são apresentados os passos para compilação e chamada da função.

```
1 SQL> VARIABLE mensagem varchar2(100)
2 SQL> EXECUTE :mensagem := func_atualiza_habilitacao(7, '12/01/2012');
3 SQL> PRINT mensagem
4
```

Resultado

```
MENSAGEM
-------------------------------------------------------
O motorista não está cadastrado
```

Na linha 1, é declarada a variável global `mensagem`, que armazenará o valor retornado pela função, fato que ocorre na linha 2, quando a variável é chamada. Observe que na chamada da função são passados dois parâmetros (os valores 7 e 12/01/2012). Na linha 3, a instrução PRINT apresenta o valor armazenado na variável `mensagem` e, na linha 5, apresenta-se o resultado.

EXEMPLO 22

Exclusão de uma função utilizando DROP FUNCTION

A exclusão de uma função deve ser feita a partir da instrução DROP FUNCTION. Nesse caso, para excluir a função `func_atualiza_habilitacao`, utiliza-se a sintaxe:

```
SQL> DROP PROCEDURE func_atualiza_habilitacao;
```

10.9 Pacotes (*package*)

Pacotes são blocos PL/SQL que podem agrupar procedimentos, funções, exceções, estruturas de dados, cursores ou declarações de variáveis globais.

Um pacote pode ser criado para melhorar a organização de códigos PL/SQL, facilitando a manutenção e melhorando a performance; também pode ser utilizado para encapsular o código e restringir a sua visibilidade ao ambiente externo. O pacote é dividido em duas partes, sendo cada uma um objeto distinto do banco. São eles *especificação* e *corpo*.

A especificação do pacote (*package specification*) é o conjunto de declarações dele. Deve conter a declaração das variáveis, cursores, exceções, cabeçalho dos procedimentos e funções que serão acessíveis ao ambiente externo ao pacote. Para realizar a especificação do pacote, utiliza-se a sintaxe:

> **PONTO DE ATENÇÃO**
>
> O nome do pacote deve ser igual na especificação e no corpo. Primeiro, deve ser criada a especificação e, depois, o corpo.

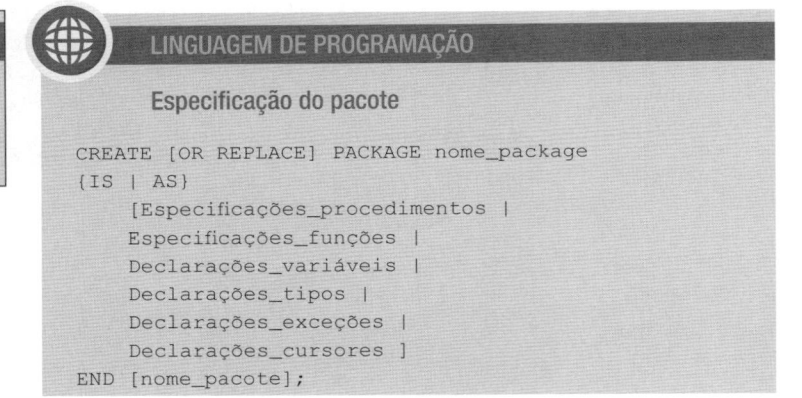

LINGUAGEM DE PROGRAMAÇÃO

Especificação do pacote

```
CREATE [OR REPLACE] PACKAGE nome_package
{IS | AS}
    [Especificações_procedimentos |
    Especificações_funções |
    Declarações_variáveis |
    Declarações_tipos |
    Declarações_exceções |
    Declarações_cursores ]
END [nome_pacote];
```

A especificação de funções e procedimentos envolve o nome do procedimento ou função, a lista de parâmetros e, no caso de funções, o retorno. O corpo do pacote (*package body*) deve conter o detalhamento dos objetos descritos na especificação, isto é, o código completo dos procedimentos e funções. Podem ser incluídos outros objetos, os quais serão de uso restrito aos do pacote. Para criar o corpo do pacote, utiliza-se a sintaxe:

LINGUAGEM DE PROGRAMAÇÃO

Corpo do pacote

```
CREATE OR REPLACE PACKAGE BODY nome_package
    {IS | AS}
--código dos objetos do package
    END [nome_pacote];
```

Como exemplo, serão empacotados os objetos procedimento e função que foram criados nos Exemplos 18, 19 e 21.

EXEMPLO 23

Empacotamento de objetos e criação de especificação e corpo

Para empacotar os objetos `proc_atualiza_habilitacao`, `formata_numero_fone` e `func_atualiza_habilitacao` e criar a especificação do pacote, utiliza-se a sintaxe:

```
1  CREATE OR REPLACE PACKAGE exemplo23
2  IS
3      PROCEDURE proc_atualiza_habilitacao
4         (p_cod_motorista IN MOTORISTA.num_pessoa_pf%type,
5          p_nova_data IN MOTORISTA.dat_validade_habilitacao%type,
6          p_mensagem OUT varchar2);
7      PROCEDURE formata_numero_fone
8         (p_numero_fone IN OUT VARCHAR2);
9      FUNCTION func_atualiza_habilitacao
10        (p_cod_motorista IN MOTORISTA.num_pessoa_pf%type,
11         p_nova_data MOTORISTA.dat_validade_habilitacao%type)
12    RETURN varchar2;
13 END;
14 /
```

Na especificação dos objetos, as linhas 6, 8 e 12 são encerradas com ; (ponto e vírgula). No corpo do pacote, este ponto e vírgula será suprimido, conforme as linhas 6, 22 e 32. Dessa forma, para criar o corpo do pacote, utiliza-se a sintaxe:

```
1  CREATE OR REPLACE PACKAGE BODY exemplo23
2  IS
3     PROCEDURE proc_atualiza_habilitacao
4  (p_cod_motorista IN MOTORISTA.num_pessoa_pf%type,
5  p_nova_data IN MOTORISTA.dat_validade_habilitacao%type,
6  p_mensagem OUT varchar2)
7  IS
8     e_codigo_invalido EXCEPTION;
9  BEGIN
10    UPDATE MOTORISTA
11    SET dat_validade_habilitacao = p_nova_data
12    WHERE num_pessoa_pf = p_cod_motorista;
13    p_mensagem := 'Atualização bem sucedida';
14    IF sql%notfound THEN
15         RAISE e_codigo_invalido;
16    END IF;
17    EXCEPTION
18        WHEN e_codigo_invalido THEN
19             p_mensagem :='O motorista não está cadastrado';
20    END proc_atualiza_habilitacao;
21    PROCEDURE formata_numero_fone
22         (p_numero_fone IN OUT VARCHAR2)
```

Continua

Continuação

```
23      IS
24      BEGIN
25      p_numero_fone := '(' || substr(p_numero_fone, 1, 3) || ')' || substr(p_
   numero_fone, 4, 4) || '-' || substr(p_numero_fone, 8);
26      END formata_numero_fone;
27      FUNCTION func_atualiza_habilitacao
28         (p_cod_motorista IN MOTORISTA.num_pessoa_pf%type,
29          p_nova_data MOTORISTA.dat_validade_habilitacao%type)
30          RETURN varchar2
31      IS
32          v_mensagem varchar2(100);
33      BEGIN
34          UPDATE MOTORISTA
35          SET dat_validade_habilitacao = p_nova_data
36          WHERE num_pessoa_pf = p_cod_motorista;
37          IF SQL%NOTFOUND THEN
38              v_mensagem :='O motorista não está cadastrado';
39          ELSE
40              v_mensagem :='Atualização bem sucedida';
41      END IF;
42      RETURN v_mensagem;
43 END func_atualiza_habilitacao;
44 END exemplo23;
45 /
```

EXEMPLO 24

Chamada de procedimento utilizando objetos empacotados

Para chamar um procedimento ou função empacotado, deve-se indicar o nome do pacote (Exemplo 23), um ponto (.) e o nome do procedimento ou função (`formata_numero_fone(:numero_fone)`), conforme a sintaxe a seguir:

```
SQL> execute exemplo23.formata_numero_fone(:numero_fone);
```

A instrução `DROP PACKAGE package_nome` pode ser utilizada para excluir um pacote e quando utilizada suprime a especificação e o corpo do pacote.

EXEMPLO 25

Exclusão de pacote

Para excluir o pacote criado no Exemplo 23, utiliza-se a sintaxe:

```
SQL> DROP PACKAGE exemplo23;
```

10.10 Gatilhos (*triggers*)

Gatilhos, ou TRIGGERS, são blocos PL/SQL acionados ou disparados automaticamente, antes ou depois da ocorrência de um evento, que pode ser uma operação DML para inserção, alteração ou exclusão de dados ou um evento associado ao banco, como efetuar logon de um usuário.

Os TRIGGERS podem ser utilizados para a implementação de regras de negócios, geração de valores calculados, manutenção da integridade referencial dos dados, replicação de dados ou manutenção de registro histórico de alterações ocorridas no banco de dados, entre outras. Para escrever um TRIGGER, utiliza-se a sintaxe:

LINGUAGEM DE PROGRAMAÇÃO

TRIGGER

```
CREATE [OR REPLACE] TRIGGER [esquema.] nome_trigger
  {BEFORE ou AFTER}
  [evento]ON [esquema.]tabela_nome
  [referencing OLD as valor_anterior ou NEW as valor_novo)
  {nível de linha ou nível de instrução} [WHEN (condição)]]
DECLARE
  declarações
BEGIN
  corpo_trigger
END;
/
```

Elementos e funcionalidades	
CREATE [OR REPLACE] TRIGGER	Criação ou substituição do TRIGGER.
esquema	Nome do esquema ao qual pertence o objeto.
nome_trigger	Identificador do TRIGGER.
BEFORE	Indica que a execução do TRIGGER será antes da realização do evento.
AFTER	Indica que a execução do TRIGGER será depois da realização do evento.
evento	Define qual tipo de instrução provocará o disparo do TRIGGER. As instruções possíveis são INSERT, UPDATE ou DELETE.
ON tabela_nome	Tabela que está associada à instrução.
referencing OLD as valor_anterior ou NEW as valor_novo	Especifica os identificadores das variáveis que armazenarão os valores antigos e novos. OLD e NEW são pseudocolunas, que auxiliam na manipulação das linhas afetadas.
nível de linha	Disparado uma vez para cada linha afetada pela instrução, identificado por FOR EACH ROW.
nível de instrução	Disparado antes ou depois da instrução.
WHEN condição	Indica que o TRIGGER será disparado somente quando a condição for verdadeira. Utilizada apenas em TRIGGER de linha.

EXEMPLO 26

TRIGGER utilizado para disparar uma mensagem

Para emitir uma mensagem de aviso ao registrar um pagamento com vencimento atrasado em 30 dias ou mais, com o texto 'Pagamento não poderá ser registrado', utiliza-se a sintaxe:

```
1  CREATE OR REPLACE TRIGGER PAGAMENTO_FORA_PRAZO
2    BEFORE INSERT ON PAGAMENTO
3    FOR EACH ROW
4  DECLARE
5    v_vencimento FATURA.dat_vencimento_fatura%type;
6  BEGIN
7    SELECT dat_vencimento_fatura INTO v_vencimento
8    FROM FATURA, PAGAMENTO
9    WHERE FATURA.num_fatura = :new.num_fatura;
10 IF (SYSDATE - v_vencimento) >= 30 then
11     RAISE_APPLICATION_ERROR(-20202, 'Não é permitido registrar o
pagamento, cobrança em juízo');
12 END IF;
13 END;
14 /
```

Observe que antes da inclusão de um registro na tabela PAGAMENTO (linha 2) o trigger PAGAMENTO_FORA_PRAZO verifica se a data de vencimento está atrasada há 30 dias ou mais, disparando a cada linha inserida (linha 3). A variável v_vencimento, declarada na linha 5 com a estrutura da coluna dat_vencimento_fatura da tabela FATURA, receberá a data de vencimento da fatura recuperada pela instrução SELECT (linha 7). Veja que a condição para a recuperação da data de vencimento compara o número da fatura com o da pseudocoluna :new.num_fatura (linha 9). Os gatilhos de linha (FOR EACH ROW) declaram implicitamente pseudoregistros NEW e OLD. Esses registros possuem a estrutura da tabela de triggering – no caso a estrutura da coluna PAGAMENTO – dessa maneira, é possível utilizar individualmente os dados do registro anterior e posterior à atualização, devendo ser precedidos de : (dois pontos).

Na linha 10, é realizada a verificação para avaliar se a data de pagamento é maior ou igual a 30 dias de atraso. Caso o resultado seja verdadeiro (linha 11) é disparada uma exceção, a operação de inserção é interrompida e o registro não é inserido na tabela (ver Exemplo 27, a seguir).

EXEMPLO 27

Acionamento de TRIGGER

Para acionar o gatilho PAGAMENTO_FORA_PRAZO, pode-se inserir um registro na tabela PAGAMENTO com vencimento superior a 30 dias de atraso, conforme a instrução a seguir:

```
1  INSERT into pagamento values(48, 99132, '12/04/2012', null, null, null)
2         *
```

Continua

Continuação

```
3 ERRO na linha 1:
4 ORA-20202: Não é permitido registrar o pagamento, cobrança em juízo
5 ORA-06512: em "LIVRO.PAGAMENTO_FORA_PRAZO", line 11
6 ORA-04088: erro durante a execução do gatilho 'LIVRO.PAGAMENTO_FORA_PRAZO'
```

O gatilho é disparado e a mensagem é apresentada, conforme indicado na linha 4. Em seguida, apresenta-se o ponto do código em que o erro ocorreu (linha 11, do Exemplo 26) e a execução da instrução é interrompida.

EXEMPLO 28

Registro de alterações utilizando TRIGGERS

Para registrar as alterações realizadas na coluna valor da fatura, em uma tabela de auditoria, contendo: nome do usuário que realizou a alteração, data da alteração, número, valor anterior e valor atualizado da fatura, utiliza-se a sintaxe:

```
1 CREATE OR REPLACE TRIGGER auditoria
2   AFTER DELETE or INSERT or UPDATE ON FATURA
3   FOR EACH ROW
4 BEGIN
5   INSERT INTO AUDITA_FATURA values (USER, SYSDATE, :old.NUM_FATURA,:old.vlr_fatura, :new.vlr_fatura);
6 END;
7 /
```

Observe que o gatilho será disparado depois de realizada uma instrução DML na tabela FATURA (linha 2) e para cada linha afetada fará a inserção de um registro na tabela AUDITA_FATURA.

Para realizar este exemplo, deve-se criar a tabela AUDITA_FATURA que segue a estrutura:

```
1 CREATE TABLE AUDITA_FATURA
2     (nome_usuario VARCHAR2(30),
3      data_atualizacao DATE,
4      old_num_fatura NUMBER(6),
5      old_valor_fatura NUMBER(10,2),
6      new_valor_fatura NUMBER(10,2));
```

EXEMPLO 29

Acionamento do TRIGGER AUDITORIA

Para acionar o gatilho AUDITORIA e visualizar o resultado da atualização de um registro, estudada no Exemplo 28, utiliza-se a sintaxe:

```
SQL> UPDATE fatura
2   SET vlr_fatura = 1000
3   WHERE num_fatura = 3;
```

Continua

Continuação

```
1 linha atualizada.
```

Observe que a atualização do registro disparou o gatilho AUDITORIA que, por sua vez, realizou a inclusão de um registro na tabela AUDITA_FATURA.

```
SQL> SELECT * FROM audita_fatura;

NOME_USUARIO   DATA_ATU    OLD_NUM_FATURA   OLD_VALOR_FATURA   NEW_VALOR_FATURA
LIVRO          11/01/13    3                20190              10000
```

EXERCÍCIOS

> ▶ **PREPARE-SE**
> Considere o estudo de caso Rádio Táxi On-line, visto na Introdução, para realizar os exercícios a seguir.

1. Crie uma função que receba o código do veículo como entrada e retorne o nome do seu proprietário.

2. Crie uma função que receba o nome do proprietário do veículo como entrada e retorne o código do veículo.

3. Crie uma função que receba o nome do proprietário com entrada e retorne o valor a ser recebido pelo proprietário, descontando os 3% a serem pagos para a administração.

4. Crie um procedimento que liste cada veículo e o nome do seu proprietário.

5. Crie um procedimento que liste todas as faturas com pagamento atrasado em 30 dias.

6. Crie um procedimento que liste o nome dos cinco motoristas com o maior faturamento no mês corrente.

7. Crie um procedimento para listar: o tempo médio de cada corrida, a corrida com o maior tempo de duração e a corrida com o menor tempo de duração.

8. Crie um pacote que possua:
   a. Uma função que receba o código do veículo como entrada e retorne o nome do seu proprietário.
   b. Uma função que receba o nome do proprietário do veículo como entrada e retorne o código do veículo.
   c. Um procedimento que liste cada veículo e o nome do seu proprietário.

9. Crie um pacote que possua:

   a. Uma função que receba o nome do proprietário como entrada e retorne o valor a ser recebido pelo proprietário já descontando os 3% a serem pagos à administração.
   b. Um procedimento que liste todas as faturas com pagamento atrasado há 30 dias.
   c. Um procedimento que liste o nome dos cinco motoristas com o maior faturamento no mês corrente.

10. Crie um gatilho (TRIGGER) para auditar a data de vencimento da carteira de motorista da tabela MOTORISTA. Toda vez que a data de vencimento da carteira de motorista for alterada, salvar em uma tabela de AUDITORIA o nome do usuário que fez a alteração, a data da alteração, a nova data de vencimento da carteira de motorista e a data de vencimento da carteira de motorista anterior. Se preciso, crie uma nova tabela com as colunas necessárias para essa auditoria.

Noções básicas de administração de banco de dados

Database administrator (DBA), ou administrador de banco de dados, tem como funções desde a avaliação do hardware do servidor até o monitoramento do desempenho do banco de dados. Entre outras tarefas, é responsável pela criação dos objetos referentes aos dados, pela criação das estruturas físicas e lógicas do banco de dados, por iniciar e parar os serviços do banco de dados e pela execução de *backups*. Este capítulo apresentará uma introdução ao modo como algumas das tarefas citadas podem ser executadas pelos DBAs.

11.1 Visão geral do banco de dados

Um banco de dados é formado por dois componentes principais: a *instância* (componente lógico) e o *banco de dados* (componente físico). A instância consiste em estruturas de memória compostas pelos processos de segundo plano e pela *System Global Area* (SGA).

A SGA é a área de memória compartilhada, alocada na inicialização do banco de dados, que contém as estruturas de memória utilizadas para armazenar blocos de dados frequentemente acessados e controlar informações. A SGA apresenta, no mínimo, três estruturas de dados:

1. **Cache de buffer do banco de dados (*database buffer cache*):** contém blocos de dados obtidos a partir dos arquivos de dados, sendo um recurso compartilhado e acessado por todos os usuários. Ao executar uma consulta, o banco de dados busca a informação nesta área e, somente se não encontrá-la na memória, acessará aos arquivos de dados. A principal finalidade é minimizar a necessidade de acesso ao disco.
2. **Buffer de redo log (*redo log buffer*):** é um *buffer* circular que contém as mudanças efetuadas no banco de dados. Cada *string*, de cada operação DML, é registrada neste *buffer* e, posteriormente, gravada no arquivo de *redo log*. Essas informações

podem ser utilizadas posteriormente para executar a recuperação de um ou mais arquivos de dados.
3. **Pool compartilhado (*shared pool*)**: contém informações do Dicionário de Dados (DD), o texto das últimas instruções executadas e o plano de execução. Melhora o desempenho do banco porque, ao executar uma operação repetidas vezes, não é necessário recriar o plano de execução durante a fase de *parse*. É composto por, pelo menos, duas áreas distintas – o *cache* de biblioteca (*library cache*) e o *cache* de DD (*data dictionary cache*).

As estruturas de memória opcionais são:

- **Large pool**: utilizado quando há necessidade de tratar operações envolvendo mais de um banco de dados, atua como um *buffer* de mensagens para processos, executando consultas paralelas, operações paralelas de *backup* e recuperação, usando o software RMAN.
- **Java pool**: utilizado pela *Java Virtual Machine* (JVM), da Oracle, em todos os dados e códigos Java de uma sessão do usuário.
- **Streams pool**: utilizado para gerenciar o compartilhamento de dados e eventos em um ambiente distribuído.

Os processos de segundo plano, ou processos de *background*, por sua vez, também partem das estruturas de memória e monitoram processos específicos do banco de dados. Cada instância executa pelo menos cinco processos em *background* (CKPT, DBWR, LGWR, SMON e PMON), podendo haver processos adicionais. Os processos de segundo plano concentram diferentes funções que são compartilhadas por todos os usuários evitando, dessa forma, a carga e a execução de vários programas pelos usuários.

O banco de dados representando o componente físico consiste nos seguintes arquivos:

- **Arquivo de dados (*datafile*)**: armazena dados das tabelas, índices, entre outros.
- **Arquivo de controle (*control file*)**: armazena informações para manter e verificar a integridade do banco de dados, como o seu nome, o *timestamp*, nomes e local de arquivos de dados e de *redo log*. As informações armazenadas nos arquivos de controle são usadas para identificar os arquivos de dados e de *redo log*.
- **Arquivo de *redo log* (*redo log file*)**: representa um conjunto de arquivos que registra todas as alterações efetuadas no banco de dados, sendo usado para recuperar o banco de dados em caso de falha. Obrigatoriamente, é necessário existir, no mínimo, dois arquivos de *redo log*, que devem ser multiplexados em discos diferentes para evitar sua perda. A instância trata os grupos de *redo log* on-line como um *buffer* circular, preenchendo um grupo e, depois, passando para o próximo grupo. Depois que todos os grupos são gravados, a instância passa a sobregravar as informações no primeiro grupo de *logs*. Caso o banco esteja em modo de arquivamento, ou *archivelog*, o banco fará uma cópia do grupo de *redo log* antes de ser sobregravado.

Existem arquivos essenciais para o bom funcionamento do banco de dados, mas que não são considerados arquivos do banco:

- **Arquivo de parâmetro (*parameter file*)**: pode ser um arquivo texto, chamado PFILE, ou um arquivo binário, chamado SPFILE. Responsável pelas características e comportamento da instância, esse parâmetro é usado para trabalhar diretamente com a memória da máquina e com as estruturas físicas do banco de dados, sendo um arquivo essencial para iniciar uma instância Oracle.
- **Arquivo de senha (*password file*)**: contém a senha dos administradores do banco de dados. É necessário para autenticar o administrador do banco de dados, mesmo quando estiver fora do ar.
- **Arquivo de log de arquivamento (*archivelog file*)**: mantém o histórico de todos os arquivos de *redo log* gerados pela instância. Com o uso destes arquivos, além de um arquivo de *backup*, é possível recuperar todos os dados de um ou mais arquivos de dados perdidos.
- **Arquivos de rastreamento (*trace file*) e de alerta (*alert file*)**: mantêm o registro sequencial de todas as operações consideradas críticas no banco de dados, assim como alterações na estrutura física do banco, alternância de arquivos de *redo log*, parada e início do banco de dados, e condições de erro.

Quando o banco de dados é instalado, algumas variáveis de ambiente são automaticamente criadas. As variáveis de ambiente possibilitam ao usuário a visualização ou o acesso a importantes informações para administração do banco. No Quadro 11.1 são descritas as variáveis ORACLE_BASE e ORACLE_HOME.

Quadro 11.1 Variáveis do ambiente criadas na instalação do banco de dados

Variável de ambiente	Significado
ORACLE_BASE	Contém a árvore de diretórios para o software Oracle e para arquivos de dados do banco de dados.
ORACLE_HOME	Contém a localização do software Oracle e os arquivos de configuração. Informa o caminho dos binários, configuração de rede (SQL*NET), bibliotecas e grupos de programas.

11.2 Usuário administrador

O DBA precisa de um usuário com permissão de administrador para executar as tarefas necessárias. Assim, o processo de elaboração do banco de dados cria os usuários SYS e SYSTEM, que possuem os privilégios suficientes e necessários para a administração do banco.

EXEMPLO 1

Criação de sessão no banco de dados utilizando *PROMPT DE COMANDO*

É possível usar o *prompt de comando* para criar uma sessão no banco de dados como administrador. Para isso, abra uma sessão do *prompt de comando* e digite sqlplus, para chamar o programa sqlplus. Em seguida, conecte-se ao banco de dados com o usuário SYSTEM e entre com a senha definida durante a criação do banco de dados. Para criar esta sessão, podem-se utilizar as seguintes sintaxes:

```
C:\> sqlplus
SQL> connect system
SQL> password: *******
ou
C:\> sqlplus system/senha
ou
C:\> sqlplus sys/senha as sysdba
ou
C:\> sqlplus sys/senha as sysoper
```

No Exemplo 1, foram vistos dois tipos de conexão, sendo uma como sysoper e outra como sysdba. Também foram vistos dois usuários: SYS e SYSTEM. O usuário SYS tem poderes para executar qualquer função administrativa do banco de dados. Todas as tabelas base e *views* do DD são armazenadas no schemaSYS, representando críticas para o funcionamento do banco de dados e só podem ser manipuladas pelo próprio banco de dados. O usuário SYSTEM pode ser usado para as operações do dia a dia do DBA, possui os mesmos privilégios do usuário SYS, porém não pode executar operações de *upgrade*, *backup* e recuperação. A conexão efetuada como sysoper permite executar os seguintes comandos:

LINGUAGEM DE PROGRAMAÇÃO

Conexão efetuada como SYSOPER

```
STARTUP
SHUTDOWN
ALTER DATABASE [MOUNT | OPEN | CLOSE | DISMOUNT]
ALTER [DATABASE | TABLESPACE] [BEGIN | END] BACKUP
RECOVER
RESTRICTED SESSION
```

Elementos e funcionalidades	
STARTUP	Inicia a instância do banco de dados e possui várias opções de inicialização, incluindo montar e abrir o banco de dados.
SHUTDOWN	Encerra a instância, desmonta e fecha o banco de dados.
ALTER DATABASE	Modifica, recupera ou efetua manutenções no banco de dados.
RECOVER	Recupera a mídia de uma ou mais *tablespaces*, de um ou mais arquivos de dados, ou do banco de dados inteiro.

No contexto de inicialização do banco de dados, a sintaxe da instrução ALTER DATABASE é:

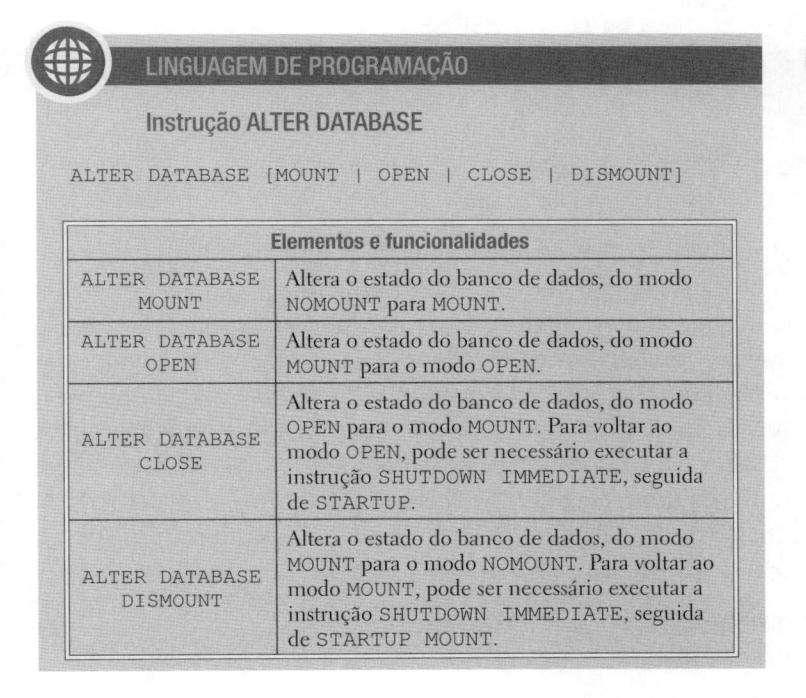

LINGUAGEM DE PROGRAMAÇÃO

Instrução ALTER DATABASE

`ALTER DATABASE [MOUNT | OPEN | CLOSE | DISMOUNT]`

PONTO DE ATENÇÃO

A instância do banco deve ter sido iniciada antes da execução da instrução ALTER DATABASE.

Elementos e funcionalidades	
ALTER DATABASE MOUNT	Altera o estado do banco de dados, do modo NOMOUNT para MOUNT.
ALTER DATABASE OPEN	Altera o estado do banco de dados, do modo MOUNT para o modo OPEN.
ALTER DATABASE CLOSE	Altera o estado do banco de dados, do modo OPEN para o modo MOUNT. Para voltar ao modo OPEN, pode ser necessário executar a instrução SHUTDOWN IMMEDIATE, seguida de STARTUP.
ALTER DATABASE DISMOUNT	Altera o estado do banco de dados, do modo MOUNT para o modo NOMOUNT. Para voltar ao modo MOUNT, pode ser necessário executar a instrução SHUTDOWN IMMEDIATE, seguida de STARTUP MOUNT.

A instrução ALTER [DATABASE | TABLESPACE] [BEGIN | END] BACKUP permite a execução de um *backup* gerenciado pelo usuário, ou seja, utilizando comandos do sistema operacional. Conheça a finalidade de cada instrução:

1. `ALTER TABLESPACE users BEGIN BACKUP`

Permite a realização de uma cópia do arquivo USERS01.DBF, por exemplo, por meio de comandos do sistema operacional, com o banco de dados aberto.

2. `ALTER TABLESPACE users END BACKUP`

Sinaliza que o arquivo USERS01.DBF, por exemplo, foi copiado por meio de comandos do sistema operacional, com o banco de dados aberto.

3. `ALTER DATABASE BEGIN BACKUP`

Permite criar uma cópia de todos os arquivos do banco de dados por meio de comandos do sistema operacional, sem que seja necessário encerrar as operações do banco.

4. `ALTER DATABASE END BACKUP`

Sinaliza que todos os arquivos do banco de dados foram copiados por meio de comandos do sistema operacional.

Para efetuar um *backup* com o banco de dados aberto, é necessário que ele esteja em modo de arquivamento. Verifique se o banco está em modo de arquivamento, usando a instrução `ARCHIVE LOG LIST`. Caso o banco não esteja em modo de arquivamento, coloque-o nesse modo por meio da sequência de instruções a seguir:

```
SHUTDOWN IMMEDIATE;
STARTUP MOUNT
ALTER DATABASE ARCHIVELOG;
ALTER DATABASE OPEN;
```

Como foi visto, a instrução `RECOVER` recupera a mídia de uma ou mais *tablespaces*, de um ou mais arquivos de dados, ou do banco de dados inteiro.

Para recuperar o banco de dados inteiro, é preciso que ele esteja em estado `MOUNT`, ou fechado, e todas as *tablespaces* devem estar on-line. Já para recuperar uma *tablespace*, o banco deve estar em modo `MOUNT` ou `OPEN` e a *tablespace* a ser recuperada em modo off-line. Para recuperar um arquivo de dados danificado, o banco também deve estar em modo `MOUNT` ou `OPEN` e o arquivo de dados em modo off-line. Não é possível colocar um arquivo da *tablespace* `SYSTEM` em modo off-line e os arquivos de dados devem ser restaurados do `BACKUP` antes do processo de restauração. A seguir, conheça cada instrução:

1. `RECOVER DATABASE`
Recupera o banco de dados inteiro.

2. `RECOVER TABLESPACE ts_um`
Recupera a *tablespace* de nome `ts_um`, por exemplo.

3. `RECOVER TABLESPACE ts_um, ts_dois`
Recupera duas *tablespaces*, nesse caso `ts_um` e `ts_dois`.

4. `RECOVER DATABASE UNTIL TIME '2013-03-21:11:30:00'`
Recupera o banco de dados até um determinado ponto no tempo. Para realizar essa recuperação, o formato da data deve ser `'YYYY-MM-DD:HH24:MI:SS'`.

A conexão efetuada como `sysdba`, por sua vez, permite executar todos os comandos realizados pelos `sysoper`, além de possibilitar restauração incompleta do banco de dados e criação de novos bancos de dados e de novos usuários com os privilégios de `sysoper` e `sysdba`.

EXEMPLO 2

Alteração de senha do usuário administrativo utilizando ORAPWD

A alteração de senha do usuário administrativo pode ser feita pelo DBA, utilizando a instrução `ORAPWD`. Para realizar esse tipo de alteração, deve-se:

Continua

Continuação

1. Localizar o arquivo com a senha do usuário administrativo: PWDXE.ORA. Normalmente esse arquivo está na pasta $ORACLE_HOME/database ou $ORACLE_HOME/dbs.
2. Renomear o arquivo PWDXE.ORA para PWDXE.BKP.
3. Por meio do *prompt de comando*, executar a instrução ORAPWD, informando a localização do arquivo atual e a nova senha.

Nesse caso, utiliza-se a sintaxe:

```
C:\> orapwd file=diretório/PWDXE.ORA password=novasenha
```

11.3 Inicialização do banco de dados

Quando o banco está em modo SHUTDOWN, todos os arquivos estão fechados e a instância não existe. O usuário poderá estabelecer uma conexão e acessar a seus dados somente quando o banco estiver aberto.

> **PONTO DE ATENÇÃO**
> O banco deve ser fechado antes da execução da instrução STARTUP.

Para iniciar o banco, é necessário ter o privilégio de sysdba ou sysoper. A instrução STARTUP inicia o banco, passando por todos os estados automaticamente. A sintaxe completa é:

LINGUAGEM DE PROGRAMAÇÃO

Instrução STARTUP

```
STARTUP [FORCE] [RESTRICT] [PFILE=arquivo] [NOMOUNT | MOUNT | OPEN] [opções_de_abertura] [nome_do_banco]
```

Elementos e funcionalidades	
STARTUP	Inicia a instância, monta e abre o banco de dados.
STARTUP RESTRICT	Inicia o banco de dados em modo restrito. Apenas os administradores do banco e os usuários com o privilégio de RESTRICTED SESSION podem estabelecer uma conexão com o banco de dados. O banco também pode ser colocado em modo restrito através da instrução ALTER SYSTEM ENABLE RESTRICTED SESSION. Nesse caso, os usuários sem o privilégio de RESTRICTED SESSION permanecerão conectados ao banco até encerrarem suas conexões e novas conexões serão permitidas apenas para aqueles que tiverem essa permissão. Já ALTER SYSTEM DISABLE RESTRICTED SESSION faz com que o banco volte ao comportamento normal.
PFILE=arquivo	Inicia a instância usando o arquivo de parâmetros INITTAXI.ORA. Por exemplo, monta e abre o banco de dados TAXI e restringe o acesso ao banco de dados aos administradores do banco.
STARTUP NOMOUNT	Inicia a instância sem montar ou abrir o banco de dados.
STARTUP MOUNT	Inicia a instância e monta o banco de dados, porém não o abre.
STARTUP [opções_de_abertura]	As opções_de_abertura podem ser: READ {ONLY	WRITE [RECOVER]}	RECOVER

O banco de dados pode estar em quatro estados diferentes:

1. SHUTDOWN
2. NOMOUNT
3. MOUNT
4. OPEN

O processo de inicialização do banco parte do estado SHUTDOWN para o estado NOMOUNT. No estado NOMOUNT, o arquivo de parâmetros é lido, a instância e os processos de segundo plano (ou *background*) são criados na memória, abrindo o arquivo de alerta e os de rastreamento. Nesse estágio, é possível recriar o arquivo de controle, ou criar o banco de dados.

Caso o banco já esteja no estado NOMOUNT, é necessário executar a seguinte instrução para que ele passe para o próximo estado (MOUNT):

ALTER DATABASE MOUNT;

No estado MOUNT, a instância localiza e lê os arquivos de controle. O arquivo de controle contém, entre outras informações, o nome do banco de dados, o *timestamp* da criação do banco de dados, o nome e a localização dos arquivos de dados e os arquivos de *redo log* on-line, além de informações sobre as *tablespaces* do banco, os arquivos de *redo log* arquivados, os conjuntos de *backup* gerados, o número sequencial do arquivo de *redo log* corrente e as informações dos *checkpoints*.

Essas informações são lidas no arquivo de controle e usadas pelo banco de dados para verificar se todos os arquivos estão presentes e sincronizados para o seu funcionamento. Nesse estágio, é possível renomear um arquivo de dados, ativar e desativar as opções de arquivamento dos *redo logs* on-line e efetuar uma recuperação completa do banco de dados. Caso o banco já esteja no estado MOUNT, é necessário executar a seguinte instrução para que ele passe para o próximo estado (OPEN):

ALTER DATABASE OPEN;

No modo OPEN, a instância está iniciada e o banco de dados está montado e aberto. Qualquer usuário válido pode estabelecer conexão com o banco de dados e utilizar os comandos que tem permissão para executar. Se algum arquivo de dados ou de *redo log* on-line não estiver disponível, ocorrerá um erro.

EXEMPLO 3

Inicialização do banco de dados

Normalmente, os bancos de dados são criados em modo sem arquivamento. Isso ocorre por uma questão de desempenho, no entanto, após a criação do banco, esse modo deve ser alterado para a opção com arquivamento, garantindo a recuperação do banco em caso de falha. Veja como inicializar o banco nessa situação.

A instrução ARCHIVE LOG LIST deve ser usada para verificar o modo de arquivamento do banco.

Continua

Continuação

```
C:\> sqlplus sys/senha as sysdba
```

A instrução `SHUTDOWN IMMEDIATE`, executada com o usuário `SYS` ou `SYSTEM`, encerra as operações do banco.

Com o banco de dados fechado, não é possível acessar dados, DD e informações da instância. As instruções abaixo, se executadas, apresentarão erro porque o banco de dados estará em modo `SHUTDOWN` ou `CLOSE`.

```
1 SELECT * FROM scott.emp;
2 SELECT name FROM v$database;
3 SELECT * FROM v$instance;
```

Essas três linhas apresentarão erro porque o banco estará fechado. Observe que a linha 1 tenta acessar os dados da tabela `EMP` do `SCHEMA SCOTT` e não consegue porque o acesso aos dados só é permitido no estado `OPEN`. A linha 2 tenta acessar o nome do banco de dados por meio de uma consulta, sendo ela *view* de DD `V$DATABASE`. O acesso ao DD só é permitido se o banco estiver, pelo menos, no estado `MOUNT`. A linha 3 tenta obter informações sobre a instância através da consulta da *view* de DD `V$INSTANCE`. Nesse caso, o banco deve estar, pelo menos, no estado `NOMOUNT`.

A instrução `STARTUP NOMOUNT` tem como função ler as definições existentes no arquivo de parâmetro, também conhecido como `PFILE` ou `SPFILE`, e usar essas definições para criar a instância do banco de dados. A instância é alocada na memória do servidor e é usada apara acessar os dados armazenados na parte física do banco de dados.

Com o banco no estado `NOMOUNT` é possível acessar informações da instância, mas não é possível acessar dados ou o DD.

```
1 SELECT * FROM scott.emp;
2 SELECT name FROM v$database;
3 SELECT * FROM v$instance;
```

A instrução `STARTUP MOUNT` (ou `ALTER DATABASE MOUNT`) lerá o arquivo de controle. O nome e a localização dos arquivos de dados, bem como o nome e a localização dos arquivos de *redo log*, ficam dentro do arquivo de controle. Esses dados são lidos no arquivo de controle e são usados para verificar a existência e a consistência dos arquivos de dados e de *redo log*. Use `STARTUP MOUNT`, caso o banco estiver fechado, ou `ALTER DATABASE MOUNT` se o banco estiver no estado `NOMOUNT`. Observe que apenas a terceira linha funcionará. Isso ocorre porque a instância foi carregada na memória durante a fase `NOMOUNT`.

Com o banco no estado `MOUNT`, é possível acessar dados da instância e do DD, mas não é possível acessar somente dados. Esse é o momento recomendado para colocar o banco em modo `ARCHIVE LOG`, visto que existe acesso a todos os componentes do banco de dados, apesar de não ser possível acessar os dados.

A instrução `ALTER DATABASE ARCHIVELOG` altera o modo do banco de dados de sem arquivamento para com arquivamento.

```
1 SELECT * FROM scott.emp;
2 SELECT name FROM v$database;
3 SELECT * FROM v$instance;
```

Continua

Continuação

Apenas a linha 1 apresentará erro. Isso ocorre porque a instância foi carregada na memória na fase NOMOUNT, o DD pode ser acessado no estado MOUNT, mas os dados só estarão acessíveis no estado OPEN.

Com o banco em estado OPEN, é possível acessar os dados e as informações do DD. A instrução STARTUP (ou STARTUP OPEN ou ALTER DATABASE OPEN) abrirá o banco. Use STARTUP ou STARTUP OPEN caso o banco esteja fechado, ou ALTER DATABASE OPEN se o banco estiver em modo MOUNT.

```
ALTER DATABASE OPEN;
1 SELECT * FROM scott.emp;
2 SELECT name FROM v$database;
3 SELECT * FROM v$instance;
```

Todos os comandos funcionam. Apenas a linha 1 pode apresentar erro, caso o SCHEMA SCOTT não tenha sido criado durante a produção do banco de dados.

11.4 Interrupção do banco de dados

O usuário com o privilégio de sysdba ou sysoper pode interromper o funcionamento do banco de dados ao executar a instrução SHUTDOWN, que compreende quatro modos diferentes, sendo eles: DEFAULT; TRANSACTIONAL; IMMEDIATE; e ABORT, detalhados no quadro a seguir:

LINGUAGEM DE PROGRAMAÇÃO

Instrução SHUTDOWN

```
SHUTDOWN [NORMAL | TRANSACTIONAL | IMMEDIATE | ABORT]
SHUTDOWN NORMAL.
```

Elementos e funcionalidades	
SHUTDOWN ABORT	Aborta as operações do banco de dados. É equivalente a desligar o servidor, apertando o botão liga/desliga.
SHUTDOWN IMMEDIATE	Encerra as operações do banco de dados de forma imediata. É a forma mais usada para desativar o banco.
SHUTDOWN TRANSACTIONAL	Encerra as operações do banco de dados.
SHUTDOWN ou SHUTDOWN NORMAL	Encerra as operações do banco de dados. É a opção *default*.

A instrução `SHUTDOWN DEFAULT` tem os seguintes desdobramentos quando executada:

- Não permite novas conexões de usuários.
- Conexões ativas permanecem abertas até o usuário se desconectar.
- Dados presentes nos *buffers* de memória são descarregados para o disco.
- Processos de segundo plano e SGA são removidos da memória.
- O banco é fechado e desmontado.

> **PONTO DE ATENÇÃO**
> O banco deve ter sido iniciado antes da execução da instrução SHUTDOWN.

A instrução `SHUTDOWN TRANSACTIONAL` apresenta as seguintes características quando executada:

- Não permite novas conexões de usuários.
- Seções que não estão com transações abertas são encerradas.
- Conexões ativas permanecem abertas até todos os usuários encerrarem as transações.
- Dados presentes nos *buffers* de memória são descarregados para o disco.
- Processos de segundo plano e SGA são removidos da memória.
- O banco é fechado e desmontado.

> **DICA**
> Os modos de encerramento do banco SHUTDOWN DEFAULT, TRANSACTIONAL e IMMEDIATE também são chamados de encerramentos "consistentes" ou "limpos".

A instrução `SHUTDOWN IMMEDIATE` apresenta as seguintes características quando executada:

- Não permite novas conexões de usuários.
- Não aguarda a desconexão dos usuários.
- Transações ativas sofrem *rollback*.
- Dados presentes nos *buffers* de memória são descarregados para o disco.
- Processos de segundo plano e SGA são removidos da memória.
- O banco é fechado e desmontado.

A execução da instrução `SHUTDOWN ABORT` não causa dano ao banco de dados, no entanto, operações de *backup* são desaconselhadas após um `ABORT`. Após a execução dessa instrução, os seguintes desdobramentos serão apresentados:

- Instruções SQL em execução são encerradas imediatamente.
- Não aguarda a desconexão dos usuários.
- Transações ativas não sofrem *rollback*.
- Dados presentes nos *buffers* de memória não são descarregados para o disco.
- O banco não é fechado, nem desmontado.
- A próxima inicialização executará a recuperação automática da instância (a instância abre o banco de dados, porém são estruturas distintas).

11.5 Criação de *tablespaces* e *datafiles*

O banco de dados Oracle armazena objetos como tabelas e índices em espaços alocados dentro do banco de dados. Esses espaços recebem o nome de *tablespace*, o qual está associado a um ou mais arquivos físicos, denominados *datafiles*. Cada *datafile* está associado a somente uma *tablespace*, conforme a Figura 11.1. Um *datafile* pode ser adicionado, removido, movido ou redimensionado, conforme as necessidades do sistema. Em um banco de dados, as informações são armazenadas logicamente em *tablespaces* e fisicamente em *datafiles*. Pode-se verificar essa associação por meio de uma consulta simples, mostrada no Exemplo 4.

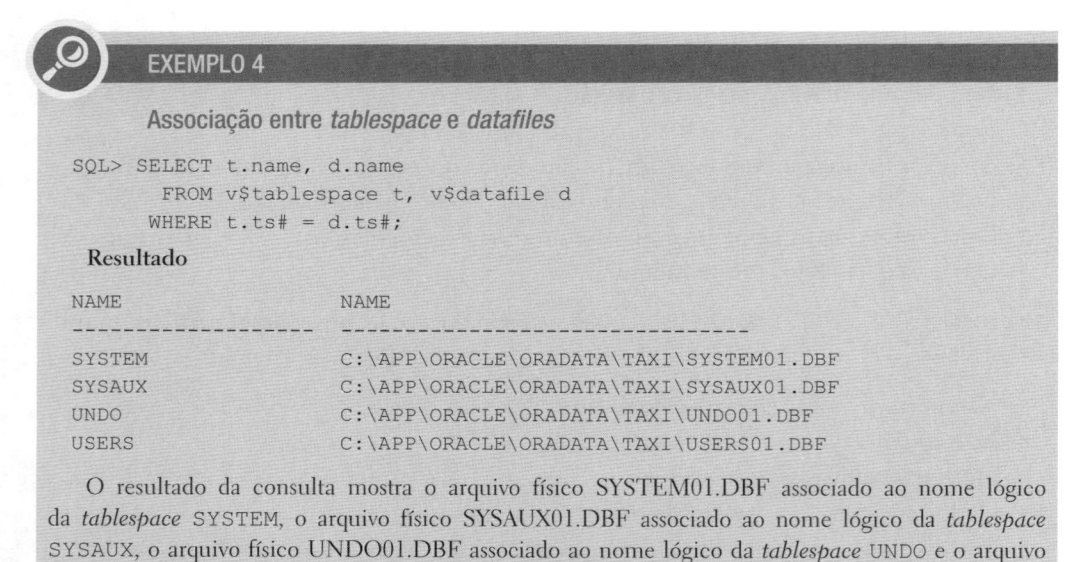

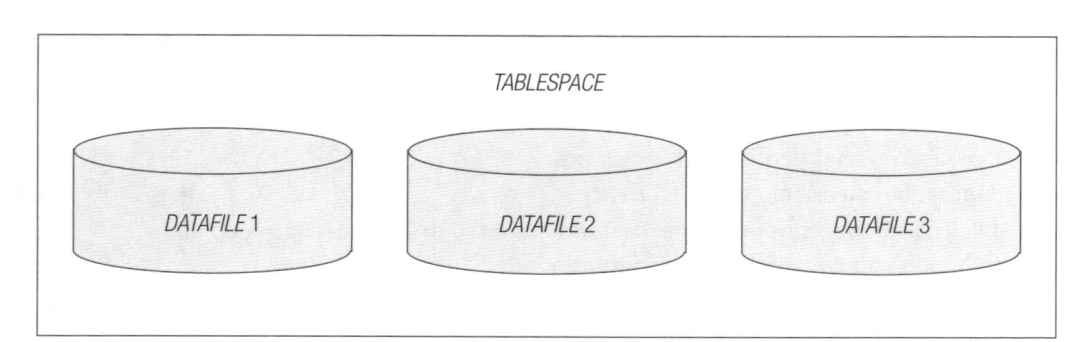

EXEMPLO 4

Associação entre *tablespace* e *datafiles*

```
SQL> SELECT t.name, d.name
     FROM v$tablespace t, v$datafile d
     WHERE t.ts# = d.ts#;
```

Resultado

```
NAME                 NAME
------------------   ----------------------------------
SYSTEM               C:\APP\ORACLE\ORADATA\TAXI\SYSTEM01.DBF
SYSAUX               C:\APP\ORACLE\ORADATA\TAXI\SYSAUX01.DBF
UNDO                 C:\APP\ORACLE\ORADATA\TAXI\UNDO01.DBF
USERS                C:\APP\ORACLE\ORADATA\TAXI\USERS01.DBF
```

O resultado da consulta mostra o arquivo físico SYSTEM01.DBF associado ao nome lógico da *tablespace* SYSTEM, o arquivo físico SYSAUX01.DBF associado ao nome lógico da *tablespace* SYSAUX, o arquivo físico UNDO01.DBF associado ao nome lógico da *tablespace* UNDO e o arquivo físico USERS01.DBF associado ao nome lógico da *tablespace* USERS.

Figura 11.1 – Uma *tablespace* pode estar associada a mais de um *datafile*, porém um *datafile* está associado a apenas uma *tablespace*

Uma *tablespace* é composta por vários segmentos lógicos, que podem estar distribuídos em vários *datafiles*, conforme ilustra a Figura 11.2. O termo segmento é utilizado para designar qualquer estrutura que contenha dados. Uma tabela, por exemplo, é um segmento de dados, ou tabela, enquanto um índice é um segmento de índice. Existem diferentes tipos de segmentos em um banco de dados. Entre eles, os principais são:

- tabela ou dados;
- partição de tabela;
- índice;
- partição de índice;
- *cluster*;
- *rollback* ou *undo*;
- *rollback* deferido;
- temporário;
- *lobsegment*;
- *lobindex*.

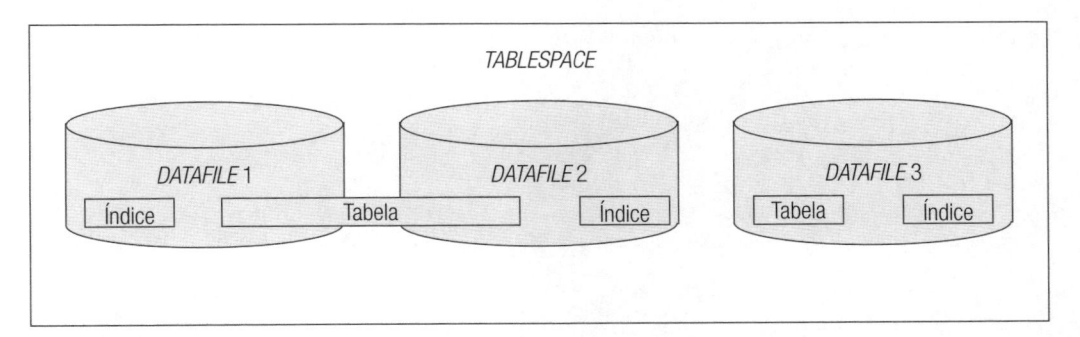

Figura 11.2 – Segmentos de tabela e índice

Um segmento, por sua vez, é composto por várias extensões. Uma extensão é um conjunto de blocos contíguos dentro de um arquivo de dados. O segmento cresce ao adicionar novas extensões, que não precisam ser adjacentes entre si nem estar no mesmo arquivo de dados.

Do ponto de vista físico, uma *tablespace* é composta por um ou mais arquivos de dados; que, por sua vez, são compostos por um ou mais blocos do sistema operacional. Do ponto de vista lógico, uma *tablespace* é composta por um ou mais segmentos; que, por sua vez, são compostos por uma ou mais extensões, compostas por um ou mais blocos Oracle, compostos por um ou mais blocos do sistema operacional.

Algumas *tablespaces* são criadas automaticamente durante o processo de criação do banco de dados, apresentadas no Quadro 11.2.

Quadro 11.2 *Tablespaces* criadas automaticamente pelo banco de dados

Tablespace	Conteúdo
SYSTEM	Contém o DD (visto no Capítulo 6) e todas as informações necessárias para o gerenciamento do banco de dados, sendo essencial para o funcionamento do banco de dados.
SYSAUX	Contém tabelas utilizadas por ferramentas do próprio banco de dados.
UNDO	Contém informações de recuperação de transações. Caso uma transação precise ser desfeita, o banco de dados usa as informações armazenadas nessa *tablespace* para recuperar a informação.
TEMP	Contém dados temporários, criados durante a execução de instruções SQL.
USERS	*Tablespace* padrão do usuário. Todo objeto criado pelo usuário estará nesta *tablespace*.

Para criar uma *tablespace*, utiliza-se a seguinte sintaxe:

LINGUAGEM DE PROGRAMAÇÃO

Criação de *tablespace*

```
CREATE [TEMPORARY / UNDO] TABLESPACE <nome_da_tablespace>
  DATAFILE / TEMPFILE
              '<datafile01_nome_e_caminho_do_arquivo>' SIZE <integer M>[,
              '<datafile02_nome_e_caminho_do_arquivo>' SIZE <integer M>[,
              '<datafile0N_nome_e_caminho_do_arquivo>' SIZE <integer M>[,...]]]
  BLOCKSIZE   <DB_BLOCK_SIZE parameter /2k/4k/8k/16k/32k>
  AUTOEXTEND { [OFF/ON (NEXT <integer K/M > MAXSIZE<integer K/M >) / UNLIMITED]
  }
  LOGGING/NOLOGGING (Logging default)
  ONLINE/OFFLINE (Online default)
  EXTENT MANAGEMENT { [DICTIONARY] /
                     [LOCAL default (AUTOALLOCATE / UNIFORM <integer K/M >)]
  }
  PERMANENT / TEMPORARY (Permanent default)
  MINIMUM EXTENT
  DEFAULT STORAGE {    [INITIAL <integer K/M >]
                       [NEXT <integer K/M >]
                       [PCTINCREASE <integer K/M >]
                       [MINEXTENTS <integer>]
                       [MAXEXTENTS <integer> / UNLIMITED]
                       [FREELISTS <integer>]
                       [FREELIST GROUPS <integer>]
                       [OPTIMAL <integer>/NULL]
                       [BUFFER_POOL < DEFAULT/KEEP/RECYCLE >] }
  CHUNK <integer K/M>
  NOCACHE;
```

Continua

Continuação

Elementos e funcionalidades	
CREATE	Criação de objetos no banco de dados.
TEMPORARY / UNDO	Criação de *tablespace* temporária ou *undo*.
tablespace	Define que o objeto criado é uma *tablespace*.
<nome_da_tablespace>	Nome da *tablespace*.
DATAFILE / TEMPFILE	Define se o arquivo de dados criado conterá dados permanentes ou temporários.
SIZE	Tamanho do arquivo de dados.
BLOCKSIZE	Tamanho da blocagem usada pela *tablespace*.
AUTOEXTEND	Define se o tamanho do arquivo aumentará automaticamente.
OFF / ON	Opção AUTOEXTEND está ativada ou não. Por padrão, está desativada.
NEXT	Tamanho da próxima extensão a ser criada.
MAXSIZE / UNLIMITED	Arquivo de dados criado terá tamanho máximo ou é ilimitado.
LOGGING / NOLOGGING	Define se as operações efetuadas serão registradas ou não. Por padrão, está ativada.
EXTENT MANAGEMENT DICTIONARY / LOCAL	Gerenciamento da *tablespace* será feito pelo DD ou localmente. A opção DICTIONARY está depreciada e permanece na sintaxe por retrocompatibilidade.
AUTOALLOCATE / UNIFORM	Alocação de espaço para o arquivo de dados será em alocação de espaço de tamanho uniforme ou automática.
PERMANENT / TEMPORARY	*Tablespace* será usada para dados permanentes ou temporários.
MINIMUM EXTENT	Tamanho mínimo para crescimento dos arquivos de dados, associados à *tablespace*.
INITIAL	Tamanho inicial das extensões dos arquivos de dados.
NEXT	Tamanho da próxima extensão a ser incluída no arquivo de dados.
PCTINCREASE	Taxa de crescimento das próximas extensões a serem incluídas no arquivo de dados.
MINEXTENTS	Quantidade mínima de extensões de um arquivo de dados.
MAXEXTENTS	Quantidade máxima de extensões de um arquivo de dados.
FREELISTS	Quantidade de FREELISTS. Opção depreciada que permanece na sintaxe por retrocompatibilidade.
FREELIST GROUP	Quantidade de grupos de FREELISTS. Opção depreciada que permanece na sintaxe por retrocompatibilidade.
OPTIMAL	Quantidade ótima de extensões de um arquivo de dados. Opção depreciada que permanece na sintaxe por retrocompatibilidade. O parâmetro OPTIMAL só é usado para a criação de segmentos de *rollback* e define o tamanho mínimo desses segmentos. Por questões de desempenho, recomenda-se que esse parâmetro possua o mesmo valor que o parâmetro MINEXTENTS.
BUFFER_POOL	Tipo de buffer pool usado pelos objetos da *tablespace*.
CHUNK	Tamanho do chunk de memória.

> **PONTO DE ATENÇÃO**
>
> Este capítulo abordará apenas os principais parâmetros da sintaxe de criação da *tablespace*.

11.5.1 *Tablespace* permanente

A *tablespace* permanente é usada para armazenar os dados e os objetos criados pelo usuário, tais como tabelas, índices e *views* materializadas.

EXEMPLO 5

Tablespace permanente

```
CREATE TABLESPACE teste DATAFILE 'c:\oradata\teste01dbf' SIZE 100M;
```

A instrução cria uma *tablespace* de nome TESTE, associando a ela o arquivo de dados `'c:\oradata\teste01.dbf'` com tamanho de 100 mega.

ou

```
CREATE TABLESPACE tools DATAFILE 'c:\oradata\tools01.dbf' SIZE 100M
AUTOEXTEND ON MAXSIZE 500M;
```

A instrução cria uma *tablespace* de nome TOOLS, associando a ela o arquivo de dados `'c:\oradata\tools01.dbf'` com tamanho inicial de 100 mega, com crescimento automático do arquivo de dados até o tamanho máximo de 500 mega.

11.5.2 *Tablespace* temporária

A *tablespace* temporária é usada para armazenar dados em transição, como dados de tabelas temporárias globais, ou o resultado da classificação (*sort*) de dados.

EXEMPLO 6

Tablespace temporária

```
CREATE TEMPORARY TABLESPACE temp1 TEMPFILE 'c:\oradata\temp1.dbf' SIZE 100M;
```

A instrução cria uma *tablespace* temporária de nome temp1, associando a ela o arquivo de dados temporário `'c:\oradata\temp01.dbf'` com tamanho de 100 mega.

11.5.3 *Tablespace* undo

A *tablespace* undo é usada para restaurar a condição original dos dados de uma tabela após a falha de uma transação, ou da execução da instrução ROLLBACK.

EXEMPLO 7

Tablespace undo

```
CREATE UNDO TABLESPACE undots DATAFILE 'c:\oradata\undots.dbf' SIZE 20M;
```

A instrução acima cria uma *tablespace* undo de nome undots, associando o arquivo de dados 'c:\oradata\undots.dbf' com tamanho de 20 mega.

11.5.4 Exclusão de *tablespace*

Para excluir uma *tablespace*, utiliza-se a sintaxe apresentada a seguir:

LINGUAGEM DE PROGRAMAÇÃO

Exclusão de *tablespace*

```
DROP TABLESPACE <nome_tablespace> [INCLUDING CONTENTS [AND DATAFILES]]
```

Elementos e funcionalidades	
DROP TABLESPACE <nome_tablespace>	Exclui a *tablespace* caso nenhum objeto esteja associado a ela. Elimina a referência lógica, mantendo a estrutura física (*datafile*).
DROP TABLESPACE <nome_tablespace> INCLUDING CONTENTS	Exclui a *tablespace* e os objetos associados a ela. Elimina a referência lógica, mantendo a estrutura física (*datafile*).
DROP TABLESPACE <nome_tablespace> INCLUDING CONTENTS AND *DATAFILES*	Exclui a *tablespace* e os objetos associados a ela. Elimina a referência lógica e a estrutura física (*datafile*).

11.6 Gerenciamento de usuários

Uma das tarefas do DBA é a criação e o gerenciamento de usuários. Todo usuário é criado com acesso restrito, baseado no princípio do privilégio mínimo. No momento da criação do usuário, também é criado um esquema, ou schema. Esquema é um conjunto de objetos de banco de dados, pertencentes a um usuário específico, com o mesmo nome do usuário. Um esquema pode abranger os seguintes objetos:

- tabelas;
- *views*;
- sequências;
- sinônimos;
- procedimentos;

- pacotes;
- *views* materializadas;
- tipos de dados definidos pelo usuário;
- índices;
- *constraints*;
- *clusters*;
- *triggers*;
- *database links*;
- dimensões.

Uma conta de usuário tem uma série de atributos que podem ser definidos no momento de sua criação, ou alterados posteriormente. Os únicos atributos obrigatórios, no momento da criação de uma conta de usuário, são o nome do usuário e o método de autenticação, os demais atributos assumem valores *default*. São atributos do usuário:

- nome do usuário (obrigatório);
- método de autenticação (obrigatório);
- *tablespace* padrão (assume *default*, caso não seja informada);
- cota de *tablespace* (assume *default*, caso não seja informada);
- *tablespace* temporária (assume *default*, caso não seja informada);
- perfil de usuário (assume *default*, caso não seja informado);
- status da conta (assume *default*, caso não seja informado).

Para criar um novo usuário, utiliza-se a seguinte sintaxe:

LINGUAGEM DE PROGRAMAÇÃO

Criação de usuário

```
CREATE USER nome_do_usuário
    IDENTIFIED {BY senha | EXTERNALLY | GLOBALLY AS 'nome_externo'}
[DEFAULT TABLESPACE nome_da_tablespace]
[TEMPORARY TABLESPACE nome_da_tablespace]
[QUOTA int {K | M} ON nome_da_tablespace]
[QUOTA UNLIMITED ON nome_da_tablespace]
[PROFILE nome_do_perfil]
[PASSWORD EXPIRE]
[ACCOUNT {LOCK|UNLOCK}]
```

Elementos e funcionalidades	
CREATE	Instrução padrão para criação de objetos no banco de dados.
USER	Criação de um usuário.

Continua

Continuação

`nome_do_usuário`	Nome do objeto criado.
`IDENTIFIED BY / EXTERNALLY / GLOBALLY`	Define como o usuário será autenticado.
`DEFAULT TABLESPACE`	Nome da *tablespace* padrão do usuário.
`TEMPORARY TABLESPACE`	Nome da *tablespace* temporária padrão do usuário.
`QUOTA`	Quantidade máxima de espaço usada em uma *tablespace*.
`QUOTA UNLIMITED`	Define que não há limite quanto ao espaço usado em uma *tablespace*.
`PROFILE`	Perfil padrão do usuário. Por padrão, o nome do perfil é `DEFAULT`.
`PASSWORD EXPIRE`	Criação de usuário com senha expirada.
`ACCOUNT LOCK / UNLOCK`	Define se a conta do usuário é bloqueada ou não na criação.

EXEMPLO 8

Criação de conta de usuário com senha teste

Para criar a conta de um usuário com o nome "primeiro" e a senha "teste", aplica-se a sintaxe:

```
CREATE USER primeiro IDENTIFIED BY teste;
```

O nome do usuário deve ser único no banco de dados, devendo estar de acordo com os seguintes parâmetros: iniciar por uma letra; ter até 30 caracteres; possibilidade de ser composto por números, letras e pelos caracteres $ (cifrão) e _ (underline).

EXEMPLO 9

Criação de usuário com especificação de cota

Para criar a conta de um usuário com o nome "segundo" e a senha "teste", e definir que a *tablespace* padrão será a *tablespace* `users`, com cota de 1M, e cota de 10M na *tablespace* `teste`, utiliza-se a sintaxe:

```
CREATE USER primeiro IDENTIFIED BY teste
DEFAULT TABLESPACE users
QUOTA 1M ON users
QUOTA 10M ON teste;
```

O nome da *tablespace* padrão define o local onde serão criados os objetos desse usuário; e a cota da *tablespace* define a quantidade de espaço que o usuário poderá usar na *tablespace*. Caso seja necessário, a cota pode ser definida como ilimitada.

> ### EXEMPLO 10
>
> **Criação de conta com definição específica de *tablespace***
>
> Para criar a conta de um usuário com o nome "terceiro", a senha "teste" e definir que a *tablespace* padrão será a *tablespace* `users`, e a *tablespace* temporária será a `temp`, utiliza-se a sintaxe:
>
> ```
> CREATE USER primeiro IDENTIFIED BY teste
> DEFAULT TABLESPACE users
> TEMPORARY TABLESPACE temp;
> ```
>
> O nome da *tablespace* temporária define onde serão armazenados: os dados das tabelas temporárias globais (*Global Temporary Tables*), os objetos transitórios gerados durante as operações de classificação (`ORDER BY`) e o agrupamento (`GROUP BY`). O usuário também poderá usar essa área ao executar instruções SQL com as funções `DISTINCT`, `UNION`, `INTERSECT`, `MINUS`, `MERGE` e `HASH JOIN`.

O perfil do usuário controla sua configuração de senha e permite gerenciamento limitado de recursos. Como exemplo, para que a conta do usuário esteja disponível para uso, o *status* deve ser `OPEN`. A coluna `account_status` da *view* `dba_users` indica a condição da conta. Os status que podem ser utilizados na coluna `account_status` estão apresentados no Quadro 11.3.

Quadro 11.3 Possíveis estados para a coluna ACCOUNT_STATUS

Status	Função
Open	Conta disponível para uso.
Locked	Bloqueado pelo administrador.
Expired	Senha expirada.
Expired & locked	Senha expirada e bloqueada.
Expired (grace)	Senha expirada, mas dentro do período de carência.
Locked (timed)	Senha bloqueada após informar a senha errada *n* vezes.
Expired & locked (timed)	Senha expirada e conta bloqueada após a senha errada ter sido informada *n* vezes.
Expired (grace) & locked	Senha expirada, mas dentro do período de carência, e bloqueada pelo administrador.
Expired (grace) & locked (timed)	Senha expirada, mas dentro do período de carência, e bloqueada após a senha errada ter sido informada *n* vezes.

O administrador do banco de dados possui mais alguns recursos, relacionados à conta do usuário e à senha. Entre eles, o administrador tem a possibilidade de:

1. Bloquear a conta do usuário

   `ALTER USER nome_do_usuário ACCOUNT LOCK;`

2. Desbloquear a conta do usuário

   `ALTER USER nome_do_usuário ACCOUNT UNLOCK;`

3. Alterar a senha do usuário

```
ALTER USER nome_do_usuário IDENTIFIED BY nova_senha;
```

4. Expirar a senha do usuário

```
ALTER USER nome_do_usuário PASSWORD EXPIRE;
```

11.7 Gerenciamento de privilégios

O banco de dados utiliza o conceito de conjunto de privilégios mínimos ao criar um usuário, ou seja, o usuário é criado, mas não tem privilégio para executar nenhuma tarefa até receber os privilégios necessários para isso. O usuário que cria um objeto tem, automaticamente, todos os privilégios sobre esse objeto. A sintaxe da instrução para conceder privilégios é a seguinte:

LINGUAGEM DE PROGRAMAÇÃO

Atribuição de privilégios

```
GRANT privilégios ON [schema.]objeto TO usuários [WITH ADMIN OPTION | WITH GRANT OPTION];
```

Elementos e funcionalidades	
GRANT	Instrução padrão para concessão de privilégios.
privilégios	Privilégios que serão concedidos.
ON	Objeto que receberá privilégios.
TO	Usuário que receberá os privilégios.
WITH ADMIN OPTION	Receptor do privilégio de sistema pode conceder o privilégio recebido.
WITH GRANT OPTION	Receptor do privilégio de objeto pode conceder o privilégio recebido.

Para revogar privilégios, a instrução aplicada é a seguinte:

LINGUAGEM DE PROGRAMAÇÃO

Revogação de privilégios

```
REVOKE privilégios ON [schema.]objeto FROM usuários;
```

Elementos e funcionalidades	
REVOKE	Instrução padrão para revogar privilégios recebidos.
privilégios	Privilégios que serão revogados.
ON	Objeto que terá privilégios revogados.
FROM	Usuário que terá privilégios revogados.

Os privilégios dos usuários são divididos em duas categorias:

1. **Privilégios de objetos:** permitem ações que afetam os dados de um objeto em particular. Esses objetos podem ser tabelas, *views*, *sequences*, *procedures*, funções ou pacotes.
2. **Privilégios de sistema:** permitem que o usuário execute operações que afetam o DD.

Entre os privilégios possíveis de serem atribuídos ao usuário, os principais estão apresentados no Quadro 11.4.

Quadro 11.4 Principais privilégios de sistema de um desenvolvedor de aplicações

Privilégio de sistema	Permissão para
`Create session`	*Logon* do usuário no banco.
`Alter session`	Alterar definições da sessão corrente.
`Create table`	Criar tabelas.
`Create view`	Criar *views*.
`Create synonym`	Criar sinônimos.
`Create cluster`	Criar *clusters*.
`Create database link`	Criar *database links*.
`Create sequence`	Criar sequências.
`Create trigger`	Criar gatilhos.
`Create procedure`	Criar procedimentos.

EXEMPLO 11

Permissão para iniciar, configurar uma sessão no banco de dados e criar objetos

Para o usuário receber permissões para iniciar uma sessão no banco de dados e, somente depois, configurar essa sessão e criar objetos, utiliza-se a sintaxe:

```
GRANT create session, alter session, create table, create view, create synonym,
create cluster, create database link, create sequence, create trigger, create
procedure TO primeiro;
```

Os privilégios recebidos com a sintaxe do Exemplo 11 são típicos de um desenvolvedor, permitindo-lhe executar tarefas no banco de dados que não são típicas de um usuário normal de sistemas.

A opção `WITH ADMIN OPTION` permite que o usuário transfira o privilégio de sistema recebido para outro usuário.

Os privilégios de objeto permitem que o usuário execute as instruções `SELECT`, `INSERT`, `UPDATE` e `DELETE` em tabelas e objetos de outros usuários, não sendo necessários privilégios adicionais para os objetos do próprio usuário. Caso tenha recebido o privilégio de sistema `CREATE TABLE`, automaticamente, o usuário possui todos os privilégios sobre as tabelas que criar.

> **EXEMPLO 12**
>
> **Permissão para realizar consultas, atualizar e excluir dados**
>
> Para criar um usuário com o privilégio de efetuar consultas (`SELECT`) na tabela `EMP` de outro usuário, no caso `scott`, utiliza-se a sintaxe:
>
> `GRANT SELECT ON scott.emp TO primeiro;`
>
> Para criar um usuário com o privilégio de atualizar (`UPDATE`) a coluna `sal` da tabela `EMP`, do usuário `scott`, utiliza-se a sintaxe:
>
> `GRANT UPDATE (sal) ON scott.emp TO primeiro;`
>
> Para criar um usuário com todos os privilégios (`SELECT`, `INSERT`, `UPDATE` e `DELETE`) na tabela `DEPT` do usuário `scott`, utiliza-se a sintaxe:
>
> `GRANT ALL ON scott.dept TO primeiro.`
>
> A opção `WITH GRANT OPTION` permite que o usuário transfira o privilégio de objeto recebido para outro usuário.
>
> O uso combinado de `GRANT` e `REVOKE` permite que o administrador do banco de dados administre com precisão quais são os recursos a que o usuário final do banco de dados pode acessar. O usuário final só deve receber privilégios para executar as tarefas específicas de sua função aumentando, com isso, a segurança dos dados.

EXERCÍCIOS

> ▶ **PREPARE-SE**
>
> O Banco XE, que será mencionado nos exercícios, refere-se ao banco de dados criado durante a instalação do software Oracle XE.

1. Conecte-se ao banco XE com o usuário `SYSTEM`.

2. Conecte-se ao banco XE com o usuário `SYS`.

3. Determine a localização do arquivo de controle, consultando a coluna `name`, da *view* `V$CONTROLFILE`.

4. Determine o número do grupo e o nome dos arquivos de *redo log*, consultando as colunas `group#` e `member`, da *view* `V$LOGFILE`.

5. Determine o tamanho de cada grupo de *redo log*, consultando as colunas `group#` e `bytes`, da *view* `V$LOG`.

6. Determine o nome das *tablespaces* existentes no banco, consultando a coluna `name`, da *view* `V$TABLESPACE`.

7. Determine o nome dos *datafiles* existentes no banco, consultando a coluna `name`, da *view* `V$DATAFILE`.

8. Determine o nome dos *tempfiles* existentes no banco, consultando a coluna `name`, da *view* `V$TEMPFILE`.

9. Determine o nome dos componentes da SGA, seu tamanho atual, o tamanho mínimo e o tamanho máximo que podem atingir. Consulte as colunas `component`, `current_size`, `min_size` e `max_size`, da *view* `V$SGA_DYNAMIC_COMPONENTS`.

10. Crie a *tablespace* `TESTE` com tamanho inicial de 10M e crie o arquivo de dados na mesma localização que os demais arquivos de dados do banco. O nome do arquivo deve ser `TESTE01.DBF`.

11. Crie o usuário `PEDRO` com a senha `pedro`. Use a *tablespace* `TESTE` como padrão.

12. Abra uma nova sessão com o usuário `PEDRO`. Descreva o que acontece.

13. Conceda o privilégio de `create session` para o usuário `PEDRO` e abra uma nova sessão com esse usuário. Ainda com o usuário `PEDRO`, crie uma tabela chamada `TESTE1` com uma única coluna numérica. Descreva o que acontece.

14. Conceda os privilégios de `unlimited tablespace` e `create table` para o usuário `PEDRO` e abra uma nova sessão com este usuário. Com o usuário `PEDRO`, crie uma tabela chamada `TESTE1` com uma única coluna numérica.

APÊNDICE 1

Guia de consulta dos quadros de linguagem de programação

QUADROS DE LINGUAGEM DE PROGRAMAÇÃO	CAPÍTULO
Adição de restrições, 188	Capítulo 7 – Implementação do modelo físico de dados
Alteração de colunas, 176	Capítulo 7 – Implementação do modelo físico de dados
Alteração de dados, 201	Capítulo 8 – Manipulação de dados – operações DML
Apelido de coluna, 212	Capítulo 9 – Consulta de dados
Atribuição de privilégios, 313	Capítulo 11 – Noções básicas de administração de banco de dados
Atualização de dados utilizando *update*, 253	Capítulo 9 – Consulta de dados
Cálculo da quantidade de registros compatíveis com um bloco de dados, 159	Capítulo 6 – Modelo físico de dados
Cálculo do espaço de uma linha, 158	Capítulo 6 – Modelo físico de dados
Cálculo do espaço livre do bloco de dados, 157	Capítulo 6 – Modelo físico de dados
Cálculo do espaço não ocupado pelo cabeçalho no banco de dados, 155	Capítulo 6 – Modelo físico de dados
Cálculo do número de blocos de dados para todos os registros, 160	Capítulo 6 – Modelo físico de dados
Conexão efetuada como Sysoper, 296	Capítulo 11 – Noções básicas de administração de banco de dados
Consulta baseada em condições, 214	Capítulo 9 – Consulta de dados
Consulta do tamanho do bloco do banco de dados, 156	Capítulo 6 – Modelo físico de dados
Consulta simples, 208	Capítulo 9 – Consulta de dados
Conversão de valor em kilobyte, 160	Capítulo 6 – Modelo físico de dados
Conversão de valor em megabyte, 160	Capítulo 6 – Modelo físico de dados
Corpo do pacote, 284	Capítulo 10 – Linguagem procedural PL/SQL
Criação da tabela Exemplo_Hora, 199	Capítulo 8 – Manipulação de dados – operações DML
Criação de tabela, 172	Capítulo 7 – Implementação do modelo físico de dados
Criação de tabela com base em subconsulta, 251	Capítulo 9 – Consulta de dados

Criação de *tablespace*, 306	Capítulo 11 – Noções básicas de administração de banco de dados
Criação de usuário, 310	Capítulo 11 – Noções básicas de administração de banco de dados
Cursor explícito, 271	Capítulo 10 – Linguagem procedural PL/SQL
Declaração de variáveis e constantes, 258	Capítulo 10 – Linguagem procedural PL/SQL
Desativar e ativar uma restrição, 190	Capítulo 7 – Implementação do modelo físico de dados
Especificação do pacote, 284	Capítulo 10 – Linguagem procedural PL/SQL
Exclusão de dados, 202	Capítulo 8 – Manipulação de dados – operações DML
Exclusão de restrição, 189	Capítulo 7 – Implementação do modelo físico de dados
Exclusão de tabela, 177	Capítulo 7 – Implementação do modelo físico de dados
Exclusão de *tablespace*, 309	Capítulo 11 – Noções básicas de administração de banco de dados
Função, 282	Capítulo 10 – Linguagem procedural PL/SQL
Funções SQL, 232	Capítulo 9 – Consulta de dados
Inserção de dados a partir de subconsulta, 252	Capítulo 9 – Consulta de dados
Inserção de dados em uma tabela, 196	Capítulo 8 – Manipulação de dados – operações DML
Inserção de tabela, 175	Capítulo 7 – Implementação do modelo físico de dados
Instrução *Alter database*, 297	Capítulo 11 – Noções básicas de administração de banco de dados
Instrução *For*, 267	Capítulo 10 – Linguagem procedural PL/SQL
Instrução *For* (sintaxe simplificada), 273	Capítulo 10 – Linguagem procedural PL/SQL
Instrução *If*, 262	Capítulo 10 – Linguagem procedural PL/SQL
Instrução *Loop*, 266	Capítulo 10 – Linguagem procedural PL/SQL
Instrução *On*, 226	Capítulo 9 – Consulta de dados
Instrução *Raise_Application_Error*, 277	Capítulo 10 – Linguagem procedural PL/SQL
Instrução *Select* para realização de consultas, 187	Capítulo 7 – Implementação do modelo físico de dados
Instrução *Shutdown*, 302	Capítulo 11 – Noções básicas de administração de banco de dados
Instrução *Startup*, 299	Capítulo 11 – Noções básicas de administração de banco de dados
Instrução *Using*, 225	Capítulo 9 – Consulta de dados
Instrução *While*, 268	Capítulo 10 – Linguagem procedural PL/SQL
Manipulação de grupos de dados, 243	Capítulo 9 – Consulta de dados
Natural join, 224	Capítulo 9 – Consulta de dados
Operador relacional de Diferença, 72	Capítulo 3 – Modelo relacional
Operador relacional de Divisão, 73	Capítulo 3 – Modelo relacional
Operador relacional de Equijunção, 67	Capítulo 3 – Modelo relacional
Operador relacional de Intersecção, 70	Capítulo 3 – Modelo relacional

Operador relacional de Junção natural, 64	Capítulo 3 – Modelo relacional
Operador relacional de Produto cartesiano, 64	Capítulo 3 – Modelo relacional
Operador relacional de Renomear, 74	Capítulo 3 – Modelo relacional
Operador relacional de União, 68	Capítulo 3 – Modelo relacional
Operador relacional *Project*, 60	Capítulo 3 – Modelo relacional
Operador relacional *Select*, 58	Capítulo 3 – Modelo relacional
Procedimento, 278	Capítulo 10 – Linguagem procedural PL/SQL
Restrição *Foreign key* no nível da coluna, 183	Capítulo 7 – Implementação do modelo físico de dados
Restrição *Foreign key* no nível da tabela, 183	Capítulo 7 – Implementação do modelo físico de dados
Revogação de privilégios, 313	Capítulo 11 – Noções básicas de administração de banco de dados
Sintaxe de restrições, 178	Capítulo 7 – Implementação do modelo físico de dados
Subconsultas em consultas, 248	Capítulo 9 – Consulta de dados
Tratamento de exceção, 274	Capítulo 10 – Linguagem procedural PL/SQL
Trigger, 287	Capítulo 10 – Linguagem procedural PL/SQL

APÊNDICE 2

Guia de consulta de exemplos

QUADROS DE EXEMPLOS	CAPÍTULO
Acionamento de *Trigger*, 288	Capítulo 10 – Linguagem procedural PL/SQL
Acionamento do *Trigger* auditoria, 289	Capítulo 10 – Linguagem procedural PL/SQL
Adição de restrição da tabela Pessoa_Fisica, 189	Capítulo 7 – Implementação do modelo físico de dados
Alteração da coluna nom_pessoa_pf, 176	Capítulo 7 – Implementação do modelo físico de dados
Alteração de nome, 201	Capítulo 8 – Manipulação de dados – operações DML
Alteração de nome de valores utilizando ρ, 75	Capítulo 3 – Modelo relacional
Alteração de nome e data de nascimento, 201	Capítulo 8 – Manipulação de dados – operações DML
Alteração de senha do usuário administrativo utilizando Orapwd, 298	Capítulo 11 – Noções básicas de administração de banco de dados
Aplicação da instrução de repetição *For*, 267	Capítulo 10 – Linguagem procedural PL/SQL
Aplicação da instrução de repetição *Loop*, 266	Capítulo 10 – Linguagem procedural PL/SQL
Aplicação da instrução *While*, 268	Capítulo 10 – Linguagem procedural PL/SQL
Aplicação de variáveis *In out* em procedimentos, 281	Capítulo 10 – Linguagem procedural PL/SQL
Associação entre *tablespace* e *datafiles*, 304	Capítulo 11 – Noções básicas de administração de banco de dados
Ativar a chave primária da tabela Pessoa_Fisica, 190	Capítulo 7 – Implementação do modelo físico de dados
Atualização de dados utilizando Função, 282	Capítulo 10 – Linguagem procedural PL/SQL
Atualização de dados utilizando Procedimento, 279	Capítulo 10 – Linguagem procedural PL/SQL
Cálculo da quantidade de registros compatíveis com um bloco de dados, 159	Capítulo 6 – Modelo físico de dados
Cálculo de atraso no pagamento de fatura utilizando *If*, *Else* e *Elsif*, 264	Capítulo 10 – Linguagem procedural PL/SQL
Cálculo de data e valor de pagamento de fatura utilizando *If*, 263	Capítulo 10 – Linguagem procedural PL/SQL
Cálculo de data e valor de pagamento de fatura utilizando *If* e *Else*, 263	Capítulo 10 – Linguagem procedural PL/SQL
Cálculo de volumetria para a entidade motorista, 161	Capítulo 6 – Modelo físico de dados

Cálculo do espaço de uma linha, 158	Capítulo 6 – Modelo físico de dados
Cálculo do espaço livre do bloco de dados, 157	Capítulo 6 – Modelo físico de dados
Cálculo do espaço não ocupado pelo cabeçalho no banco de dados, 156	Capítulo 6 – Modelo físico de dados
Cálculo do número de blocos de dados para todos os registros, 160	Capítulo 6 – Modelo físico de dados
Cálculo utilizando operador aritmético de Adição, 210	Capítulo 9 – Consulta de dados
Cálculo utilizando operador aritmético de Adição e Multiplicação, 210	Capítulo 9 – Consulta de dados
Chamada de procedimento utilizando objetos empacotados, 286	Capítulo 10 – Linguagem procedural PL/SQL
Combinação de pessoa física utilizando operador ×, 64	Capítulo 3 – Modelo relacional
Consulta da correspondência de linhas das tabelas A e B utilizando ÷, 74	Capítulo 3 – Modelo relacional
Consulta de códigos do motorista e do seu respectivo coordenador, 229	Capítulo 9 – Consulta de dados
Consulta de códigos, valores e nomes utilizando Junção não idêntica, 232	Capítulo 9 – Consulta de dados
Consulta de conveniadas e faturas utilizando o operador de conjunto *Not in*, 250	Capítulo 9 – Consulta de dados
Consulta de conveniadas utilizando o operador relacional >, 249	Capítulo 9 – Consulta de dados
Consulta de dados com especificação da posição do elemento da consulta, 220	Capítulo 9 – Consulta de dados
Consulta de dados com o caractere % no início e no final do padrão, 220	Capítulo 9 – Consulta de dados
Consulta de dados com o operador de comparação >= (maior ou igual a), 216	Capítulo 9 – Consulta de dados
Consulta de dados com o operador de comparação *Between*, 217	Capítulo 9 – Consulta de dados
Consulta de dados com o operador de comparação *In*, 218	Capítulo 9 – Consulta de dados
Consulta de dados com o operador de comparação *Is null*, 219	Capítulo 9 – Consulta de dados
Consulta de dados com o operador de comparação *Like*, 219	Capítulo 9 – Consulta de dados
Consulta de dados com o operador de comparação *Not in*, 218	Capítulo 9 – Consulta de dados
Consulta de dados com o operador lógico *And*, 221	Capítulo 9 – Consulta de dados
Consulta de dados com o operador lógico *Not*, 222	Capítulo 9 – Consulta de dados
Consulta de dados com o operador lógico *Or*, 222	Capítulo 9 – Consulta de dados
Consulta de faturas por conveniada, data e valor total utilizando *Group by*, *Where* e *Having*, 247	Capítulo 9 – Consulta de dados
Consulta de faturas por conveniada e data de vencimento utilizando *Group by*, 245	Capítulo 9 – Consulta de dados

Consulta de faturas por conveniada e valor total utilizando *Group by* e *Having*, 246	Capítulo 9 – Consulta de dados
Consulta de faturas por conveniada utilizando *Group by*, 245	Capítulo 9 – Consulta de dados
Consulta de hora, 200	Capítulo 8 – Manipulação de dados – operações DML
Consulta de nome, 208	Capítulo 9 – Consulta de dados
Consulta de nome e data de nascimento, 209	Capítulo 9 – Consulta de dados
Consulta de nomes e e-mails com a instrução *On*, 226	Capítulo 9 – Consulta de dados
Consulta de nomes e e-mails utilizando Junção externa completa, 231	Capítulo 9 – Consulta de dados
Consulta de nomes e e-mails utilizando Junção externa direita, 230	Capítulo 9 – Consulta de dados
Consulta de nomes e e-mails utilizando Junção externa esquerda, 229	Capítulo 9 – Consulta de dados
Consulta de pessoa física e estado civil utilizando $\bowtie$, 65	Capítulo 3 – Modelo relacional
Consulta de pessoa física e estado civil utilizando π e $\bowtie$, 65	Capítulo 3 – Modelo relacional
Consulta de pessoa física e estado civil utilizando Equi-junção, 67	Capítulo 3 – Modelo relacional
Consulta de pessoa física, estado civil e diferença de resultados utilizando $-$, 72	Capítulo 3 – Modelo relacional
Consulta de pessoa física, estado civil e intersecção de resultados utilizando $\cap$, 70	Capítulo 3 – Modelo relacional
Consulta de pessoa física, estado civil e união de resultados utilizando $\cup$, 69	Capítulo 3 – Modelo relacional
Consulta de pessoa física por estado civil e sexo utilizando π, 61	Capítulo 3 – Modelo relacional
Consulta de pessoas físicas utilizando o operador relacional =, 248	Capítulo 9 – Consulta de dados
Consulta de registros inseridos, 198	Capítulo 8 – Manipulação de dados – operações DML
Consulta de restrições definidas para a tabela Pessoa_Fisica, 187	Capítulo 7 – Implementação do modelo físico de dados
Consulta de todas as faturas com data de emissão 30/03/2012, 215	Capítulo 9 – Consulta de dados
Consulta de todas as faturas da conveniada de código 99128, 215	Capítulo 9 – Consulta de dados
Consulta de todas as linhas e colunas, 208	Capítulo 9 – Consulta de dados
Contagem de linhas e de valores não nulos utilizando a função *Count*, 244	Capítulo 9 – Consulta de dados
Conversão de valor em kilobyte e megabyte, 161	Capítulo 6 – Modelo físico de dados
Criação da tabela Pessoa_Fisica, 174	Capítulo 7 – Implementação do modelo físico de dados
Criação de bloco anônimo, 256	Capítulo 10 – Linguagem procedural PL/SQL
Criação de conta com definição específica de *tablespace*, 312	Capítulo 11 – Noções básicas de administração de banco de dados

Criação de conta de usuário com senha teste, 311	Capítulo 11 – Noções básicas de administração de banco de dados
Criação de sessão no banco de dados utilizando *Prompt de Comando*, 296	Capítulo 11 – Noções básicas de administração de banco de dados
Criação de tabela com base em outra tabela, 251	Capítulo 9 – Consulta de dados
Criação de tabela com base em outras duas tabelas e especificação de nome das colunas, 251	Capítulo 9 – Consulta de dados
Criação de usuário com especificação de cota, 311	Capítulo 11 – Noções básicas de administração de banco de dados
Cursor explícito utilizando a sintaxe completa, 272	Capítulo 10 – Linguagem procedural PL/SQL
Cursor implícito, 270	Capítulo 10 – Linguagem procedural PL/SQL
Cursor utilizando a estrutura de repetição *For*, 273	Capítulo 10 – Linguagem procedural PL/SQL
Declaração de variáveis, 258	Capítulo 10 – Linguagem procedural PL/SQL
Definição de exceção personalizada para tratamento de erros, 276	Capítulo 10 – Linguagem procedural PL/SQL
Desativar a chave primária da tabela Pessoa_Fisica, 190	Capítulo 7 – Implementação do modelo físico de dados
Empacotamento de objetos e criação de especificação e corpo, 285	Capítulo 10 – Linguagem procedural PL/SQL
Exceções predefinidas e divisão por zero, 275	Capítulo 10 – Linguagem procedural PL/SQL
Exclusão da tabela Pessoa_Fisica, 177	Capítulo 7 – Implementação do modelo físico de dados
Exclusão de dados da tabela Pessoa_Fisica, 202	Capítulo 8 – Manipulação de dados – operações DML
Exclusão de dados utilizando Subconsultas, 253	Capítulo 9 – Consulta de dados
Exclusão de pacote, 286	Capítulo 10 – Linguagem procedural PL/SQL
Exclusão de procedimento utilizando *Drop procedure*, 281	Capítulo 10 – Linguagem procedural PL/SQL
Exclusão de restrições, 189	Capítulo 7 – Implementação do modelo físico de dados
Exclusão de uma Função utilizando *Drop function*, 283	Capítulo 10 – Linguagem procedural PL/SQL
Função de linha *Current_Date*, 238	Capítulo 9 – Consulta de dados
Função de linha *Current_Timestamp*, 238	Capítulo 9 – Consulta de dados
Função de linha *Instr* (argumento1, argumento2), 235	Capítulo 9 – Consulta de dados
Função de linha *Length* (argumento), 233	Capítulo 9 – Consulta de dados
Função de linha *Lower* (argumento), 233	Capítulo 9 – Consulta de dados
Função de linha *NVL* (argumento1, argumento2), 242	Capítulo 9 – Consulta de dados
Função de linha *Replace* (argumento1, argumento2, argumento3), 235	Capítulo 9 – Consulta de dados
Função de linha *Round* (argumento1, argumento2), 237	Capítulo 9 – Consulta de dados
Função de linha *Substring* (argumento1, argumento2, argumento3), 234	Capítulo 9 – Consulta de dados

Função de linha *To_Char* (argumento1, argumento2) para conversão de datas, 240	Capítulo 9 – Consulta de dados
Função de linha *To_Char* (argumento1, argumento2) para conversão de números, 239	Capítulo 9 – Consulta de dados
Função de linha *To_Date* (argumento1, argumento2), 241	Capítulo 9 – Consulta de dados
Função de linha *To_Number* (argumento1), 242	Capítulo 9 – Consulta de dados
Função de linha *Translate* (argumento1, argumento2, argumento3), 236	Capítulo 9 – Consulta de dados
Função de linha *Trunc* (argumento1, argumento2), 237	Capítulo 9 – Consulta de dados
Função de linha *Upper* (argumento), 234	Capítulo 9 – Consulta de dados
Inicialização do banco de dados, 300	Capítulo 11 – Noções básicas de administração de banco de dados
Inserção da coluna cod_estado_civil, 175	Capítulo 7 – Implementação do modelo físico de dados
Inserção de dados, 196	Capítulo 8 – Manipulação de dados – operações DML
Inserção de dados em tabela utilizando Subconsulta, 252	Capítulo 9 – Consulta de dados
Inserção de dados sem a listagem das colunas, 197	Capítulo 8 – Manipulação de dados – operações DML
Inserção de hora e utilização de Função de linha, 199	Capítulo 8 – Manipulação de dados – operações DML
Inserção explícita de nulo com a listagem das colunas, 198	Capítulo 8 – Manipulação de dados – operações DML
Inserção explícita de nulo sem a listagem das colunas, 199	Capítulo 8 – Manipulação de dados – operações DML
Inserção implícita de nulos, 197	Capítulo 8 – Manipulação de dados – operações DML
Instrução *Commit*, 204	Capítulo 8 – Manipulação de dados – operações DML
Instrução *Describe* na verificação da restrição *Not null*, 179	Capítulo 7 – Implementação do modelo físico de dados
Instrução *Rollback*, 204	Capítulo 8 – Manipulação de dados – operações DML
Junção de três tabelas com a instrução *Join*, 227	Capítulo 9 – Consulta de dados
Levantamento de nomes e datas com a instrução *Natural join*, 224	Capítulo 9 – Consulta de dados
Levantamento de nomes e datas com a instrução *Using*, 225	Capítulo 9 – Consulta de dados
Permissão para iniciar, configurar uma sessão no banco de dados e criar objetos, 314	Capítulo 11 – Noções básicas de administração de banco de dados
Permissão para realizar consultas, atualizar e excluir dados, 315	Capítulo 11 – Noções básicas de administração de banco de dados
Registro de alterações utilizando *Triggers*, 289	Capítulo 10 – Linguagem procedural PL/SQL
Restrição *Check* criada no nível da coluna, 186	Capítulo 7 – Implementação do modelo físico de dados
Restrição *Check* criada no nível da tabela, 187	Capítulo 7 – Implementação do modelo físico de dados
Restrição de Chave estrangeira no nível da coluna, 184	Capítulo 7 – Implementação do modelo físico de dados
Restrição de Chave estrangeira no nível da tabela, 185	Capítulo 7 – Implementação do modelo físico de dados
Restrição *Not null* na tabela Pessoa_Fisica, 179	Capítulo 7 – Implementação do modelo físico de dados
Restrição *Primary key* composta, 182	Capítulo 7 – Implementação do modelo físico de dados
Restrição *Primary key* no nível da coluna, 181	Capítulo 7 – Implementação do modelo físico de dados

Restrição *Primary key* no nível da tabela, 182	Capítulo 7 – Implementação do modelo físico de dados
Restrição *Unique key* no nível da coluna, 180	Capítulo 7 – Implementação do modelo físico de dados
Restrição *Unique key* no nível da tabela, 180	Capítulo 7 – Implementação do modelo físico de dados
Restrição *Unique* não nomeada, 181	Capítulo 7 – Implementação do modelo físico de dados
Resultado de consulta ordenado por uma coluna e de forma ascendente (crescente), 213	Capítulo 9 – Consulta de dados
Seleção de pessoa física de acordo com o sexo, 58	Capítulo 3 – Modelo relacional
Seleção de pessoa física e armazenamento do resultado, 61	Capítulo 3 – Modelo relacional
Seleção de pessoa física utilizando o operador ∧, 59	Capítulo 3 – Modelo relacional
Seleção de pessoa física utilizando o operador ∨, 59	Capítulo 3 – Modelo relacional
Tablespace permanente, 308	Capítulo 11 – Noções básicas de administração de banco de dados
Tablespace temporária, 308	Capítulo 11 – Noções básicas de administração de banco de dados
Tablespace undo, 309	Capítulo 11 – Noções básicas de administração de banco de dados
Tratamento de erros não especificados, 276	Capítulo 10 – Linguagem procedural PL/SQL
Trigger utilizado para disparar uma mensagem, 288	Capítulo 10 – Linguagem procedural PL/SQL
Uso de parênteses para impor prioridade, 211	Capítulo 9 – Consulta de dados
Uso de variáveis, 261	Capítulo 10 – Linguagem procedural PL/SQL
Utilização de apelidos para identificação de colunas ou expressões, 213	Capítulo 9 – Consulta de dados
Variáveis de globais, 260	Capítulo 10 – Linguagem procedural PL/SQL
Variáveis de substituição, 259	Capítulo 10 – Linguagem procedural PL/SQL
Verificação de faturas utilizando as funções Min, Max e AVG, 244	Capítulo 9 – Consulta de dados

BIBLIOGRAFIA

AGUILAR-SAVÉN, R. S. Business process modeling: review and framework. *International Journal of Production Economics*, 2004.

AMBLER, S. W. *CRC Modeling*: bridging the communication gap between developers and users, 29 nov. 1998 apud DEBONI, J. E. *Modelagem orientada a objetos com a UML*. São Paulo: Futura, 2003.

BARBIERI, C. *Modelagem de dados*. Rio de Janeiro: IBPI Press, 1994.

BELLOQUIM, A. Modelagem de software: ontem, hoje e amanhã. *Developers' Magazine*, Rio de Janeiro, 2002.

BON, J. V. *Foundations of IT service management based on ITIL V3*. Zaltbommel: Van Haren, 2007.

BRAND, H.; BOONEN, K. *IT governance based on Cobit 4.1* – a management guide. Zaltbommel: Van Haren, 2008.

BRYLA, B.; LON, K. *Oracle database 11g DBA handbook*. New York: Oracle Press, 2007.

CHEN, P. *Modelagem de dados*: a abordagem entidade-relacionamento para projeto lógico. São Paulo: Makron Books, 1990.

CORTES, P. L. *Administração de sistemas de informação*. São Paulo: Saraiva, 2008.

COUGO, P. *Modelagem conceitual e projeto de banco de dados*. Rio de Janeiro: Campus, 1997.

DATE, C. J. *Introdução a sistemas de banco de dados*. São Paulo: Campus, 2004.

DEBONI, J. E. Z. *Modelagem orientada a objetos com a UML*. São Paulo: Futura, 2003.

ELMASRI, R.; NAVATHE, S. B. *Fundamentos of database systems*. 5. ed. Boston: Pearson Addison Wesley, 2007.

FELICIANO NETO, A.; FURLAN, J. D.; HIGA, W. *Engenharia da informação*. São Paulo: McGraw Hill, 1988.

_____. *Engenharia da Informação*. São Paulo: McGraw-Hill, 1999.

FIORINI, S. T. *Engenharia de software com CMM*. Rio de Janeiro: Brasport, 1998.

FRANÇA, E. T. *Configuração de um processo de software padrão da organização utilizando como base o Modelo de Maturidade da Capacitação (CMM) e os processos NBR

ISO/IEC 12207, *Processo Unificado e Processo Unificado Rational*. Dissertação (Mestrado) – Instituto de Pesquisas Tecnológicas do Estado de São Paulo. São Paulo, 2004.

GREENWALD, R.; STACKOWIAK, R.; STERN, J. *Oracle essentials*: Oracle database 11g. Sebastopol: O'Reilly, 2007.

HORSTMANN, C. *Padrões e projeto orientados a objeto*. Porto Alegre: Bookman, 2006.

MACHADO, F. N. R. *Banco de dados*: projeto e implementação. São Paulo: Érica, 2010.

MACHADO, F. N. R.; ABREU, M. P. de. *Projeto de banco de dados*: uma visão prática. 15. ed. São Paulo: Érica, 2007.

MANNINO, M. V. *Projeto, desenvolvimento de aplicações & administração de banco de dados*. São Paulo: McGraw Hill, 2008.

MELO, I. S. *Administração de sistemas de informação*. São Paulo: Pioneira Thomson Learning, 2006.

MENEZES, P. B. *Matemática discreta para computação e informática*. Porto Alegre: Bookman, 2010.

MONTEIRO, E. S. *Projeto de sistemas e bancos de dados*. Rio de Janeiro: Brasport, 2004.

MUNARI, A. C. B. *Operações relacionais e álgebra relacional*. Uruguaiana: PUC, 2010.

POMPILHO, S. *Análise essencial guia prático de análise de sistemas*. Lisboa: Infobook, 1994.

PRESSMAN, R. S. *Software engineering*: a practitioner's approach. 5. ed. New York: McGraw-Hill, 2001.

PUGA, S. G.; RISSETTI, G. *Lógica de programação e estruturas de dados com implementações em Java*. 2. ed. São Paulo: Prentice-Hall, 2008.

ROB, P.; CORONOEL, C. *Sistemas de bancos de dados*. São Paulo: Cengage Learning, 2008.

SETZER, V. W.; SILVA, F. S. C. da. *Bancos de dados*: aprenda o que são, melhore seu conhecimento e construa os seus. São Paulo: Edgar Blucher, 2005.

SILBERSCHATZ, A.; KORTH, H. F.; SUDARSHAN, S. *Sistema de banco de dados*. Tradução de Daniel Vieira. 3. ed. São Paulo: Makron Books, 2007.

SOMMERVILLE, I. *Engenharia de software*. Tradução de Selma Shin Shimizu Melnikoff; Reginaldo Arakaki; Edilson de Andrade Barbosa. 8. ed. São Paulo: Pearson Prentice Hall, 2007.

SUDKAMP, T. *Languages and machines*: an introduction to the theory of computer science. Addison-Wesley: Essex, 2005.

TEOREY, T.; LIGHTSTONE, S.; NADEAU, T. *Projeto e modelagem de bancos de dados*. São Paulo: Campus, 2006.

SOBRE OS AUTORES

SANDRA GAVIOLI PUGA

Doutora em engenharia, pela escola Politécnica da Universidade de São Paulo (USP), mestre em comunicação e semiótica pela Pontifícia Universidade Católica de São Paulo (PUC-SP), especialista em administração de sistemas de informação e tecnóloga em processamento de dados, ambos pela Unisantanna. Atua na área de computação desde 1992, como analista de sistemas e desenvolvedora em Cobol e LTD. Há 18 anos, ingressou na carreira acadêmica, desempenhando atividades de docência, gestão de cursos, orientação pedagógica, entre outros. É avaliadora do MEC-Inep, participando de comissões de cursos desde 2001, e da elaboração das diretrizes curriculares para as provas do Enade de 2008 do curso de tecnologia em análise e desenvolvimento de sistemas. Atualmente, é coordenadora e professora de cursos de graduação e pós-graduação da faculdade IBTA e consultora junto à Proviteam Consulting, que atua no segmento de business intelligence.

EDSON TARCISIO FRANÇA

Mestre em engenharia de computação, pelo Instituto de Pesquisas Tecnológicas (IPT), especialista em administração industrial, pela Fundação Carlos Alberto Vanzolini (FCAV), e em sistemas de informação, pelo Centro Universitário Fundação Santo André (Cufsa), e bacharel em ciências da computação, pela Universidade de Mogi das Cruzes (UMC). Tem 27 anos de experiência em Tecnologia da Informação, trabalhou na gerência de tecnologia e arquitetura, e na administração de dados das empresas Natura e Porto Seguro. Nos últimos oito anos, atua como consultor nas áreas de arquitetura da informação, informações gerenciais e gestão de dados mestres. Leciona há mais de 16 anos e, atualmente, é coordenador e professor do curso de tecnologia em Banco de Dados, da Faculdade BandTec, e do curso de MBA em Administração de Banco de Dados, da Faculdade de Informática e Administração Paulista (Fiap).

MILTON ROBERTO GOYA

Especialista em business intelligence, pelo Ibmec, bacharel em processamento de dados e administração, pela Universidade Presbiteriana Mackenzie, e certificado pela Oracle e pela IBM. Durante 16 anos, exerceu a atividade de desenvolvedor em Cobol, CICS e DBS, em empresas como Estrela, Itaú e Bradesco. Há 15 anos, atua como Data Base Administrator Oracle, prestando consultoria para várias instituições financeiras e, somado a isso, em 2001, ingressou na área acadêmica e passou a ministrar aulas nos cursos de treinamento, graduação e pós-graduação da Faculdade IBTA.